21世纪会计专业主干课程教材

"十四五"职业教育国家规划教材

"十三五"职业教育国家规划教材

"十二五"职业教育国家规划教材
经全国职业教育教材审定委员会审定

普通高等教育"十一五"国家级规划教材

FINANCIAL ACCOUNTING

财务会计

第十一版

陈德萍　高慧云　主编
王　艳　副主编

东北财经大学出版社
Dongbei University of Finance & Economics Press
大连

图书在版编目（CIP）数据

财务会计 / 陈德萍，高慧云主编．—11版．—大连：东北财经大学出版社，2024.3（2025.2重印）
（21世纪会计专业主干课程教材）
ISBN 978-7-5654-5088-4

Ⅰ.财…　Ⅱ.①陈…②高…　Ⅲ.财务会计-高等职业教育-教材　Ⅳ.F234.4

中国国家版本馆CIP数据核字（2024）第009471号

东北财经大学出版社出版
（大连市黑石礁尖山街217号　邮政编码　116025）
网　　址：http://www.dufep.cn
读者信箱：dufep@dufe.edu.cn
大连天骄彩色印刷有限公司印刷　东北财经大学出版社发行

幅面尺寸：185mm×260mm　字数：555千字　印张：23　插页：1
2024年3月第11版　　2025年2月第4次印刷

责任编辑：包利华　　责任校对：刘贤恩
封面设计：原　皓　　版式设计：原　皓

定价：55.00元

教学支持　售后服务　联系电话：（0411）84710309

如有印装质量问题，请联系营销部：（0411）84710711

第十一版前言

《财务会计》（第十一版）是在《财务会计》（第十版）的基础上，根据最新会计准则和相关税收政策的变化，加以专门修订而成。本书连续获评普通高等教育“十一五”国家级规划教材、“十二五”职业教育国家规划教材、“十三五”职业教育国家规划教材和“十四五”职业教育国家规划教材。本书是贯彻落实国家教学改革任务和党的二十大精神，满足财经类专业人才培养需要，结合会计行业的发展情况、就业情况，坚持以素质教育为基础、以能力培养为核心的教学理念，深入实施人才强国战略，以培养大国工匠、高技能人才为目标，精心编写和雕琢的一本实用教材。

《财务会计》（第十一版）力争突出以下特色：

（1）及时反映最新准则和法规动态。本次修订将企业会计准则的最新修订内容融入所涉及的章节，适当增减了部分内容；同时，根据财政部会计司发布的2021年第5批企业会计准则实施问答，对不符合固定资产后续支出条件的固定资产日常修理费用的会计处理进行修改，根据2023年10月25日财政部会计司发布的《关于印发〈企业会计准则解释第17号〉的通知》，在教材中增加了案例，在配套的《财务会计习题与实训》（第十一版）中增加了相应练习题等，以及时反映会计学的最新发展。

（2）兼具灵活性和通用性。本书内容系统、全面，既考虑了与基础会计课程的分工，又体现了与相关教材的衔接，并提供了灵活的教学方案，如已经系统学习过基础会计课程的会计专业学生，可以重点学习第3～19章，而对于学习过基础会计课程的非会计专业学生，建议只学习第3～11章。

（3）考虑会计行业的发展情况、就业情况。针对高等教育会计专业人才培养目标，此次修订结合了会计行业的发展情况、就业情况、企业岗位要求、岗位职责等因素，与会计职称考试密切联系，内容基本覆盖中级会计实务考试范围。

（4）图文结合，内容更具有趣味性。本书在原来各章节“启示窗”的基础上，增加了“议一议”“拓展视野”“拓展思维”“启示”“提示”等栏目，提出了一些能够激发学生思考、拓展教材内容的问题，提升学生学习兴趣和学习的主观能动性，使其边学习边思考，帮助其强化所学知识，使本书更具有启发性和阅读吸引力；在适当位置插入了图片，实现了文字、图片等内容的系统设计和有机结合。

（5）实用性强，案例突出。财务会计是会计专业的核心课程之一，要求学生既能掌握相关业务的账务处理方法，又能正确运用所学方法处理实务。本书每章章末的“典型案例”栏目，介绍了企业实际业务处理中容易出现问题的情景案例，一方面使学生在案例分析过程中进一步巩固所学知识，另一方面可以提高教育成果的转化水平。

（6）引入思政课堂，德技兼修。教育是国之大计、党之大计。培养什么人、怎样培养人、为谁培养人是教育的根本问题。育人的根本在于立德。为了全面贯彻党的教育方针，落实立德树人根本任务，培养德智体美劳全面发展的社会主义建设者和接班人，本书各章设置“素养提升”栏目，通过生动的案例，将思政元素有机融入专业知识，形成浑然一体的课程思政体系；通过其他小模块增加了党的二十大报告内容，充分体现党的二十大精神和习近平新时代中国特色社会主义思想进教材。

（7）配套资源丰富。为方便教学，本书增加了部分重难知识点的微课，以“微课二维码”的形式，体现在新版教材中的相应位置。学生可随扫随用，方便随时随地进行学习，使教材更具适用性。对与本书配套的《财务会计习题与实训》进行了全面修订、更新，其习题难易适中、循序渐进，可以帮助学生记忆和演练所学知识、强化实际动手能力，学以致用；同时，本书配有电子课件、电子教案，相关授课教师可登录东北财经大学出版社网站（www.dufep.cn）免费下载使用。另外，本书配有题库系统，任课教师以“教师会员”身份登录东北财经大学出版社网站后，点击“会员中心”下的“在线组卷”，找到“财务会计习题与实训”即可进入本书配套题库系统。

本书阐述了财务会计的基本理论和方法，具有较强的理论性、实践性和通用性，既可以作为财经类专业的教学用书，也可以作为成人自学和企业培训的参考用书。

本书由北京永拓会计师事务所（特殊普通合伙）注册会计师陈德萍教授、山西省财政税务专科学校高慧云教授（太原理工大学硕士生导师）担任主编，负责制定提纲并对全书进行总纂；由山西省财政税务专科学校会计学院副院长王艳担任副主编。具体分工如下：陈德萍编写第1、2、4章；高慧云编写第3、5、6、7、8、9、12、13、15、16、17、18、19章；王艳编写第10、11、14章。在本教材修订过程中，米格国际控股有限公司提名委员会主席、审计委员会成员、独立董事陈军等企业会计人员提供了大量的意见和建议。

由于修编时间仓促，书中不足之处在所难免，恳请读者批评指正。欢迎向东北财经大学出版社反映意见、建议和疑问，具体联系方式如下：

电话：0411-84711800

传真：0411-84710731

邮件：184510119@qq.com

老师您好！　　同学您好！

编　者

2024年3月

第一版前言

为了贯彻执行国家颁布的《中华人民共和国会计法》（以下简称《会计法》）、《企业财务通则》、企业会计准则和《企业财务会计报告条例》，规范企业的会计核算工作，提高会计信息质量，财政部陆续发布了十几项具体会计准则，最近又制定了统一的《企业会计制度》，并于2001年1月1日起开始实施，这标志着我国在会计改革的进程中迈出了重要的一步。

为适应我国社会主义现代化建设对高等院校应用型人才的需要，我国高职高专教育近年来有了迅速发展，1999年开始实施《面向21世纪教育振兴行动计划》。为贯彻这一计划，实施教育部《21世纪高职高专教育人才培养模式和教学内容体系改革与建设项目计划》，落实教育部《关于制订高职高专教育专业教学计划的原则意见》，在总结会计实践和教学经验的基础上，我们编写了这部适用于高职高专教育的《财务会计》教材。本书阐述了财务会计的基本理论和方法，具有较强的理论性、实践性和通用性，另有配套的《财务会计习题与解答》，帮助学习者巩固所学知识，强化实际动手能力。

本书由广东财经职业学院、广东财税高等专科学校陈德萍教授担任主编，负责拟订全书的编写提纲，对全书进行修改总纂。本书编写分工如下：第1、10、11、13、14章由广东财经职业学院、广东财税高等专科学校陈德萍负责编写；第2、3、4、6章由广州财政学校倪穗华负责编写；第5、12章由福建龙岩财经学校陈鹭萍负责编写；第7、8、9章由杭州财政学校程运木负责编写；第15、16、17、18章由广东财经职业学院、广东财税高等专科学校王晖负责编写。

由于编写时间仓促，书中错误与缺点在所难免，恳请读者批评指正。

编　者

2001年8月

目　录

第1章

总　论

学习目标

知识目标：掌握会计基本假设、会计要素的内容；明确会计信息质量要求、会计计量属性要求的内容；了解财务报告的内容、会计等式及其内涵。

技能目标：熟悉会计科目的内容和分类。

素养提升

会计当而已矣

1.1 财务会计的基本概念

1.1.1 财务会计的含义

财务会计是现代会计的一个分支，它同管理会计相配合共同服务于市场经济条件下的现代企业。财务会计主要为企业外部利益关系人提供各种定期财务报表，因此，财务会计又称“对外报告会计”。企业外部利益关系人主要是指现在和潜在的投资者、债权人、其他报表使用者。

财务会计必须遵循“凭证—账簿—报表”这一基本模式，采用一定的程序，按照企业会计准则的要求对日常经济业务进行处理。财务会计主要通过定期编制财务报表，向外部会计信息使用者提供企业一定期间的经营成果和特定日期的财务状况及其变动情况，使他们能够及时、准确地了解企业的生产经营情况，从而能够对企业的经营情况作出准确判断，以保证其自身的利益。

因此，财务会计的含义可以表述为：财务会计是以《中华人民共和国会计法》（简称《会计法》）为准绳，依据企业会计准则或企业会计制度，按照规定的会计程序，采用一系列专门方法，对企业经济活动进行核算和监督，并向有关方面提供企业财务信息，旨在管好、用好企业资金的一种管理活动。

1.1.2 财务会计的特点

现代企业会计可以分为财务会计和管理会计两大分支。本书着重说明企业财务会计的基本理论和方法。与管理会计相比，财务会计主要有以下特点：

第一，从直接的服务对象来看，财务会计主要是为企业外部有关方面提供会计信息，但同时也为企业内部管理服务。

第二，从提供信息的时态来看，财务会计主要是提供有关企业过去和现在的经济活动情况及其结果的会计信息。

第三，从提供信息的跨度来看，财务会计主要是定期反映企业作为一个整体的财务状况、经营成果以及现金流量的变动情况。

第四，从工作程序的约束依据来看，财务会计受企业会计准则和企业会计制度的约束。

第五，从会计程序和方法来看，财务会计有一套比较科学的、统一的、定型的会计处理程序和方法，如填制会计凭证、登记账簿、编制财务报表等。

第六，从会计分期来看，财务会计要划分会计期间，分期结算账目和编制财务报表。财务会计通常以公历年为会计年度。

1.1.3　财务会计的对象

财务会计的对象，通常是指财务会计所要核算和监督的内容。财务会计侧重于从价值角度来核算和监督企业的生产经营活动。企业的生产经营活动包括资金筹集、资金使用、资金循环周转和财务成果分配。在日常生产经营活动中，财务会计核算和监督的具体内容总是表现为各种各样的经济业务。因此，在实际工作中，常把各种经济业务作为会计核算的对象。

1.1.4　财务会计的职能

财务会计的职能是指会计工作应该具有的作用。财务会计的基本职能是核算和监督。会计机构和会计人员必须遵守各项法律、法规，依法办理会计事务，进行会计核算，实行会计监督。

1）财务会计的核算职能

财务会计的首要职能是核算，即反映经济活动情况，为报表使用者提供信息。

（1）财务会计核算的特点

与其他提供经济信息的活动相比，财务会计核算有以下特点：

❶财务会计主要以货币为计量单位，从价值量方面反映各单位的经济活动情况。财务会计在反映经济活动时主要使用货币度量，其他指标和文字说明只是附带的部分。因为企业最初的投资总是用货币来度量的，所以对这些投资使用的追踪记录也只能使用货币度量。会计有时也使用其他度量，如实物数量、劳动工时等，目的是改善货币度量的效果和扩大会计信息输出的范围。

❷财务会计核算已经发生的事实，具有可验证性。财务会计主要反映过去发生的经济事实，为此，在每项经济业务发生或完成后，都应编制书面凭证，并经审核，以保证其真实性，并按照会计准则和会计制度以及惯例对其进行加工，以保证提供的信息符合规范。因此，会计提供的信息具有可验证性。正是会计的这一特点，使以后的审计成为可能，并且使会计数据的可靠性得到社会公认。

❸财务会计的反映具有完整性、连续性和综合性。会计反映整个企业的全部经济业务，并连续对经济业务进行记录，使用货币计量对大量的、分散的、不易理解的数据加以分类、汇总、排序，使之成为便于理解、能说明全面情况的信息。

（2）财务会计核算的内容

财务会计核算的主要内容有：款项和有价证券的收付；财物的收发、增减和使用；债权债务的发生和结算；资本、基金的增减；收入、支出、费用、成本的计算；财务成果的计算和处理；需要办理会计手续、进行会计核算的其他事项。

2）财务会计的监督职能

我国《会计法》明确规定："会计机构、会计人员依照本法规定进行会计核算，实行会计监督。"

（1）财务会计监督的特点

与其他形式的经济监督相比，财务会计监督有以下特点：

❶财务会计监督伴随会计核算进行，因此具有完整性和连续性。企业发生的各项经济业务，会计都要如实记录和反映，同时还要审查它们是否符合有关财经法规，从而全面、完整地监督每一项经济活动。

❷财务会计监督主要利用各种价值指标，以财务活动为主，具有综合性。会计主要使用货币度量，利用资产、负债、所有者权益、收入、费用和利润等指标综合反映经济活动的进程和结果，从总体上监督企业的经济活动。

❸财务会计监督以国家财经法规和财经纪律为准绳，具有强制性和严肃性。财务会计监督必须依据国家财经法规和财经纪律进行。《会计法》不仅赋予了会计机构和会计人员实行会计监督的权利，而且规定了监督者的法律责任。会计机构和会计人员如果放弃监督，对不真实、不合法的原始凭证予以受理，情节严重的给予行政处分；给公共财产造成重大损失，构成犯罪的，依法追究刑事责任。

（2）财务会计监督的内容

根据《会计法》的规定，财务会计监督的主要内容有：

❶监督会计资料的真实性、可靠性。会计机构和会计人员发现会计账簿记录与实物、款项及有关资料不相符的，按照会计准则的规定有权自行处理的，应当及时处理；无权处理的，应当立即向单位负责人报告，请求查明原因，作出处理。

❷监督经济业务的合法性。是否依法设置会计账簿；会计核算是否符合《会计法》和会计准则的规定；任用会计人员是否符合《会计法》的规定。

❸监督企业财产的安全性、完整性。会计机构和会计人员必须真实、全面地反映企业的经济业务，以保证企业财产安全、完整，对于账账、账实、账证不相符的，必须查明原因，作出处理。

1.1.5 财务会计的目的

财务会计的目的是使财务会计信息满足社会各方面的需要。它主要是向财务报表使用者提供与企业财务状况、经营成果和现金流量等有关的会计信息，反映企业管理层受托责任履行情况，便于财务报表使用者作出经济决策。财务报表使用者包括投资者、债权人、政府及其有关部门和社会公众等。

现阶段，财务会计信息主要应满足以下两个方面的需要：

第一，为企业外部有关方面了解企业经营业绩提供信息。

在市场经济条件下，企业与外部各有关方面形成了各种经济关系，这些经济关系主要表现为企业与政府、投资者、债权人等之间的经济关系。政府为了进行宏观经济管理、维护正常的经济秩序、取得财政收入，需要了解企业的运行情况；投资者为了保护自身的利益，需要了解企业的资产、负债、盈亏情况，监督企业运用资产的有效性，提高资产的使用效益；债权人出于自身债权安全的考虑，需要了解企业的财务状况，对企业的偿债能力和债权投资风险作出判断。充分满足企业外部有关各方对会计信息的需要，是财务会计的目的之一。另外，企业的潜在投资者为了作出合理的投资决策，也需要了解企业有关财务和经营方面的信息。

第二，为企业内部经营管理提供信息。

在市场经济条件下，会计为企业内部经营管理提供信息，是会计发展的一个重要方面，也是会计目的的一个重要内容。企业内部经营管理的好坏，直接影响企业的经济效益，影响企业在市场上的竞争能力。会计是企业内部的重要信息系统，会计提供的信息准确、可靠，有助于决策者进行合理的决策，有助于强化企业内部的管理，反映企业管理层受托责任的履行情况。现代财务会计通过日常的会计核算，提供连续、系统、全面、可靠的会计信息，对企业内部经营管理、控制和决策发挥越来越重要的作用。

1.2 企业会计准则和企业会计制度

1.2.1 企业会计准则

1）企业会计准则的概念

企业会计准则，是在《会计法》和会计理论指导下由一定组织机构制定的会计标准，是企业会计工作的规范，是处理会计实务、评价企业会计工作质量的准绳。在社会政治经济环境的影响下，会计准则随着会计理论与实践的发展而不断完善。

国际会计准则（IAS）从1973年到2000年由国际会计准则委员会（IASC）发布。国际会计准则理事会（IASB）在2001年取代了国际会计准则委员会，并且在2001年4月宣称会采用国际会计准则委员会以前所发布的所有国际会计准则。IASB自2001年正式运转，其发布的会计准则被称为国际财务报告准则（IFRS）。截至目前，通过改进原来的国际财务报告准则和发布新的国际财务报告准则，现行有效的国际财务报告准则共40余项。这些会计准则主要有：财务报表列报，存货，无形资产，现金流量表，所得税会计，不动产、厂房和设备，租赁，每股收益，收入等。

我国对国际财务报告准则十分重视，为使我国会计工作能与国际会计接轨，适应社会主义市场经济发展的需要，保证会计信息质量，依据《会计法》的要求，在总结我国会计改革实践的基础上，经过会计专家和广大会计工作者的努力，制定并陆续修订和完善了我国的会计准则体系。会计准则是我国会计核算工作的统一标准，是审核企业财务报告的依据。

我国企业会计准则体系的基本框架是：以基本准则为指导原则，以存货、固定资产等一般业务的具体准则为主线，兼顾金融、石油、天然气等特殊行业中的特定业务准则，按照现金流量表、合并财务报表等报告准则进行列报，涵盖企业绝大部分经济业务的会计处理和相关信息的披露，体现我国国情，并与国际会计标准基本趋同。

2）企业会计基本准则和具体准则

我国企业会计准则包括基本准则和具体准则两部分。

（1）基本准则

基本准则，是对会计核算工作作出的原则性规定。我国现行的基本准则，是在1993年7月1日起实施的会计准则的基础上于2006年修订，自2007年1月1日起在上市公司范围内实施，并在之后陆续修订正式实施的《企业会计准则——基本准则》。基本准则主要包括四个部分：总则；会计信息质量要求；会计要素及会计计量；财务会计报告。基本准则是我国不同所有制、不同行业的企业所必须共同遵守的原则。

（2）具体准则

具体准则，是根据基本准则的要求就会计核算的基本业务和特殊行业的会计核算工作作出的规定。具体准则按照其内容，可以分为共性业务会计准则、财务报表准则和特殊业务会计准则三类。共性业务会计准则主要是对各行各业会计核算中共同的基本业务的会计处理作出规定，包括固定资产、存货、收入、无形资产、或有事项、租赁、外币折算等。财务报表准则主要是对各种财务报表反映的内容、列示的方法和报表的格式等作出规定，包括财务报表列报、现金流量表、中期财务报告、合并财务报表等。特殊业务会计准则主要是对一些特殊行业的基本会计业务的核算作出规定，包括金融工具确认和计量、石油天然气开采、生物资产等。

3）企业会计准则实施的意义

在我国，随着社会主义市场经济体系的建立和完善、对外开放的不断扩大，企业已走向国际市场，这就要求企业会计按照国际惯例进行运作。因此，制定和实施适合我国国情的会计准则就有着非常重要的现实意义，主要表现在以下三个方面：

第一，有利于保护社会公众利益。我国企业会计准则体系以提高会计信息质量、维护社会经济秩序为宗旨，按照国际惯例对会计信息的生成和披露作了更加严格和科学的规定。我国企业会计准则体系的实施，必将进一步强化对信息供给的约束，有效维护投资者的知情权，有利于社会公众作出理性决策，保护社会公众的切身利益，促进经济持续、稳定、有序的发展。

第二，有利于完善市场经济体制。我国企业会计准则体系适应经济全球化、会计国际趋同和完善社会主义市场经济体制的新形势、新要求。我国企业会计准则体系的实施，有利于更好地发挥会计工作引导资源配置、支持科学决策、加强经营管理、推动合理分配的职能，对促进深化企业改革、建设现代市场体系、完善市场经济体制和加强宏观调控具有重要作用。

第三，有利于提高对外开放水平。会计是国际通用的商业语言，随着经济全球化趋势的深入发展，我国经济与世界经济的相互联系、相互依存和相互影响日益加深，迫切需要大胆借鉴国际通行规则，不断完善会计、审计准则。我国企业会计准则体系的实施，有利于进一步优化我国的投资环境，促进企业更多、更好地“走出去”，稳步推进我国会计、审计国际化发展战略，全面提高我国的对外开放水平。

1.2.2 企业会计制度

1）企业会计制度的概念

会计制度，是部门或行业根据会计准则而制定的适用其本身进行会计工作所遵循的规则、方法和程序的总称。在我国会计领域，出现了企业会计准则和企业会计制度并存的趋势。各部门和单位也可根据企业会计准则的要求，制定部门或单位的会计制度。

2）企业会计制度的内容

目前，财政部颁布并实施的会计制度主要有《企业会计制度》《政府会计制度——行政事业单位会计科目和报表》等。会计制度的核心是账户设置、会计核算、具体流程及会计核算的具体方法等。

1.3 会计基本假设和要求

1.3.1 会计基本假设

会计基本假设是企业会计确认、计量和报告的前提，是对会计核算所处时间、空间环境等作出的合理设定。会计基本假设包括会计主体、持续经营、会计分期和货币计量四项。

1）会计主体

会计主体，也称会计实体，是指企业会计确认、计量和报告的空间范围。典型的会计主体是企业。会计提供的信息，特别是报表，反映的是特定会计主体的财务状况与经营成果，不允许含混任何其他会计主体的会计要素，并且不能遗漏本会计主体的任何会计要素。企业应当对其本身发生的交易或者事项进行会计确认、计量和报告。

会计主体不同于法律主体。一般来说，法律主体往往是一个会计主体。例如，一个企业作为一个法律主体，应当建立会计核算体系，独立反映其财务状况、经营成果和现金流量。但是，会计主体不一定是法律主体。例如，在企业集团中，一个母公司拥有若干个子公司，企业集团在母公司的统一领导下开展生产经营活动。母子公司虽然是不同的法律主体，但是，为了全面反映企业集团的财务状况、经营成果和现金流量，就有必要将这个企业集团作为一个会计主体，编制合并财务报表。

2）持续经营

持续经营，是指在可以预见的将来，企业会按当前的规模和状态继续经营下去，不会停业，也不会大规模削减业务。它要求会计人员以企业持续、正常的生产经营活动为前提进行会计核算。会计核算所使用的一系列的会计处理方法都是建立在以持续经营为前提的基础上的。例如，在持续经营的前提下，才能运用历史成本原则，使用企业所拥有的各种经济资源和依照原来的偿还条件来偿还其所负担的各种债务；在资产和负债的分类方面，由于假定企业持续经营，才有流动资产、非流动资产以及流动负债、非流动负债之分。若企业即将清算，则持续经营的前提就不成立，编制财务报告就应根据资产的清算价值、负债立即清偿的金额报告，一些公认的会计处理方法也将失去存在的基础。

3）会计分期

会计分期，是指将一个企业持续经营的生产经营活动划分为一个个连续的、长短相同的期间，据以结算账目、编制财务报表。会计期间分为年度、半年度、季度和月度。我国会计准则规定，企业的会计期间分为年度和中期。其中，中期是指短于一个完整会计年度的报告期间。企业的生产经营活动是在持续不断进行的，所以，会计期间是一种人为的划分，而在持续经营中许多交易并未完成，为此，每期所结算的损益只是一个概略数字。财务报表的价值，也就取决于企业对营业收入和费用的估计，以及对营业收入和费用在各期间的分配。

议一议　同学们，资产、负债的哪些会计处理方法是基于会计分期假设的？

4）货币计量

货币计量，是指会计主体在财务会计确认、计量和报告时以货币计量，反映会计主体的生产经营活动。采用货币作为计量单位，通常有两层含义：

第一，在诸多计量单位中假设货币是经济活动计量的最好单位。经济活动的计量，事实上存在多种计量单位，如货币、实物数量、重量、长度、面积等。货币作为会计使用的统一计量单位，具有广泛的适用性，更能体现会计目的，即表达财务状况和经营成果。

第二，货币的价值保持不变。货币作为一种计量单位，应当是稳定的，这样才能使不同时点的资产价值具有可比性，不同期间的收入和费用才能进行比较，以计算其经营成果。但由于通货膨胀普遍存在，货币的实际价值是变动的。为了解决这个问题，会计上有两种选择：一种是假设币值不变，忽略这种变化；另一种是计量这种变化，对不同时间的货币价值进行折算调整。通常认为，通货膨胀超过一定比率的时候，则采用通货膨胀会计或等值货币会计程序，并且要在财务报表中说明其编制基础。但货币计量仍然是会计核算的基本前提。

1.3.2　会计信息质量要求

企业在进行会计核算时，对会计信息的质量要求主要有：

1）可靠性

企业应当以实际发生的交易或者事项为依据进行确认、计量和报告，如实反映符合确认和计量要求的各项会计要素及其他相关信息，保证会计信息真实可靠、内容完整。

2）相关性

企业提供的会计信息应当与投资者等财务报告使用者的经济决策需要相关，有助于投资者等财务报告使用者对企业过去、现在或者未来的情况作出评价或者预测。

3）可理解性

企业提供的会计信息应当清晰明了，便于投资者等财务报告使用者理解和使用。

4）可比性

企业提供的会计信息应当相互可比。同一企业不同时期发生的相同或者相似的交易或者事项，应当采用一致的会计政策，不得随意变更；确需变更的，应当在财务报表附注中说明。不同企业发生的相同或者相似的交易或者事项，应当采用规定的会计政策，确保会计信息口径一致、相互可比。

5）实质重于形式

企业应当按照交易或者事项的经济实质进行确认、计量和报告，而不仅仅以交易或者事项的法律形式为依据。

拓展视野

通过网络等媒介资源，查找体现实质重于形式要求的常见交易或事项。

启示窗1-1

2018年修订的《企业会计准则第21号——租赁》（即租赁准则）要求对所有租赁（短期租赁和低价值资产租赁除外）确认使用权资产和租赁负债，遵循了实质重于形式要求。此说法对吗？

6）重要性

企业提供的会计信息应当反映与企业财务状况、经营成果和现金流量有关的所有重要交易或者事项。

7）谨慎性

企业对交易或者事项进行确认、计量和报告时要保持应有的谨慎，不应高估资产或者收益、低估负债或者费用。

8）及时性

企业对已经发生的交易或者事项，应当及时进行确认、计量和报告，不得提前或者延后。

议一议　同学们，如何认识会计信息的相关性、可靠性、及时性的关系？

1.3.3　会计计量属性要求

会计计量是为了将符合确认条件的会计要素登记入账并列报于财务报表而确定其金额的过程。计量属性，是指所予以计量的某一要素的特性。从会计的角度来看，计量属性反映的是会计要素金额的确定基础。企业应当按照规定的会计计量属性的要求进行计量，确定相关金额。计量属性主要包括历史成本、重置成本、可变现净值、现值和公允价值。

1）历史成本

历史成本，又称实际成本，是指取得或者制造某项财产物资时所实际支付的现金或者现金等价物的金额。在历史成本计量下，资产按照购置时支付的现金或者现金等价物的金额，或者按照购置资产时所付出的对价的公允价值计量；负债按照因承担现时义务而实际收到的款项或者资产的金额，或者承担现时义务的合同金额，或者按照日常活动中为偿还负债预期需要支付的现金或者现金等价物的金额计量。

2）重置成本

重置成本，又称现行成本，是指按照当前市场条件，重新取得同样一项资产所需支付的现金或者现金等价物的金额。在重置成本计量下，资产按照现在购买相同或者相似资产所需支付的现金或者现金等价物的金额计量；负债按照现在偿付该项债务所需支付的现金或者现金等价物的金额计量。

提示　盘盈存货、盘盈固定资产的入账成本均采用重置成本。

3）可变现净值

可变现净值，是指在正常生产经营过程中，以预计售价减去进一步加工成本和预计销售费用以及相关税费后的净值。在可变现净值计量下，资产按照其正常对外销售所能收到的现金或者现金等价物的金额扣减该项资产至完工时估计将要发生的成本、预计的销售费用以及相关税费后的金额计量。

4）现值

现值，是指对未来现金流量以恰当的折现率进行折现后的价值，是考虑货币时间价值的一种计量属性。在现值计量下，资产按照预计从其持续使用和最终处置中产生的未来净现金流入量的折现金额计量；负债按照预计期限内需要偿还的未来净现金流出量的折现金额计量。

5）公允价值

公允价值，是指市场参与者在计量日发生的有序交易中，出售一项资产所能收到或者转移一项负债所需支付的价格。有序交易，是指在计量日前一段时期内相关资产或者负债具有惯常市场活动的交易。

1.3.4　财务报告

财务报告是企业对外提供的反映企业某一特定日期的财务状况和某一会计期间的经营成果、现金流量等会计信息的文件。财务报告是企业财务会计确认和计量的最终结果的体现，是向投资者等财务报告使用者提供决策有用信息的媒介和渠道，是沟通投资者、债权人等财务报告使用者与企业管理层之间信息的桥梁和纽带。它包括资产负债表、利润表、现金流量表、所有者权益变动表和财务报表附注等，本书将其统称为财务报表。

1.4　会计要素和会计等式

1.4.1　会计要素

会计要素是根据交易或者事项的经济特征所确定的财务会计对象的基本分类。它是为实现会计目的，以会计基本前提为基础对会计对象的基本分类，是会计核算对象的具体化，是会计用于反映会计主体财务状况、经营成果的基本单位。按照我国的企业会计准则，会计要素分为资产、负债、所有者权益、收入、费用、利润等六项。这六项会计要素又可划分为两大类，即反映财务状况的会计要素和反映经营成果的会计要素。

1）反映财务状况的会计要素

（1）资产

资产，是指过去的交易或者事项形成的、由企业拥有或者控制的、预期会给企业带来经济利益的资源。资产是企业从事生产经营活动的物质基础，具有以下特点：

❶资产预期会给企业带来经济利益。它是指直接或者间接导致现金和现金等价物流入企业的潜力。凡是能够给企业带来未来经济利益的都可能成为资产，包括财产、债权、其他权利等。

❷资产应为企业拥有或者控制的资源。某项资源要作为企业的资产予以确认，企业必须享有其所有权，或者虽然不享有某项资源的所有权，但能够实际控制该项资源，如融资租入的固定资产。

❸资产是由企业过去的交易或者事项形成的。企业过去的交易或者事项包括购买、生产、建造行为等。预期在未来发生的交易或者事项不形成资产。

资产以各种具体形态分布在生产经营过程中的不同方面，按其流动性通常可分为流动资产和非流动资产。

（2）负债

负债，是指过去的交易或者事项形成的、预期会导致经济利益流出企业的现时义务。负债是企业权益的重要组成部分，具有以下特点：

❶负债是企业承担的现时义务。现时义务，是指企业在现有条件下已承担的义务。未来发生的交易或者事项形成的义务，不属于现时义务，不应当确认为负债。

❷负债的清偿预期会导致经济利益流出企业。负债这种责任将来必须以交付资产、提供劳务等牺牲经济利益的方式来偿还，偿还之前，企业承担着这种责任。

❸负债是由企业过去的交易或者事项形成的。负债应当由企业过去的交易或者事项所形成，过去的交易或者事项包括购买货物、接受劳务、接受银行贷款等。即只有过去发生的交易或者事项才形成负债，企业预期在未来发生的承诺、签订的合同等交易或者事项，不形成负债。

负债是企业筹措资金的重要渠道，但不能归企业永久使用，必须按期归还或偿付，因此，它实质上反映的是企业与债权人之间的一种债权债务关系。负债按其偿付期长短可分为流动负债和非流动负债。

（3）所有者权益

权益包括债权人权益和所有者权益两部分。前者为负债，后者为所有者权益。所有者权益，是指企业资产扣除负债后由所有者享有的剩余权益。股份公司的所有者权益又称股东权益，是指所有者对企业资产的剩余索取权。它包括所有者投入的资本（实收资本或股本）、直接计入所有者权益的利得和损失、留存收益等。

直接计入所有者权益的利得和损失，是指不应计入当期损益的、会导致所有者权益发生增减变动的、与所有者投入资本或者向所有者分配利润无关的利得或者损失。

利得，是指企业非日常活动中形成的、会导致所有者权益增加的、与所有者投入资本无关的经济利益的流入。

损失，是指企业非日常活动中发生的、会导致所有者权益减少的、与向所有者分配利润无关的经济利益的流出。

所有者权益与负债有着本质的区别。负债是对内和对外所承担的经济责任，企业负有偿还的义务，而所有者权益在一般情况下不需要企业归还给投资者；企业使用负债所取得的资金，通常需要付出代价，而使用所有者权益所取得的资金，则不需要支付费用；企业在清算时，负债拥有优先受偿权，而所有者权益只有在清偿所有负债后才返还给投资者；负债不能参与企业的利润分配，而所有者权益的基本部分可以参与企业的利润分配。

2）反映经营成果的会计要素

（1）收入

收入，是指企业在日常活动中形成的、会导致所有者权益增加的、与所有者投入资本无关的经济利益的总流入。它包括主营业务收入和其他业务收入，不包括为第三方或者客户代收的款项。

对于某一会计主体来说，收入表现为一定期间现金的流入、资产的增加或负债的减少。收入是企业持续经营的基本条件，企业必须在销售商品或者提供劳务等经营业务中取得收入，补偿经营活动的耗费，才能保证生产经营活动不间断地进行。正确地确认收入，是计算财务成果的重要内容。

启示窗 1-2

根据收入的定义，下列各项中哪些属于企业收入要素的范畴，哪些不符合收入的定义？

❶提供劳务取得的收入；❷主营业务收入；❸销售材料取得的收入；❹出售无形资产取得的收益。

（2）费用

费用，是指企业在日常活动中发生的、会导致所有者权益减少的、与向所有者分配利润无关的经济利益的总流出。企业要进行生产经营活动必然相应地要发生一定的费用，主要有两部分：一是为制造产品而发生的生产费用，通常称为产品成本费用或制造成本，主要包括产品生产过程中耗费的直接材料费用、直接人工费用和生产车间发生的制造费用。二是不能予以对象化的费用，通常称为期间费用，主要包括管理费用、财务费用和销售费用。费用是经营成果的扣除要素，收入扣除费用后形成一定期间的利润。

提示　营业外收入不属于收入，营业外支出不属于费用。

（3）利润

利润，是指企业在一定会计期间的经营成果。它包括收入减去费用后的净额、直接计入当期损益的利得和损失等，具体由营业利润、利润总额和净利润组成。利润是收入与费用配比、相抵后的差额，是反映经营成果的最终要素。企业利润的确认与计量，也就是收入与费用的确认与计量。

以上六项会计要素科学地概括了会计对象的基本内容，它们既具有不同的特点，又存在紧密的内在联系。

1.4.2　会计等式

会计等式，是指表明各会计要素之间基本关系的恒等式，也称会计平衡公式。

资产=负债+所有者权益　（1）

等式（1）表明某一会计主体在某一特定时点所拥有的各种资产以及债权人和投资者（所有者）对企业资产要求权的基本状况，表明资产、负债和所有者权益之间的基本关系。这一等式，是会计复式记账、会计核算和编制财务报表的基础。

收入-费用=利润　（2）

等式（2）表明经营成果与相应期间的收入和费用的关系。

1.5　企业会计科目

1.5.1　企业会计科目的含义

企业会计科目是对会计内容具体分类的项目名称。企业会计科目依据企业会计准则中确认和计量的规定制定。企业在不违反该规定的前提下，可以根据本单位的实际情况自行增设、分拆、合并会计科目。对于企业不存在的交易或者事项，可以不设置相关会计科目。对于明细科目，企业可以自行设置。会计科目的编号供企业填制会计凭证、登记会计账簿、查阅会计账目、应用会计软件系统参考，企业可结合实际情况自行确定会计科目编号。

1.5.2 企业会计科目表

《企业会计准则——应用指南》规定的主要会计科目见表1-1。

表1-1 企业会计科目表

序号	编号	会计科目名称	序号	编号	会计科目名称	序号	编号	会计科目名称
		一、资产类	30	1601	固定资产	59	2901	递延所得税负债
1	1001	库存现金	31	1602	累计折旧			三、所有者权益类
2	1002	银行存款	32	1603	固定资产减值准备	60	4001	实收资本（股本）
3	1012	其他货币资金	33	1604	在建工程	61	4002	资本公积
4	1101	交易性金融资产	34	1605	工程物资	62	4101	盈余公积
5	1121	应收票据	35	1606	固定资产清理	63	4103	本年利润
6	1122	应收账款	36	1701	无形资产	64	4104	利润分配
7	1123	预付账款	37	1702	累计摊销	65	4201	库存股
8	1131	应收股利	38	1703	无形资产减值准备			四、成本类
9	1132	应收利息	39	1711	商誉	66	5001	生产成本
10	1221	其他应收款	40	1801	长期待摊费用	67	5101	制造费用
11	1231	坏账准备	41	1811	递延所得税资产	68	5201	劳务成本
12	1401	材料采购	42	1901	待处理财产损溢	69	5301	研发支出
13	1402	在途物资			二、负债类			五、损益类
14	1403	原材料	43	2001	短期借款	70	6001	主营业务收入
15	1404	材料成本差异	44	2201	应付票据	71	6051	其他业务收入
16	1405	库存商品	45	2202	应付账款	72	6101	公允价值变动损益
17	1406	发出商品	46	2203	预收账款	73	6111	投资收益
18	1407	商品进销差价	47	2211	应付职工薪酬	74	6301	营业外收入
19	1408	委托加工物资	48	2221	应交税费	75	6401	主营业务成本
20	1411	周转材料	49	2231	应付利息	76	6402	其他业务成本
21	1471	存货跌价准备	50	2232	应付股利	77	6403	税金及附加
22	1501	债权投资	51	2241	其他应付款	78	6601	销售费用
23	1502	债权投资减值准备	52	2401	递延收益	79	6602	管理费用
24	1503	其他债权投资	53	2501	长期借款	80	6603	财务费用
25	1504	其他权益工具投资	54	2502	应付债券	81	6701	资产减值损失
26	1511	长期股权投资	55	2701	长期应付款	82	6703	资产处置损益
27	1512	长期股权投资减值准备	56	2702	未确认融资费用	83	6711	营业外支出
28	1531	长期应收款	57	2711	专项应付款	84	6801	所得税费用
29	1532	未实现融资收益	58	2801	预计负债	85	6901	以前年度损益调整

◉ 典型案例1-1

安然公司的破产引起了人们对许多会计和审计问题的思考。该公司1997年的一项未调整事项成为其中最令人关注的问题。在当年的审计中，安达信会计师事务所曾建议安然公司将当年的利润1.05亿美元调减0.51亿美元。但安然公司拒绝调整，而安达信最终也将这项未调整事项判断为“不重要”。从该案例中可以看出重要性原则在会计实务操作中的重要作用，引发我们一些思考。

分析提示：回顾本章中介绍的会计信息质量要求包括哪些内容，它们之间的区别是什么，本案例就是对其中一个原则的运用产生的问题。

本章小结

财务会计是现代会计的一个分支，它同管理会计相配合共同服务于市场经济条件下的现代企业。财务会计是以《会计法》为准绳，依据企业会计准则和企业会计制度，按照规定的会计程序，采用一系列专门方法，对企业经济活动进行核算和监督，并向有关方面提供企业财务信息，旨在管好、用好企业资金的一种管理活动。财务会计的基本职能是核算和监督。我国的企业会计准则包括基本准则和具体准则两部分。目前，我国会计领域出现了企业会计准则和企业会计制度并存的趋势。会计基本假设包括会计主体、持续经营、会计分期和货币计量。会计要素分为资产、负债、所有者权益、收入、费用、利润等六项。

概念回顾

会计主体　持续经营　资产　负债　可靠性　相关性

第2章

货币资金

学习目标

知识目标：掌握货币资金的概念、库存现金和银行存款的内容；明确现金管理和银行结算管理的有关规定；了解其他货币资金和外币业务的内容。

技能目标：熟悉库存现金、银行存款、其他货币资金和外币业务的账务处理。

素养提升

网络支付新时代
——数字人民币

2.1 货币资金概述

2.1.1 货币资金的概念和内容

货币资金，是指在企业生产经营过程中以货币形态存在的那部分资产。在企业所有的资产中，货币资金的流动性是最强的。持有货币资金是企业进行生产经营活动的基本条件。在企业的各项经济活动中，货币资金起着非常重要的作用。企业的货币资金包括库存现金、银行存款及其他货币资金。

➢库存现金。现金的概念可以从狭义和广义两个方面来理解。狭义的现金是指企业的库存现金；广义的现金包括库存现金、银行存款和其他符合现金定义的票证。我国会计上所说的现金是指存放在企业的现款，包括库存的人民币和外币。

➢银行存款。银行存款就是企业存放在银行或其他金融机构的货币资金。

➢其他货币资金。其他货币资金，是指除库存现金、银行存款以外的其他各种货币资金，包括外埠存款、银行汇票存款、银行本票存款、信用证保证金存款、信用卡存款和存出投资款等。

启示窗 2-1

下列各项目中，属于其他货币资金的有哪些？

❶企业收到的商业汇票；❷收到债务人交来的银行汇票；❸企业存入证券公司准备购买股票的款项；❹银行本票存款。

2.1.2　货币资金的管理

企业应遵循职责分工、交易分开、内部稽核、定期换岗等原则，建立适合本企业业务特点和管理要求的货币资金内部控制制度，做好货币资金的管理工作。

第一，严格岗位分工，执行授权批准制度。企业应当建立货币资金业务的岗位责任制，明确相关部门和岗位的职责、权限，确保办理货币资金业务的不相容岗位相互分离、制约和监督。出纳人员不得兼管稽核、会计档案保管和收入、支出、费用、债权、债务账目的登记工作。不得由一人办理货币资金业务的全过程。同时，企业应配备合格的人员办理货币资金业务，并定期进行岗位轮换。企业应当建立严格的货币资金授权批准制度，审批人应当根据货币资金授权批准制度的规定，在授权范围内进行审批，不得超越审批权限；经办人应当在职责范围内，按照审批人的批准意见办理货币资金业务；未经授权的部门和人员一律不得办理货币资金业务。

议一议　**同学们，为何出纳人员不得兼管稽核、会计档案保管和收入、支出、费用、债权、债务账目的登记工作？**

第二，加强现金和银行存款的管理，实行交易分开。企业应加强库存现金限额的管理，在规定范围内使用现金，不得坐支现金；同时，按规定在银行开立账户，办理存款、取款和转账业务。企业取得的货币资金收入必须及时入账，不得私设“小金库”，不得账外设账，严格禁止收款不入账的违法行为。企业应当按照规定的申请、审批、复核、支付的程序，办理货币资金支付业务。

第三，加强票据及有关印章的管理。企业应明确各种货币资金票据的购买、保管、领用、注销等环节的职责、权限和程序，并专设登记簿进行记录，防止空白票据的遗失和盗用；同时，要加强银行预留印鉴的管理，财务专用章应由专人保管，个人名章必须由本人或其授权人员保管。严禁一人保管支付款项的有关印章。

银行预留印鉴卡如图2-1所示。

中国工商银行太原千峰路支行预留印鉴卡

20×3年3月4日

户名	海蓝公司		
地址	太原千峰路28号	电话	6584848
启用日期	20×3年3月4日		
申请开户单位印鉴			银行印鉴
单位财务专用章 （海蓝公司 财务专用章）	法人代表名章 （张天垣印）	财务主管 （赵秀） 出纳人员 （李红）	（中国工商银行股份有限公司太原千峰路支行 业务专用章）
印鉴使用说明			

图2-1　银行预留印鉴卡

第四，实施内部稽核，加强监督检查。企业应当建立对货币资金业务的监督检查制度，设置内部稽核单位和人员，对货币资金实施经常性和突击性的检查，以确定账实是否相符。

2.2 库存现金

2.2.1 现金管理的主要内容

现金的流动性最强，最易被挪用或侵占，因此，企业应特别重视现金的管理与控制，以保护其安全与完整。现金管理的主要内容包括：

➢企业必须按《中华人民共和国现金管理暂行条例》中规定的现金结算的范围使用现金，不属于现金开支范围的业务一律通过银行办理转账结算。现金的结算范围主要有职工薪酬、差旅费、结算起点以下的零星支出等。

➢企业应当加强库存现金限额的管理，在银行核定的库存限额内支付现金，不得任意超过库存现金的限额，超过限额的现金应及时存入银行。

➢企业应当加强现金的管理，明确收款、付款、记录等各个环节中出纳人员与相关人员的职责、权限。

➢企业现金收入应及时存入银行，不得用于直接支付单位自身的支出。因特殊情况需要坐支现金的，应事先报开户银行审查批准，由开户银行确定坐支的数额等；未经银行批准的，严禁坐支现金。

➢企业应当定期和不定期地进行现金盘点，确保现金账面余额与实际库存相符，不得用白条抵库和挪用现金。

启示窗 2-2

以下几种业务中，不包括在现金使用范围内的有哪些？

❶支付职工福利费；❷结算起点以下的零星支出；❸向个人收购农副产品；❹支付银行借款利息。

2.2.2 库存现金收付的会计处理

1）账户设置

现金的总分类核算是通过设置“库存现金”账户进行的。该账户属于资产类账户，借方登记现金的收入额，贷方登记现金的支出额，期末借方余额表示库存现金的结余额。库存现金总账可直接根据收付款凭证逐笔登记，也可定期或于月份终了，根据汇总收付款凭证或科目汇总表登记。

现金的明细分类核算是通过设置库存现金日记账进行的。有外币现金的企业，应分别按人民币、外币现金设置库存现金日记账。库存现金日记账由企业出纳人员根据审核后的收付款凭证，按照业务发生的顺序逐笔登记。每日终了，应计算当日现金收入、付出合计数和结余数，并同实际现金库存数额进行核对，做到账款相符。每月终了，应将库存现金日记账的余额与库存现金总账的余额核对相符。库存现金日记账的格式及登记办法在《基础会计》教材中已作介绍，此略。

2）库存现金收付的账务处理

【例2-1】开出现金支票一张，从银行提取现金3 000元，编制会计分录如下：

借：库存现金　3 000
　贷：银行存款　3 000

【例2-2】购买办公用品支付现金450元，编制会计分录如下：

借：管理费用　450
　贷：库存现金　450

【例2-3】职工李平出差，预借差旅费2 000元，以现金支付，编制会计分录如下：

借：其他应收款——备用金（李平）　2 000
　贷：库存现金　2 000

【例2-4】职工李平出差回来报销差旅费1 800元，余款200元交回现金，编制会计分录如下：

借：管理费用　1 800
　　库存现金　200
　贷：其他应收款——备用金（李平）　2 000

2.2.3　库存现金清查和溢缺

企业应经常对库存现金进行清查，清查的基本方法是实地盘点法。库存现金清查既包括出纳人员在每日营业终了时进行的清点、核对，还包括清查小组进行的定期和不定期的盘点和核对。清查时，出纳人员必须在场。

对现金实存额进行盘点，必须以现金管理的有关规定为依据，不得以白条抵库，不得超限额保管现金。在清查中如发现账实不符，应立即查明原因，及时更正。对有待查明原因的现金短缺或溢余，应通过“待处理财产损溢——待处理流动资产损溢”账户核算，待查明原因并报请相关部门批准后，再根据不同的情况进行不同的处理。

1）现金短缺的账务处理

（1）属于应由责任人赔偿的部分，转入“其他应收款——应收现金短缺（某人）”账户。

（2）属于应由保险公司赔偿的部分，转入“其他应收款——应收保险赔款”账户。

（3）属于无法查明的其他原因，根据管理权限，经批准后转入“管理费用——现金短缺”账户。

【例2-5】现金清查，发现现金短缺400元，原因待查，编制会计分录如下：

借：待处理财产损溢——待处理流动资产损溢　400
　贷：库存现金　400

经查证，其中150元是出纳员黄珊工作失职造成，应由其负责赔偿；另外250元无法查明原因，经批准后转作管理费用，编制会计分录如下：

借：其他应收款——应收现金短缺（黄珊）　150
　　管理费用——现金短缺　250
　贷：待处理财产损溢——待处理流动资产损溢　400

2）现金溢余的账务处理

（1）属于应支付给有关人员或单位的现金溢余，转入“其他应付款——应付现金溢余（某人或单位）”账户。

（2）属于无法查明原因的现金溢余，经批准转入“营业外收入——现金溢余”账户。

【例 2-6】现金清查，发现现金溢余 180 元，原因待查，编制会计分录如下：

借：库存现金　　180

　贷：待处理财产损溢——待处理流动资产损溢　　180

经查证，批准转作营业外收入，编制会计分录如下：

借：待处理财产损溢——待处理流动资产损溢　　180

　贷：营业外收入——现金溢余　　180

拓展思维

无法查明原因的现金短缺，经批准后转入“管理费用”账户，而无法查明原因的现金溢余，经批准则转入“营业外收入”账户。请同学们分析原因。

2.3 银行存款

2.3.1 银行存款管理的内容

银行存款是企业存放在银行或其他金融机构的货币资金，对其管理具体包括：

➢企业应当按照国家《支付结算办法》的规定，在银行开立账户，办理存款、取款和转账结算。企业在银行开立的账户可分为基本存款账户、一般存款账户、临时存款账户和专用存款账户四种。基本存款账户，是指企业办理日常转账结算和现金收付的账户；一般存款账户，是指企业因借款或其他需要，在基本存款账户开户银行以外的银行营业机构开立的银行结算账户；临时存款账户，是指企业因临时需要并在规定的期限内使用而开立的银行结算账户；专用存款账户，是指企业按照法律、行政法规和规章的规定，对其特定用途资金进行专项管理和使用而开立的银行结算账户。一家企业只能选择一家银行的一个营业机构开立一个基本存款账户，企业的工资、奖金等现金的支取只能通过该账户办理。

➢企业除了按规定留存的库存现金以外，所有货币资金都必须存入银行。企业一切收付款项，除了制度规定可用现金支付的部分以外，都必须通过银行办理转账结算。

➢企业应当严格遵守银行结算纪律，不准签发没有资金保证的票据或远期支票，套取银行信用；不准签发、取得和转让没有真实交易和债权债务的票据，套取银行和他人资金；不准无理由拒绝付款，任意占用他人资金；不准违反规定开立和使用银行账户。

➢企业应当及时核对银行账户，确保银行存款账面余额与银行对账单相符。对银行账户核对过程中发现的未达账项，应查明原因，及时处理。

2.3.2 支付结算方式

支付结算，是指单位、个人在社会经济活动中使用票据、信用卡、汇兑、托收承付、委托收款等结算方式进行货币给付及资金清算的行为。企业在办理支付结算业务时，必须根据不同的款项收支、结算金额的大小、结算距离的远近、利息支出和对方信用等因素，进行综合分析，选择适当的支付结算方式，以缩短结算时间，减少结算资金占用，加速资金周转。

根据《支付结算办法》的规定，目前企业可以采用的支付结算方式有以下几种：

1）银行汇票

银行汇票是出票银行签发的，由其在见票时按照实际结算金额无条件支付给收款人或者持票人的票据。

银行汇票的出票人是银行。按规定，出票银行应在收妥银行汇票申请人款项后，再签发银行汇票给申请人办理转账结算或支取现金。单位和个人的各种款项结算，均可使用银行汇票。银行汇票的提示付款期限为自出票日起1个月。申请人取得银行汇票后，即可持银行汇票向填明的收款单位办理结算。收款企业在收到付款单位送来的银行汇票时，应在出票金额以内，根据实际需要的款项办理结算；银行汇票的实际结算金额低于出票金额的，其多余金额由出票银行退交申请人。收款企业还应填写进账单，连同银行汇票和解讫通知一并交开户银行办理结算，银行审核无误后，办理转账。银行汇票的收款人也可以将银行汇票背书转让给他人。银行汇票结算流程如图2-2所示。

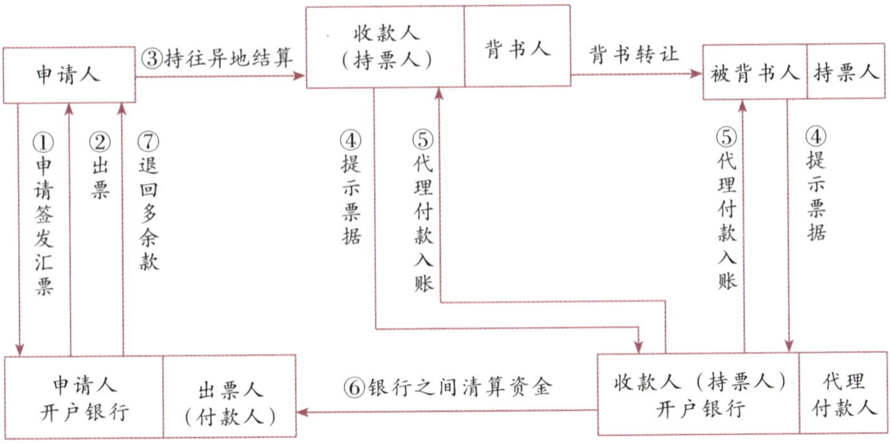

微课

银行汇票的办理

图2-2 银行汇票结算流程

银行汇票的格式如图2-3所示。

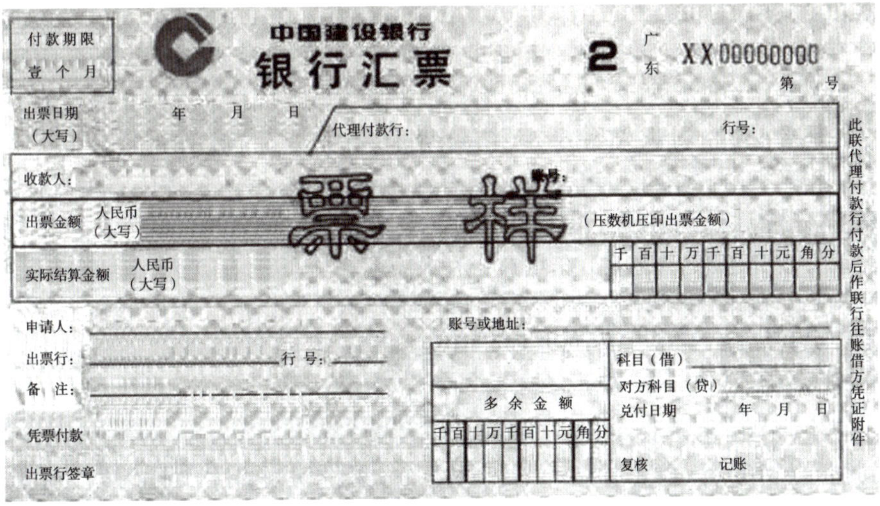
付款期限 壹个月

中国建设银行
银行汇票 2 广东 XX00000000
第 号

出票日期（大写） 年 月 日 代理付款行： 行号：

收款人：

出票金额 人民币（大写） 票样 （压数机压印出票金额）

实际结算金额 人民币（大写） 千 百 十 万 千 百 十 元 角 分

申请人： 账号或地址：

出票行： 行号：

备注：

凭票付款

出票行签章

多余金额 千 百 十 万 千 百 十 元 角 分

科目（借）
对方科目（贷）
兑付日期 年 月 日
复核 记账

此联代理付款行付款后作联行往账借方凭证附件

原图

银行汇票

图2-3 银行汇票

2）银行本票

银行本票是出票银行签发的，承诺在见票时无条件支付确定的金额给收款人或者持票人的票据。银行本票分为定额本票和不定额本票。定额本票的面额有1 000元、5 000元、10 000元和50 000元。

银行本票的出票人是银行。按规定，出票银行应在收妥银行本票申请人款项后，再签发银行本票，并保证见票付款。无论单位或个人，凡需要在同一票据交换区域支付款项的，都可以使用银行本票。银行本票可以用于转账，注明“现金”字样的银行本票可以用于支取现金。申请人或收款人为单位的，银行不得为其签发现金银行本票。银行本票的提示付款期限为自出票日起最长不得超过2个月。申请人取得银行本票后，即可持银行本票向填明的收款单位办理结算。收款企业在将收到的银行本票向开户银行提示付款时，应填写进账单，连同银行本票一并交开户银行办理转账。银行本票的收款人也可以在票据交换区域内将银行本票背书转让。银行本票结算流程如图2-4所示。

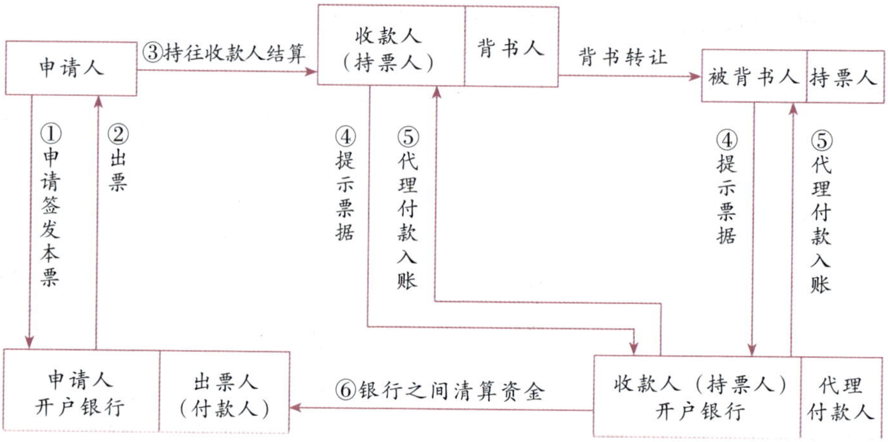

图2-4　银行本票结算流程

3）商业汇票

商业汇票是出票人签发的，委托付款人在指定日期无条件支付确定的金额给收款人或者持票人的票据。

在银行开立存款账户的法人以及其他组织之间须具有真实的交易关系或债权债务关系，才能使用商业汇票。商业汇票的出票人是交易中的收款人或付款人。商业汇票须经承兑人承兑。承兑，是指汇票的付款人承诺在汇票到期日支付汇票金额的票据行为。商业汇票按承兑人不同分为商业承兑汇票和银行承兑汇票。商业承兑汇票，是指由收款人签发、付款人承兑，或由付款人签发并承兑的票据。商业承兑汇票的承兑人是付款人，也是交易中的购货企业。银行承兑汇票，是指由在承兑银行开立存款账户的存款人（承兑申请人）签发，并由承兑申请人向开户银行申请，经银行审查同意承兑的票据。银行承兑汇票的出票人是购货企业，承兑人和付款人是购货企业的开户银行，承兑银行应按票面金额向出票人收取万分之五的手续费。

商业汇票的付款期限由交易双方商定，但最长不得超过6个月。商业汇票的提示付款期限为自汇票到期日起10日。商业承兑汇票到期时，如果付款人的存款不足以支付票款或付款人存在合法抗辩事由拒绝支付的，付款人开户银行应填制付款人未付票款通知书或取得付款人的拒绝付款证明，连同商业承兑汇票邮寄至持票人开户银行转持票人，银行不负责付款，由购销双方自行处理。银行承兑汇票的出票人应于汇票到期前将票款足额交存其开户银行。承兑银行应在汇票到期日或到期日后的见票当日支付票款。如果出票人于汇票到期日未能足额交存票款，承兑银行除凭票向持票人无条件付款外，对出票人尚未支付的汇票金额按照每天万分之五计收罚息。

商业汇票可以背书转让。符合条件的商业汇票的持票人可持未到期的商业汇票连同贴现凭证向银行申请贴现。

商业承兑汇票结算流程和银行承兑汇票结算流程分别如图2-5、图2-6所示。

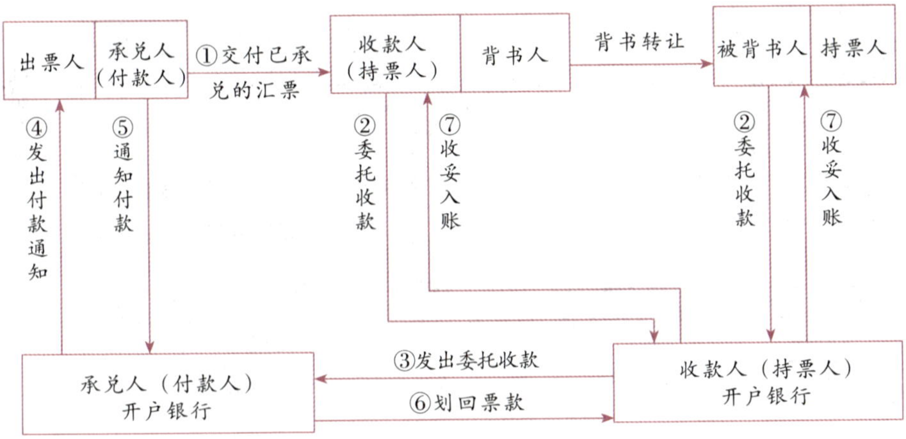

图2-5　商业承兑汇票结算流程

（由收款人出票的，应交由付款人承兑）

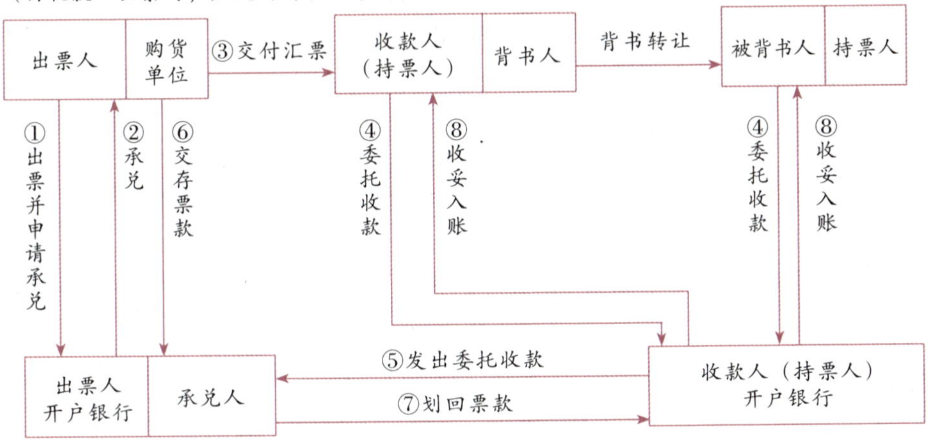

图2-6　银行承兑汇票结算流程

电子商业承兑汇票如图2-7所示。

电子银行承兑汇票如图2-8所示。

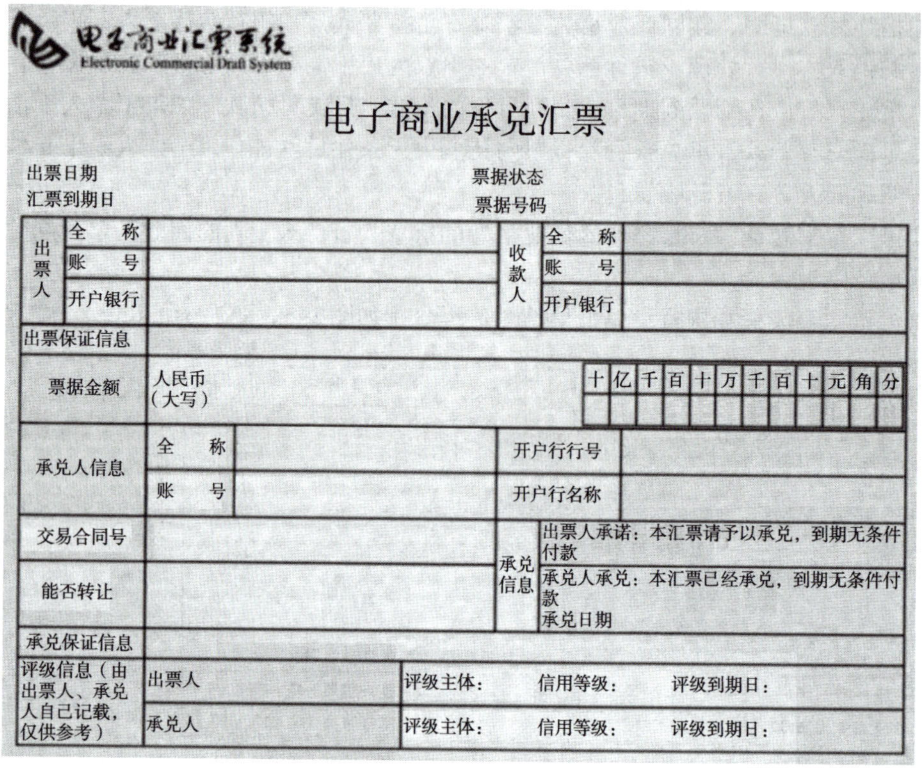

电子商业汇票系统
Electronic Commercial Draft System

电子商业承兑汇票

出票日期　　　　票据状态
汇票到期日　　　票据号码

出票人	全　称		收款人	全　称	
	账　号			账　号	
	开户银行			开户银行	
出票保证信息					
票据金额	人民币（大写）		十 亿 千 百 十 万 千 百 十 元 角 分		
承兑人信息	全　称		开户行行号		
	账　号		开户行名称		
交易合同号			承兑信息	出票人承诺：本汇票请予以承兑，到期无条件付款	
能否转让				承兑人承兑：本汇票已经承兑，到期无条件付款	
				承兑日期	
承兑保证信息					
评级信息（由出票人、承兑人自己记载，仅供参考）	出票人	评级主体：	信用等级：	评级到期日：	
	承兑人	评级主体：	信用等级：	评级到期日：	

原图
电子商业承兑汇票

图 2-7　电子商业承兑汇票

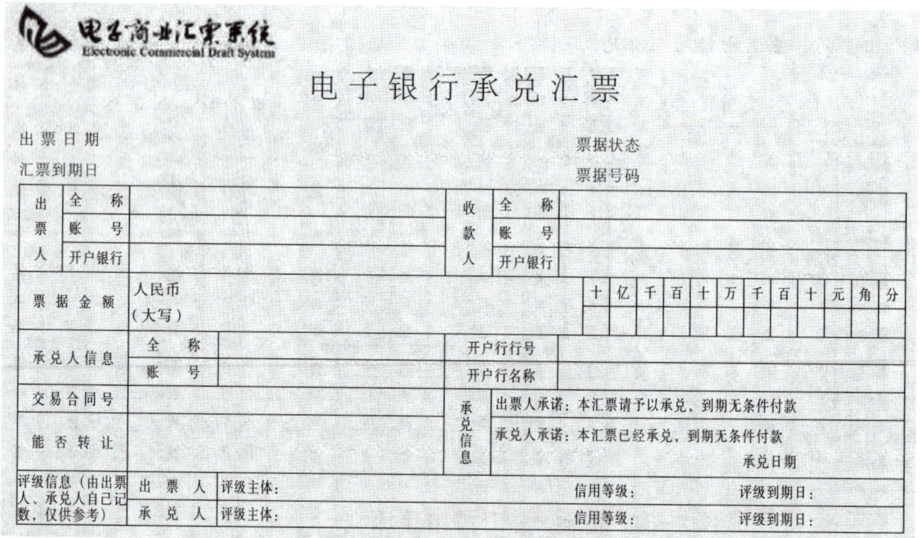

电子商业汇票系统
Electronic Commercial Draft System

电子银行承兑汇票

出票日期　　　　票据状态
汇票到期日　　　票据号码

出票人	全　称		收款人	全　称	
	账　号			账　号	
	开户银行			开户银行	
票据金额	人民币（大写）		十 亿 千 百 十 万 千 百 十 元 角 分		
承兑人信息	全　称		开户行行号		
	账　号		开户行名称		
交易合同号			承兑信息	出票人承诺：本汇票请予以承兑，到期无条件付款	
能否转让				承兑人承诺：本汇票已经承兑，到期无条件付款	
				承兑日期	
评级信息（由出票人、承兑人自己记载，仅供参考）	出票人	评级主体：	信用等级：	评级到期日：	
	承兑人	评级主体：	信用等级：	评级到期日：	

原图
电子银行承兑汇票

图 2-8　电子银行承兑汇票

提示　电子银行承兑汇票是指出票人（即承兑申请人）以数据电文形式向开户银行提出申请，经承兑银行审批并同意承兑后，保证承兑申请人在指定日期无条件支付确定金额给收款人或持票人的票据。

电子银行承兑汇票是纸质银行承兑汇票的继承和发展。电子银行承兑汇票所体现的票据权利义务关系与纸质银行承兑汇票没有区别，不同之处是电子银行承兑汇票以数据电文形式替代原有的纸质实物票据，以电子签名取代实体签章，以网络传输取代人工传递，以计算机录入代替手工书写，实现了出票、流转、兑付等票据业务过程的完全电子化。

4）支票

支票是出票人签发的，委托办理支票存款业务的银行在见票时无条件支付确定的金额给收款人或者持票人的票据。

《中华人民共和国票据法》按照支付票款方式，将支票分为现金支票、转账支票和普通支票三种。支票上印有“现金”字样的为现金支票，现金支票只可以支取现金，不可以办理转账。支票上印有“转账”字样的为转账支票，转账支票只能用于转账。支票上未印有“现金”或“转账”字样的为普通支票，普通支票既可以用于支取现金，也可以用于转账。在普通支票左上角划两条平行线的为划线支票，划线支票只能用于转账，不得支取现金。

支票的出票人是在银行机构开立可以使用支票的存款账户的单位和个人，出票人开户银行是付款人，付款人受出票人的委托从其账户支付票款。按规定，单位和个人的各种款项结算，均可以使用支票，签发支票时，出票人在付款人处的存款应足以支付支票金额，银行见票即付。出票人签发现金支票和用于支取现金的普通支票，必须符合国家现金管理的规定。出票人不得签发与其预留银行签章不符的支票；使用支付密码的，出票人不得签发支付密码错误的支票；禁止签发空头支票（空头支票，是指签发的支票金额超过银行存款余额）。支票的提示付款期限为自出票日起10日，但中国人民银行另有规定的除外。持票人可以委托开户银行收款或直接向付款人提示付款，用于支取现金的支票仅限于收款人向付款人提示付款。转账支票可以根据需要背书转让。

转账支票如图2-9所示。

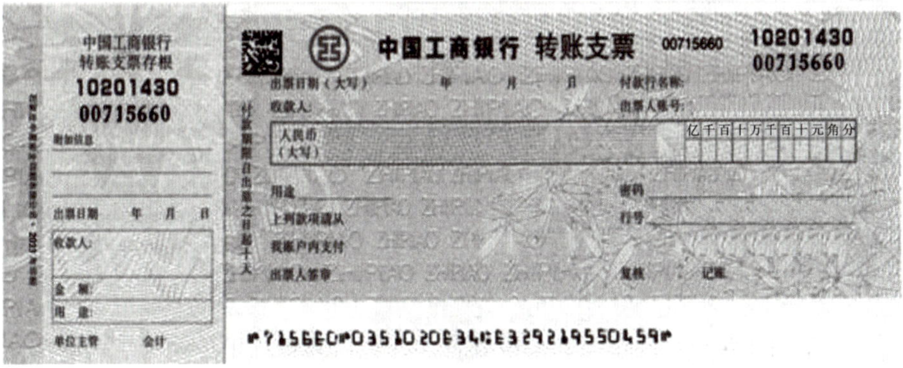

（正面）

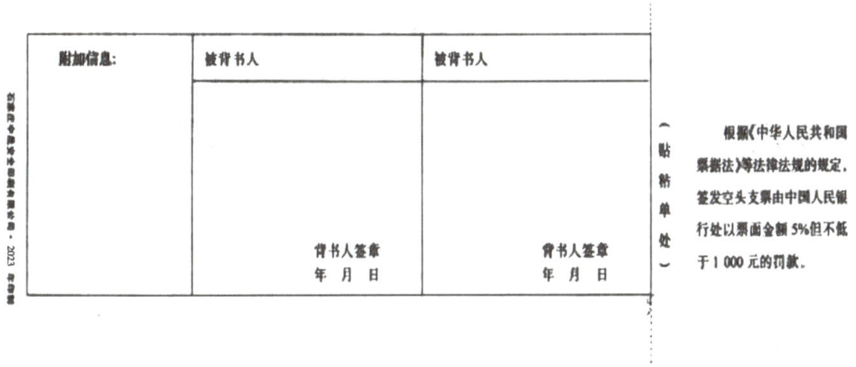

（背面）

图2-9　转账支票正面、背面

收款人持票办理结算流程如图2-10所示；出票人持票委托开户行将款项划转给收款人结算流程如图2-11所示。

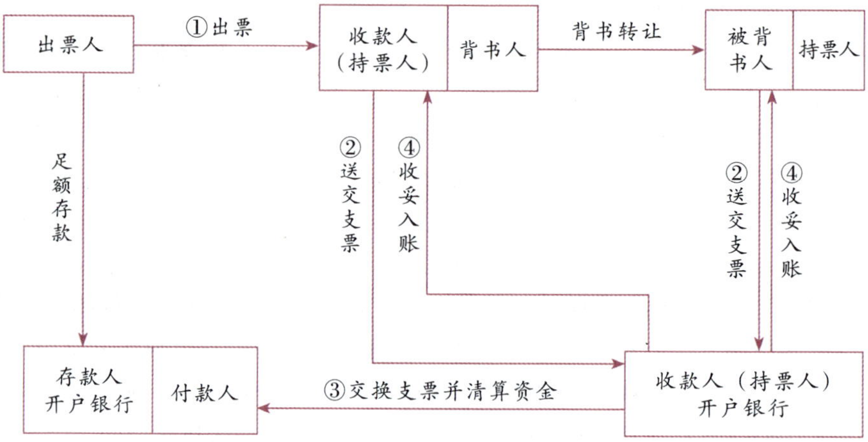

图2-10 收款人持票办理结算流程

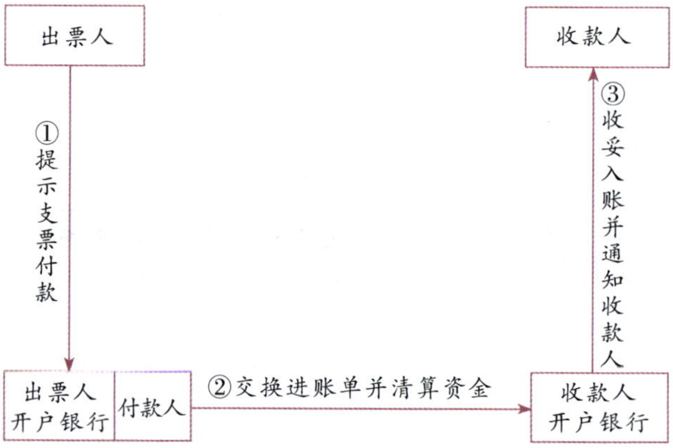

图2-11 出票人持票委托开户行将款项划转给收款人结算流程

5）信用卡

信用卡，是指商业银行向个人和单位发行的，凭以向特约单位购物、消费和向银行存取现金，且具有消费信用的特制载体卡片。

信用卡按使用对象分为单位卡和个人卡。单位卡的使用对象为单位，个人卡的使用对象为个人。信用卡还可按信誉等级不同分为金卡和普通卡。凡在中国境内金融机构开立基本存款账户的单位可申请单位卡。单位卡账户的资金一律从其基本存款账户转账存入，在使用过程中，需要向其账户续存资金的，也一律从其基本存款账户转账存入，不得交存现金，不得将销售收入的款项存入其账户。持卡人可持信用卡在特约单位购物、消费。单位卡不得用于10万元以上的商品交易、劳务供应款项的结算，不得支取现金。持卡人不得出租或转借信用卡。

信用卡在规定限额和期限内允许善意透支，透支期限最长为60天。持卡人使用信用卡不得发生恶意透支。恶意透支，是指持卡人超过规定限额或规定期限，且经发卡银行催收无效的透支行为。信用卡结算流程如图2-12所示。

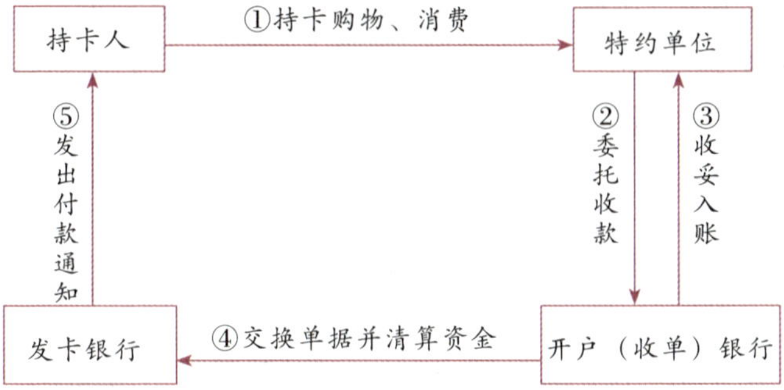

图2-12　信用卡结算流程

6）汇兑

汇兑是汇款人委托银行将其款项支付给收款人的结算方式。

汇兑按款项划转方式不同分为信汇、电汇和网上银行结算三种。信汇，是指汇款人委托银行通过邮寄方式将款项划转给收款人。电汇，是指汇款人委托银行通过电报方式将款项划转给收款人。汇兑结算方式便于汇款人向异地的收款人主动付款，其手续简便、划款迅速、应用广泛。网上银行是一种新型的汇兑结算方式，因为足不出户即可完成同城转账和异地汇款等大部分日常结算工作，目前被普遍采用。单位和个人的各种款项的结算，均可使用汇兑结算方式。

采用信汇、电汇结算方式，汇款单位汇出款项时，应填写银行印发的信汇（电汇）凭证，列明收款单位名称、汇款金额及汇款用途等项目，送达开户银行（即汇出银行），汇出银行受理汇款单位签发的汇兑凭证，经审查无误后，应及时向汇入银行办理汇款，并向付款单位签发汇款回单。汇入银行对开立存款账户的收款人，应将汇给其的款项直接转入收款人账户，并向其发出收账通知。汇兑结算流程如图2-13所示。

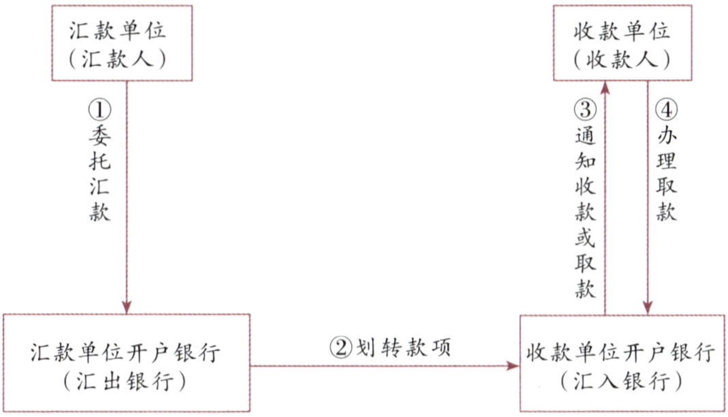

图2-13　汇兑结算流程

7）托收承付

托收承付是根据购销合同由收款人发货后委托银行向异地付款人收取款项，由付款人向银行承认付款的结算方式。

根据《支付结算办法》的规定，托收承付的使用范围是：（1）使用该结算方式的收款单位和付款单位，必须是国有企业、供销合作社以及经营管理较好，并经开户银行审查同意的城乡集体所有制工业企业；（2）办理结算的款项，必须是商品交易，以及因商品交易而产生的劳务供应的款项。代销、寄销、赊销商品的款项，不得办理托收承付结算。

《支付结算办法》还规定，办理托收承付，除必须同时符合上述两项规定外，还必须具备以下三个条件：(1) 收付双方使用托收承付结算，必须签有符合《中华人民共和国经济合同法》的购销合同，并在合同上订明使用托收承付结算方式；(2) 收款人办理托收，必须具有商品确已发运的证件（包括铁路、航运、公路等运输部门签发的运单、运单副本和邮局包裹回执），没有发运证件，可凭其他有关证件办理；(3) 收付双方办理托收承付结算，必须重合同、守信用。

符合上述使用范围和适用条件的企业间的款项结算可采用托收承付结算方式。托收承付结算每笔金额起点为10 000元，新华书店系统每笔金额起点为1 000元。

销货企业按照购销合同发货后，填写托收承付凭证，盖章后连同发运凭证或其他符合托收承付结算的有关证明和交易单证送交开户银行办理托收手续。销货企业开户银行接到托收凭证及其附件后，应当按照托收范围、条件和托收凭证填写的要求认真进行审查，经审查无误的，将有关托收凭证连同交易单证一并寄交购货企业开户银行。购货企业开户银行收到托收凭证及其附件后，应及时通知并转交购货企业。购货企业在承付期内审查核对，安排资金以备承付。购货企业应在双方签订合同时约定验单付款还是验货付款，验单付款的承付期为3天，验货付款的承付期为10天。承付期内购货企业未表示拒绝付款的，银行视为同意承付，于承付期满的次日上午银行开始营业时，将款项划给销货企业。购货企业不得在承付货款中扣抵其他款项或以前托收的货款。托收承付结算流程如图2-14所示。

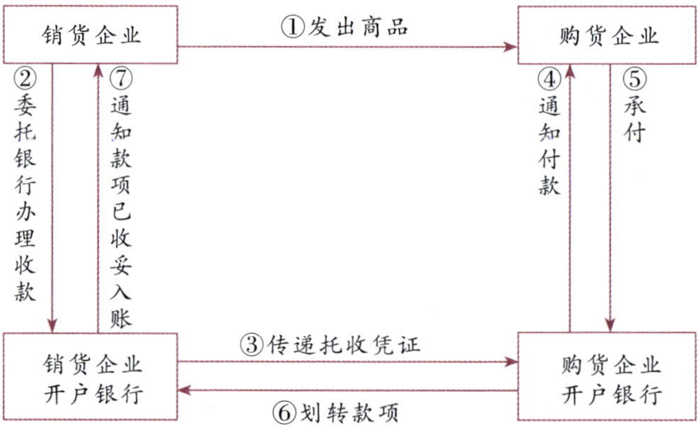

图2-14　托收承付结算流程

对于下列情况，购货企业可以在承付期内向银行提出全部或部分拒绝付款：(1) 没有签订购销合同或购销合同未订明托收承付结算方式的款项；(2) 未经双方事先达成协议，收款人提前交货或因逾期交货，而付款人不再需要该项货物的款项；(3) 未按合同规定的到货地址发货的款项；(4) 代销、寄销、赊销商品的款项；(5) 验单付款，发现所到货物的品种、规格、数量、价格与合同规定不符，或货物已到，经查验，货物与合同规定或发货清单不符的款项；(6) 验货付款，经查验，货物与合同规定或发货清单不符的款项；(7) 货款已经支付或计算有错误的款项。购货企业提出拒绝付款时，必须填写拒绝付款理由书并签章，购货企业开户银行必须认真审查拒绝付款理由，查验合同。银行同意部分或全部拒绝付款的，应在拒绝付款理由书上签注意见，并将拒绝付款理由书、拒付证明、拒付商品清单和有关单证邮寄至销货企业开户银行转交销货企业。购货企业在承付期满银行营业终了时，如无足够资金支付，其不足部分即为逾期未付款项，开户银行根据逾期付款金额和逾期天数，按每天万分之五计算逾期付款赔偿金。赔偿金实行定期扣付，每月计算一次，于次月3日内单独划给销货企业。当购货企业账户有存款时，开户银行必须将逾期未付款项和应付的赔偿金及时扣划给销货企业，不得拖延扣划。

8）委托收款

委托收款是收款人委托银行向付款人收取款项的结算方式。委托收款按结算款项的划回方式不同，分为邮寄和电报两种，由收款人选用。

委托收款便于收款人主动收款，在同城、异地均可以办理，且不受金额限制，无论单位还是个人都可凭已承兑商业汇票、债券、存单等付款人债务证明，采用该结算方式办理款项的结算。委托收款还适用于收取电费、电话费等付款人众多、分散的公用事业费等有关款项。

收款企业委托银行收款时，应填写委托收款凭证和提供有关的债务证明，经开户银行审查后，据以办理委托收款。付款单位开户银行接到收款企业开户银行寄来的委托收款凭证，经审查后通知付款单位。付款单位收到银行交给的委托收款凭证及债务证明，应签收并在3日内审查债务证明是否真实、是否为本单位的债务，确认之后通知银行付款。如果付款单位不通知银行，银行视为其同意付款，并在第4日从付款单位账户中付出此笔托收款项。付款单位在3日内审查有关债务凭证后，对收款企业委托收取的款项需要拒绝付款的，应出具拒绝证明，连同有关债务证明、凭证送交开户银行。付款单位开户银行不负审查责任，只将拒绝证明等凭证一并寄给收款企业开户银行转交收款企业。付款单位在付款日期满，如无足够资金支付全部款项的，其开户银行应将其债务证明连同未付款项通知书邮寄至收款企业开户银行转交收款企业。委托收款结算流程如图2-15所示。

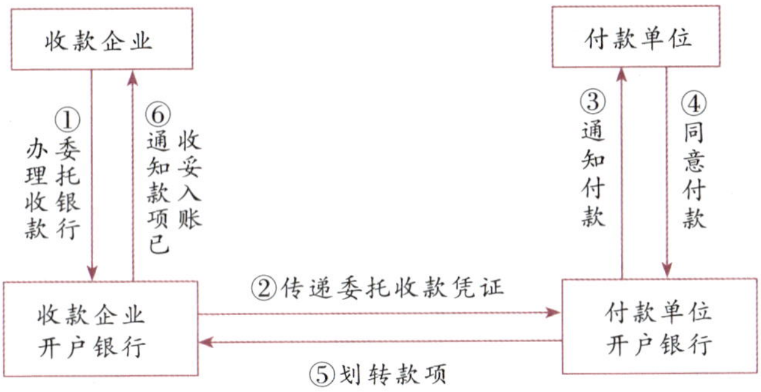

图2-15 委托收款结算流程

2.3.3 银行存款的会计处理

1）账户设置

银行存款的总分类核算是通过设置“银行存款”账户进行的。该账户属于资产类账户，借方登记存款的增加数，贷方登记存款的减少数，期末借方余额表示期末存款的实际结存数。企业存在其他金融机构的存款也应在本账户核算，但企业在银行的其他存款，如外埠存款、银行本票存款、银行汇票存款、信用卡存款、信用证保证金存款等，在“其他货币资金”账户核算，不在本账户核算。银行存款总账可直接根据收付款凭证逐笔登记，也可定期或于月份终了，根据汇总收付款凭证或科目汇总表登记。

银行存款的明细分类核算是通过设置银行存款日记账进行的。银行存款日记账应按银行和其他金融机构及存款种类等开设，对外币存款应按不同币种和开户银行分别设置日记账。银行存款日记账由企业出纳人员根据审核后的收付款凭证，按照业务发生的顺序逐笔登记，每日终了，应结出余额。银行存款日记账应定期与银行对账单核对，每月终了，银行存款日记账的余额必须与银行存款总账的余额核对相符。

2）银行存款收付的账务处理

【例 2-7】企业收到乙公司归还前欠本企业货款的转账支票一张，金额 80 000 元，企业将支票和填制的进账单送交开户银行。企业根据银行盖章退回的进账单的收账通知联和有关原始凭证，编制会计分录如下：

借：银行存款　　80 000
　贷：应收账款——乙公司　　80 000

【例 2-8】企业向广百公司购买办公用品 1 500 元，开出转账支票支付款项。企业根据支票存根和有关发票，编制会计分录如下：

借：管理费用　　1 500
　贷：银行存款　　1 500

【例 2-9】企业采用汇兑结算方式，委托银行将款项 23 000 元划转给丙公司，以偿还前欠货款。企业根据开户银行的汇款回单，编制会计分录如下：

借：应付账款——丙公司　　23 000
　贷：银行存款　　23 000

【例 2-10】企业向丁公司采购材料一批，价款 20 000 元，增值税 2 600 元，双方订明采用托收承付结算方式，验单付款。现企业收到银行转来的托收承付结算凭证及所附单据，经审核无误，在 3 天期满时承付货款，但材料尚未收到。企业根据托收承付付款通知及所附单据，编制会计分录如下：

借：材料采购（或在途物资）　　20 000
　　应交税费——应交增值税（进项税额）　　2 600
　贷：银行存款　　22 600

【例 2-11】企业销售产品给 A 公司，已采用托收承付结算方式委托银行向 A 公司收取款项 15 000 元，现收到银行转来的托收承付收账通知。企业根据托收承付收账通知及有关单据，编制会计分录如下：

借：银行存款　　15 000
　贷：应收账款——A 公司　　15 000

2.3.4　银行存款的核对

1）银行存款核对的内容

为了保证银行存款核算的真实、准确，及时纠正银行存款账目可能发生的差错，准确掌握企业可运用的银行存款实有数，保证银行存款账实相符，企业必须做好银行存款的核对工作。银行存款的核对主要包括以下三项内容：

（1）银行存款日记账与银行存款收、付款凭证互相核对，做到账证相符。

（2）银行存款日记账与银行存款总账互相核对，做到账账相符。

（3）银行存款日记账与银行对账单互相核对，做到账单相符，从而达到账实相符。

但在核对银行存款日记账与银行对账单的过程中，往往会出现二者不一致，原因主要有两个：一是双方各自的记账错误，这种错误应由双方及时查明原因，予以更正；二是存在未达账项。所谓未达账项，是指企业与银行之间由于凭证传递上的时间差，一方已登记入账，而另一方尚未登记入账的账项。在核对中如发现未达账项，应编制银行存款余额调节表进行调节，使双方余额相等。

2）银行存款余额调节表的编制

由于银行存款的收付有多种支付结算方式，收付凭证的传递又需要一定的时间，这就会出现在有些结算方式下，银行已完成了款项的收付但凭证还未到达企业，而在另一些结算方式下情况则相反。所以，对于同一笔业务，企业和银行各自入账的时间可能会不一致。

未达账项具体有以下四种情况：

（1）银行已收款记账，企业尚未收到银行的收账通知而未记账的款项。如企业委托银行收取的款项，银行办妥收款手续后入账，而收款通知尚未到达企业，企业尚未记增加。

（2）银行已付款记账，企业尚未收到银行的付款通知而未记账的款项。如银行向企业收取的借款利息、代企业支付的公用事业费用、到期的商业汇票付款等，银行办妥付款手续后入账，而付款通知尚未到达企业，企业尚未记减少。

（3）企业已收款记账，而银行尚未办妥入账手续的款项。

（4）企业已付款记账，而银行尚未支付入账的款项。如企业签发转账支票后记存款减少，而持票人尚未到银行办理转账手续，银行尚未记减少。

出现（1）和（4）两种情况，会使银行对账单的余额大于企业银行存款日记账的余额；出现（2）和（3）两种情况，结果则相反。为了准确掌握企业可运用的银行存款实有数，合理调配使用资金，企业应通过编制银行存款余额调节表，对未达账项进行调节。

银行存款余额调节表的具体编制方法是：在银行与企业的存款账面余额的基础上，加上各自的未收款，减去各自的未付款，然后计算出各自的余额。经调节后，双方余额如果相等，一般说明双方记账没有错误，该余额就是企业银行存款的实有数；双方余额如果不相等，表明记账有差错，应立即查明错误原因。属于本企业的原因，应按规定的改错方法进行更正；属于银行方面的原因，应及时通知银行更正。

微课

银行存款余额调节表的编制

【例2-12】企业6月30日的银行存款日记账的账面余额为185 300元，银行对账单上的企业存款余额为194 700元，经逐笔核对，发现有以下未达账项：6月30日，企业开出转账支票6 200元，持票人尚未到银行办理转账，银行尚未入账；6月30日，企业委托银行代收款项5 900元，银行已收妥入账，企业尚未接到银行的收账通知，企业尚未入账；6月30日，银行代企业支付水费2 700元，企业尚未接到银行的付款通知，企业尚未入账。

根据以上未达账项，编制银行存款余额调节表，见表2-1。

表 2-1 银行存款余额调节表 单位：元

项 目	金 额	项 目	金 额
企业银行存款账户余额	185 300	银行对账单余额	194 700
加：银行已收，企业未收的托收款项	5 900	减：企业已付，银行未付的转账支票	6 200
减：银行已付，企业未付的水费	2 700		
调整后的存款余额	188 500	调整后的存款余额	188 500

表 2-1 中调整后的存款余额相等，一般表示双方记账没有错误，调整后的余额就是企业目前银行存款的实有数。但要说明的是，企业在银行存款余额调节表上调整的未达账项不能记账，也不能据此作账面调整，要待结算凭证到达后再进行账务处理，登记入账。

企业应加强对银行存款的管理，并定期对银行存款进行检查，如有确凿证据表明存在银行或其他金融机构的款项已经部分或者全部不能收回，如吸收存款的单位已宣告破产，其破产财产不足以清偿的部分，或者全部不能清偿，应当作为当期损失，借记“营业外支出”账户，贷记“银行存款”账户。

议一议 同学们，从单位内部控制的角度讲，银行存款余额调节表应该不应该由出纳人员编制？

启示窗 2-3

银行存款日记账余额与银行往来的对账单余额不符，其原因有以下几种说法：❶应收账款未办理托收手续；❷企业方面记账有错误；❸银行方面记账有错误；❹企业没有收到收款通知；❺持票人未到银行办理转账。

请思考：以上说法中哪些是正确的呢？

2.4 其他货币资金

2.4.1 其他货币资金的内容

其他货币资金是企业除库存现金、银行存款以外的其他各种货币资金。其他货币资金包括外埠存款、银行汇票存款、银行本票存款、信用卡存款、信用证保证金存款和存出投资款等。

从某种意义上说，其他货币资金也是一种银行存款，但它是承诺了专门用途的存款，不能像结算户存款那样可随时安排使用，所以专设“其他货币资金”账户对其进行核算。该账户属于资产类账户，借方登记增加数，贷方登记减少数，期末借方余额反映其他货币资金的实存数。“其他货币资金”账户应设置“外埠存款”“银行汇票”“银行本票”“信用卡”“信用证保证金”“存出投资款”等明细账户。

2.4.2 其他货币资金的会计处理

1）外埠存款

外埠存款，是指企业到外地进行临时或零星采购时，汇往采购地银行开立采购专户的款项。

企业将款项委托当地银行汇往采购地开立的采购专户，除采购员差旅费可以支取少量现金外，一律转账结算；采购专户只付不收，付完结束账户。企业在采购时，通过采购专户结算货款。采购结束后有结余款的，将其退回汇款企业开户银行。

【例2-13】企业派采购员到外地采购甲材料，委托当地开户银行汇款46 330元到采购地开立采购专户。根据收到的银行汇款回单联，编制会计分录如下：

借：其他货币资金——外埠存款 46 330
　贷：银行存款 46 330

上述采购完成，收到采购员交来的供应单位发票账单，共支付甲材料款项46 330元，其中，价款41 000元，增值税5 330元。根据收到的有关账单，编制会计分录如下：

借：原材料——甲材料 41 000
　　应交税费——应交增值税（进项税额） 5 330
　贷：其他货币资金——外埠存款 46 330

2）银行汇票存款

银行汇票存款，是指企业为取得银行汇票按规定存入银行的款项。

企业将款项交存开户银行取得银行汇票后，可持往异地办理转账结算或支取现金。汇票使用后如有多余款或因汇票超过付款期未付出的，将其退回企业开户银行。

【例2-14】企业向银行提交“银行汇票申请书”并将款项100 000元交存开户银行，要求银行办理银行汇票并已取得汇票。根据银行盖章退回的申请书存根联，编制会计分录如下：

借：其他货币资金——银行汇票 100 000
　贷：银行存款 100 000

持汇票到异地采购乙材料，使用汇票实际支付乙材料价款70 000元、增值税9 100元。根据发票账单等有关凭证，编制会计分录如下：

借：原材料——乙材料 70 000
　　应交税费——应交增值税（进项税额） 9 100
　贷：其他货币资金——银行汇票 79 100

银行汇票多余款20 900元已退回企业开户银行。根据开户银行转来的银行汇票第四联（多余款收账通知），编制会计分录如下：

借：银行存款 20 900
　贷：其他货币资金——银行汇票 20 900

3）银行本票存款

银行本票存款，是指企业为取得银行本票按规定存入银行的款项。

企业将款项交存开户银行取得银行本票后，可在同一票据交换区域内办理转账结算或取得现金。如企业因本票超过付款期等原因未曾使用的，可要求银行退款。

【例2-15】企业向银行提交“银行本票申请书”并将款项3 000元交存银行。取得银行本票时，根据银行盖章退回的申请书存根联，编制会计分录如下：

借：其他货币资金——银行本票 3 000
　贷：银行存款 3 000

使用银行本票购买办公用品3 000元。根据发票账单等有关凭证，编制会计分录如下：

借：管理费用　　3 000
　贷：其他货币资金——银行本票　　3 000

当企业因本票超过付款期等原因而要求退款时，应填制一式三联的进账单，连同本票一并送交银行。根据银行盖章退回的进账单第三联，借记“银行存款”账户，贷记“其他货币资金——银行本票”账户。

4）信用卡存款

信用卡存款，是指企业为取得信用卡按照规定存入银行的款项。

企业的信用卡存款一律从基本账户转账存入，持卡人可持信用卡在特约单位购货、消费，但不得支取现金。

【例2-16】企业申请信用卡，将信用卡申请表连同30 000元的支票一并送交发卡银行。根据银行盖章退回的进账单，编制会计分录如下：

借：其他货币资金——信用卡　　30 000
　贷：银行存款　　30 000

企业用信用卡购货和支付费用共25 000元。根据银行转来的付款凭证及所附发票账单（经核对无误），编制会计分录如下：

借：管理费用　　25 000
　贷：其他货币资金——信用卡　　25 000

5）信用证保证金存款

信用证保证金存款，是指企业为取得信用证按规定存入银行的保证金。

企业向银行申请开立信用证，应按规定向银行提交开证申请书、信用证申请人承诺书和购销合同，并向银行缴纳保证金。企业用信用证保证金存款结算货款后，结余款可退回企业开户银行。

【例2-17】企业要求银行对境外甲公司开出信用证100 000元，按规定向银行提交开证申请书、信用证申请人承诺书、购销合同及保证金100 000元。根据银行盖章退回的进账单，编制会计分录如下：

借：其他货币资金——信用证保证金　　100 000
　贷：银行存款　　100 000

20天后，企业收到境外甲公司发来的材料及银行转来的信用证结算凭证及所附发票账单，共支付款项90 400元，其中，价款80 000元，增值税10 400元。余款9 600元已退回企业开户银行。编制会计分录如下：

借：原材料　　80 000
　　应交税费——应交增值税（进项税额）　　10 400
　贷：其他货币资金——信用证保证金　　90 400
借：银行存款　　9 600
　贷：其他货币资金——信用证保证金　　9 600

6）存出投资款

存出投资款，是指企业已存入证券公司但尚未进行投资的现金。

【例2-18】企业向证券公司存入资金200 000元，10天后用该存款购买股票，价值150 000元，划分为交易性金融资产，假设不考虑相关税费。编制会计分录如下：

（1）款项存入证券公司：

借：其他货币资金——存出投资款　200 000
　贷：银行存款　200 000

（2）购买股票：

借：交易性金融资产　150 000
　贷：其他货币资金——存出投资款　150 000

2.5 外币业务

2.5.1 外币业务概述

1）外币与外币交易

简单地说，外币是指“本币”以外的货币，是相对于本国货币而言的。外汇的概念要比外币广泛，《中华人民共和国外汇管理条例》规定，外汇是指下列以外币表示的可以用作国际清偿的支付手段和资产：（1）外币现钞，包括纸币、铸币；（2）外币支付凭证或者支付工具，包括票据、银行存款凭证、银行卡等；（3）外币有价证券，包括债券、股票等；（4）特别提款权；（5）其他外汇资产。

企业外币业务核算中所说的外币，既不是上述意义上的外币，也不是上述意义上的外汇，而是指企业选定的记账本位币以外的货币。记账本位币，是指企业经营所处的主要经济环境中的货币。我国《会计法》规定，会计核算以人民币为记账本位币，业务收支以人民币以外的货币为主的单位，可以选定其中一种货币作为记账本位币。可见，企业选定的记账本位币不同，其外币包括的范围也不同。如在以人民币为记账本位币的企业里，其收支的美元、英镑、港币等均属于外币；但在以美元为记账本位币的企业里，其收支的人民币、英镑、港币等均作为外币处理，美元则不属于外币。

外币交易，是指以外币计价或者结算的交易。企业发生外币业务时，要把外币金额折算为记账本位币金额记账，若以人民币以外的货币作为记账本位币的，还要把编报的财务报告折算为人民币反映，这就涉及采用什么汇率进行折算的问题。

2）汇率

汇率全称为外汇汇率，是指一个国家货币兑换为另一个国家货币的比率，或者说是两种不同货币之间的比价。

（1）汇率的标价方法。

在确定两种不同货币之间的比价时，按照以哪国货币作为计价标准的不同，分为两种不同的标价方法。

❶直接标价法，也称直接汇率。它是指以一定单位的外国货币作为标准，折成若干单位的本国货币来表示的汇率，如1美元=7.13元人民币。直接标价法的特点是：外币的数额固定不变，汇率的升降均以本币数额的变化来表示。一定单位的外币所折算的本币增多，说明外币币值上升，本币币值下降，汇率上升；反之，说明外币币值下降，本币币值上升，汇率下降。目前，世界上大多数国家包括我国在内，采用的都是直接标价法。

❷间接标价法，也称间接汇率。它是指以一定单位的本国货币作为标准，折成若干单位的外国货币来表示的汇率，如1元人民币=0.1403美元。间接标价法的特点是：本币的

数额固定不变，汇率的升降均以外币数额的变化来表示。一定单位的本币可兑换的外币增多，说明本币币值上升，外币币值下降，汇率上升；反之，说明本币币值下降，外币币值上升，汇率下降。采用间接标价法的国家主要有美国、英国等。

拓展视野

学习党的二十大报告，理解“有序推进人民币国际化”的意义。

（2）汇率的分类。

外汇汇率根据不同的要求和不同的作用，可以有多种分类。企业外币业务核算中所涉及的汇率主要有以下种类：

❶市场汇率与官方汇率。市场汇率是指在本国外汇市场上，完全由供需关系所决定的交易货币的汇率。官方汇率是指一国货币当局所制定公布的汇率。

❷现行汇率与历史汇率。现行汇率是指现在某一具体时点的汇率。历史汇率是指过去某一时点的汇率。

❸记账汇率与账面汇率。记账汇率是指企业发生外币业务进行会计账务处理时所采用的汇率。这一汇率可能是会计记账当时的市场汇率（为现行汇率），也可能是会计记账当期期初的市场汇率（为历史汇率）。账面汇率是指企业以往发生的外币业务登记入账时所采用的汇率。账面汇率是过去的记账汇率，也就是历史汇率。

❹买入汇率、卖出汇率和中间汇率。买入汇率是指银行向客户买入外币时所使用的汇率。卖出汇率是指银行向客户卖出外币时所使用的汇率。中间汇率是指银行买入和卖出外币的平均汇率，即某日买入汇率与卖出汇率的平均数。

❺即期汇率、即期汇率的近似汇率与远期汇率。即期汇率是指当日中国人民银行公布的人民币汇率中间价。即期汇率的近似汇率是指按照系统合理的方法确定的与交易发生日即期汇率近似的汇率，通常采用当期平均汇率或加权平均汇率等，如周平均汇率和月平均汇率。周平均汇率=（周一即期汇率+周二即期汇率+周三即期汇率+周四即期汇率+周五即期汇率）÷5，月平均汇率与周平均汇率计算方法相同。远期汇率与即期汇率相对，是指在未来某一日交付外汇时的汇率。

拓展视野

关注人民币汇率的变动，分析影响汇率变动的宏观环境。

2.5.2 外币业务的会计处理

1）外币业务核算的规定

企业发生外币业务，其会计处理主要有两项内容：一是在交易日对外币交易进行初始确认，将外币金额折算为记账本位币；二是在资产负债表日对相关项目进行折算，因汇率变动产生的差额计入当期损益。企业外币业务核算应按以下规定进行：

（1）企业为核算外币业务，应设置相应的外币账户，并设置与之相同的记账本位币账户，分别进行核算。外币账户包括“外币现金”“外币银行存款”，核算以外币结算债权的“应收账款”“应收票据”“预付账款”等，核算以外币结算债务的“短期借款”“应付票据”“应付账款”“预收账款”“应付职工薪酬”“长期借款”等。在外币业务发生时，既要登记有关记账本位币账户，又要按外币金额登记相应的外币账户。

（2）企业发生外币业务时，应将有关外币金额折合为记账本位币金额记账。除另有规定外，所有与外币业务有关的账户，应采用业务发生时的汇率，或业务发生当期即期汇率的近似汇率。

（3）企业因向银行出售、购入外汇或不同外币兑换而产生的银行买入、卖出价与折合汇率之间的差额，计入当期财务费用。

（4）月份（或季度、年度）终了时，企业应将各种外币账户的外币余额，按照期末汇率折合为记账本位币金额，并与相对应的记账本位币账户的期末余额进行比较，其差额作为汇兑损益。企业对汇兑差额应当根据不同的情况进行处理：❶筹建期间发生的汇兑差额，计入管理费用。❷与购建固定资产有关的借款产生的汇兑差额，在所购建固定资产达到预定可使用状态前，予以资本化，计入所购建固定资产的成本；在该项固定资产达到预定可使用状态后，计入当期财务费用。❸除上述情况外，汇兑差额均计入当期财务费用。

（5）投资者投入的外币，无论有无合同约定汇率，均采用交易日即期汇率折算，外币投入资本与相应货币性项目的记账本位币金额之间不产生外币折算差额。

2）外币业务交易日的账务处理

（1）外币兑换业务。

企业发生的外币兑换业务，包括向银行买入外汇和把外汇卖给银行等。

❶企业向银行买入外汇，一般是按照外汇卖出汇率成交的。在核算时，应按照买入当日的市场汇率将买入的外汇折合为记账本位币的数额入账，同时，将按外汇卖出汇率折算的实际付出的记账本位币的数额登记入账，两者之间的差额作为当期汇兑损益处理。

【例2-19】企业6月2日向银行买入10 000美元，当日银行美元卖出价为1美元=6.50元人民币，市场汇率为1美元=6.40元人民币，企业实付人民币65 000元，采用即期汇率（当日市场汇率）作为折算汇率（下同）。编制会计分录如下：

借：银行存款——美元户（$10 000×6.40）	64 000	
财务费用	1 000	
贷：银行存款——人民币户（$10 000×6.50）		65 000

❷企业把外汇卖给银行，一般是按照外汇买入汇率成交的。在核算时，应按照卖出当日的市场汇率将卖出的外汇折合为记账本位币的数额入账，同时，将按外汇买入汇率折算的实际收入的记账本位币的数额登记入账，两者之间的差额作为当期汇兑损益处理。

【例2-20】企业6月10日将5 000美元卖给银行，当日银行美元买入价为1美元=6.30元人民币，市场汇率为1美元=6.40元人民币，企业实收人民币31 500元。编制会计分录如下：

借：银行存款——人民币户（$5 000×6.30）	31 500	
财务费用	500	
贷：银行存款——美元户（$5 000×6.40）		32 000

（2）外币购销业务。

企业发生的外币购销业务，包括从国外或境外购进原材料、商品、引进设备以及出口销售产品或商品等。外币购销业务发生时，按当日的市场汇率折合为记账本位币金额记账。

【例2-21】企业6月12日从国外进口原材料一批，价款20 000美元，款项尚未支付（不考虑购入材料的进口关税和增值税等相关税费），即期汇率（当日市场汇率）为1美元=6.40元人民币。编制会计分录如下：

借：原材料　128 000
　贷：应付账款——美元户（$20 000×6.40）　128 000

假定6月24日，支付上述材料货款20 000美元，即期汇率（当日市场汇率）为1美元=6.35元人民币。编制会计分录如下：

借：应付账款——美元户（$20 000×6.35）　127 000
　贷：银行存款——美元户（$20 000×6.35）　127 000

【例2-22】企业6月25日出口销售商品一批，货款30 000美元，款项尚未收到（不考虑出口产品的关税和增值税等相关税费），即期汇率（当日市场汇率）为1美元=6.35元人民币。编制会计分录如下：

借：应收账款——美元户（$30 000×6.35）　190 500
　贷：主营业务收入　190 500

企业日后收到货款时，按收款当日的市场汇率折合为记账本位币，借记“银行存款——美元户”账户，贷记“应收账款——美元户”账户。

【例2-23】企业6月26日从国外进口一台不需安装的设备，价款为80 000美元，款项已支付（不考虑购入设备的进口关税和增值税等相关税费），即期汇率（当日市场汇率）为1美元=6.35元人民币。编制会计分录如下：

借：固定资产　508 000
　贷：银行存款——美元户（$80 000×6.35）　508 000

（3）外币借款业务。

企业借入或归还外币，都是按发生当日的市场汇率折合为记账本位币金额记账。

【例2-24】企业6月15日向中国银行借入50 000美元，期限为3个月，借入当日市场汇率为1美元=6.40元人民币。编制会计分录如下：

借：银行存款——美元户（$50 000×6.40）　320 000
　贷：短期借款——美元户（$50 000×6.40）　320 000

企业到期归还借款时，按还款当日的市场汇率折合为记账本位币，借记“短期借款——美元户”账户，贷记“银行存款——美元户”账户。

（4）接受外币资本投资业务。

外商投资企业接受外币投资时，应将实际收到的外币资产按收到当日的市场汇率折合为记账本位币金额作为资产入账。

【例2-25】企业6月20日收到投资者追加投入的资本100 000美元，收到款项的即期汇率（当日市场汇率）为1美元=6.35元人民币，投资合同中约定的折算汇率为1美元=6.20元人民币。编制会计分录如下：

借：银行存款——美元户（$100 000×6.35）　635 000
　贷：实收资本　635 000

3）会计期末或结算日对外币交易余额的账务处理

资产负债表日，企业应当分外币货币性项目和外币非货币性项目进行处理。

（1）货币性项目。

货币性项目是企业持有的货币和将以固定或可确定金额的货币收取的资产或者偿付的负债。货币性项目分为货币性资产和货币性负债。货币性资产包括库存现金、银行存款、应收账款和应收票据以及准备持有至到期日的债券投资等；货币性负债包括应付账款、其他应付款、短期借款、应付债券和长期应付款等。

对于外币货币性项目，资产负债表日或结算日，因汇率波动而产生的汇兑差额作为财务费用处理，同时调增或调减外币货币性项目的记账本位币金额。汇兑差额，是指对同样数量的外币金额采用不同的汇率折算为记账本位币金额所产生的差额。

【例2-26】企业5月31日有关外币账户期末余额资料见表2-2。

表2-2 有关外币账户期末余额

会计科目	外币账户金额（美元）	汇 率	记账本位币账户金额（元人民币）
银行存款	30 000	6.45	193 500
应收账款	0	6.45	0
应付账款	0	6.45	0
短期借款	0	6.45	0

企业在6月份发生的外币业务及发生时的账务处理详见【例2-19】至【例2-25】。根据上述账务处理，6月份计算汇兑差额前有关账户外币（美元）和记账本位币（元人民币）的发生额及余额资料见表2-3。

表2-3 有关账户外币和记账本位币的发生额及余额

日期	业 务	银行存款			应收账款			应付账款			短期借款		
		借或贷	美元	记账本位币	借或贷	美元	记账本位币	借或贷	美元	记账本位币	借或贷	美元	记账本位币
6.1	余额	借	30 000	193 500		0	0		0	0		0	0
6.2	【例2-19】	借	10 000	64 000									
6.10	【例2-20】	贷	5 000	32 000									
6.12	【例2-21】							贷	20 000	128 000			
6.15	【例2-24】	借	50 000	320 000							贷	50 000	320 000
6.20	【例2-25】	借	100 000	635 000									
6.24	【例2-21】	贷	20 000	127 000				借	20 000	127 000			
6.25	【例2-22】				借	30 000	190 500						
6.26	【例2-23】	贷	80 000	508 000									
6.30	余额	借	85 000	545 500	借	30 000	190 500	贷	0	1 000	贷	50 000	320 000

6月30日市场汇率为1美元=6.40元人民币，企业计算6月份汇兑差额如下：

银行存款账户发生的汇兑差额=85 000×6.40−545 500=−1 500（元）（损失）

应收账款账户发生的汇兑差额=30 000×6.40−190 500=1 500（元）（收益）

应付账款账户发生的汇兑差额=0×6.40−1 000=−1 000（元）（收益）

短期借款账户发生的汇兑差额=50 000×6.40−320 000=0

该企业6月份发生的汇兑差额=（−1 500）+1 500−（−1 000）−0=1 000（元）（收益）

编制会计分录如下：

借：应收账款　　1 500
　　应付账款　　1 000
　贷：银行存款　　1 500
　　　财务费用　　1 000

6月30日，计算调整汇兑差额后有关账户外币和记账本位币余额见表2-4。

表2-4　有关账户外币和记账本位币余额

会计科目	外币账户金额（美元）	汇率	记账本位币账户金额（元人民币）
银行存款	85 000	6.40	544 000
应收账款	30 000	6.40	192 000
应付账款	0	6.40	0
短期借款	50 000	6.40	320 000

（2）非货币性项目。

非货币性项目是货币性项目以外的项目，包括存货、长期股权投资、交易性金融资产（股票和基金）、固定资产、无形资产等。

❶以历史成本计量的外币非货币性项目，已在交易发生日按当日即期汇率折算，资产负债表日不应改变其原记账本位币金额，不产生汇兑差额。

❷以公允价值计量的股票、基金等非货币性项目，如果期末的公允价值以外币反映，则应先将该外币按照公允价值确定的当日即期汇率折算为记账本位币金额，再与原记账本位币金额进行比较，其差额作为公允价值变动损益，计入当期损益。

◉ 典型案例2-1

星海公司出纳员小王由于刚参加工作不久，对货币资金业务管理和核算的相关规定不甚了解，所以出现了一些不应有的错误，有一件事情让他印象深刻。在2024年3月8日和10日两天的现金业务结束后的例行现金清查中，小王分别发现现金短缺50元和现金溢余20元，未找出原因。考虑到金额很小，小王决定采取以下办法处理：现金短缺50元，自掏腰包解决；现金溢余20元，暂时收起。请问小王的做法对吗？如果不对，正确的做法是怎样的呢？

分析提示：现金短缺及现金溢余应该采用怎样的账务处理方式，应怎样编制会计分录？分析本案例中出纳员小王的处理方法是否正确。

◉ 典型案例2-2

甲公司2024年4月30日银行存款日记账余额为41 100元，同日转来的银行对账单余额为48 000元，为了确定公司银行存款的实有数，需要编制银行存款余额调节表。经对银行存款日记账和银行对账单的核对，发现部分未达账项以及一些记账方面的错误，具体情况如下：

（1）4月18日，公司委托银行收取3 000元的款项，银行已收妥入账，但公司尚未收到收款通知。

（2）4月22日，公司存入银行3 300元的款项，出纳员误记为3 000元。

（3）4月26日，银行将本公司存入的一笔款项串户记账，金额为1 600元。

（4）4月29日，公司开出转账支票一张，持票人尚未到银行办理转账手续，金额为7 200元。

（5）4月30日，银行收取借款利息2 000元，企业尚未收到付息通知。

要求：根据上述资料编制银行存款余额调节表。

分析提示：由于存在未达账项，为了检查企业记账是否正确，需要编制银行存款余额调节表进行调整。查看本章中介绍的银行存款余额调节表的编制过程，并结合本案例学习编制银行存款余额调节表。

本章小结

企业的货币资金包括库存现金、银行存款和其他货币资金。货币资金是企业流动性最强的资产。企业做好货币资金的会计核算，首先要落实货币资金的各项管理和控制制度，严格按货币资金的结算规定进行结算；同时，要按规定进行库存现金、银行存款和其他货币资金的账务处理，并加强对货币资金的清查、核对，以保证货币资金的安全、完整。外币交易，是指以外币计价或者结算的交易。企业要按规定进行外币业务的账务处理。

概念回顾

库存现金　支票　汇兑　委托收款　银行汇票　汇兑差额

第3章

金融资产

学习目标

知识目标：了解金融资产的概念及分类；掌握商业汇票、应收票据的概念和种类；明确应收票据、应收账款及坏账损失、其他应收款和预付账款的内容；了解应收债权出售和融资的内容；掌握交易性金融资产、债权投资取得、持有和处置等计量的内容。

技能目标：熟悉应收账款、应收票据、应收债权出售和融资的账务处理；熟悉交易性金融资产、债权投资的账务处理。

素养提升

昔日“股神”抛售金融资产
“三马变两马”重返服装业

3.1 金融资产概述

3.1.1 金融资产的概念

金融资产是指企业持有的现金、其他方的权益工具以及符合下列条件之一的资产：第一，从其他方收取现金或其他金融资产的合同权利，如企业的银行存款、应收账款、应收票据等，而预付账款不是金融资产。第二，在潜在有利条件下，与其他方交换金融资产或金融负债的合同权利。第三，将来须用或可用企业自身权益工具进行结算的非衍生工具合同，且企业根据该合同将收到可变数量的自身权益工具。第四，将来须用或可用企业自身权益工具进行结算的衍生工具合同，但以固定数量的自身权益工具交换固定金额的现金或其他金融资产的衍生工具合同除外。其中，企业自身权益工具不包括应当按照《企业会计准则第37号——金融工具列报》分类为权益工具的可回售工具或发行方仅在清算时才有义务向另一方按比例交付其净资产的金融工具，也不包括本身就要求在未来收取或交付企业自身权益工具的合同。

金融资产属于金融工具的一部分内容。金融工具是指形成一方的金融资产并形成其他方的金融负债或权益工具的合同。一般来讲，金融工具包括金融资产、金融负债和权益工具。例如，甲公司发行债券，则甲公司持有金融负债，同时乙公司进行债券投资，则乙公司拥有金融资产；再如，甲公司发行公司普通股，则甲公司拥有权益工具，同时乙公司进行股权投资，则乙公司拥有金融资产。

3.1.2　金融资产的分类

企业应当根据其管理金融资产的业务模式和金融资产的合同现金流量特征，将金融资产划分为以下三类：（1）以摊余成本计量的金融资产；（2）以公允价值计量且其变动计入其他综合收益的金融资产；（3）以公允价值计量且其变动计入当期损益的金融资产。

1）企业管理金融资产的业务模式

企业管理金融资产的业务模式是指企业如何管理其金融资产以产生现金流量。业务模式决定企业所管理金融资产现金流量的来源是收取合同现金流量、出售金融资产，还是两者兼有，包括以收取合同现金流量为目标的业务模式、以收取合同现金流量和出售金融资产为目标的业务模式以及其他业务模式。企业管理金融资产的业务模式，应当以企业关键管理人员决定的对金融资产进行管理的特定业务目标为基础确定。

2）金融资产的合同现金流量特征

金融资产的合同现金流量特征是指金融工具合同约定的、反映相关金融资产经济特征的现金流量属性。如果一项金融资产在特定日期产生的合同现金流量仅为本金和以未偿付本金金额为基础的利息的支付，即符合“本金加利息的合同现金流量特征”，则该金融资产的合同现金流量特征与基本借贷安排相一致。

3）金融资产的具体分类

（1）以摊余成本计量的金融资产。

金融资产同时符合下列条件的，应当分类为以摊余成本计量的金融资产：❶企业管理该金融资产的业务模式是以收取合同现金流量为目标；❷该金融资产的合同条款规定，在特定日期产生的现金流量，仅为对本金和以未偿付本金金额为基础的利息的支付。例如，企业正常商业往来形成的具有一定信用期限的应收账款，如果企业拟根据应收账款的合同现金流量收取现金，且不打算提前处置应收账款，则该应收账款可以分类为以摊余成本计量的金融资产。再如，普通债券的合同现金流量是到期收回本金及按约定利率在合同期间按时收取利息，在没有其他特殊安排的情况下，普通债券通常可能符合本金加利息的合同现金流量特征。如果企业管理该债券的业务模式是以收取合同现金流量为目标，则该债券可以分类为以摊余成本计量的金融资产。

（2）以公允价值计量且其变动计入其他综合收益的金融资产。

金融资产同时符合下列条件的，应当分类为以公允价值计量且其变动计入其他综合收益的金融资产：❶企业管理该金融资产的业务模式既以收取合同现金流量为目标，又以出售该金融资产为目标；❷该金融资产的合同条款规定，在特定日期产生的现金流量，仅为对本金和以未偿付本金金额为基础的利息的支付。

（3）以公允价值计量且其变动计入当期损益的金融资产。

企业分类为以摊余成本计量的金融资产和以公允价值计量且其变动计入其他综合收益的金融资产之外的金融资产，应当分类为以公允价值计量且其变动计入当期损益的金融资产，如企业持有的股票、基金、可转换债券等。

3.2 应收及预付款项

3.2.1 应收及预付款项概述

1）应收及预付款项的概念

应收及预付款项是指企业在日常生产经营过程中发生的各种债权，包括应收款项（主要包括应收票据、应收账款、其他应收款）和预付账款等。

应收款项是企业在销售商品、产品或提供劳务以及在一些非购销活动中形成的债权；预付账款是企业在购货过程中因预付给供应单位款项而形成的债权。它们都属于流动资产性质的债权。

注：预付账款虽然不属于金融资产的范畴，但是它和应收账款、应收票据一样都属于日常活动产生的往来款项，按照传统习惯，在这里一并介绍。

2）应收及预付款项的分类

应收及预付款项主要包括应收账款、应收票据、预付账款和其他应收款。

应收账款是指企业因销售商品、产品或提供劳务等，应向购货单位或接受劳务单位收取的款项。应收账款有其特定的范围，企业在非购销活动中产生的应收款项，如企业与外单位之间的各种应收赔款、罚款、存出保证金，以及企业应向职工收取的各种垫付款项等，不属于应收账款，而应作为其他应收款；同样，企业在销售商品、产品或提供劳务时，如因采用商业汇票结算方式而以票据化形式表现的应收款项，也不属于应收账款，而应作为应收票据。

应收票据是指企业因销售商品、产品或提供劳务等而收到的商业汇票，包括银行承兑汇票和商业承兑汇票。

预付账款是指企业按照购货合同规定预付给供应单位的款项。

其他应收款是指企业除应收账款、应收票据、预付账款等以外的其他各种应收、暂付款项。

微课

应收款项的核算范围

3.2.2 应收账款

1）应收账款的确认与计价

（1）应收账款的确认。

应收账款一般应于收入实现时予以确认，即以收入确认日作为入账时间，具体介绍见本教材第11章。

（2）应收账款的计价。

应收账款的计价就是确定应收账款的入账金额，并合理估计可收回的金额。企业因销售发生的应收账款按照实际发生的金额计量和记录，实际发生的金额包括货款和增值税，也包括代购货单位垫付的运杂费。由于企业在销售时往往实行折扣的办法，会不同程度地影响应收账款及相应销售收入的计价，所以企业对应收账款计价时还需要考虑折扣等因素的影响，有关折扣的处理方法详见本教材第11章。

2）应收账款的会计处理

（1）账户设置。

为了反映应收账款的发生与收回情况，企业应设置“应收账款”账户。该账户是资产类账户，借方登记发生的应收账款；贷方登记收回、改用商业汇票结算及转销为坏账的应收账款；期末借方余额反映企业尚未收回的应收账款。该账户应按不同的购货单位或接受劳务的单位设置明细账，进行明细核算。

（2）应收账款的账务处理。

【例3-1】某企业向B单位销售一批产品，企业开出的发票上标明的价款为27 000元，增值税为3 510元，产品发运时，企业以支票代垫运杂费850元。上述款项按合同规定，采用托收承付结算方式结算。

（1）该企业根据有关的发票账单向银行办妥托收手续后，编制会计分录如下：

借：应收账款——B单位	31 360	
贷：主营业务收入		27 000
应交税费——应交增值税（销项税额）		3 510
银行存款		850

（2）B单位验单或验货后承付款项，该企业收到银行转来的收款通知，编制会计分录如下：

借：银行存款	31 360	
贷：应收账款——B单位		31 360

如果应收账款改用商业汇票结算，在收到承兑的商业汇票时，按照票面价值，借记“应收票据”账户，贷记“应收账款”账户。

如果企业要与债务人进行债务重组，应收账款有关的账务处理将在第19章中介绍。

3.2.3　应收票据

1）应收票据的分类及计价

（1）应收票据的分类。

应收票据是指企业因销售商品、产品或提供劳务等而收到的商业汇票。企业持有的商业汇票按承兑人不同，分为商业承兑汇票和银行承兑汇票（已在“2.3　银行存款”中介绍）；按是否计息，分为不带息商业汇票和带息商业汇票。不带息商业汇票是指商业汇票到期时，承兑人只按票面金额（面值）向收款人或被背书人支付款项的汇票。带息商业汇票是指商业汇票到期时，承兑人必须按票面金额加上应计利息向收款人或被背书人支付票款的票据。

（2）应收票据的计价。

按现行制度规定，企业收到商业汇票，无论是否带息，均按应收票据的票面价值入账。带息应收票据应于期末按票据的票面价值和确定的利率计提利息，并同时计入当期损益。

2）应收票据的取得和到期收回

为了反映应收票据的取得和收回情况，企业应设置“应收票据”账户。该账户是资产类账户，借方登记收到商业汇票的票面金额和应计利息；贷方登记到期收回、票据转让、贴现及到期收不回而转出等的票面金额和应计利息；期末借方余额反映企业持有的商业汇票的票面价值和应计利息。该账户应按不同的单位分别设置明细账，进行明细核算。

（1）不带息应收票据的账务处理。

企业收到商业汇票时，按票面金额，借记“应收票据”账户，按实现的营业收入，贷记“主营业务收入”等账户，按发票上注明的增值税税额，贷记“应交税费——应交增值税（销项税额）”账户。企业收到应收票据以抵偿应收账款时，借记“应收票据”账户，贷记“应收账款”账户。应收票据到期收回时，按票面金额，借记“银行存款”账户，贷记“应收票据”账户。

如果企业持有的商业承兑汇票到期，因付款人无力支付票款，企业收到银行退回的商业承兑汇票、委托收款凭证、未付票款通知书或拒绝付款证明等，应将到期票据的票面金额转入“应收账款”账户。

【例3-2】某企业向甲公司销售产品一批，价款70 000元，增值税9 100元，收到由甲公司开出并承兑的面值79 100元、期限为3个月的商业承兑汇票一张。

（1）收到票据时，编制会计分录如下：

借：应收票据——甲公司　　79 100
　贷：主营业务收入　　70 000
　　　应交税费——应交增值税（销项税额）　　9 100

（2）3个月后，应收票据到期，票面金额79 100元收存银行，编制会计分录如下：

借：银行存款　　79 100
　贷：应收票据——甲公司　　79 100

如果3个月后甲公司无力偿还票款，企业应根据有关凭证，编制会计分录如下：

借：应收账款——甲公司　　79 100
　贷：应收票据——甲公司　　79 100

（2）带息应收票据的账务处理。

带息应收票据到期收回时，收取的票款等于应收票据票面价值加上应收票据利息：

票据到期价值=应收票据票面价值+应收票据利息

应收票据利息是按照票据上载明的利率和期限计算的：

应收票据利息=应收票据票面价值×利率×期限

公式中的“期限”是指从票据签发日至到期日的时间间隔。在实务中，票据期限一般有按月表示和按日表示两种。

票据期限按月表示时，不考虑各月份实际天数为多少，统一按次月对应日为整月计算，即以到期月份中与出票日相同的那一天为到期日。如1月10日签发期限为3个月的票据，其到期日应为4月10日。月末签发的票据，不论月份大小，统一以到期月份的最后一日为到期日。如1月31日签发期限分别为1个月和2个月的票据，其到期日应分别为2月28日（闰年为2月29日）和3月31日。

票据期限按日表示时，统一按票据的实际天数计算，但通常在出票日和到期日这两天中，只计算其中的一天。如1月31日签发期限为60天的票据，其到期日应为4月1日（当年2月份为28天）。

公式中的“利率”一般以年利率表示。当票据期限按月表示时，要将年利率换算成月利率（年利率÷12），应收票据利息按票面价值、票据期限（月数）和月利率计算。当票据期限按日表示时，要将年利率换算成日利率（年利率÷360），应收票据利息按票面价值、票据期限（天数）和日利率计算。

带息应收票据到期，应当计算票据利息。对于尚未到期的带息应收票据，企业应在期末按应收票据的票面价值和确定的利率计提利息，计提的利息增加应收票据的账面余额，同时冲减当期财务费用。

【例3-3】某企业2024年4月1日向乙公司销售产品一批，价款30 000元，增值税3 900元，收到乙公司当日签发的面值为33 900元、期限为60天（到期日为5月31日）的银行承兑汇票一张，票面利率为8%。

（1）收到票据时，编制会计分录如下：

借：应收票据——乙公司	33 900	
贷：主营业务收入		30 000
应交税费——应交增值税（销项税额）		3 900

（2）5月31日票据到期，票据面值及利息共34 352元已收存银行：

应收票据利息=33 900×8%÷360×60=452（元）

票据到期价值=33 900+452= 34 352（元）

编制会计分录如下：

借：银行存款	34 352	
贷：应收票据——乙公司		33 900
财务费用		452

【例3-4】某企业2023年10月1日向丙公司销售产品一批，价款100 000元，增值税13 000元，收到丙公司当日签发的面值为113 000元、期限为4个月（到期日为2024年2月1日）的商业承兑汇票一张，票面利率为8%。

（1）收到票据时，编制会计分录如下：

借：应收票据——丙公司	113 000	
贷：主营业务收入		100 000
应交税费——应交增值税（销项税额）		13 000

（2）年度终了（2023年12月31日），计提票据利息：

票据利息=113 000×8%÷12×3=2 260（元）

编制会计分录如下：

借：应收票据——丙公司	2 260	
贷：财务费用		2 260

（3）票据到期收回款项（2024年2月1日）：

收款金额=113 000×（1+8%÷12×4）=116 013.33（元）

2024年计提票据利息=113 000×8%÷12=753.33（元）

编制会计分录如下：

借：银行存款	116 013.33	
贷：应收票据——丙公司		115 260
财务费用		753.33

企业对带息应收票据也可按月计提利息。如果带息应收票据到期不能收回，企业应按票据账面余额转入“应收账款”账户核算，期末不再计提利息，其所包含的利息在有关备查簿中登记，待实际收到时再冲减收到的当期财务费用。

3）应收票据的转让

企业将持有的应收票据背书转让，在取得所需物资时，按取得物资成本的价值，借记“材料采购”“在途物资”“原材料”“库存商品”等账户，按专用发票上注明的增值税税额，借记“应交税费——应交增值税（进项税额）”账户，按应收票据的账面余额，贷记“应收票据”账户，如有差额，借记或贷记“银行存款”等账户。如果企业背书转让的为带息应收票据，除按上述规定借记有关账户，贷记“应收票据”账户外，还应按尚未计提的利息，贷记“财务费用”账户，按应收或应付的金额，借记或贷记“银行存款”账户。

【例 3-5】某企业从A单位采购材料，材料价款为57 000元，增值税为7 410元，款项共64 410元，材料已验收入库。企业将一张票面金额为60 000元的不带息应收票据背书转让以偿付货款，同时，差额4 410元当即以银行存款支付。编制会计分录如下：

借：原材料	57 000	
应交税费——应交增值税（进项税额）	7 410	
贷：应收票据		60 000
银行存款		4 410

4）应收票据的贴现

票据贴现是指持票人为解决临时的资金需要，将尚未到期的票据在背书后送交银行，银行受理后从票据到期值中扣除按银行贴现率计算确定的贴现利息，然后将余额付给持票人的一种方式。

在票据贴现中，不带息票据的到期值就是其票面价值；带息票据的到期值就是其票面价值加上到期利息。票据贴现日至票据到期日的间隔期称为贴现天数，但通常在贴现日与到期日两天中，只计算其中的一天。贴现所使用的利率称为贴现率。贴现银行按贴现率计算扣除的利息称为贴现息。贴现银行将票据到期值扣除贴现息后支付给企业的资金额称为贴现净额。有关计算公式如下：

贴现天数=贴现日至到期日实际天数-1

贴现息=票据到期值×贴现率÷360×贴现天数

贴现净额=票据到期值-贴现息

按照中国人民银行颁布的《支付结算办法》的规定，承兑人在异地的，贴现息的计算应另加3天的划款日期。

企业将未到期的应收票据向银行贴现，应按实际收到的金额（即减去贴现息后的净额），借记“银行存款”账户，按贴现息部分，借记“财务费用”账户，按应收票据的票面余额，贷记“应收票据”或“短期借款”账户。如为带息应收票据，按实际收到的金额，借记“银行存款”账户，按应收票据的账面余额，贷记“应收票据”或“短期借款”账户，按其差额，借记或贷记“财务费用”账户。

贴现凭证的票样如图3-1所示。

贴现凭证（代申请书） 1

申请日期　年　月　日　　　　第　号

<table>
<tr><td rowspan="3">贴现汇票</td><td>种类</td><td></td><td>号码</td><td></td><td rowspan="3">持票人</td><td>名称</td><td colspan="2"></td></tr>
<tr><td>出票日</td><td colspan="3">年　月　日</td><td>账号</td><td colspan="2"></td></tr>
<tr><td>到票日</td><td colspan="3">年　月　日</td><td>开户银行</td><td colspan="2"></td></tr>
<tr><td colspan="2">汇票承兑人</td><td>名称</td><td colspan="2"></td><td>账号</td><td></td><td>开户银行</td><td></td></tr>
<tr><td colspan="2">汇票金额</td><td colspan="5">人民币
（大写）</td><td colspan="2">千 百 十 万 千 百 十 元 角 分</td></tr>
<tr><td>贴现率</td><td></td><td>贴现利息</td><td colspan="2">千 百 十 万 千 百 十 元 角 分</td><td>实付贴现金额</td><td colspan="3">千 百 十 万 千 百 十 元 角 分</td></tr>
<tr><td colspan="3">汇票申请贴现，请审核。

持票人签章</td><td>银行审批</td><td colspan="2">负责人　信贷员</td><td colspan="3">科目（借）
对方科目（贷）
复核　记账</td></tr>
</table>

此联银行作贴现借方凭证

图3-1　贴现凭证

【例3-6】2024年4月1日，某企业持一张出票日期为3月1日、期限为3个月（到期日为6月1日）、面值为100 000元的不带息商业承兑汇票到银行贴现，银行年贴现率为10%。假设该企业与票据承兑企业在同一票据交换区域内。假设票据到期，债务人不能按时还款，根据协议本企业不负有还款责任。

有关计算如下：

贴现天数=（30+31+1）−1=61（天）

贴现息=100 000×10%÷360×61=1 694.44（元）

贴现净额=100 000−1 694.44=98 305.56（元）

编制会计分录如下：

借：银行存款	98 305.56	
财务费用	1 694.44	
贷：应收票据		100 000

如果票据到期，债务人不能按时还款，根据协议本企业负有还款责任，则应编制的会计分录如下：

借：银行存款	98 305.56	
财务费用	1 694.44	
贷：短期借款		100 000

【例3-7】沿用【例3-6】的资料，假设贴现的票据为带息应收票据，票面年利率为8%，且该企业与票据承兑企业不在同一票据交换区域内。

有关计算如下：

票据到期值=100 000×（1+8%÷12×3）=102 000（元）

贴现天数=61+3=64（天）

贴现息=102 000×10%÷360×64=1 813.33（元）

贴现净额=102 000−1 813.33=100 186.67（元）

编制会计分录如下：

借：银行存款	100 186.67	
贷：应收票据（或短期借款）		100 000
财务费用		186.67

如果企业向银行贴现的票据是银行承兑汇票，这种汇票到期时不会发生银行收不回票款的情况。如果贴现的是商业承兑汇票，汇票到期时有可能出现承兑人银行账户余额不足支付的情况，这时，如果协议规定企业负有还款责任，那么贴现银行应将已贴现的应收票据退回申请贴现的企业，同时从贴现企业的账户中将票据本息划回；若贴现企业的银行账户余额不足，银行将该款项作为逾期贷款处理。

议一议 **同学们，如果是附有追索权的应收票据贴现，进行贴现时，企业是否应该注销应收票据？**

【例 3-8】沿用【例 3-6】的资料，如果企业贴现的商业承兑汇票到期，因承兑人的银行账户余额不足支付，贴现银行将已贴现的票据退回给企业，同时从企业的银行账户中划回本金100 000元。企业应在收到银行退回应收票据、支款通知和拒绝付款理由书或付款人未付票款通知书时，编制会计分录如下：

借：应收账款	100 000	
贷：应收票据		100 000

同时：

借：短期借款	100 000	
贷：银行存款		100 000

如果企业的银行账户余额不足支付的，编制会计分录如下：

借：应收账款	100 000	
贷：应收票据		100 000

由上可见，企业以应收票据向银行贴现时，可能要承担因背书而在法律上负有的连带偿还责任，如果票据到期后，承兑人不予如期付款，贴现企业有责任向贴现银行兑付。这种可能发生的特殊现时义务，是企业的一项或有负债。按照《企业会计准则第13号——或有事项》的规定，企业因贴现而形成的或有负债应在财务报表附注中予以披露。

为加强对应收票据的管理，企业应专门设置“应收票据备查簿”，逐笔登记每一张应收票据的资料。

3.2.4 其他应收款

1）其他应收款的内容

其他应收款包括：不设置“备用金”账户的企业拨出的备用金；应收的各种赔款、罚款；应收出租包装物的租金；应向职工收取的各种垫付款项；已不符合预付账款性质而按规定转入的预付账款以及不属于上述各项的其他各种应收、暂付款项。

2）其他应收款的会计处理

（1）账户设置。

为了反映和监督其他应收款的发生和结算情况，企业应设置“其他应收款”账户。该账户是资产类账户，借方登记其他应收款项的发生；贷方登记其他应收款项的收回；期末借方余额反映企业尚未收回的其他应收款项。该账户应按其他应收款的项目分类，并按不同的债务人设置明细账户，进行明细核算。企业拨出用于投资、购买物资的各种款项，不在本账户核算。

企业发生其他应收款时，按应收金额，借记“其他应收款”账户，贷记有关账户。企业收回各种款项时，借记有关账户，贷记“其他应收款”账户。

（2）其他应收款的账务处理。

【例3-9】某企业向甲单位购买物品并借用包装物，以银行存款支付包装物押金800元。

（1）支付押金时，编制会计分录如下：

借：其他应收款——包装物押金（甲单位） 800
　贷：银行存款 800

（2）以后向甲单位退还包装物，该企业收回押金时，编制会计分录如下：

借：银行存款 800
　贷：其他应收款——包装物押金（甲单位） 800

【例3-10】某企业因自然灾害造成材料毁损，保险公司确认赔偿损失10万元。

（1）保险公司确认赔偿时，编制会计分录如下：

借：其他应收款——应收保险赔款 100 000
　贷：待处理财产损溢——待处理流动资产损溢 100 000

（2）以后收到赔款时，编制会计分录如下：

借：银行存款 100 000
　贷：其他应收款——应收保险赔款 100 000

3）备用金制度及会计处理

备用金是企业拨付给内部用款单位或职工个人作为零星开支的备用款项。对于备用金，企业可单独设置“备用金”账户进行核算；不设置“备用金”账户的，其核算在“其他应收款——备用金”账户中进行。

按对备用金管理方式的不同，备用金可分为定额备用金和非定额备用金两种。

（1）定额备用金制度。

定额备用金是指用款单位按定额持有的备用金。实行这种制度，通常是根据用款单位的实际需要，由财会部门会同有关用款单位核定备用金定额并拨付款项，同时规定其用途和报销期限，待用款单位实际支用后，凭有效单据向财会部门报销，财会部门根据报销数用现金补足备用金定额。报销数和拨补数都不再通过“其他应收款”账户核算。这种方法便于企业对备用金的使用进行控制，并可减少财会部门日常的核算工作，一般适用于有经常性费用开支的内部用款单位。

【例3-11】某企业总务科实行定额备用金制度，财会部门根据核定的备用金定额2 000元开出现金支票拨付。编制会计分录如下：

借：其他应收款——备用金（总务科） 2 000
　贷：银行存款 2 000

【例3-12】承【例3-11】，总务科向财会部门报销日常办公用品费用1 530元，财会部门审核有关单据后，同意报销，并以现金补足定额。编制会计分录如下：

借：管理费用　　1 530
　贷：库存现金　　1 530

启示窗 3-1

企业实行定额备用金制度，报销时应该怎样编制会计分录呢？

❶借记“管理费用”账户，贷记“库存现金”账户；❷借记“管理费用”账户，贷记“备用金”账户；❸借记“库存现金”账户，贷记“备用金”账户。

（2）非定额备用金制度。

非定额备用金是指用款单位或个人不按定额持有的备用金。用款单位或个人因进行零星采购、出差或其他日常开支需要用备用金，是按需要逐次借用和报销的。

【例 3-13】采购员张山出差借支差旅费 1 500 元，以现金支付。编制会计分录如下：

借：其他应收款——备用金（张山）　　1 500
　贷：库存现金　　1 500

【例 3-14】采购员张山出差回来报销差旅费 1 350 元，交回现金 150 元。编制会计分录如下：

借：管理费用　　1 350
　　库存现金　　150
　贷：其他应收款——备用金（张山）　　1 500

3.2.5　预付账款

1）预付账款的概念

预付账款是企业按购货合同规定预付给供应单位的款项，属于企业短期性债权。

2）预付账款的会计处理

（1）账户设置。

企业应设置“预付账款”账户对预付款项的付出和结算情况进行核算。该账户是资产类账户，借方登记预付、补付的款项；贷方登记收到所购物资的应付金额及退回的多付款项；期末如为借方余额，反映企业实际预付的款项，期末如为贷方余额，反映企业尚未补付的款项。该账户应按供应单位设置明细账，进行明细核算。

按现行制度规定，预付款项情况不多的企业，可以将预付款项直接记入“应付账款”账户的借方，不设置“预付账款”账户。但在期末编制财务报表时，需要对“应付账款”账户的明细账进行分析，分别填列“应付账款”和“预付款项”项目。

（2）预付账款的账务处理。

【例 3-15】某企业向甲公司采购材料，按合同规定预付货款 30 000 元，以银行存款支付。

（1）以银行存款付款时，编制会计分录如下：

借：预付账款——甲公司　　30 000
　贷：银行存款　　30 000

（2）收到甲公司的材料和专用发票等单据，材料价款为 45 000 元，增值税为 5 850 元，材料已验收入库。编制会计分录如下：

借：原材料	45 000	
应交税费——应交增值税（进项税额）	5 850	
贷：预付账款——甲公司		50 850

（3）用银行存款补付货款20 850元。编制会计分录如下：

借：预付账款——甲公司	20 850	
贷：银行存款		20 850

【例3-16】沿用【例3-15】的资料，若甲公司发来的材料价款为20 000元，增值税为2 600元，退回预付货款余额7 400元。编制会计分录如下：

借：原材料	20 000	
应交税费——应交增值税（进项税额）	2 600	
贷：预付账款——甲公司		22 600
借：银行存款	7 400	
贷：预付账款——甲公司		7 400

企业的预付账款如已不符合预付账款性质，或者因供货单位破产、撤销等原因已无望再收到所购货物的，应将原记入“预付账款”账户的金额转入“其他应收款”账户。企业应按预计不能收到货物的预付账款账面余额，借记“其他应收款——预付账款转入”账户，贷记“预付账款”账户。

3.2.6　应收款项减值

1）应收款项信用减值损失的确认

企业的各项应收款项可能会因购货人拒付、破产、死亡等原因而无法收回。这种无法收回或收回的可能性极小的应收款项就是坏账。企业由于发生坏账而产生的损失称为坏账损失或信用减值损失。坏账损失是企业在经营过程中发生的一项经营费用。企业对应收款项信用减值损失的核算，按照现行企业会计准则规定采用备抵法，即采用一定的方法按期（至少每年年末）估计应收款项信用减值损失，提取坏账准备并转作当期费用；待坏账实际发生时，直接冲减已计提的坏账准备和相应的应收款项。

2）应收款项信用减值损失的计量

应收款项预期信用减值损失应为企业按照合同应收取的合同现金流量与预期能收到的现金流量之间的差额的现值。短期应收款项的预计未来现金流量与其现值相差很少的，在确定相关信用减值损失时，可不对其预计未来现金流量进行折现。

企业可在计量预期信用减值损失时运用简便方法，例如，对于应收账款的预期信用损失，可以参照历史信用损失经验，编制应收账款逾期天数与固定准备率对照表，比如，若未逾期，为1%；若逾期不到30日，为2%；若逾期30～90（不含）日，为3%等，以此为基础计算预期信用减值损失。

微课

坏账损失的核算——备抵法

【例3-17】某企业2024年12月31日应收账款的余额为853 600元，采用逾期天数与违约损失率对照表（见表3-1）确定应收账款的预期信用减值损失。

表 3-1　**逾期天数与违约损失率对照表**

项　目	未逾期	逾期 1～30 日	逾期 31～60 日	逾期 61～90 日	逾期>90 日
违约损失率	0.6%	3.2%	7.2%	13.2%	21.2%

根据应收账款等有关账户记录，确定各逾期期间应收账款的余额，再结合逾期天数对应的违约损失率，计算该企业逾期信用减值损失，见表 3-2。

表 3-2　**逾期信用减值损失计算表**　金额单位：元

项　目	账面余额（A）	违约损失率（B）	预期信用损失（C=A×B）
未逾期	426 800.00	0.6%	2 560.80
逾期 1～30 日	213 400.00	3.2%	6 828.80
逾期 31～60 日	110 968.00	7.2%	7 989.70
逾期 61～90 日	68 288.00	13.2%	9 014.02
逾期>90 日	34 144.00	21.2%	7 238.53
合　计	853 600.00	—	33 631.85

3）应收款项减值的会计处理

（1）账户设置。

❶“坏账准备”账户，核算坏账准备的提取、转销等情况。该账户贷方登记坏账准备的提取额、已确认并转销的减值损失重新收回的金额；借方登记实际发生的坏账损失金额和冲减的坏账准备的金额；期末贷方余额反映企业已提取的坏账准备，余额若在借方，表示减值损失的发生额大于提取的坏账准备金额。

❷“信用减值损失”账户，核算企业计提各项金融工具减值准备所形成的预期信用损失。该账户属于损益类账户，借方登记计提的信用减值损失，贷方登记冲减多提的信用减值损失，期末转入“本年利润”账户后无余额。

（2）应收款项减值的账务处理。

企业在期末估计出坏账损失总额后，应将其同“坏账准备”账户原账面金额进行比较，然后确定出本期应提取的坏账准备数额，并按该数额调整“坏账准备”账户，使其期末余额与本期估计的坏账损失数额相符。坏账准备可按以下公式计算：

$$\text{当期应计提的坏账准备}=\text{当期按应收款项计算应提坏账准备金额}-(\text{或}+)\text{“坏账准备”账户的贷方（或借方）余额}$$

企业每期估计信用减值损失，提取坏账准备时，应按计提数，借记“信用减值损失”账户，贷记“坏账准备”账户。冲减多计提的坏账准备时，借记“坏账准备”账户，贷记“信用减值损失”账户。企业对于不能收回的应收款项，应当查明原因，追究责任。对有确凿证据表明确实无法收回的应收款项，如债务单位已撤销、破产、资不抵债、现金流量严重不足等，根据企业的管理权限，经股东会（或董事会）、总经理办公会议或类似机构批准作为坏账损失，冲销已提取的坏账准备。冲销时，借记“坏账准备”账户，贷记“应收账款”等账户。如果已确认并转销的坏账以后又收回，应重新恢复企业债权并冲回已转销的坏账准备金额。

【例3-18】接【例3-17】，该企业2024年1月1日“坏账准备”账户为贷方余额33 000元，2024年没有发生与坏账有关的业务。

根据上面的计算结果，得出：

年末应补提的坏账准备=33 631.85-33 000=631.85（元）

编制会计分录如下：

借：信用减值损失　631.85

　贷：坏账准备　631.85

若计提坏账准备前，“坏账准备”账户的贷方余额大于33 631.85元，则应冲销多提的坏账准备。

【例3-19】某企业2024年年初“坏账准备”账户为贷方余额29 000元。企业于2024年4月20日收回前已确认并转销的A单位坏账4 800元；于4月30日确认已逾期3年尚未收回的B单位款项2 000元为坏账；同时，由于C单位破产，应收其款项48 000元也确认为坏账。2024年12月31日，通过计算，估计下年度可能发生的坏账损失为31 000元。

（1）4月20日收回已转销的坏账，编制会计分录如下：

借：应收账款——A单位　4 800

　贷：坏账准备　4 800

借：银行存款　4 800

　贷：应收账款——A单位　4 800

（2）4月30日确认坏账，编制会计分录如下：

借：坏账准备　50 000

　贷：应收账款——B单位　2 000

　　　　　　——C单位　48 000

由于期末提取坏账准备前，“坏账准备”账户为借方余额16 200元（29 000+4 800-50 000），所以，本期应计提的坏账准备数额为47 200元（31 000+16 200）。编制会计分录如下：

借：信用减值损失　47 200

　贷：坏账准备　47 200

启示窗3-2

在备抵法下，已确认的坏账又收回时，应该如何编制会计分录呢？

3.3 以公允价值计量且其变动计入当期损益的金融资产

3.3.1 概念

以摊余成本计量的金融资产和以公允价值计量且其变动计入其他综合收益的金融资产之外的金融资产，应当分类为以公允价值计量且其变动计入当期损益的金融资产，如企业以赚取价差为目的从二级市场购入的股票、债券和基金等。

3.3.2 会计处理

1）账户设置

为核算以公允价值计量且其变动计入当期损益的金融资产的取得、收取现金股利或利息、处置等业务，企业应当设置以下账户：

（1）“交易性金融资产”账户。该账户属于资产类账户，核算企业分类为以公允价值计量且其变动计入当期损益的金融资产的公允价值。该账户的借方登记金融资产的取得成本、资产负债表日其公允价值高于账面余额的差额，以及出售金融资产时结转公允价值低于账面余额的变动金额；贷方登记资产负债表日其公允价值低于账面余额的差额，以及企业出售金融资产时结转的成本和公允价值高于账面余额的变动金额。本账户按金融资产的类别和品种，分“成本”“公允价值变动”明细账户进行核算。

（2）“公允价值变动损益”账户。该账户属于损益类账户，核算金融资产等因公允价值变动而形成的应计入当期损益的利得或损失。该账户的贷方登记资产负债表日企业持有的金融资产等的公允价值高于账面余额的差额；借方登记资产负债表日企业持有的金融资产等的公允价值低于账面余额的差额。公允价值是指市场参与者在计量日发生的有序交易中，出售一项资产所能收到或者转移一项负债所需支付的价格。金融资产的公允价值应当以市场交易价格为基础加以确定。

（3）“应收股利”账户。该账户属于资产类账户，核算因股权投资而产生的现金股利。

（4）“应收利息”账户。该账户属于资产类账户，核算因债权投资而产生的利息收益。

（5）“投资收益”账户。该账户属于损益类账户，核算企业投资所发生的损益。

2）账务处理

（1）金融资产的取得。

企业取得金融资产时，应当按其公允价值，借记“交易性金融资产——成本”账户，按发生的交易费用，借记“投资收益”账户，发生交易费用取得增值税专用发票的，按其注明的增值税进项税额，借记“应交税费——应交增值税（进项税额）”账户，按已宣告但尚未发放的现金股利或已到付息期但尚未领取的债券利息，借记“应收股利”或“应收利息”账户，按实际支付的金额，贷记“其他货币资金——存出投资款”等账户。

交易费用是指可直接归属于购买、发行或处置金融工具时新增的外部费用，包括支付给代理机构、咨询公司、券商等的手续费和佣金及其他必要支出。

（2）金融资产的现金股利和利息。

企业持有交易性金融资产期间，对于被投资单位宣告发放的现金股利或在资产负债表日按一次还本、分期付息债券投资的票面利率计算的利息金额，借记“应收股利”或“应收利息”账户，贷记“投资收益”账户。

【例 3-20】2023 年 1 月 8 日，甲公司购入丙公司发行的公司债券。该债券于 2022 年 7 月 1 日发行，面值为 3 000 万元，票面年利率为 5%，债券利息按年支付。公司将其分类以公允价值计量且其变动计入当期损益的金融资产，支付价款 3 225 万元（其中包含已到付息期但尚未领取的利息 75 万元），另支付交易费用 30 万元，取得的增值税专用发票上注明的增值税税额为 1.8 万元。2023 年 2 月 5 日，甲公司收到该笔债券利息 75 万元。2024 年 2

月10日，甲公司收到债券利息150万元。编制会计分录如下：

（1）2023年1月8日，购入丙公司债券：

借：交易性金融资产——成本	31 500 000	
应收利息	750 000	
投资收益	300 000	
应交税费——应交增值税（进项税额）	18 000	
贷：其他货币资金——存出投资款		32 568 000

（2）2023年2月5日，收到购买价款中包含的丙公司已宣告发放的债券利息：

借：其他货币资金——存出投资款	750 000	
贷：应收利息		750 000

（3）2023年12月31日，确认丙公司债券的利息收入：

借：应收利息	1 500 000	
贷：投资收益		1 500 000

（4）2024年2月10日，收到丙公司的债券利息：

借：其他货币资金——存出投资款	1 500 000	
贷：应收利息		1 500 000

本例中，取得交易性金融资产所支付的价款中包含了已到付息期但尚未领取的利息750 000元，应当记入“应收利息”账户，而不应记入“交易性金融资产”账户。

（3）金融资产的期末计量。

资产负债表日，按金融资产的公允价值高于其账面余额的差额，借记“交易性金融资产——公允价值变动”账户，贷记“公允价值变动损益”账户；公允价值低于其账面余额时，编制相反的会计分录。

（4）金融资产的处置。

微课

交易性金融资产处置的核算

出售金融资产，应按实际收到的金额，借记“其他货币资金——存出投资款”等账户，按该金融资产的账面余额，贷记“交易性金融资产——成本”账户，贷记或借记“交易性金融资产——公允价值变动”账户，按其差额，贷记或借记“投资收益”账户。

拓展思维

在交易性金融资产的核算中，影响营业利润的因素包括哪些？

【例3-21】A公司2023年1月1日购入股票1 500股，每股市价4.80元，交易费用为750元，取得的增值税专用发票上注明的增值税税额为45元；6月30日，市价为每股5元；12月31日，市价为每股4.70元；2024年4月2日，A公司将此股票全部售出，每股售价为4.90元。编制会计分录如下：

（1）2023年1月1日，购入股票：

借：交易性金融资产——成本（1 500×4.80）	7 200	
投资收益	750	
应交税费——应交增值税（进项税额）	45	
贷：其他货币资金——存出投资款		7 995

（2）2023年6月30日，股票市价变动：

借：交易性金融资产——公允价值变动［1 500×（5–4.80）］　300

　贷：公允价值变动损益　300

（3）2023年12月31日，股票市价再次变动：

借：公允价值变动损益　450

　贷：交易性金融资产——公允价值变动［1 500×（5–4.70）］　450

（4）2024年4月2日，出售股票：

借：其他货币资金——存出投资款（1 500×4.90）　7 350

　　交易性金融资产——公允价值变动（450–300）　150

　贷：交易性金融资产——成本　7 200

　　　投资收益（7 350+150–7 200）　300

3.4 以摊余成本计量的债权投资

3.4.1 概念

企业金融资产同时符合下列条件的，应当分类为以摊余成本计量的金融资产：第一，企业管理该金融资产的业务模式是以收取合同现金流量为目标；第二，该金融资产的合同条款规定，在特定日期产生的现金流量，仅为对本金和以未偿付本金金额为基础的利息的支付。前面介绍的应收账款、应收票据、其他应收款属于该类金融资产，这里介绍其他的以摊余成本计量的金融资产，比如购入的准备持有至到期的普通债券。

3.4.2 会计处理

1）账户设置

企业核算以摊余成本计量的债权投资，应设置“债权投资”账户。该账户属于资产类账户，核算企业以摊余成本计量的债权投资的账面余额。本账户应当按照债权投资的类别和品种，分“成本”“利息调整”“应计利息”等明细账户进行核算。

2）债权投资的账务处理

以摊余成本计量的金融资产的会计处理，主要包括该金融资产实际利率的计算、摊余成本的确定、持有期间的收益确认及将其处置时损益的处理。

（1）取得债权投资时，应按该投资的面值，借记“债权投资——成本”账户，按支付价款中包含的已到付息期但尚未领取的利息金额，借记“应收利息”账户，按实际支付的金额，贷记“其他货币资金——存出投资款”等账户，按其差额，借记或贷记“债权投资——利息调整”账户。

提示　“债权投资——成本”明细账核算债券面值；“债权投资——利息调整”明细账不仅核算债券溢折价，还核算佣金、手续费等相关交易费用。

（2）资产负债表日，债权投资为一次还本、分期付息债券投资，应按票面利率计算确定的应收未收利息金额，借记“应收利息”账户，按债权投资的摊余成本和实际利率计算确定的利息收入金额，贷记“投资收益”账户，按其差额，借记或贷记“债权投资——利息调整”账户。

债权投资为一次还本付息债券投资的，应于资产负债表日按依据票面利率计算确定的应收未收利息金额，借记“债权投资——应计利息”账户，按债权投资的摊余成本和实际利率计算确定的利息收入金额，贷记“投资收益”账户，按其差额，借记或贷记“债权投资——利息调整”账户。

（3）出售以摊余成本计量的债权投资，应按实际收到的金额，借记“其他货币资金——存出投资款”等账户，按其账面余额，贷记“债权投资——成本”“债权投资——应计利息”账户，贷记或借记“债权投资——利息调整”账户，按其差额，贷记或借记“投资收益”账户。已计提减值准备的，还应同时结转减值准备。

【例3-22】某企业2020年1月1日购入B公司同日发行的5年期、一次还本、分期付息债券。票面年利率为8%，债券面值为600 000元，实际支付价款为650 000元，不考虑其他相关税费，于年末支付本年度债券利息。假定该债券发行时的市场利率为6%。摊余成本计算表见表3-3。

表3-3　摊余成本计算表（实际利率摊销法）　单位：元

年份	期初摊余成本（1）	票面利息（2）=600 000×8%	实际利息收入（3）=（1）×6%	利息调整摊销数（4）=（2）-（3）	期末摊余成本（5）=（1）-（4）
2020	650 000	48 000	39 000	9 000	641 000
2021	641 000	48 000	38 460	9 540	631 460
2022	631 460	48 000	37 888	10 112	621 348
2023	621 348	48 000	37 281	10 719	610 629
2024	610 629	48 000	37 371*	10 629	600 000
合计		240 000	190 000	50 000	

注：*考虑到计算过程中的四舍五入，该数据作了尾数调整。

根据上述资料，编制会计分录如下：

（1）2020年1月1日购入债券：

借：债权投资——成本　600 000
　　　　　　——利息调整　50 000
　贷：其他货币资金——存出投资款　650 000

（2）年末计算投资收益、收到债券利息：

❶2020年年末：

借：应收利息　48 000
　贷：债权投资——利息调整　9 000
　　　投资收益　39 000
借：其他货币资金——存出投资款　48 000
　贷：应收利息　48 000

❷2021年年末：

借：应收利息　48 000
　贷：债权投资——利息调整　9 540
　　　投资收益　38 460

借：其他货币资金——存出投资款　　48 000
　贷：应收利息　　48 000

❸2022年年末：

借：应收利息　　48 000
　贷：债权投资——利息调整　　10 112
　　　投资收益　　37 888
借：其他货币资金——存出投资款　　48 000
　贷：应收利息　　48 000

❹2023年年末：

借：应收利息　　48 000
　贷：债权投资——利息调整　　10 719
　　　投资收益　　37 281
借：其他货币资金——存出投资款　　48 000
　贷：应收利息　　48 000

❺2024年年末，计算投资收益、收到债券利息和本金：

借：应收利息　　48 000
　贷：债权投资——利息调整　　10 629
　　　投资收益　　37 371
借：其他货币资金——存出投资款　　48 000
　贷：应收利息　　48 000
借：其他货币资金——存出投资款　　600 000
　贷：债权投资——成本　　600 000

议一议　同学们，一项债权投资，在分期付息和一次还本付息两种不同的利息支付方式下，各期期初的摊余成本相同吗？

启示窗 3-3

2024年1月1日，某企业支付85 200元（含债券利息）购入面值80 000元、2022年1月1日发行、票面年利率5%、期限4年、每年12月31日付息的债券，作为以摊余成本计量的金融资产。

请思考：应记入“债权投资——利息调整”账户的金额为多少？

3.5　以公允价值计量且其变动计入其他综合收益的金融资产

3.5.1　概念

金融资产同时符合下列条件的，应当分类为以公允价值计量且其变动计入其他综合收益的金融资产：第一，企业管理该金融资产的业务模式既以收取合同现金流量为目标，又以出售该金融资产为目标；第二，该金融资产的合同条款规定，在特定日期产生的现金流量，仅为对本金和以未偿付本金金额为基础的利息的支付。例如，对于一笔债权投资，企业的目标是管理日常流动性需求的同时维持特定的收益率，那么这笔债权投资可以分类为该类金融资产。

3.5.2　会计处理

1）账户设置

企业核算以公允价值计量且其变动计入其他综合收益的金融资产，应设置“其他债权投资”账户。该账户属于资产类账户，应当按照金融资产的类别和品种，分“成本”“利息调整”“应计利息”“公允价值变动”等明细账户进行核算。

2）账务处理

（1）企业取得金融资产，应按该金融资产投资的面值，借记“其他债权投资——成本”账户，按支付的价款中包含的已到付息期但尚未领取的利息金额，借记“应收利息”账户，按实际支付的金额，贷记“其他货币资金——存出投资款”等账户，按其差额，借记或贷记“其他债权投资——利息调整”账户。

（2）资产负债表日，以公允价值计量且其变动计入其他综合收益的金融资产为一次还本、分期付息债券投资的，应按依据票面利率计算确定的应收未收利息金额，借记“应收利息”账户，按依据债券的摊余成本和实际利率计算确定的利息收入金额，贷记“投资收益”账户，按其差额，借记或贷记“其他债权投资——利息调整”账户。

以公允价值计量且其变动计入其他综合收益的金融资产为一次还本付息债券投资的，应于资产负债表日按依据票面利率计算确定的应收未收利息，借记“其他债权投资——应计利息”账户，按依据债券的摊余成本和实际利率计算确定的利息金额，贷记“投资收益”账户，按其差额，借记或贷记“其他债权投资——利息调整”账户。

（3）资产负债表日，按以公允价值计量且其变动计入其他综合收益的金融资产的公允价值高于其账面余额的差额，借记“其他债权投资——公允价值变动”账户，贷记“其他综合收益——其他债权投资公允价值变动”账户；公允价值低于其账面余额时，编制相反的会计分录。

（4）出售以公允价值计量且其变动计入其他综合收益的金融资产时，应按实际收到的金额，借记“其他货币资金——存出投资款”等账户，按其账面余额，贷记“其他债权投资——成本”“其他债权投资——应计利息”，贷记或借记“其他债权投资——公允价值变动”“其他债权投资——利息调整”等账户，按应从其他综合收益中转出的公允价值累计变动额，借记或贷记“其他综合收益——其他债权投资公允价值变动”账户，按其差额，贷记或借记“投资收益”账户。

◉ 典型案例3-1

（1）3月1日，收到客户K出具的一张票据抵偿所欠账款。票据的出票日期为2024年3月1日，期限为180天，票据面值为20 000元，票面年利率为10%。

（2）5月31日，企业持客户K的票据向银行贴现，银行的贴现率为12%。

（3）票据到期，客户K未能支付票款，银行向贴现企业追索。

要求：根据上述经济业务编制会计分录。

分析提示：应收票据的贴现是需要掌握的重点内容，回忆一下贴现率、贴现息的计算公式，结合本案例看看是否真正掌握了该内容。

本章小结

企业应当根据其管理金融资产的业务模式和金融资产的合同现金流量特征，将金融资产划分为三类。以摊余成本计量的金融资产中的应收款项是指企业在日常生产经营过程中发生的各种债权，包括应收票据、应收账款、其他应收款。一般情况下，应收款项应按实际发生的金额入账，应收票据不论是否带息，均按票面价值入账。带息应收票据应于期末按票面价值和确定的利率计提利息。应收票据可以背书转让和贴现。企业的应收款项应采用备抵法计提坏账准备。以摊余成本计量的金融资产中的债权投资的账务处理主要针对其取得、利息收入以及到期收回。以公允价值计量且其变动计入当期损益的金融资产的账务处理主要针对其取得、收取股利或利息以及处置。

概念回顾

金融资产　以摊余成本计量的金融资产　以公允价值计量且其变动计入当期损益的金融资产　以公允价值计量且其变动计入其他综合收益的金融资产　应收账款　坏账准备　应收票据　其他应收款　预付账款

第4章

存　货

学习目标

知识目标：掌握存货的概念及分类，存货的确认条件，存货初始计量和期末计量的内容，存货可变现净值的确定方法；明确存货按实际成本计价、按计划成本计价的方法；了解周转材料的内容。

技能目标：熟悉存货按实际成本计价、按计划成本计价的账务处理。

素养提升

抚顺特钢的“六宗罪”

4.1 存货概述

4.1.1 存货的概念及分类

1）存货的概念

存货，是指企业日常活动过程中持有以备出售的产成品或商品、处在生产过程中的在产品、在生产过程中或提供劳务过程中耗用的材料和物料等。存货属于企业的流动资产，其内容包括：

（1）原材料，是指企业在生产过程中经加工改变其形态或性质并构成产品主要实体的各种原料及主要材料、辅助材料、燃料、修理用备件（备品备件）、包装材料、外购半成品（外购件）等。

（2）在产品，是指企业正在制造尚未完工的生产物，包括正在各个生产工序加工的产品和已加工完毕但尚未检验或已检验但尚未办理入库手续的产品。

（3）半成品，是指经过一定生产过程并已检验合格交付半成品仓库保管，但尚未制造完工成为产成品，仍需进一步加工的中间产品。

（4）产成品，是指工业企业已经完成全部生产过程并已验收入库，可以按照合同规定的条件送交订货单位，或者可以作为商品对外销售的产品。

（5）商品，是指商品流通企业外购或委托加工完成验收入库用于销售的各种商品。

（6）周转材料，是指企业能够多次使用，但不符合固定资产定义的材料，包括：为了包装本企业商品而储备的各种包装物；各种管理用具、工具、玻璃器皿、劳动保护用品以及在经营过程中周转使用的容器等低值易耗品；建造承包商的钢模板、木模板、脚手架等其他周转材料。

（7）委托代销商品，是指企业委托其他单位代销的商品。

2）存货的分类

存货可以按照不同的标准进行分类。

存货按经济用途不同，可以分为以下三类：（1）在正常经营过程中储存以备出售的存货，是指企业在正常经营过程中处于待销售状态的各种物品，如工业企业的库存产成品、商品流通企业的库存商品等。特种储备以及按国家指令专项储备的资产不属于存货范围。（2）为了最终出售正处于生产过程中的存货，是指企业为最终出售但目前尚处于生产加工过程中的各种物品，如工业企业的在产品和自制半成品等。（3）为了生产供销售的商品或提供服务以备消耗的存货，是指企业为产品生产或提供服务过程中耗用而储存的各种物品，如工业企业为生产产品耗用而储存的原材料、周转材料（包装物、低值易耗品）等。

存货按存放地点不同，可以分为以下三类：（1）库存存货，是指已经运到企业并已验收入库的各种材料、商品，以及已验收入库的自制半成品和产成品等。（2）在途存货，是指已经支付货款，正在运输途中或已到达企业但尚未验收入库的各种存货。（3）加工中存货，是指企业自行生产加工以及委托外单位加工中的各种存货。

存货按取得来源不同，可以分为以下几类：（1）外购的存货；（2）自制的存货；（3）委托加工的存货；（4）接受投资的存货；（5）接受捐赠的存货；（6）非货币性资产交换取得的存货；（7）债务重组取得的存货；（8）盘盈的存货。

4.1.2 存货的确认

确认一项货物是否属于企业存货，标准是看企业是否对其拥有所有权。凡在盘点日期，所有权属于企业的物品，不论其存放在何处或处于何种状态，都应确认为企业的存货；反之，所有权不属于企业的物品，即使存放于企业，也不应确认为企业的存货。

存货应同时满足下列条件，才能予以确认：第一，与该存货有关的经济利益很可能流入企业；第二，该存货的成本能够可靠地计量。

下列各项货物都属于企业存货：已经确认为购进（如已付款等）而尚未到达或入库的在途货物；已收到货物但尚未收到销售方结算凭证的货物；货物虽已发出，但所有权尚未转移给购货方的货物；委托其他单位代销或加工的货物。

对于按销售合同、协议规定已确认销售，而尚未发运给购货方的货物，不应作为本企业的存货。

对于接受其他单位委托代销的货物，其所有权属于委托方，应作为委托方的存货处理。

4.2 存货计价

4.2.1 存货的初始计量

存货的计价，是指对收入、发出及结存存货价值的计量。它是存货核算的关键。

存货的初始计量，是指存货在取得时应当按照实际成本入账。存货的实际成本，是指存货达到可使用或可供出售状态前发生的有关直接或间接支出，即历史成本。企业存货取得的途径不同，其实际成本的构成也有所不同。

购入的存货，以买价加运输费、装卸费、保险费、包装费、仓储费、运输途中的合理损耗、入库前的挑选整理费用和按规定应计入成本的税费及其他费用作为实际成本。

自制的存货，以制造过程中的各项实际支出作为实际成本。

委托外单位加工完成的存货，以实际耗用的原材料或者半成品以及加工费、运输费、装卸费、保险费等费用和按规定应计入成本的税费作为实际成本。

盘盈的存货，以同类或类似存货的市场价格作为实际成本。

启示窗 4-1

甲企业外购存货发生了下列支出：(1) 运输途中的保险费；(2) 入库前的挑选整理费用；(3) 市内零星的货物运杂费；(4) 供货单位责任造成的存货短缺；(5) 意外事故等非常原因造成的存货短缺。

请思考：以上支出中应该计入采购成本的有哪些？

4.2.2 存货发出的计价方法

存货发出的计价方法，是指对发出存货和结存存货价值的计算确定方法。由于企业存货品种繁多、收发频繁，每批收入存货的单价会因收入方式或采购时间和地点的不同而不同，这样，在每次发出存货时，就会产生按哪一种单价计价的问题，即用什么方法在发出存货与结存存货之间分配成本。按照现行规定，企业存货按照实际成本核算的，可以采用先进先出法、加权平均法、移动平均法或个别计价法等确定发出存货的实际成本；存货按照计划成本核算的，应按期结转领用或发出存货应负担的成本差异，将计划成本调整为实际成本。

1）实际成本法下的计价方法

(1) 先进先出法。

先进先出法，是指以先入库的存货先发出为原则，并按这种原则对发出存货和期末存货进行计价的方法。采用这种方法，收到存货时，应在存货明细分类账中逐笔登记每一批存货的数量、单价和金额；发出存货时，按照先进先出的原则确定单价，逐笔登记发出存货的金额和结存存货的金额。

【例 4-1】某企业2024年3月份甲材料收发结存资料见表4-1，采用先进先出法计算甲材料发出成本和期末结存成本，见表4-2。

表 4-1 原材料收发结存资料表 金额单位：元

名称及规格：甲材料 数量单位：千克

业务	收入		发出数量	结存数量
	数量	单价		
3月1日结存		10.00		1 500
3月2日发出			800	700
3月8日购入	1 000	11.75		1 700
3月10日发出			1 200	500
3月18日购入	1 500	11.50		2 000
3月25日发出			1 000	1 000

表 4-2 **原材料明细账** 金额单位：元

名称及规格：甲材料 数量单位：千克

2024年		凭证字号	摘要	收入			发出			结存		
月	日			数量	单价	金额	数量	单价	金额	数量	单价	金额
3	1	（略）	月初结存							1 500	10.00	15 000
	2		发出				800	10.00	8 000	700	10.00	7 000
	8		购入	1 000	11.75	11 750				700 1 000	10.00 11.75	7 000 11 750
	10		发出				700 500	10.00 11.75	7 000 5 875	500	11.75	5 875
	18		购入	1 500	11.50	17 250				500 1 500	11.75 11.50	5 875 17 250
	25		发出				500 500	11.75 11.50	5 875 5 750	1 000	11.50	11 500
	31		本月合计	2 500		29 000	3 000		32 500	1 000	11.50	11 500

由表 4-2 可以得出：

本月发出材料成本=800×10.00+（700×10.00+500×11.75）+（500×11.75+500×11.50）

=32 500（元）

月末结存成本=15 000+29 000−32 500=11 500（元）

采用先进先出法，便于计算日常发出存货及结存存货的成本，但在存货收发业务频繁、单价经常变动的情况下，企业计算的工作量较大；应用该种方法的优点是企业不能随意挑选存货价格以调整当期利润，但当物价上涨时，用早期较低的成本与现行收入相配比，会高估企业的当期利润，反之则低估当期利润。

（2）加权平均法。

加权平均法也称全月一次加权平均法，是指以本月全部收入数量加月初结存数量作为权数，去除本月全部收入存货成本加月初结存存货成本，计算出存货的加权平均单位成本，从而确定本月发出存货成本和月末结存存货成本的方法。

其计算公式为：

$$加权平均单位成本=\frac{月初结存存货成本+本月收入存货成本}{月初结存存货数量+本月收入存货数量}$$

本月发出存货成本=本月发出存货数量×加权平均单位成本

月末结存存货成本=月末结存存货数量×加权平均单位成本

如果计算出的加权平均单位成本不是整数，需四舍五入的，为优先保证存货结存成本的正确性，应采用倒挤成本法计算发出存货成本：

月末结存存货成本=月末结存存货数量×加权平均单位成本

本月发出存货成本=月初结存存货成本+本月收入存货成本−月末结存存货成本

【例 4-2】沿用【例 4-1】的资料，采用加权平均法计算甲材料发出成本和期末结存成本，见表 4-3。

表 4-3　原材料明细账　金额单位：元

名称及规格：甲材料　数量单位：千克

2024年		凭证字号	摘要	收入			发出			结存		
月	日			数量	单价	金额	数量	单价	金额	数量	单价	金额
3	1	（略）	月初结存							1 500	10.00	15 000
	2		发出				800			700		
	8		购入	1 000	11.75	11 750				1 700		
	10		发出				1 200			500		
	18		购入	1 500	11.50	17 250				2 000		
	25		发出				1 000			1 000		
	31		本月合计	2 500		29 000	3 000	11.00	33 000	1 000	11.00	11 000

由表 4-3 可以得出：

$$加权平均单位成本=\frac{15\ 000+29\ 000}{1\ 500+2\ 500}=11.00（元/千克）$$

本月发出材料成本=3 000×11.00=33 000（元）

月末结存成本=1 000×11.00=11 000（元）

采用加权平均法，能简化核算工作，而且在市场价格上涨或下跌时所计算出的单位成本平均化，对存货成本的分摊较为折中。但这种方法将全部计算工作集中在月末进行，平时不能从账上反映发出和结存存货的单价及金额，不利于加强对存货的管理。

（3）移动平均法。

移动平均法也称移动加权平均法，是指每次收到存货后，立即根据库存存货的数量和总成本计算出新的平均单位成本，并对发出存货进行计价的方法。

其计算公式为：

$$移动加权平均单位成本=\frac{原有存货成本+本批收入存货实际成本}{原有存货数量+本批收入存货数量}$$

本批发出存货成本=本批发出存货数量×移动加权平均单位成本

【例 4-3】沿用【例 4-1】的资料，采用移动平均法计算甲材料发出成本和期末结存成本，见表 4-4。

表 4-4　原材料明细账　金额单位：元

名称及规格：甲材料　数量单位：千克

2024年		凭证字号	摘要	收入			发出			结存		
月	日			数量	单价	金额	数量	单价	金额	数量	单价	金额
3	1	（略）	月初结存							1 500	10.00	15 000
3	2		发出				800	10.00	8 000	700	10.00	7 000
	8		购入	1 000	11.75	11 750				1 700	11.03	18 750
	10		发出				1 200	11.03	13 235	500	11.03	5 515
	18		购入	1 500	11.50	17 250				2 000	11.38	22 765
	25		发出				1 000	11.38	11 385	1 000	11.38	11 380
	31		本月合计	2 500		29 000	3 000		32 620	1 000	11.38	11 380

由表 4-4 可以得出：

第一批发出材料成本=800×10.00=8 000（元）

第一批发货后结存材料成本=700×10.00=7 000（元）

第一批购入材料后平均单位成本=（7 000+11 750）÷（700+1 000）≈11.03（元/千克）

第二批发货后结存材料成本=500×11.03=5 515（元）

第二批发出材料成本=18 750-5 515=13 235（元）

第二批购入材料后平均单位成本=（5 515+17 250）÷（500+1 500）≈11.38（元/千克）

第三批发货后结存材料成本=1 000×11.38=11 380（元）

第三批发出材料成本=22 765-11 380=11 385（元）

本月发出材料成本=8 000+13 235+11 385=32 620（元）

月末结存成本=11 380 元

采用移动平均法，能及时并比较客观地反映发出和结存存货的成本。但由于每次收货后都要计算一次平均单位成本，因而计算工作量较大。

（4）个别计价法。

个别计价法也称个别认定法、具体辨认法，是指逐一辨认发出存货和期末存货所属的购进批别或生产批别，以每次（批）收入存货实际成本作为发出各次（批）存货成本的方法。采用这种方法，要求企业按品种和批次作详细的记录，并在存货上附加标签或编号，以便确定发出存货的个别实际成本。

【例 4-4】沿用【例 4-1】的资料，假设月初只结存一个批次的材料，3 月 2 日发出的材料是月初结存的材料；3 月 10 日发出材料 1 200 千克，其中，600 千克是月初结存的材料，另外 600 千克是 3 月 8 日购入的材料；3 月 25 日发出的材料均是 3 月 18 日购入的材料。采用个别计价法计算甲材料的发出成本和期末结存成本，见表 4-5。

表 4-5 原材料明细账 金额单位：元

名称及规格：甲材料 数量单位：千克

2024年		凭证字号	摘要	收入			发出			结存		
月	日			数量	单价	金额	数量	单价	金额	数量	单价	金额
3	1	（略）	月初结存							1 500	10.00	15 000
3	2		发出				800	10.00	8 000	700	10.00	7 000
	8		购入	1 000	11.75	11 750				700 1 000	10.00 11.75	7 000 11 750
	10		发出				600 600	10.00 11.75	6 000 7 050	100 400	10.00 11.75	1 000 4 700
	18		购入	1 500	11.50	17 250				100 400 1 500	10.00 11.75 11.50	1 000 4 700 17 250
	25		发出				1 000	11.50	11 500	100 400 500	10.00 11.75 11.50	1 000 4 700 5 750
	31		本月合计	2 500		29 000	3 000		32 550	100 400 500	10.00 11.75 11.50	1 000 4 700 5 750

采用个别计价法，能准确计算发出存货和期末结存存货的成本，但需认定和记录存货的批次及各批的单价、数量，工作量较大；另外，容易出现企业随意选用较高或较低价格的存货以调整当期利润的现象。这种方法一般适用于容易识别、品种不多、单位成本较高的存货的计价。

2）计划成本法

计划成本法，是指存货的收入、发出和结存均采用计划成本进行日常核算，同时将实际成本与计划成本的差额另行设置有关成本差异账户（如“材料成本差异”账户）反映，期末计算发出存货和结存存货应分摊的成本差异，将发出存货和结存存货由计划成本调整为实际成本的方法。

在制造业企业中，计划成本法广泛运用于对材料的核算。

具体的计算公式为：

$$材料成本差异率=\frac{月初结存材料成本差异+本月收入材料成本差异}{月初结存材料计划成本+本月收入材料计划成本}\times 100\%$$

发出材料应负担的成本差异=发出材料计划成本×材料成本差异率

发出材料实际成本=发出材料计划成本+发出材料应负担的成本差异

结存材料实际成本=结存材料计划成本+结存材料应负担的成本差异

微课

发出材料成本差异的分摊

【例4–5】沿用【例4–1】的资料，假设甲材料的计划单位成本为11.20元/千克，期初材料成本差异为节约差（实际成本小于计划成本）1 800元。采用计划成本法登记甲材料明细分类账，见表4–6。

表4–6 原材料明细账 数量单位：千克

名称及规格：甲材料 计划单位成本：11.20元/千克

2024年		凭证字号	摘要	收入数量	发出数量	结存	
月	日					数量	金额（元）
3	1	（略）	月初结存			1 500	16 800
	2		发出		800	700	
	8		购入	1 000		1 700	
	10		发出		1 200	500	
	18		购入	1 500		2 000	
	25		发出		1 000	1 000	
	31		本月合计	2 500	3 000	1 000	11 200

收入材料计划成本=2 500×11.20=28 000（元）

发出材料计划成本=3 000×11.20=33 600（元）

结存材料计划成本=1 000×11.20=11 200（元）

可见，本月购入材料的实际成本为29 000元，计划成本为28 000元，材料成本差异为超支差（实际成本大于计划成本）1 000元。

$$材料成本差异率=\frac{(-1\ 800)+1\ 000}{16\ 800+28\ 000}\times 100\%\approx -1.7857\%$$

发出材料应负担的成本差异=33 600×（-1.7857%）=-600（元）

发出材料实际成本=33 600-600=33 000（元）

结存材料实际成本=11 200+［（-800）-（-600）］=11 000（元）

采用计划成本法，可以简化核算工作，并有利于对采购部门进行考核，促进存货采购成本的降低。

由上可见，存货计价方法的不同，直接影响到当期销售成本和期末存货价值的确定，进而影响到企业损益的计算及资产负债表中相关项目的价值表现。所以，企业应根据自身的经营性质、经营规模及存货收发等实际情况，选用合适的存货计价方法。计价方法一经确定，不得随意变更；如需变更，应在财务报表附注中予以说明。

启示窗 4-2

关于发出存货的计价方法，有以下几种说法：(1) 个别计价法适用范围较小；(2) 先进先出法可以随时结转存货成本；(3) 全月一次加权平均法可以随时结转存货成本；(4) 移动加权平均法可以随时结转存货成本；(5) 全月一次加权平均法比移动加权平均法操作简单。

请思考：以上说法中，哪些是正确的？

4.2.3 存货的期末计价

前面介绍的各种存货计价方法均是以历史成本为基础计算期末存货价值的，但在有些情况下，如由于存货毁损、全部或部分陈旧过时或者销售价格低于成本等原因，会使企业持有存货的可变现净值下跌到成本以下，由此所形成的损失已不符合资产的定义，如果期末存货仍以历史成本计价，就会出现虚增资产的现象。所以，为了在资产负债表中更合理地反映期末存货的价值，企业应当按照成本与可变现净值孰低法对期末存货进行再计量。

1）成本与可变现净值孰低法的含义

成本与可变现净值孰低法，是指对期末存货按照成本与可变现净值两者之中较低者计价的方法。即当成本低于可变现净值时，存货按成本计价；当可变现净值低于成本时，存货按可变现净值计价。

成本与可变现净值孰低法中，“成本”是指存货的历史成本，即按前面所介绍的以历史成本为基础的存货计价方法计算的期末存货价值；“可变现净值”是指企业在正常经营过程中，以存货的估计售价减去至完工时估计将要发生的成本、估计的销售费用及相关税费后的金额。

存货的可变现净值 = 存货的估计售价 − 至完工时估计将要发生的成本 − 估计的销售费用 − 估计的相关税费

提示 计算可变现净值时，“估计的相关税费”中不包含增值税和所得税，是指记入“税金及附加”科目的内容。

在确定存货可变现净值时，企业应以资产负债表日取得的最可靠证据估计的售价为基础，并考虑持有存货的目的。如果资产负债表日至财务报告批准报出日期间存货售价发生波动，且有确凿证据表明其对资产负债表日的存货已经存在的状况提供了新的或进一步的证据，应当作为资产负债表日后调整事项进行处理；否则，应当作为资产负债表日后非调整事项。

在估计可变现净值时，还应当考虑持有存货的其他因素。例如，有合同约定的存货，通常按合同价作为计算基础，如果企业持有存货的数量多于销售合同订购的数量，存货超出部分的可变现净值应以一般销售价格为计算基础。

采用成本与可变现净值孰低法计价，就是当存货的可变现净值低于成本时，将其差额作为一项损失从存货价值中抵销，列入当期损益，使存货账面价值表现为可变现净值；当存货的可变现净值高于成本时，并不将其差额作为一项收益调增存货价值，存货的账面价值仍表现为历史成本。所以，这种计价方法是一种计算期末存货价值的稳健方法。

微课

可变现净值的确定

2）成本与可变现净值比较的基本方法

存货的成本与可变现净值比较的方法有单项比较法、分类比较法、总额比较法三种。

（1）单项比较法，是指对存货中每一种存货的成本和可变现净值逐项进行比较，每种存货均取较低者来确定存货的期末价值。

（2）分类比较法，是指按存货类别比较其成本和可变现净值，每类存货取其较低者来确定存货的期末价值。

（3）总额比较法，是指将全部存货的总成本与可变现净值总额进行比较，以较低者作为全部存货的期末价值。

【例4-6】某企业有A、B、C、D四种材料，分为甲、乙两大类。各种材料成本与可变现净值资料见表4-7，分别按三种比较方法确定期末材料价值。

表4-7　期末材料成本与可变现净值比较表　金额单位：元

项目	数量（千克）	成本		可变现净值		单项比较法的材料价值	分类比较法的材料价值	总额比较法的材料价值
		单价	总额	单价	总额			
甲类材料								
A	50	260	13 000	250	12 500	12 500		
B	80	450	36 000	455	36 400	36 000		
合计			49 000		48 900		48 900	
乙类材料								
C	120	200	24 000	185	22 200	22 200		
D	320	210	67 200	227	72 640	67 200		
合计			91 200		94 840		91 200	
总计			140 200		143 740	137 900	140 100	140 200

从表4-7中的计算结果可以看出，单项比较法计算的期末材料价值最低，分类比较法次之，总额比较法最高。这说明，比较得越细致，计算结果就越准确，也就越符合谨慎性要求，但计算工作量也相应越大。我国现行会计相关法律法规规定，材料跌价准备应根据单个材料项目的成本与可变现净值比较的结果计量，如果某些材料具有类似用途并与在同一地区生产和销售的产品系列相关，且实际上难以将其与该产品系列的其他项目区别开来

进行估价，可以合并计量成本与可变现净值；对于数量繁多、单价较低的材料，可以按材料类别计量成本与可变现净值。

3）成本与可变现净值孰低法的会计处理

期末存货采用成本与可变现净值孰低法计价，如果成本低于可变现净值，则不需作账务处理，因为存货账上原来就是按历史成本反映的；如果可变现净值低于成本，其差额为存货跌价损失，应进行有关的账务处理，把期末存货价值调整为按可变现净值反映。

企业应设置“存货跌价准备”账户，用于核算企业提取的存货跌价准备。该账户属于资产类账户的备抵账户，贷方登记存货可变现净值低于成本的差额；借方登记已计提跌价准备存货的价值以后又得以恢复的金额和其他原因冲减已计提跌价准备的金额；期末贷方余额反映企业已提取的存货跌价准备。“存货跌价准备”账户是有关存货账户的抵减调整账户，有关存货账户的期末借方余额减去“存货跌价准备”账户的期末贷方余额，即为期末存货的价值。

当企业存在下列情况之一时，应当计提存货跌价准备：第一，市价持续下跌，并且在可预见的未来无回升的希望；第二，企业使用该项原材料生产的产品的成本高于产品的销售价格；第三，企业因产品更新换代，原有库存原材料已不适应新产品的需要，而该原材料的市场价格又低于其账面成本；第四，因企业所提供的商品或劳务过时或者消费者偏好改变而使市场的需求发生变化，导致市场价格持续下跌；第五，其他足以证明该项存货实质上已经发生减值的情形。

企业在每一会计期末计提存货的跌价准备时，首先要比较期末存货的成本与可变现净值，计算出应计提的跌价准备数额，然后与“存货跌价准备”账户的余额比较，若应计提数大于已计提数，应予补提；若应计提数小于已计提数，表明之前已计提跌价准备存货的价值以后得以部分恢复，应按恢复部分的数额，冲销已计提数；若已计提跌价准备存货的价值已全部恢复，其冲减的跌价准备数额应以“存货跌价准备”账户的余额冲减至零为限。

当企业存在以下一项或若干项情况时，应将存货账面价值全部转入当期损益：（1）已霉烂变质的存货；（2）已过期且无转让价值的存货；（3）生产中已不再需要，并且已无使用价值和转让价值的存货；（4）其他足以证明已无使用价值和转让价值的存货。企业当期发生上述情况时，应按存货的账面价值，借记“资产减值损失”账户，按已计提的存货跌价准备，借记“存货跌价准备”账户，按存货的账面余额，贷记“库存商品”等账户。

【例4-7】**某企业采用成本与可变现净值孰低法进行期末存货的计价核算。假设该企业在2020年年末开始计提存货跌价准备，有关年度某商品存货的资料见表4-8。**

表4-8 商品存货资料表 单位：元

日　期	历史成本	可变现净值
2020年12月31日	150 000	146 800
2021年12月31日	186 700	183 100
2022年12月31日	153 000	150 150
2023年12月31日	130 000	129 000
2024年12月31日	168 330	172 000

其中：2023年6月30日，对15 000元已过期且无转让价值的商品作出处理，已计提的存货跌价准备为2 850元。

编制会计分录如下：

❶2020年年末存货跌价准备余额=150 000−146 800=3 200（元）

借：资产减值损失 3 200

  贷：存货跌价准备 3 200

❷2021年年末存货跌价准备余额=186 700−183 100=3 600（元）

2021年年末应补提的存货跌价准备=3 600−3 200=400（元）

借：资产减值损失 400

  贷：存货跌价准备 400

❸2022年年末存货跌价准备余额=153 000−150 150=2 850（元）

2022年年末应冲销已计提的存货跌价准备=3 600−2 850=750（元）

借：存货跌价准备 750

  贷：资产减值损失 750

❹2023年6月30日，对已过期且无转让价值的商品作出处理：

借：资产减值损失 12 150

  存货跌价准备 2 850

  贷：库存商品 15 000

❺2023年年末应计提的存货跌价准备=130 000−129 000=1 000（元）

借：资产减值损失 1 000

  贷：存货跌价准备 1 000

❻2024年年末，可变现净值大于成本，冲销已计提的存货跌价准备1 000元。

借：存货跌价准备 1 000

  贷：资产减值损失 1 000

需要注意的是，导致存货跌价准备转回的原因是以前减记存货价值的影响因素的消失，而不是在当期造成存货可变现净值高于其成本的其他影响因素。如果本期导致存货可变现净值高于其成本的影响因素不是以前导致减记该存货价值的影响因素，则企业会计准则不允许将该存货跌价准备转回。在资产负债表中，“存货”项目应按照减去存货跌价准备后的净额反映。

启示窗4-3

2024年12月31日，甲公司库存原材料——A材料的账面价值（成本）为1 500 000元，市场销售价格总额为1 400 000元，假设不发生其他购买费用，用A材料生产的产成品——B型机器的可变现净值高于成本。

请思考：甲公司是否应该对A材料计提存货跌价准备？

4.3 存货按实际成本计价

以“原材料”为例介绍按实际成本计价的账务处理。

4.3.1 账户设置

原材料是指经过加工能构成产品主要实体的各种原料、材料及不构成产品主要实体但有助于产品形成的各种辅助材料。原材料是企业存货的重要组成部分，其品种、规格较多，为加强对原材料的管理和核算，需要对其进行科学的分类。

原材料按其经济内容可分为六类：原料及主要材料，辅助材料，外购半成品（外购件），修理用备件（备品备件），包装材料，燃料。原材料按其存放地点可分为三类：在途材料、库存材料和委托加工材料。

原材料按实际成本计价是指每种材料的收入、发出、结存核算均按实际成本计价。其特点是：从原材料的收发凭证到明细分类账和总分类账的登记，全部都是按实际成本反映的，并设置“原材料”“在途物资”等账户进行核算。

“原材料”账户，用于核算企业库存原材料的实际成本。该账户属于资产类账户，借方登记入库原材料的实际成本；贷方登记出库原材料的实际成本；期末借方余额反映企业库存原材料的实际成本。该账户应按原材料的保管地点（仓库）、类别、品种和规格设置明细账（或材料卡片）。

“在途物资”账户，用于核算企业购入尚未到达或尚未验收入库的各种物资的实际成本。该账户属于资产类账户，借方登记已付款或已开出、承兑商业汇票物资的实际成本；贷方登记已验收入库物资的实际成本；期末借方余额反映企业已付款或已开出、承兑商业汇票但尚未到达或尚未验收入库的在途物资的实际成本。该账户应按供应单位设置明细账，进行明细核算。

4.3.2 原材料收入的会计处理

1）购入原材料

（1）原材料采购成本的组成内容。

企业购入原材料的采购成本由买价、运杂费、运输途中的合理损耗、入库前的挑选整理费用、购入材料负担的税费和其他费用组成。

买价是指购入材料时发票所注明的货款金额，其已扣除了商业折扣但包括现金折扣。如果企业在折扣期内付款取得了现金折扣，应作为理财收益，冲减当期财务费用，不抵减所购入材料的成本。

运杂费包括运输费、装卸费、保险费、包装费、仓储费等，不包括按规定可抵扣的增值税税额。入库前的挑选整理费用包括挑选整理过程中发生的工费支出和必要的损耗，并减去回收的下脚料价值。

购入材料时所支付的税费是否计入材料成本，需视具体情况而定：

❶购入材料应负担的价内税，如消费税、资源税、城市维护建设税等，构成材料的成本。

❷购入材料应负担的价外税，如增值税，应按一般纳税人和小规模纳税人分别处理：一般纳税人采购材料支付的增值税，凡在增值税专用发票、完税证明等有关凭证中注明，

并按税法规定可以抵扣的进项税额，不计入所购材料的成本，作为进项税额单独记账；购入材料用于非应交增值税项目或免征增值税项目的，以及未能取得增值税专用发票、完税证明等有关凭证的，支付的增值税计入购入材料的成本。一般纳税人采购的农产品，可按其买价的9%（或10%）计算作为增值税进项税额予以抵扣，企业应按扣除这部分进项税额后的价款作为购入材料的成本。小规模纳税人购入材料所支付的增值税进项税额，无论是否取得增值税专用发票等凭证，其支付的增值税均计入所购材料的成本。

拓展视野

浏览国家税务总局网站，或者通过其他途径，明确“非应交增值税项目或免征增值税项目”具体包括哪些。

❸进口材料所缴纳的关税，构成进口材料的成本。

买价应当直接计入各种材料的采购成本。运杂费、运输途中的合理损耗、入库前的挑选整理费用、购入材料负担的税费和其他费用，凡是能分清的，可以直接计入各种材料的采购成本；不能分清的，应按材料的重量或买价等比例，分摊计入各种材料的采购成本。

（2）购入原材料的账务处理。

企业外购原材料时，既可以从本地进货，也可以从外地进货，而且可以根据购货业务的不同特点采用不同的结算方式。由于采购地点和采用的结算方式等因素的影响，经常会出现材料入库和付款时间不一致的情况，因此，其账务处理方法也不一样。

❶货款已经支付（或已开出、承兑商业汇票），材料同时验收入库。

【例4-8】某服装厂购入毛料一批，取得的增值税专用发票上注明的材料价款为100 000元，增值税税额为13 000元，货款113 000元已通过银行转账支付，材料已验收入库。编制会计分录如下：

借：原材料——毛料	100 000	
应交税费——应交增值税（进项税额）	13 000	
贷：银行存款		113 000

❷货款已经支付（或已开出、承兑商业汇票），材料尚未验收入库。这种情况是在付款或开出、承兑商业汇票时，材料尚未到达或尚未验收入库，相隔一段时间后，材料才收到并验收入库。发生此类业务时，应先通过“在途物资”账户进行核算。

【例4-9】某企业从外地某钢铁厂购进钢材一批，有关发票账单已收到，增值税专用发票上注明的材料价款为300 000元，增值税税额为39 000元；运输企业开具的增值税专用发票中注明运费4 000元，增值税税额为360元，装卸费800元，增值税税额为48元，运输保险费1 500元，增值税税额为90元，款项由钢铁厂已垫付。企业签发并承兑一张票面价值为345 798元、3个月到期的商业汇票结算材料款项，但材料尚未收到。编制会计分录如下：

借：在途物资——某钢铁厂	306 300	
应交税费——应交增值税（进项税额）	39 498	
贷：应付票据		345 798

上述钢材到达并验收入库时，编制会计分录如下：

借：原材料——钢材	306 300	
贷：在途物资——某钢铁厂		306 300

❸材料已验收入库，货款尚未支付（或尚未开出、承兑商业汇票）。此时，又要分以下两种具体情况：

第一，在材料验收入库时，因为发票账单未到达，所以未付款。发生这种业务是由于材料运输时间短于结算凭证的传递时间所致，一般在收料后的短时间内结算凭证就能到达。为了简化核算手续，在月份内发生此类业务时，可暂不进行总分类核算，只将收到的材料登记明细分类账，待有关发票账单到达支付货款后，再按正常程序进行账务处理。如果月末发票账单还未到达，为了使账实相符，应按材料的暂估价款（合同价格或计划成本等）入账，下月初再用红字编制同样的会计分录予以冲回或作相反的会计分录予以冲回，以便下月收到发票账单付款时，按正常程序进行账务处理。

【例 4-10】某企业从外地采购甲材料一批，材料已到并验收入库，但银行的结算凭证和发票等单据未到，货款尚未支付。月末，按暂估价入账，假设其暂估价为195 000元。编制会计分录如下：

借：原材料——甲材料	195 000	
贷：应付账款——暂估应付账款		195 000

下月初用红字（外加框表示红字，下同）予以冲回，编制会计分录如下：

借：原材料——甲材料	195 000	
贷：应付账款——暂估应付账款		195 000

下月收到该批材料的发票账单，增值税专用发票上注明的材料价款为193 000元，增值税税额为25 090元；运输企业开具的增值税专用发票中注明运费4 000元，增值税税额为360元。款项共222 450元已用银行存款支付。编制会计分录如下：

借：原材料——甲材料	197 000	
应交税费——应交增值税（进项税额）	25 450	
贷：银行存款		222 450

第二，材料已验收入库，发票、账单也已到达，款项尚未支付。这种情况包括企业采用赊购方式购买材料。结算单据已到，由于企业银行存款不足而暂未付款，其表明企业因购入材料已占用了供应单位的资金，形成了应付账款，企业应在收到材料和发票账单时进行账务处理。

【例 4-11】某企业采用赊购方式向A公司购买一批材料，材料已验收入库，发票账单也已收到，增值税专用发票上注明的材料价款为50 000元，增值税税额为6 500元。付款条件为“2/10，N/30”。

企业购入材料时，编制会计分录如下：

借：原材料	50 000	
应交税费——应交增值税（进项税额）	6 500	
贷：应付账款——A公司		56 500

假定企业在折扣期10天内支付款项，可享受现金折扣1 000元（50 000×2%），即净付货款55 500元。编制会计分录如下：

借：应付账款——A公司	56 500	
贷：银行存款		55 500
财务费用		1 000

❹预付款项购料。企业在采购材料时，可按合同规定预付一部分款项，待材料收到后，再进行结算，多退少补。预付款项购料业务，应通过“预付账款”账户进行核算。

❺材料短缺与损耗。企业外购原材料可能会发生短缺与损耗，必须认真查明原因，分清经济责任，分别不同情况进行处理：

a.凡属运输途中的合理损耗，如由于自然损耗等原因而发生的短缺，应当计入验收入库材料的采购成本中，相应提高入库材料的实际单位成本，不再另作账务处理。

b.凡属由供应单位少发货等原因造成的短缺，应分两种情况处理：一是货款尚未支付的情况，企业应按短缺的数量和发票单价计算拒付金额，填写拒付理由书，向银行办理拒付手续，经银行同意后即可根据收料单、发票账单、拒付理由书和银行结算凭证，按实际支付金额记账；二是货款已经支付并已记入“在途物资”账户的情况，企业应将短缺部分的成本和增值税转入“应付账款”账户，同时，按实际收到的材料记入“原材料”账户。凡属由运输机构或过失人造成的短缺，应将短缺部分的成本和增值税转入“其他应收款”账户。

c.尚待查明原因和需要报经批准才能转销的损失，应先转入“待处理财产损溢”账户核算，待查明原因后再分别处理：属于应由供应单位、运输机构、保险公司或其他过失人负责赔偿的损失，记入“应付账款”“其他应收款”等账户；属于自然灾害等非常原因造成的损失，应将扣除残料价值和保险公司赔款后的净损失，记入“营业外支出——非常损失”账户；属于无法收回的其他损失，记入“管理费用”账户。

❻购入材料溢余。企业购进原材料发生溢余时，未查明原因的溢余材料一般只作为代保管物资在备查簿中登记，不作为进货业务入账核算。

【例4-12】某企业6月3日从外地甲单位购入A材料1 000吨，每吨500元，单位增值税为65元/吨，单位运费为40元/吨，运费的增值税税率为9%，装卸费、保险费共计6 800元，其增值税税率为6%。货款共615 808元已用银行存款支付。6月20日，A材料运达，验收入库950吨，短缺50吨，其中2吨属定额内合理损耗，其余48吨短缺原因不明，待查。编制会计分录如下：

（1）6月3日付款：

借：在途物资——甲单位［1 000×（500+40）+6 800］　546 800
　　应交税费——应交增值税（进项税额）［1 000×（65+40×9%）+6 800×6%］
　　69 008
　贷：银行存款　615 808

（2）6月20日材料验收入库：

采购材料的实际单位成本=546 800÷1 000=546.80（元/吨）

验收入库材料的实际成本=（1 000−48）×546.80=520 553.60（元）

短缺材料的实际成本=48×546.80=26 246.40（元）

短缺材料的进项税额=（48÷1 000）×69 008=3 312.38（元）

借：原材料——A材料　520 553.60
　　待处理财产损溢——待处理流动资产损溢　29 558.78
　贷：在途物资——甲单位　546 800.00
　　　应交税费——应交增值税（进项税额转出）　3 312.38

（3）以后查明原因，短缺的48吨材料是由运输单位原因造成的，运输单位已同意赔款，但款项尚未收到：

借：其他应收款——运输单位　　29 558.78
　贷：待处理财产损溢——待处理流动资产损溢　　29 558.78

小规模纳税人，以及购入材料不能取得增值税专用发票的企业，购入材料时，按支付或应支付的金额，作为材料成本入账。

【例4-13】某小规模纳税人企业采购材料，取得的增值税专用发票上注明的材料价款为90 000元，增值税税额为11 700元，材料已验收入库。企业开出一张60天到期、票面价值为101 700元，并经银行承兑的商业汇票交给供货单位。同时，用银行存款支付银行承兑的手续费50.85元。编制会计分录如下：

借：原材料　　101 700
　贷：应付票据　　101 700
借：财务费用　　50.85
　贷：银行存款　　50.85

2）自制材料入库

企业基本生产车间自制材料，应先通过“生产成本——基本生产成本”账户核算其发生的料、工、费支出，自制完成的材料验收入库时，按其实际生产成本借记“原材料”账户，贷记“生产成本——基本生产成本”账户。

企业收入原材料还可以有委托加工收回、投资者投入、接受捐赠、债务人以原材料抵偿债务、以非货币性资产换入原材料等方式，其账务处理将在以后有关章节中介绍。

材料收入业务繁多的企业，为简化核算工作，也可以采用汇总核算形式，即定期汇总收料凭证编制“收料凭证汇总表”，于月末汇总进行原材料收入的总分类核算。

4.3.3　原材料发出的会计处理

企业发出原材料不管其用途如何，均应办理必要的手续和填制领、发料凭证，据以进行发出材料的核算。各种领、发料凭证是进行原材料发出总分类核算的依据，但为了简化日常材料的核算工作，企业平时可不直接根据领、发料凭证填制记账凭证，而是在月末根据当月的领、发料凭证，按领用部门和用途进行归类汇总，编制“发料凭证汇总表”，据以进行材料发出的总分类核算。

【例4-14】某企业2024年6月末根据领、发料凭证编制“发料凭证汇总表”，见表4-9。

表4-9　　发料凭证汇总表

2024年6月30日　　单位：元

类别 用途	原料及主要材料	辅助材料	燃料	外购半成品	修理用备件	包装材料	合　计
基本生产车间领用	320 000	57 000		110 000		6 600	493 600
辅助生产车间领用	49 000	2 300					51 300
车间一般性消耗		800	3 400		1 200		5 400
厂部管理部门领用		1 800	600		500		2 900
对外销售	1 000						1 000
合　计	370 000	61 900	4 000	110 000	1 700	6 600	554 200

根据"发料凭证汇总表"，编制会计分录如下：

借：生产成本——基本生产成本　　493 600
　　　　　——辅助生产成本　　51 300
　　制造费用　　5 400
　　管理费用　　2 900
　　其他业务成本　　1 000
　贷：原材料　　554 200

4.3.4 原材料收发的明细分类核算

为了随时掌握各种库存原材料的收入、发出、结存数量及金额，企业应按材料的品种、规格设置明细分类账，由仓库和财会部门分别组织材料的数量核算和价值核算。材料明细分类账的格式及登记方法见表4-2至表4-6。

为了掌握各类材料的收发结存动态，企业还应按材料的大类设置明细账，进行二级分类核算。材料二级分类账，通常是定期或月末汇总登记的，可以按收发料凭证直接汇总登记，也可以根据"收料凭证汇总表"和"发料凭证汇总表"登记。

原材料按实际成本核算，由于其收入、发出及结存都按实际成本计价，所以能直接提供材料资金的结存数额，为计算产品的生产成本提供较准确的材料耗用数，而且对于一些规模比较小、材料收发业务也比较少的企业来说核算工作较为简单。但是，这种计价核算方式不能在账簿中反映采购的材料成本是节约还是超支，不便于对采购部门的工作业绩进行有效的考核；另外，在材料品种较多、收发业务频繁的情况下，其核算工作量较大。这种计价核算方法一般只适用于材料收发业务较少的中小型企业。

4.4 存货按计划成本计价

以"原材料"为例介绍按计划成本计价的账务处理。

4.4.1 账户设置

原材料按计划成本计价是指每种材料的收入、发出、结存核算都按预先确定的计划成本计价。材料计划成本的构成内容应当与实际成本的构成内容相一致。

原材料按计划成本计价的主要特点是：从材料的收发凭证到明细分类账和总分类账的登记，全部都是按计划成本计价。所以，企业应设置下列账户：

➢ "原材料"账户，与按实际成本计价的核算内容相同，但借方、贷方和余额均反映材料的计划成本。

➢ "材料采购"账户，核算企业购入材料、商品等的采购成本。该账户属于资产类账户，借方登记外购物资的实际成本和结转实际成本小于计划成本的节约差异；贷方登记验收入库物资的计划成本和结转实际成本大于计划成本的超支差异；期末余额在借方，反映已经收到发票账单已付款或已开出、承兑商业汇票，但物资尚未到达或尚未验收入库的在途物资。该账户应按供应单位和物资品种设置明细账，进行明细核算。

➢ "材料成本差异"账户，核算企业各种材料实际成本与计划成本的差异。该账户属于调整账户，借方登记入库材料实际成本大于计划成本的超支差异及发出材料实际成本小于计划成本的节约差异；贷方登记入库材料实际成本小于计划成本的节约差异及发出材料实际成本大于计划成本的超支差异；期末余额若在借方，反映库存材料的超支差异，若在贷方，反映库存材料的节约差异。该账户应设置“原材料”“周转材料”等明细账户，按照类别或品种进行明细核算，不能使用一个综合差异率。

4.4.2　原材料收入的会计处理

1）购入原材料

企业购入原材料，应通过“材料采购”账户进行核算，其核算内容包括三个方面：一是反映材料采购成本的发生；二是按计划成本反映材料验收入库；三是结转入库材料的成本差异。

（1）货款已经支付（或已开出、承兑商业汇票），材料同时验收入库。

【例 4-15】某企业6月5日从本地甲厂购入A材料一批，增值税专用发票上注明的材料价款为200 000元，增值税税额为26 000元，材料已验收入库，计划成本为205 000元。企业当即开出并承兑一张面值为226 000元、期限为2个月的商业汇票结算货款。编制会计分录如下：

（1）开出、承兑商业汇票结算货款：

借：材料采购——原材料　　200 000
　　应交税费——应交增值税（进项税额）　　26 000
　贷：应付票据　　226 000

（2）材料验收入库：

借：原材料——A材料　　205 000
　贷：材料采购——原材料　　205 000

（3）结转入库材料成本差异（节约差）：

借：材料采购——原材料　　5 000
　贷：材料成本差异——原材料　　5 000

（2）货款已经支付（或已开出、承兑商业汇票），材料尚未验收入库。

企业对货款已付（或已开出、承兑商业汇票）的材料采购业务，不论材料是否收到，都应根据发票账单支付的材料实际成本，借记“材料采购”账户，待以后材料验收入库时，再按计划成本贷记“材料采购”账户并结转材料成本差异。若月末材料仍未收到，在“材料采购”账户有借方余额，表示在途材料。

【例 4-16】某企业6月13日从外地乙单位购入B材料一批，发票账单已收到，有关单据上列明材料价款80 000元，增值税税额10 400元，运杂费1 300元（其中增值税专用发票上注明的可抵扣的增值税进项税额为70元）。货款共91 700元已通过银行转账支付，但到月末材料仍未运到。收到发票账单时，编制会计分录如下：

借：材料采购——原材料　　81 230
　　应交税费——应交增值税（进项税额）　　10 470
　贷：银行存款　　91 700

如果该批材料在7月3日运到并验收入库，其计划成本为81 000元，入库材料成本差异为超支差230元，则在收料时才作材料入库和结转成本差异的账务处理。编制会计分录如下：

借：原材料——B材料 81 000
　贷：材料采购——原材料 81 000
借：材料成本差异——原材料 230
　贷：材料采购——原材料 230

（3）材料已验收入库，货款尚未支付（或尚未开出、承兑商业汇票）。

这类业务包括两种情况：一是发票账单尚未到达，因而尚未付款；二是发票账单已经到达，但尚未付款。为了简化核算手续，在月份内发生此类业务时，可暂不进行总分类核算，待付款或开出、承兑商业汇票后，再按正常程序进行账务处理。如果月终仍未付款或未开出、承兑商业汇票的，则应根据发票账单收到与否而进行不同的账务处理。

❶尚未收到发票账单的情况。月终时，企业应根据收料凭证，按材料的计划成本暂估入账，下月月初用红字冲回或作相反的会计分录予以冲回，其账务处理与按实际成本计价的账务处理基本相同，不需通过“材料采购”账户核算，待下月付款或开出、承兑商业汇票后，才按正常程序通过“材料采购”账户核算。

【例4-17】某企业6月20日从丙单位购入C材料一批，材料已运到并验收入库，其计划成本为50 000元，月终时该批材料的发票账单尚未收到，货款未付。企业应于月终按材料的计划成本估价入账，编制会计分录如下：

借：原材料——C材料 50 000
　贷：应付账款——暂估应付账款 50 000

下月月初用红字将上述会计分录予以冲回：

借：原材料——C材料 [50 000]
　贷：应付账款——暂估应付账款 [50 000]

以后收到发票账单并支付款项时，按正常程序记账。

❷已收到发票账单，或虽然发票账单未到但根据合同、随货同行发票等能够计算并确定材料实际成本的情况。月终时，企业应按材料采购的正常核算程序，通过“材料采购”账户进行核算。

【例4-18】沿用【例4-17】的资料，假定企业在6月30日已收到发票账单，该批材料价款49 000元，增值税税额6 370元，但仍未付款。月终时，编制会计分录如下：

借：材料采购——原材料 49 000
　　应交税费——应交增值税（进项税额） 6 370
　贷：应付账款——丙单位 55 370
借：原材料——C材料 50 000
　贷：材料采购——原材料 50 000
借：材料采购——原材料 1 000
　贷：材料成本差异——原材料 1 000

假设下月付款，付款时应编制会计分录如下：

借：应付账款——丙单位 55 370
　贷：银行存款 55 370

（4）预付款项购料。

企业采购材料预付款项时，应先在“预付账款”账户核算，待收料结算时，再通过

“材料采购”账户核算。

【例 4-19】某企业6月8日从丁企业订购燃料一批，根据合同规定以银行存款预付购货款30 000元。编制会计分录如下：

借：预付账款——丁企业　　30 000
　贷：银行存款　　30 000

6月28日，上述预购的材料按时到达，已验收入库，计划成本为98 600元，有关发票上注明的材料价款为100 000元，增值税税额为13 000元，共计113 000元，同时以银行存款补付货款83 000元。编制会计分录如下：

借：材料采购——原材料　　100 000
　　应交税费——应交增值税（进项税额）　　13 000
　贷：预付账款——丁企业　　113 000
借：预付账款——丁企业　　83 000
　贷：银行存款　　83 000
借：原材料——燃料　　98 600
　贷：材料采购——原材料　　98 600
借：材料成本差异——原材料　　1 400
　贷：材料采购——原材料　　1 400

（5）材料短缺与损耗。

材料验收入库时发现短缺与损耗，其账务处理与按实际成本计价的账务处理大致相同：运输途中的合理损耗，应计入材料的实际成本；应由供应单位、外部运输机构或有关责任人赔偿的材料短缺与损耗，应按照材料的实际成本及应负担的增值税，借记“应付账款”“其他应收款”等账户，贷记“材料采购”“应交税费——应交增值税（进项税额转出）”账户；尚待查明原因和需要报经批准才能转销的损失，先记入“待处理财产损溢”账户，查明原因后再作处理。

2）自制材料入库

企业自制材料完工验收入库，应在月末根据“材料入库单”所列的计划成本和有关成本计算资料所确定的实际成本，编制会计分录如下：

借：原材料（计划成本）
　　材料成本差异——原材料（超支差）
　贷：生产成本——基本生产成本（实际成本）
　　　材料成本差异——原材料（节约差）

3）原材料收入的汇总

为简化日常核算工作，企业平时可不进行材料入库和结转材料成本差异的总分类核算，待到月终时，通过编制“收料凭证汇总表”汇总进行总分类核算。“收料凭证汇总表”应以仓库转来的收料凭证为依据，按不同材料类别和付款与否等情况进行汇总，并据以进行账务处理。

【例 4-20】某企业2024年6月份发生的材料收入业务见【例 4-15】至【例 4-19】（【例 4-18】除外），月终通过编制“收料凭证汇总表”（见表4-10）汇总结转入库材料成本和材料成本差异。

表4-10　**收料凭证汇总表**

2024年6月30日　单位：元

项目	原料及主要材料		燃料		…	合　计		
	实际成本	计划成本	实际成本	计划成本	…	实际成本	计划成本	成本差异
材料采购	200 000	205 000	100 000	98 600		300 000	303 600	-3 600
应付账款	50 000	50 000				50 000	50 000	0
生产成本								
⋮								
合　计	250 000	255 000	100 000	98 600		350 000	353 600	-3 600

根据"收料凭证汇总表"，编制会计分录如下：

借：原材料　353 600
　贷：材料采购——原材料　303 600
　　　应付账款——暂估应付账款　50 000
借：材料采购——原材料　3 600
　贷：材料成本差异——原材料　3 600

4.4.3 原材料发出的账务处理

为简化日常核算工作，企业可于月终编制"发料凭证汇总表"，据以进行发出材料的总分类核算。在按计划成本计价的方式下，原材料发出的总分类核算包括两方面内容：一是按计划成本结转发出材料的成本，按材料发出的不同用途，借记有关账户，贷记"原材料"账户。二是结转发出材料应负担的成本差异：超支差异，借记有关账户，贷记"材料成本差异"账户；节约差异，借记"材料成本差异"账户，贷记有关账户。发出材料的计划成本加上（或减去）应负担的成本差异，就是发出材料的实际成本。

【例4-21】某企业6月末根据领发料凭证，汇总编制"发料凭证汇总表"（见表4-11），本月原材料的成本差异率为-1%（节约差）。

表4-11　**发料凭证汇总表**

2024年6月30日　单位：元

项目		生产成本		制造费用	管理费用	其他业务成本	合　计
		基本生产成本	辅助生产成本				
原材料	原料及主要材料	260 000	52 000			1 400	313 400
	辅助材料	48 000	2 300	1 100	1 800		53 200
	燃料		1 600	700			2 300
	外购半成品	43 200					43 200
	修理用备件			2 000	1 300		3 300
	包装材料	3 000					3 000
	计划成本小计	354 200	55 900	3 800	3 100	1 400	418 400
材料成本差异（差异率：-1%）		-3 542	-559	-38	-31	-14	-4 184
实际成本		350 658	55 341	3 762	3 069	1 386	414 216

根据“发料凭证汇总表”，编制会计分录如下：

（1）结转发出材料的计划成本：

借：生产成本——基本生产成本　　354 200
　　　　　　——辅助生产成本　　55 900
　　制造费用　　3 800
　　管理费用　　3 100
　　其他业务成本　　1 400
　贷：原材料　　418 400

（2）结转发出材料应负担的成本差异：

借：材料成本差异——原材料　　4 184
　贷：生产成本——基本生产成本　　3 542
　　　　　　　——辅助生产成本　　559
　　　制造费用　　38
　　　管理费用　　31
　　　其他业务成本　　14

发出材料应负担的成本差异，必须按月分摊，不得在季末或年末一次计算。发出材料应负担的成本差异，应使用当月的实际差异率；如果上月的成本差异率与本月的成本差异率相差不大，也可按上月的成本差异率计算。计算方法一经确定，不得随意变动。

4.4.4　原材料收发的明细分类核算

1）原材料的明细分类核算

在按计划成本计价方式下，原材料的明细分类核算与按实际成本计价的明细分类核算基本相同。区别在于前者的材料明细分类账和材料二级分类账都是按计划成本计价的。原材料明细分类账的一般格式及登记方法见表4-6。

2）材料采购的明细分类核算

一般情况下，材料采购明细账可按材料的大类，如原材料、周转材料（低值易耗品、包装物）等设置。若原材料储备量较大，材料费用在产品成本中所占比重也较大的，可按材料的类别或品种设置。材料采购明细账的一般格式见表4-12。

表4-12　材料采购明细账

明细科目：原材料　　　　单位：元

2024年		凭证字号	发票账单号	供应单位或采购人员姓名	摘要	借方（实际成本）				2024年		凭证字号	发票账单号	摘要	贷方（计划成本）			材料成本差异
月	日					买价	运杂费	其他	合计	月	日				计划成本	其他	合计	
6	5	（略）	（略）	甲厂	购进A材料	200 000			200 000	6	5	（略）	（略）	入库	205 000		205 000	-5 000
	8			丁企业	购进燃料	100 000			100 000	6	28			入库	98 600		98 600	1 400
	13			乙单位	购进B材料	80 000	1 230		81 230									
	30				本月小计	380 000	1 230		381 230						303 600		303 600	-3 600
	30				结转成本差异				3 600									
	30				本月合计				384 830								303 600	
	30				月末余额（在途材料）				81 230									

材料采购明细账采用横线登记法进行登记，即同一批外购材料的付款和收料业务在同一行中登记。登记的依据是审核后的发票账单和收料单等有关凭证。月终，将已在借方栏和贷方栏登记的材料成本差异结转到“材料成本差异”账户中。对于只有借方金额而无贷方金额即已付款（或已开出、承兑商业汇票）尚未验收入库的在途材料，应逐笔转入下月材料采购明细账内，以便材料验收入库时进行账务处理。

3）材料成本差异的明细分类核算

材料成本差异明细账与材料采购明细账的设置应该一致，一般也是按材料的大类设置。材料成本差异明细账的一般格式见表4-13。

表4-13　　材料成本差异明细账

明细科目：原材料　　金额单位：元

2024年		凭证字号	摘要	收入			差异率	发出			结存		
月	日			计划成本	借方差额（超支）	贷方差额（节约）		计划成本	借方差额（超支）	贷方差额（节约）	计划成本	借方差额（超支）	贷方差额（节约）
6	1	（略）	期初余额								244 100		2 377
	30		本月收入	353 600		3 600					597 700		5 977
	30		本月发出				-1%	421 300		4 213	176 400		1 764
	30		合　计	353 600		3 600	-1%	421 300		4 213	176 400		1 764

材料成本差异明细账中本月收入和发出材料的计划成本，应分别根据收料凭证汇总表和发料凭证汇总表填列；本月收入和发出材料的成本差异，应分别根据有关转账凭证或收、发料凭证汇总表填列；差异率则根据账内有关资料计算填列。有关差异率及分摊成本差异的计算公式已在“4.2　存货计价”中介绍过，以下为具体计算：

$$材料成本差异率=\frac{(-2\ 377)+(-3\ 600)}{244\ 100+353\ 600}\times 100\%=-1\%$$

发出材料应负担的成本差异=421 300×（-1%）=-4 213（元）

从理论上讲，在计算材料成本差异率时，本月收入材料的计划成本中应剔除发票账单未到、实际成本不能确定但已验收入库的那部分材料的计划成本，因为其未产生成本差异。但实际工作中为简化核算工作往往不作剔除，只有在这类材料数额十分巨大，对材料成本差异的分摊产生重大影响的情况下，才考虑剔除。

原材料按计划成本计价，能较有效地避免按实际成本计价的不足。但由于材料成本差异一般只能按材料大类计算，所以会影响到材料成本计算的准确性。这种计价方法适用于材料收发业务频繁，且具备材料计划成本资料的大型企业。

4.5　周转材料

周转材料是指企业能够多次使用的材料，包括：为了包装本企业商品而储备的各种包装物；各种管理用具、工具、玻璃器皿、劳动保护用品以及在经营过程中周转使用的容器等低值易耗品；建造承包商的钢模板、木模板、脚手架等其他周转材料。

4.5.1 低值易耗品

1）低值易耗品的概念和种类

低值易耗品是指不能作为固定资产的各种用具物品，如工具、管理用具、玻璃器皿，以及在经营过程中周转使用的容器等。

低值易耗品的性质属于劳动资料，它可以参加多次生产周转而不改变其原有的实物形态，价值是随着实物的不断磨损逐渐地转移到成本、费用中去的；在使用过程中需要进行维修，报废时有一定的残值。从这些方面看，低值易耗品与固定资产是相同的。但低值易耗品又具有品种多、数量大、价值较低、使用年限较短、容易损坏、收发频繁等特点，这又不同于固定资产而与原材料有些类似。实际工作中，为了简化管理和核算工作，将低值易耗品列入流动资产的存货类，其购入、库存的管理和核算与原材料基本相同，但对其在使用中转移或损耗的价值则采用了摊销的方法摊入成本、费用中。

低值易耗品按用途可分为一般工具、专用工具、替换设备、管理用具、劳动保护用品等。

2）低值易耗品的会计处理

低值易耗品实际成本的组成内容与原材料相同。企业应设置“周转材料——低值易耗品”账户，用于核算企业库存低值易耗品的实际成本或计划成本，也可单独设置“低值易耗品”账户。该账户属于资产类账户，借方登记验收入库低值易耗品的成本；贷方登记发出低值易耗品的成本；期末借方余额反映企业库存未用低值易耗品的成本。该账户应按低值易耗品的类别、品种、规格进行数量和金额的明细核算。

（1）低值易耗品购入。

低值易耗品采购、入库的核算，不论是按实际成本计价还是按计划成本计价，均与原材料的账务处理基本相同，这里不再重述。

（2）低值易耗品摊销。

低值易耗品从仓库领用、发出直到报废以前，可在生产过程中反复使用，其损耗的价值需要采用一定的摊销方法分期计入成本、费用中，具体方法有：

❶一次摊销法，是指在领用低值易耗品时，就将其价值一次全部计入当期成本、费用中的摊销方法。采用这种摊销方法，核算简单，但若领用的低值易耗品价值较大时，会使当期成本、费用增加，不利于成本、费用的均衡性。这种方法主要适用于一次领用数量不多、价值较低、使用期限较短或容易破损的低值易耗品的摊销。

【例 4-22】某企业生产车间领用专用工具一批，计划成本为1 300元，厂部管理部门领用办公用品一批，计划成本为1 100元，当月材料成本差异率为2%。编制会计分录如下：

（1）领用：

借：制造费用	1 300	
管理费用	1 100	
贷：周转材料——低值易耗品		2 400

（2）分摊材料成本差异：

借：制造费用（1 300×2%）	26	
管理费用（1 100×2%）	22	
贷：材料成本差异——低值易耗品		48

❷分次摊销法，是指根据低值易耗品的价值和预计使用期限求得每期平均摊销额，将其价值分次摊入各期成本、费用中的摊销方法。这种摊销方法克服了一次摊销法各期成本、费用负担不均衡的缺点。它主要适用于使用期限较长、单位价值较高或一次领用数量较大的低值易耗品的摊销。

采用分次摊销法时，需要单独设置“周转材料——低值易耗品（在用）”“周转材料——低值易耗品（在库）”“周转材料——低值易耗品（摊销）”明细账户进行核算。领用时，先将其全部价值从“在库”明细账转入“在用”明细账，以后再分期摊入成本、费用中。低值易耗品报废时，将其残料价值作为当月低值易耗品摊销额的减少，冲减有关的成本、费用。如果低值易耗品已经发生毁损、遗失等，不能再继续使用的，应将其账面价值全部转入当期成本、费用中。

【例4-23】某企业设计室领用低值易耗品一批，实际成本为72 000元，按2年摊销。编制会计分录如下：

（1）领用：

借：周转材料——低值易耗品（在用） 72 000
　贷：周转材料——低值易耗品（在库） 72 000

（2）当月及以后各月摊销：

借：管理费用［72 000÷（2×12）］ 3 000
　贷：周转材料——低值易耗品（摊销） 3 000

（3）2年后该批低值易耗品报废，残料收入800元：

借：原材料 800
　贷：管理费用 800

同时：

借：周转材料——低值易耗品（摊销） 72 000
　贷：周转材料——低值易耗品（在用） 72 000

如果低值易耗品是按计划成本核算的，应在领用当月结转应分摊的成本差异，并在当月及以后各月摊销。

采用一次摊销法，对于在用低值易耗品以及使用部门退回仓库的低值易耗品，应加强实物管理，并在备查簿中进行登记。

4.5.2 包装物

1）包装物的概念和种类

（1）包装物的概念。

包装物是指为了包装本企业商品而储备的各种包装容器，如桶、箱、瓶、坛、袋等。

（2）包装物的种类。

企业的包装物种类繁多，按其具体用途的不同，可分为以下几种：❶生产过程中用于包装产品作为产品组成部分的包装物；❷随同商品出售而不单独计价的包装物；❸随同商品出售而单独计价的包装物；❹出租或出借给购买单位使用的包装物。

下列各项不属于包装物的核算范围：❶各种包装材料，如纸、绳、铁丝、铁皮等（应作为“原材料”进行管理和核算）；❷用于储存和保管商品、材料而不对外出售的包装物

(应按其价值大小和使用年限长短，分别作为“固定资产”或“周转材料——低值易耗品”进行管理和核算)。

2）包装物的会计处理

包装物实际成本的组成内容与原材料相同。企业应设置“周转材料——包装物”账户，用于核算企业库存的各种包装物的实际成本或计划成本，也可单独设置“包装物”账户。该账户属于资产类账户，借方登记验收入库包装物的成本；贷方登记发出包装物的成本；期末借方余额反映企业库存未用包装物的成本。该账户应按包装物的种类设置明细账，进行明细核算。

（1）收入包装物。

包装物采购、入库的核算，不论是按实际成本计价还是按计划成本计价，均与原材料的账务处理基本相同，这里不再重述。

（2）发出包装物。

企业应按发出包装物的不同用途进行不同的处理。

❶生产过程中领用的包装物。生产过程中领用的包装物，在包装产品后就成为产品的一部分，因此，应将包装物的成本计入产品的生产成本。

【例 4-24】某企业生产车间为包装产品领用包装物一批，计划成本为3 500元，材料成本差异率为1%。编制会计分录如下：

借：生产成本——基本生产成本	3 535	
贷：周转材料——包装物		3 500
材料成本差异——包装物		35

❷随同商品出售但不单独计价的包装物。随同商品出售但不单独计价的包装物，其发出主要是为了确保销售商品的质量或提供较为良好的销售服务，因此，应将这部分包装物的成本作为企业发生的销售费用处理。

【例 4-25】某企业在商品销售过程中领用包装物一批，计划成本为2 300元，材料成本差异率为1%，该批包装物随同商品出售而不单独计价。编制会计分录如下：

借：销售费用	2 323	
贷：周转材料——包装物		2 300
材料成本差异——包装物		23

❸随同商品出售并单独计价的包装物。随同商品出售并单独计价的包装物，实际上就是出售包装物，其账务处理与出售原材料相同。出售包装物取得的收入记入“其他业务收入”账户，出售包装物的成本记入“其他业务成本”账户。

【例 4-26】某企业在商品销售过程中领用包装物一批，实际成本为4 000元。该批包装物随同商品出售，单独计算售价为4 800元，应收取的增值税税额为624元，款项已收到。编制会计分录如下：

（1）取得出售包装物收入：

借：银行存款	5 424	
贷：其他业务收入——包装物销售		4 800
应交税费——应交增值税（销项税额）		624

（2）结转出售包装物成本：

借：其他业务成本——包装物销售　4 000

　贷：周转材料——包装物　4 000

❹出租、出借的包装物。企业对于一些可周转使用的包装物，一般采用出租或出借的方式提供给客户使用，并要求客户用完后归还。企业出租包装物可以取得租金收入，作为企业的其他业务收入，与之对应的出租包装物的成本及修理费用，应列作企业的其他业务成本。企业出借包装物，因不向客户收取费用，没有业务收入，所以出借包装物的成本及修理费用应作为企业的销售费用处理。企业为了督促客户能按时归还包装物，不论采用出租还是出借方式，一般都收取包装物押金，包装物押金应通过“其他应付款”账户核算。

企业对出租、出借的包装物，可采用一次或分次摊销的方法摊销其价值。在第一次领用新包装物出租、出借时，应按其实际成本，出租时记入“其他业务成本”账户，出借时记入“销售费用”账户。若出租、出借包装物金额较大的，采用分次摊销法，账务处理比照低值易耗品。以后收回已使用过的出租、出借包装物，应加强实物管理，并在备查簿中进行登记。

提示　只有出租、出借的包装物属于严格意义的周转材料，其他的包装物则都属于一次消耗品，如同原材料一样。

【例4-27】某企业向仓库领用一批新的包装物，实际成本为10 000元，用于出租和出借的各占50%。出租包装物的期限为1个月，不含税租金为400元；出借包装物的期限为3个月。包装物采用一次摊销法。出租、出借的押金各为6 000元，已收存银行。编制会计分录如下：

（1）结转发出包装物成本：

借：其他业务成本——包装物出租　5 000

　　销售费用——出借包装物　5 000

　贷：周转材料——包装物　10 000

（2）收到押金：

借：银行存款　12 000

　贷：其他应付款——存入保证金　12 000

（3）1个月后按期如数收回出租的包装物，在6 000元的押金中扣除应收取的租金400元和增值税52元后，余额5 548元已通过银行转账退回：

借：其他应付款——存入保证金　6 000

　贷：其他业务收入——包装物出租　400

　　　应交税费——应交增值税（销项税额）　52

　　　银行存款　5 548

（4）3个月后按期如数收回出借的包装物，押金6 000元已通过银行转账退回：

借：其他应付款——存入保证金　6 000

　贷：银行存款　6 000

出租、出借收回的包装物，如发现有损坏不能使用而报废的，按其残料价值，借记“原材料”等账户，贷记“其他业务成本——包装物出租”“销售费用——出借包装物”等账户。

对于逾期未退包装物没收的押金，应按扣除应交的增值税后的差额，记入“其他业务收入”账户。

【例4-28】沿用【例4-27】的资料，假设出借的包装物3个月后只收回50%，没收押金3 000元，其中应交的增值税为345.13元［3 000÷（1+13%）×13%］，同时，通过银行转账退回押金3 000元。编制会计分录如下：

（1）没收逾期未退包装物的押金：

借：其他应付款——存入保证金 3 000

　贷：应交税费——应交增值税（销项税额） 345.13

　　其他业务收入 2 654.87

（2）退回已收回包装物的押金：

借：其他应付款——存入保证金 3 000

　贷：银行存款 3 000

4.6 存货清查

4.6.1 存货清查的意义

在永续盘存制下，虽然通过存货的明细账，可以随时反映出各种存货的收入、发出、结存情况，但由于企业存货的种类很多、收发频繁，在计量和计算上可能发生差错，还会发生自然损耗、毁损、丢失、被盗等情况，从而造成存货的实际结存数与账存数不相符。因此，有必要定期或不定期地对存货进行清查，确定存货的实存数，查明账实不相符的原因，分清经济责任进行处理，从而达到账实相符。

4.6.2 存货清查的方法

存货清查通常采用实地盘点的方法。在清查时，通过点数、过磅等方法，确定实存数量。对于一些无法通过具体的方法进行度量的存货，则应通过测量、估计等方法确定其实际数量。有些存货还要通过物理方法或化学方法来检查其质量是否合格、是否变质等。

存货应当定期盘点，每年至少盘点一次。在实地盘点之前，应先把有关存货明细账登记齐全，计算出结存数量和金额，以备核对。盘点后，应根据盘点记录，将实存数与账面数进行核对，核实盘盈、盘亏的数量，查明造成盈亏的原因，并据以编制“存货盘点报告表”，见表4-14。

表4-14 存货盘点报告表

2024年12月31日　　金额单位：元

存货类别	名称规格	计量单位	数量		单价	盘盈		盘亏		盈亏原因
			账存	实存		数量	金额	数量	金额	
原材料	A材料	千克	2 300	2 250	40			50	2 000	管理不善毁损
原材料	B材料	千克	4 750	2 100	15			2 650	39 750	自然灾害毁损
周转材料	甲	件	180	185	500	5	2 500			记账差错

注：A材料残料入库作价100元；B材料毁损应收保险公司赔偿款29 000元。

4.6.3 存货盘盈、盘亏的会计处理

企业应设置“待处理财产损溢”账户，核算企业在财产清查过程中查明的各种财产盘盈、盘亏的价值，借方登记发生的各种财产物资的盘亏金额和批准转销的盘盈金额；贷方登记发生的各种财产物资的盘盈金额和批准转销的盘亏、毁损金额。处理前的借方余额，反映企业尚未处理的各种财产的净损失；处理前的贷方余额，反映企业尚未处理的各种财产的净溢余。期末，报经处理后该账户应无余额。该账户设置“待处理流动资产损溢”和“待处理固定资产损溢”两个明细账户。存货的盘盈、盘亏，通过“待处理流动资产损溢”明细账核算。

企业清查的各种存货的损溢，应于期末前查明原因，并根据企业的管理权限，经股东大会或董事会，或者总经理会议或类似机构批准后，在期末结账前处理完毕。在批准处理之前，企业应先将盘盈、盘亏的存货价值记入“待处理财产损溢”账户，并调整存货的账面价值，使存货账实相符；批准后，按不同的原因和处理结果转销“待处理财产损溢”账户。发生的存货盘盈，经批准冲减管理费用。发生的存货盘亏、毁损，如果属于定额内损耗的，经批准可转入管理费用；属于计量收发错误和管理不善造成的，应先扣除残料价值、可以收回的保险赔款和过失人赔偿，将净损失计入管理费用，同时，按规定不能抵扣的增值税进项税额应当予以转出，亦计入管理费用；属于自然灾害等非常原因造成的，应先扣除残料价值、可以收回的保险赔款和过失人赔偿，将净损失计入营业外支出。

◉ 典型案例4-1

2024年4月份A公司的甲材料购进、发出和结存情况见表4-15。

表4-15　原材料明细账　金额单位：元

名称及规格：甲材料　数量单位：千克

2024年		凭证字号	摘要	收入			发出			结存		
月	日			数量	单价	金额	数量	单价	金额	数量	单价	金额
4	1	（略）	期初结存							1 000	50	50 000
	5		购进	1 200	55	66 000				2 200		
	8		发出				1 500			700		
	15		购进	1 600	54	86 400				2 300		
	18		发出				1 000			1 300		
	25		购进	800	56	44 800				2 100		
	28		发出				1 200			900		
	30		合计	3 600		197 200	3 700			900		

要求：分别采用先进先出法、全月一次加权平均法和移动加权平均法计算A公司甲材料本月发出和期末结存的实际成本。

分析提示：在本章中，我们提到发出存货的计价方法，在实际成本法下有个别成本法、先进先出法等，回忆一下几种计价方法的差别，本案例就是关于计价方法的运用，看

看是否已经掌握。

◉ 典型案例4-2

A公司的存货按成本与可变现净值孰低法计量。2024年12月31日，甲商品的账面成本为11 000元，可变现净值为10 000元。

要求：编制下列不同假定情况下计提存货跌价准备的会计分录：

（1）假定计提存货跌价准备前，“存货跌价准备”账户无余额。

（2）假定计提存货跌价准备前，“存货跌价准备”账户已有贷方余额400元。

（3）假定计提存货跌价准备前，“存货跌价准备”账户已有贷方余额1 200元。

分析提示：本章的重点内容之一是关于存货的期末计价问题，我们采用的是成本与可变现净值孰低原则，并且涉及关于存货跌价准备的计算方法，回顾一下此内容并根据原理解答本案例。

本章小结

存货是指企业日常活动过程中持有以备出售的产成品或商品、处在生产过程中的在产品、在生产过程中或提供劳务过程中耗用的各种材料。存货属于企业的流动资产。存货按取得时的实际成本入账，企业取得存货的途径不同，其实际成本的构成也有所不同。企业存货在核算中采用的计价方法可分为按实际成本计价和按计划成本计价两大类。计价方法不同，账户设置和账务处理过程也有差异，企业应选择合适的计价方法进行存货核算。企业可采用成本与可变现净值孰低法对期末存货进行计量，对可变现净值低于成本的差额计提存货跌价准备，并做好存货定期清查工作。

概念回顾

存货　先进先出法　加权平均法　周转材料　可变现净值

第5章

长期股权投资

学习目标

知识目标：掌握长期股权投资的概念、特点和分类；明确长期股权投资成本法、权益法的内容；了解投资减值的判断标准、投资减值准备的内容。

技能目标：熟悉长期股权投资减值的账务处理。

素养提升

钱江水利亏损为哪般？

5.1 长期股权投资概述

5.1.1 长期股权投资的概念及特点

1）长期股权投资的概念

长期股权投资是指投资方能够对被投资方施加重大影响或施加控制的股权投资，以及对构成合营企业的合营安排的投资，主要包括投资方持有的对联营企业、合营企业以及子公司的投资。

2）长期股权投资的特点

（1）长期性。长期股权投资通过长期持有，达到控制被投资单位、改善与被投资单位的贸易关系等目的。长期股权投资一般不能随意抽回投资。

（2）外向性。长期股权投资是企业将已有资产让渡给其他单位而换取的另一项资产。企业是以营利为目的的，一个制造性的企业首先考虑的是企业正常营运，投资于固定资产等生产要素，即对内投资；若将闲置资产去换取其他单位的股票、债券，则形成对外投资。外向性是包括长期股权投资在内的所有股权、债权投资区别于企业供产销等营运活动的重要特征。

（3）收益性。长期股权投资的最终目标是为了获得较大的经济利益，这种经济利益可以通过分得利润或股利获取，也可以通过其他方式取得，比如改善贸易关系等。

（4）风险性。长期股权投资的收益具有高度不确定性，收益的实现与被投资单位的收益能力以及分配政策密切相关。如果被投资单位经营状况不佳，或者进行破产清算时，投资企业作为股东，也需要承担相应的投资损失。

5.1.2 长期股权投资的分类

为了加强对投资的管理，恰当地组织投资的核算，应对长期股权投资进行分类。按照长期股权投资对被投资单位产生的影响，分为控制、共同控制、重大影响三类。

1）控制

控制是指投资方拥有对被投资方的权力，通过参与被投资方的相关活动而享有可变回报，并且有能力运用对被投资方的权力影响其回报金额。投资企业能够对被投资企业实施控制的，被投资单位为其子公司。

控制的定义包含三项基本要素，在判断投资方是否能够控制被投资方时，如果投资方具备以下所有的要素，则投资方能够控制被投资方：

（1）拥有对被投资方的权力；

（2）通过参与被投资方的相关活动而享有可变回报；

（3）有能力运用对被投资方的权力影响其回报金额。

具体来说，投资方在判断其是否控制被投资方时，应考虑所有的事实和情况，当且仅当投资方同时具备上述三个要素时，投资方才控制被投资方。如果事实和情况表明上述控制三要素中的一个或多个发生变化，则投资方要重新判断其是否控制被投资方。

2）共同控制

合营安排是指一项由两个或两个以上的参与方共同控制的安排。共同控制是指按照合同约定对某项经济活动所共有的控制，它仅在与该项经济活动相关的重要财务和经营决策需要分享控制权的投资方一致同意时存在。投资企业与其他方对被投资单位实施共同控制的，被投资单位为其合营企业。在确定是否构成共同控制时，一般可以考虑以下情况作为确定基础：

（1）任何一个合营方均不能单独控制合营企业的生产经营活动；

（2）涉及合营企业基本经营活动的决策需要各合营方一致同意；

（3）各合营方可能通过合同或协议的形式任命其中一个合营方对合营企业的日常活动进行管理，但其必须在各合营方已经一致同意的财务和经营政策范围内行使管理权。

提示　如果存在两个或两个以上的参与方组合能集体控制某项安排的，不构成共同控制，即共同控制合营安排的参与方组合是唯一的。

3）重大影响

重大影响是指对一个企业的财务和经营政策有参与决策的权力，但并不能够控制或与其他方一起共同控制这些政策的制定。投资方能够对被投资单位施加重大影响的，被投资单位为其联营企业。当投资企业拥有被投资单位20%～50%的表决权资本时，一般认为该企业对被投资单位具有重大影响，除非有明确的证据表明该种情况下不能参与被投资单位的生产经营决策，不形成重大影响。企业通常可以通过以下一种或几种情形来判断是否对被投资单位具有重大影响：（1）在被投资单位的董事会或类似的权力机构中派有代表；（2）参与被投资单位的财务和经营政策制定过程，包括股利分配政策等的制定；（3）向被投资单位派出管理人员；（4）向被投资单位提供关键技术资料；（5）与被投资单位之间发生重要交易。需要注意的是，存在上述一种或多种情形并不意味着投资方一定对被投资单位具有重大影响，企业需要综合考虑所有事实和情况来作出恰当的判断。

提示　判断重大影响时，注重实质重于形式。

此外，长期股权投资按内容可分为实物性资产投资、货币性资产投资、无形资产投资等。

5.1.3　长期股权投资的核算方法

长期股权投资的核算方法有两种：一是成本法；二是权益法。

1）成本法的定义及适用范围

成本法是指投资按成本计价的方法。长期股权投资的成本法适用于：企业持有的能够对被投资单位实施控制的长期股权投资。

2）权益法的适用范围

企业对被投资单位具有共同控制或重大影响的长期股权投资，应当采用权益法核算。长期股权投资的权益法适用于：（1）对合营企业投资；（2）对联营企业投资。

3）账户设置

为了核算长期股权投资，企业应当设置"长期股权投资"账户。该账户核算企业持有的采用成本法和权益法核算的长期股权投资，借方登记长期股权投资的取得成本以及采用权益法核算时按被投资单位实现的净利润计算的、企业应分享的收益额等，贷方登记收回长期股权投资的价值或采用权益法核算时被投资单位宣告分派现金股利或利润时企业按持股比例计算的应享有收益额，或按被投资单位发生的净亏损计算的应分担亏损额等，期末借方余额反映企业持有的长期股权投资的价值。

5.2　采用成本法核算的长期股权投资

在成本法下，长期股权投资应当按照初始投资成本计价。追加或收回投资应当调整长期股权投资的初始投资成本。

5.2.1　取得长期股权投资

1）以支付现金形式取得的长期股权投资

以支付现金形式取得的长期股权投资，按实际支付的购买价款作为初始投资成本。初始投资成本包括与取得长期股权投资直接相关的价款、税费及其他必要支出。具体来说，企业以支付现金取得的长期股权投资，应当按照实际支付的价款及与取得长期股权投资直接相关的手续费、佣金等，作为长期股权投资的初始投资成本，借记"长期股权投资"账户，按实际支付的价款及手续费、佣金等，贷记"银行存款"等账户。如果实际支付的价款中包含已宣告但尚未发放的现金股利或利润，作为应收项目处理，不构成长期股权投资的成本。

拓展思维

对子公司的长期股权投资采用成本法核算，是何原理？

【例5-1】2024年7月2日，A公司以银行存款购买了B公司的股票2 000 000股作为长期投资，每股买入价为8元（股价中包含0.3元的已宣告但尚未发放的现金股利），另支付相关税费8 000元。A公司编制会计分录如下：

借：长期股权投资——B公司　15 408 000
　　应收股利　600 000
　贷：银行存款　16 008 000

2）投资者投入的长期股权投资

投资者投入的长期股权投资是指投资者将其持有的对第三方的投资作为出资投入企业形成的长期股权投资。投资者投入的长期股权投资，应当按照投资合同或协议约定的价值作为初始投资成本，但合同或协议约定的价值不公允的除外。如果投资各方在投资合同或协议中约定的价值明显高于或低于公允价值的，应以公允价值作为长期股权投资的初始投资成本。具体来说，企业接受投资者投入的长期股权投资时，应当按照投资合同或协议约定的价值以及相关税费等作为初始投资成本，借记“长期股权投资”账户，按照投资者出资构成实收资本（或股本）的部分，贷记“实收资本”（或“股本”）账户，按照支付的相关税费，贷记“银行存款”等账户，按照上述借贷方之间的差额，贷记“资本公积”账户。

【例 5-2】2024年5月10日，A公司接受B公司以其所持有的C公司长期股权作为对A公司的投资。B公司持有的该项股权的账面余额为5 550万元，未计提长期股权投资减值准备。A公司和B公司约定该股权的价值为6 000万元，占A公司所有者权益总额的70%。假定A公司2024年5月10日的所有者权益总额为7 500万元，不考虑其他相关税费。A公司编制会计分录如下：

借：长期股权投资——C公司　60 000 000
　贷：实收资本（75 000 000×70%）　52 500 000
　　　资本公积——资本溢价　7 500 000

5.2.2　持有期间的现金股利或利润

被投资单位宣告分派的现金股利或利润中，投资企业享有的部分，应确认为当期投资收益。投资企业在确认自被投资单位应分得的现金股利或利润后，应当考虑长期股权投资是否发生减值。在判断该类长期股权投资是否存在减值迹象时，应当关注长期股权投资的账面价值是否大于应享有被投资单位净资产（包括相关商誉）账面价值的份额等情况。出现类似情况时，企业应当按照《企业会计准则第8号——资产减值》的规定对长期股权投资进行减值测试，可收回金额低于长期股权投资账面价值的，应当计提减值准备。

【例 5-3】甲公司于2023年4月10日取得乙公司60%的股权，成本为12 000 000元。2024年2月6日，乙公司宣告分派利润，甲公司按照持股比例可取得100 000元。乙公司于2024年2月12日实际分派股利。假设以上款项均以银行存款收付。甲公司应进行的账务处理为：

借：长期股权投资——乙公司　12 000 000
　贷：银行存款　12 000 000
借：应收股利　100 000
　贷：投资收益　100 000
借：银行存款　100 000
　贷：应收股利　100 000

进行上述处理后，如相关长期股权投资存在减值迹象的，应当进行减值测试。

5.3　采用权益法核算的长期股权投资

权益法是指投资以初始投资成本计量后，在投资持有期间根据投资企业享有被投资单位所有者权益份额的变动对投资的账面价值进行调整的方法。在权益法下，“长期股权投资”账户还应分设“投资成本”“损益调整”“其他综合收益”“其他权益变动”等明细账户进行核算。

5.3.1　取得长期股权投资

取得长期股权投资时，长期股权投资的初始投资成本大于其应享有的被投资单位可辨认净资产公允价值份额的，不需进行调整，直接构成长期股权投资的成本，借记“长期股权投资——投资成本”账户，贷记“银行存款”等账户；长期股权投资的初始投资成本小于其应享有的被投资单位可辨认净资产公允价值份额的，借记“长期股权投资——投资成本”账户，贷记“银行存款”等账户，按其差额，贷记“营业外收入”账户。

微课

权益法下长期股权投资初始投资的核算

【例 5-4】2024 年 7 月 1 日，A 公司以银行存款 750 万元投资 B 公司，占 B 公司有表决权股份的 25%，采用权益法核算。当日，B 公司可辨认净资产的公允价值为 4 500 万元，假定不考虑其他因素。A 公司编制会计分录如下：

借：长期股权投资——B 公司（投资成本）	11 250 000	
贷：银行存款		7 500 000
营业外收入		3 750 000

议一议　**同学们，取得长期股权投资时，初始投资成本大于其应享有的被投资单位可辨认净资产公允价值份额的，不需进行调整，直接构成长期股权投资的成本。其原因是什么？**

5.3.2　持有期间的净利润或净亏损

企业持有长期股权投资期间，被投资单位实现净利润时，应根据被投资单位实现的净利润计算应享有的份额，借记“长期股权投资——损益调整”账户，贷记“投资收益”账户；被投资单位发生净亏损时，应编制相反的会计分录，但应以“长期股权投资”账户的账面价值减记至零为限，借记“投资收益”账户，贷记“长期股权投资——损益调整”账户。

被投资单位以后期间宣告分派现金股利或利润时，企业按应分得的部分，借记“应收股利”账户，贷记“长期股权投资——损益调整”账户。收到被投资单位发放的股票股利时，不进行账务处理，但应在备查簿中登记。

【例 5-5】2022 年 1 月 1 日，A 公司以 1 350 000 元在公开交易的证券市场上购买 B 公司 30% 的表决权股份，采用权益法核算。2022 年 1 月 1 日，B 公司的所有者权益总额为 2 250 000 元，2022 年度 B 公司实现净利润 750 000 元。2023 年 5 月 2 日，B 公司宣告分派现金股利 450 000 元，2023 年度 B 公司发生净亏损 2 700 000 元。2024 年度 B 公司实现净利润 900 000 元。A 公司和 B 公司适用的所得税税率均为 25%。假定 2022 年 1 月 1 日 B 公司可辨认净资产的公允价值等于其账面价值，除长期股权投资外，A 公司在 B 公司中没有其他长期权益。A公司编制会计分录如下：

（1）2022年1月1日，购入B公司股票：

借：长期股权投资——B公司（投资成本）　　1 350 000
　贷：其他货币资金——存出投资款　　1 350 000

（2）2022年度，B公司实现利润：

借：长期股权投资——B公司（损益调整）　　225 000
　贷：投资收益——股权投资收益　　225 000

实现的投资收益为225 000元（750 000×30%），此时，长期股权投资余额为1 575 000元（1 350 000+225 000）。

（3）2023年5月2日，B公司宣告分派现金股利：

借：应收股利——B公司　　135 000
　贷：长期股权投资——B公司（损益调整）　　135 000

应收股利金额为135 000元（450 000×30%），此时，长期股权投资余额为1 440 000元（1 575 000−135 000）。

（4）2023年度，B公司发生亏损：

借：投资收益——股权投资损失　　810 000
　贷：长期股权投资——B公司（损益调整）　　810 000

A公司应负担的亏损金额为810 000元（2 700 000×30%），此时，长期股权投资余额为630 000元（1 440 000−810 000）。

（5）2024年度，B公司实现利润：

借：长期股权投资——B公司（损益调整）　　270 000
　贷：投资收益——股权投资收益　　270 000

实现的投资收益为270 000元（900 000×30%），此时，长期股权投资余额为900 000元（630 000+270 000）。

5.3.3 持有期间的其他综合收益及其变动

在权益法下，被投资单位确认其他综合收益及其变动时，企业应按持股比例计算应享有的份额，借记或贷记“长期股权投资——其他综合收益”账户，贷记或借记“其他综合收益”账户。

【例5-6】A企业持有B企业30%的股份，采用权益法核算。B企业持有的其他债权投资公允价值变动计入其他综合收益的金额为750万元，除该事项外，B企业当期实现的净利润为4 500万元。假定A企业与B企业使用的会计政策、会计期间相同，投资时有关资产的公允价值与其账面价值也相同，不考虑相关的所得税影响。A企业编制会计分录如下：

借：长期股权投资——B企业（损益调整）　　13 500 000
　　　　　　　　——其他综合收益　　2 250 000
　贷：投资收益——股权投资收益　　13 500 000
　　　其他综合收益　　2 250 000

5.3.4　持有期间所有者权益的其他变动

被投资单位发生除实现净损益、确认其他综合收益以外所有者权益的其他变动时，企业应按持股比例计算应享有的份额，借记或贷记“长期股权投资——其他权益变动”账户，贷记或借记“资本公积——其他资本公积”账户。

【例5-7】A企业持有B企业30%的股份，采用权益法核算。B企业接受其母公司实质上属于资本性投入的现金捐赠，金额为600万元，B企业将其计入资本公积，导致所有者权益发生变动。A企业编制会计分录如下：

借：长期股权投资——B企业（其他权益变动）　1 800 000
　贷：资本公积——其他资本公积　1 800 000

提示　权益法核算下，长期股权投资代表的是享有被投资单位净资产的份额，投资收益代表的是享有被投资单位净损益的份额。

5.4　长期股权投资的处置

处置长期股权投资，应当按照实际收到的价款与长期股权投资账面价值的差额确认投资损益。企业处置长期股权投资时，应按实际取得的价款，借记“银行存款”等账户，按已计提的减值准备，借记“长期股权投资减值准备”账户，按长期股权投资的账面余额，贷记“长期股权投资”账户，按尚未领取的现金股利或利润，贷记“应收股利”（或“应付利润”）账户，按其差额，借记或贷记“投资收益”账户。

在采用权益法核算时，对于可以转入当期损益的其他综合收益，借记或贷记“其他综合收益”账户，贷记或借记“投资收益”账户；还应同时结转原计入资本公积的相关金额，借记或贷记“资本公积——其他资本公积”账户，贷记或借记“投资收益”账户。

【例5-8】A企业对B企业投资按成本法核算，其投资成本为75 000元，对该投资已计提减值准备15 000元。转让该投资，取得银行存款82 500元（不考虑相关费用）。A企业编制会计分录如下：

借：银行存款　82 500
　　长期股权投资减值准备　15 000
　贷：长期股权投资——投资成本　75 000
　　　投资收益　22 500

5.5　长期股权投资减值

5.5.1　长期股权投资减值概述

1）长期股权投资减值的概念

长期股权投资减值是指长期股权投资的可收回金额低于账面价值所发生的损失。其中，可收回金额的估计应当根据长期股权投资的公允价值减去处置费用后的净额与其预计未来现金流量的现值两者之间的较高者确定。处置费用是指可以直接归属于长期股权投资处置的增量成本，包括与长期股权投资处置有关的法律费用、相关税费等。长期股权投资预计未来现金流量的现值，应当按照长期股权投资在持有过程中和最终处置时所产生的预计未来现金流量，选择恰当的折现率对其进行折现后的金额加以确定。

按照会计准则的要求，在资产负债表日，如果由于市价持续下跌或被投资单位经营状况恶化等原因，导致投资的可收回金额低于账面价值，并且这种降低的价值在可预计的未来期间不可能恢复，此时，企业应将该投资的可收回金额低于长期股权投资账面价值的差额作为投资减值准备，调整其账面价值。

2）长期股权投资减值的判断标准

企业持有的长期股权投资有的有市价，有的没有市价，期末应根据具体情况确定各项投资是否应计提减值准备。

（1）有市价的投资计提减值准备的判断标准。

❶市价持续2年低于账面价值。

❷该项投资暂停交易1年或1年以上。

❸被投资单位当年发生严重亏损。

❹被投资单位连续2年发生亏损。

❺被投资单位出现清理整顿、清算或其他不能持续经营的状况。

（2）没有市价的投资计提减值准备的判断标准。

❶影响被投资单位经营的政治或法律环境发生变化，如有关的环境保护、税收、贸易等法规的颁布或修订，从而导致某些被投资单位发生亏损。

❷被投资单位所提供的商品或劳务，因产品过时或消费者偏好改变而使市场需求发生变化，从而导致被投资单位财务状况恶化。

❸被投资单位所在行业的生产技术或竞争者数量发生变化，使企业之间的竞争加剧，导致产品积压，出现严重亏损。

❹被投资单位陷入财务困境，如产品滞销、应收账款回收不利、现金流入量严重不足、资金周转困难或陷入法律诉讼案件等，使被投资单位的持续经营能力受到怀疑。

此外，采用成本法核算的长期股权投资，除取得投资时实际支付的价款中包含的应收股利外，投资企业按照享有被投资单位宣告发放的现金股利或利润确认投资收益后，应当考虑长期股权投资是否发生减值。在判断该类长期股权投资是否存在减值迹象时，应当关注长期股权投资的账面价值是否大于应享有被投资单位净资产（包括相关商誉）账面价值的份额等情况。

上述列举的长期股权投资的减值迹象并不能穷尽所有的减值迹象，企业应当根据实际情况来认定投资可能发生减值的迹象。有确凿证据表明投资存在减值迹象的，应当在资产负债表日进行减值测试，估计资产的可收回金额。长期股权投资存在减值迹象是投资是否需要进行减值测试的必要前提。

5.5.2　长期股权投资减值的会计处理

1）账户设置

“长期股权投资减值准备”账户，核算企业长期股权投资的减值准备。资产负债表日，长期股权投资发生减值的，按应减记的金额，借记“资产减值损失”账户，贷记本账户；处置长期股权投资时，应同时结转已计提的长期股权投资减值准备。本账户期末贷方余额，反映企业已计提但尚未转销的长期股权投资减值准备。

“资产减值损失”账户，核算企业计提各项资产减值准备所形成的损失。各项资产发生减值的，应按减值的金额，借记本账户，贷记各项准备类账户。本账户可以按资产减值损失的项目进行明细核算。期末，应将本账户余额转入“本年利润”账户，结转后本账户应无余额。

2）投资减值的账务处理

【例5-9】2024年12月31日，A公司持有B公司普通股股票的账面价值为1 050 000元，作为长期股权投资并采用权益法进行核算。由于B公司当年经营不善，资金周转发生困难，使得股票市价下跌，股票的可收回金额降为900 000元，短期内难以恢复。假定A公司本年度首次对该项长期股权投资计提减值准备。A公司编制会计分录如下：

借：资产减值损失——长期股权投资减值损失	150 000	
贷：长期股权投资减值准备——B公司		150 000

其中，计提的长期股权投资减值准备金额为150 000元（1 050 000-900 000）。

◉ 典型案例5-1

2024年12月31日，星海公司以支付现金方式取得宇通公司60%的股权，该项股权交易的具体情况及其他有关资料如下：

2024年11月5日，星海公司与东方公司签订收购其持有的1 800万股宇通公司股票的协议，该股票占宇通公司股份总额的60%。根据协议规定，股票转让价格为3 600万元，款项于2024年12月31日前一次性支付，协议于签订当日生效。2024年12月31日，星海公司向东方公司付清购买股票的全部价款，并于当日办妥股票转让手续，支付股票交易税费18万元。2024年12月31日，宇通公司可辨认净资产公允价值为32 000万元。

星海公司将该项投资划分为长期股权投资，并采用成本法核算。

要求：编制上述业务的会计分录。

分析提示：长期股权投资的核算有成本法和权益法，两者之间有何差异？在成本法下，以现金方式取得长期股权投资的会计分录应该怎样编制？

本章小结

本章主要介绍企业的长期股权投资，包括对子公司、联营企业和合营企业的投资。长期股权投资的核算方法有两种：成本法和权益法。成本法是指长期股权投资按投资成本计价的方法，用于对子公司的投资。权益法是指长期股权投资最初以初始投资成本计价，以后根据投资企业享有被投资单位所有者权益份额的变动对投资的账面价值进行调整的方法，用于对联营企业和合营企业的投资。账务处理主要针对长期股权投资的取得、持有期间账面价值的调整、处置和减值。

概念回顾

长期股权投资　控制　共同控制　重大影响　成本法　权益法

第6章

固定资产

学习目标

知识目标：掌握固定资产的概念及分类、固定资产确认的条件、固定资产的初始计量、固定资产的后续支出、固定资产的处置、持有待售的固定资产等内容；明确固定资产的折旧方法；了解固定资产期末计量的内容。

技能目标：熟悉固定资产取得、折旧、后续支出、期末计量和处置的账务处理。

素养提升

既利当前、更惠长远的
固定资产加速折旧政策

6.1 固定资产概述

6.1.1 固定资产的概念、特征和分类

1）固定资产的概念及特征

固定资产是指同时具有下列特征的有形资产：（1）为生产商品、提供劳务、出租或经营管理而持有的；（2）使用寿命超过一个会计年度。如厂房、机器设备等属于固定资产。未列入固定资产管理的工具、器具等，应作为周转材料（低值易耗品）核算。

从固定资产的定义来看，固定资产具有以下三个特征：

（1）为生产商品、提供劳务、出租或经营管理而持有；

（2）使用寿命超过一个会计年度；

（3）固定资产是有形资产。

固定资产的这些特点，不仅是其区别于其他资产的重要标志，而且决定了会计如何对固定资产进行归类与核算。

2）固定资产的分类

企业的固定资产种类繁多，为加强管理和便于核算，应对其进行科学的分类。根据管理的不同需要，固定资产可以按不同标准进行分类。

（1）按经济用途分类。

❶生产经营用固定资产，是指直接服务于企业生产经营过程的各种固定资产，如生产经营用的房屋、建筑物、机器、设备、器具、工具等。

❷非生产经营用固定资产，是指不直接服务于企业生产经营过程的各种固定资产，如职工宿舍、食堂、浴室、理发室等使用的房屋、设备和其他固定资产等。

（2）按使用情况分类。

❶使用中固定资产，是指正在使用中的经营性和非经营性固定资产。由于季节性经营或大修理等原因暂时停止使用的固定资产仍属于使用中固定资产，企业出租给其他单位使用的固定资产和内部替换使用的固定资产也属于使用中固定资产。

❷未使用固定资产，是指已完工或已购建的、尚未交付使用的新增固定资产以及因进行改建、扩建等原因暂停使用的固定资产，如企业购建的尚待安装的固定资产、因经营任务变更而停止使用的固定资产以及主要的备用设备等。

❸不需用固定资产，是指企业多余不用或不再适用而准备调配处理的各种固定资产。

（3）按所有权分类。

❶自有固定资产，是指企业拥有的可供企业自由支配使用的固定资产。

❷租入固定资产，是指企业采用租赁的方式从其他单位租入的固定资产。企业对租入固定资产只拥有使用权，同时要履行支付租金的义务。

（4）按经济用途和使用情况等综合分类。

❶生产经营用固定资产。

❷非生产经营用固定资产。

❸租出固定资产，是指在经营性租赁方式下出租给外单位使用的固定资产。

❹不需用固定资产。

❺未使用固定资产。

❻土地，是指过去已经估价并单独入账的土地。因征地而支付的补偿费，应计入与土地有关的房屋、建筑物的价值内，不能单独作为土地价值入账。企业取得的土地使用权不能作为固定资产管理。

这种分类能反映固定资产的用途、结构及使用情况，有利于加强固定资产的核算与管理。现行制度就是按此标准对固定资产进行分类的。

6.1.2　固定资产的计价

1）固定资产的计价基础

固定资产的计价基础主要有两种，分别用于不同目的：

（1）按历史成本计价。历史成本是指企业购建某项固定资产达到预定可使用状态前所发生的一切合理、必要的支出，亦称固定资产的原始成本或原始价值。历史成本具有客观性和可验证性等特点，所以，它是企业新购建固定资产时采用的计价标准，也是计提折旧的依据。但这种计价方法也有明显的缺点，当经济环境和物价水平发生变化时，它不能及时反映固定资产的真实价值。

（2）按净值计价。净值是指固定资产的原始价值减去累计折旧后的余额，也叫折余价值。净值可以反映企业实际被占用在固定资产上的资金数额和固定资产的新旧程度。

2）固定资产的初始计量

企业的固定资产应按其取得时的成本作为入账价值。取得时的成本包括买价、进口关税、运输和保险等相关费用，以及为使固定资产达到预定可使用状态前所必需的支出。由于固定资产的来源渠道不同，其取得时的成本构成也有所差异。取得固定资产时发生的增值税，按照税法规定可以抵扣的，应作为进项税额抵扣，不计入其价值。

（1）外购固定资产，以实际支付的购买价款、相关税费、使固定资产达到预定可使用状态前所发生的可归属于该项资产的运输费、装卸费、安装费和专业人员服务费等作为入账价值。

（2）自行建造的固定资产，以建造该项资产达到预定可使用状态前所发生的必要支出作为入账价值，包括工程用物资成本、人工成本、缴纳的相关税费、应予资本化的借款费用以及应分摊的间接费用等。

（3）投资者投入的固定资产，按投资合同或协议约定的资产价值加上应支付的相关税费作为入账价值，但合同或协议约定价值不公允的除外。

（4）企业接受的、债务人以非金融资产抵偿债务方式取得的固定资产或以应收债权换入的固定资产，应按企业债务重组的相关规定确定入账价值，详见第19章的相关内容。

（5）以非货币性资产交换方式换入的固定资产，按非货币性资产交换的相关规定确定入账价值，详见第16章的相关内容。

（6）接受捐赠的固定资产，应按以下规定确定其入账价值：

❶捐赠方提供了有关凭据的，按凭据上标明的金额加上应支付的相关税费作为入账价值。

❷捐赠方没有提供有关凭据的，按如下顺序确定其入账价值：同类或类似固定资产存在活跃市场的，按同类或类似固定资产的市场价格估计的金额加上应支付的相关税费作为入账价值；同类或类似固定资产不存在活跃市场的，按该接受捐赠的固定资产的预计未来现金流量现值加上应支付的相关税费作为入账价值。

❸如受赠的是旧的固定资产，按照以上述方法确认的价值减去按该项资产的新旧程度估计的价值损耗后的余额作为入账价值。

（7）盘盈的固定资产，按照同类或类似固定资产的市场价格减去按该项资产的新旧程度估计的价值损耗后的余额作为入账价值。

需要说明的是，固定资产的入账价值中是否包括为购建固定资产而借入的专门借款所发生的借款费用，应以固定资产是否达到预定可使用状态作为时间界限，详见“10.1.3　借款费用的处理方法”的相关内容。

企业按以上方法对所取得的固定资产确定价值并入账以后，一般不得进行调整。

拓展思维

如何将“推动绿色发展，促进人与自然和谐共生”这一理念，应用到固定资产的计价中？

6.2　固定资产的取得

6.2.1　固定资产的确认

某一资产项目如果作为固定资产加以确认，首先需要符合固定资产的定义，其次还需要符合以下固定资产的确认条件：

1）与该固定资产有关的经济利益很可能流入企业

资产必须是预期会给企业带来经济利益的。固定资产是企业非常重要的资产，因此，对固定资产的确认，关键是判断其能否为企业带来经济利益的流入。而判断固定资产的经济利益是否流入企业的标准，是看与该固定资产所有权相关的风险和报酬是否转移到了企业。

企业由于安全或环保的要求购入设备等，虽然不能直接给企业带来未来经济利益，但有助于企业从其他相关资产的使用中获得未来经济利益或者获得更多的未来经济利益，也应确认为固定资产。

2）该固定资产的成本能够可靠地计量

资产确认的一个基本条件是其成本能够可靠地计量。固定资产作为企业资产的重要组成部分，要予以确认，则为取得该固定资产而发生的支出也必须能够可靠地计量。固定资产的成本能够可靠地计量，必须以取得确凿、可靠的证据为依据，并且具有可验证性。如果固定资产的成本能够可靠地计量，并同时满足其他确认条件，就可以加以确认；否则，企业不应加以确认。

6.2.2　固定资产取得的会计处理

1）账户设置

“固定资产”账户，用于核算固定资产的原价。该账户借方登记新增的固定资产原价；贷方登记减少的固定资产的原价；期末余额在借方，反映企业期末固定资产的账面原价。为了反映固定资产的明细资料，企业应设置“固定资产登记簿”和“固定资产卡片”，按固定资产的类别、使用部门和每项固定资产进行明细核算。属于短期租赁的固定资产，应当另设备查簿登记，不在该账户核算。

“累计折旧”账户，用于核算企业固定资产的累计折旧。该账户贷方登记已计提的固定资产折旧；借方登记因处置固定资产而结转的相应已计提折旧；期末贷方余额，反映企业提取的固定资产折旧累计数。该账户只进行总分类核算，不进行明细分类核算。“累计折旧”账户是“固定资产”账户的备抵账户，将“固定资产”账户的借方余额减去“累计折旧”账户的贷方余额，可反映企业固定资产的净值。

“在建工程”账户，用于核算企业进行基建工程、安装工程、技术改造工程等发生的实际支出，包括需要安装设备的价值。该账户的借方登记工程发生的实际支出；贷方结转完工工程的实际成本；期末余额在借方，反映企业在建工程发生的各项实际支出。该账户应设置“建筑工程”“安装工程”“在安装设备”“其他支出”“待摊支出”等明细账户，进行明细核算。

2）固定资产取得的账务处理

（1）购入固定资产。

企业购入的固定资产，有的需要经过比较复杂的安装、调试和试运行，才能在生产经营中使用，称为需要安装的固定资产；有的不需要经过安装，购入后即可使用，或者安装比较简单，不需要花费多少成本，称为不需要安装的固定资产。企业购入不需要安装的固定资产，按实际支付的全部价款作为购入固定资产的入账价值。企业购入需要安装的固定资产，支付的固定资产价款及发生的安装费用等均应通过“在建工程”账户核算，完成安装并交付使用时，再转入“固定资产”账户。

【例 6-1】甲公司向乙公司购入一台不需要安装的设备，取得的增值税专用发票上注明设备的买价为650 000元，增值税进项税额为84 500元；另支付运费20 000元，增值税进项税额为1 800元，款项全部付清。甲公司编制会计分录如下：

借：固定资产——生产用固定资产	670 000	
应交税费——应交增值税（进项税额）	86 300	
贷：银行存款		756 300

【例 6-2】甲公司购入一台需要安装的设备，取得的增值税专用发票上注明：设备的买价为100 000元，增值税进项税额为13 000元；运费为4 000元，增值税进项税额为360元；安装费为12 000元，增值税进项税额为720元。所有费用均以银行存款支付。甲公司编制会计分录如下：

（1）购入该项设备：

借：在建工程	104 000	
应交税费——应交增值税（进项税额）	13 360	
贷：银行存款		117 360

（2）发生安装费用：

借：在建工程	12 000	
应交税费——应交增值税（进项税额）	720	
贷：银行存款		12 720

（3）该项设备完成安装并交付使用：

借：固定资产——生产用固定资产	116 000	
贷：在建工程		116 000

（2）自行建造固定资产。

企业自行建造的固定资产，有自营建造和出包建造两种方式。采用自营建造方式的，其固定资产的价值包括在自营建造过程中所耗用的材料、人工成本，为建造固定资产而发生的借款利息、汇兑损益以及工程完工时物资盘点净亏损等；采用外包建造方式的，则其固定资产的入账价值为与承包单位结算的工程价款。

❶自营工程。

企业应通过“在建工程”账户核算工程的实际支出。同时，还应设置“工程物资”账户，核算企业为在建工程准备的各种物资的实际成本，包括为工程准备的材料、尚未交付安装的设备等的实际成本，以及基建期间根据项目规模匡算购入的工具及器具等的实际成本。“工程物资”账户应设置“专用材料”“专用设备”“为生产准备的工具及器具”等明细账户，进行明细核算。工程物资发生减值准备的，应单独设置“工程物资减值准备”账户进行核算。

【例 6-3】甲公司自行建造生产用设备一台，发生如下业务：

（1）购入为工程准备的各种材料物资一批，价款300 000元，增值税进项税额为39 000元，款项已用银行存款支付。编制会计分录如下：

借：工程物资——专用材料	300 000	
应交税费——应交增值税（进项税额）	39 000	
贷：银行存款		339 000

（2）工程领用专用材料一批，价值292 500元。编制会计分录如下：

借：在建工程——建筑工程（设备工程）　　292 500
　贷：工程物资——专用材料　　292 500

（3）工程领用企业生产用的原材料一批，实际成本为56 500元。

工程领用生产用的原材料，应计入工程成本。编制会计分录如下：

借：在建工程——建筑工程（设备工程）　　56 500
　贷：原材料　　56 500

（4）结算自营工程人员工资28 000元。编制会计分录如下：

借：在建工程——建筑工程（设备工程）　　28 000
　贷：应付职工薪酬　　28 000

（5）计算长期借款利息（与该固定资产建造有关）15 000元。编制会计分录如下：

借：在建工程——建筑工程（设备工程）　　15 000
　贷：长期借款　　15 000

注意：该工程建造的固定资产达到预定可使用状态时，应停止借款费用的资本化，相应的借款利息等费用应于发生当期直接计入财务费用。

（6）用银行存款支付工程管理费、监理费等支出76 000元。编制会计分录如下：

借：在建工程——其他支出　　76 000
　贷：银行存款　　76 000

（7）工程完工并交付使用，结转工程成本468 000元。编制会计分录如下：

借：固定资产——生产用固定资产　　468 000
　贷：在建工程——建筑工程（设备工程）　　392 000
　　　　　　——其他支出　　76 000

需要说明的是，当工程建造的固定资产已达到预定可使用状态时，尚未办理竣工决算的，也应按估计价格暂估入账，同时停止借款费用的资本化，并开始计提折旧；待办理了竣工决算手续后，再按照实际成本调整原来的暂估价值。

（8）剩余的工程物资7 500元转作企业存货。编制会计分录如下：

借：原材料　　7 500
　贷：工程物资——专用材料　　7 500

❷出包工程。

企业对出包工程的核算通过"在建工程"账户进行，主要是与承包单位结算工程价款。

【例6-4】企业外包仓库建造工程，双方签订的合同约定工程造价500 000元，企业预付工程价款的50%，另外50%待工程竣工验收后再支付（不考虑相关税费）。编制会计分录如下：

（1）向承包单位预付50%的工程价款：

借：在建工程——建筑工程（仓库工程）　　250 000
　贷：银行存款　　250 000

（2）工程竣工验收后支付另外50%的工程价款：

借：在建工程——建筑工程（仓库工程）　　250 000
　贷：银行存款　　250 000

（3）工程完工并交付使用：

借：固定资产——生产用固定资产　500 000
　贷：在建工程——建筑工程（仓库工程）　500 000

（3）延期付款购买固定资产。

购入固定资产超过正常信用条件延期支付价款（如分期付款购买固定资产），实质上具有融资性质的，应按所购固定资产购买价款的现值，借记“固定资产”或“在建工程”账户；按应支付的金额，贷记“长期应付款”账户；按其差额，借记“未确认融资费用”账户。未确认融资费用应当在信用期内采用实际利率法进行摊销，摊销金额除满足借款费用资本化条件的应当计入固定资产成本外，均应当在信用期间内确认为财务费用，计入当期损益。

【例6-5】假定A公司2022年1月1日从C公司购入甲机器作为固定资产使用。该机器已收到，不需安装。购货合同约定，甲机器的总价款为2 000万元（假设不考虑增值税），分3年支付，2022年12月31日支付1 000万元，2023年12月31日支付600万元，2024年12月31日支付400万元。假定折现率为6%，A公司编制会计分录如下：

（1）2022年1月1日：

长期应付款入账价值=2 000万元

固定资产入账价值=1 000×（P/F，6%，1）+600×（P/F，6%，2）+400×（P/F，6%，3）

=1 813.24（万元）

未确认融资费用=2 000−1 813.24=186.76（万元）

借：固定资产——生产用固定资产　18 132 400
　　未确认融资费用　1 867 600
　贷：长期应付款　20 000 000

（2）2022年12月31日：

未确认融资费用摊销=1 813.24×6%=108.79（万元）

借：财务费用　1 087 900
　贷：未确认融资费用　1 087 900
借：长期应付款　10 000 000
　贷：银行存款　10 000 000

（3）2023年12月31日：

未确认融资费用摊销=［（2 000−1 000）−（186.76−108.79）］×6%=55.32（万元）

借：财务费用　553 200
　贷：未确认融资费用　553 200
借：长期应付款　6 000 000
　贷：银行存款　6 000 000

（4）2024年12月31日：

未确认融资费用摊销=186.76−108.79−55.32=22.65（万元）

借：财务费用　226 500
　贷：未确认融资费用　226 500
借：长期应付款　4 000 000
　贷：银行存款　4 000 000

（4）投资者投入固定资产。

投资者投入的固定资产按投资双方确认的价值作为其入账价值。

【例6-6】B公司于2024年5月20日接受C公司以一台设备进行投资。该设备原价为60 000元，已计提折旧10 000元，双方经协商确认的价值为50 000元，占B公司注册资本的20%，股份额为30 000元，假定不考虑其他相关税费。B公司编制会计分录如下：

借：固定资产——生产用固定资产	50 000	
贷：实收资本		30 000
资本公积		20 000

（5）接受捐赠固定资产。

接受捐赠的固定资产，应按确定的入账价值，借记“固定资产”账户；按可以抵扣的增值税税额，借记“应交税费——应交增值税（进项税额）”账户，贷记“营业外收入”账户。

企业以非货币性交易换入的固定资产及企业接受债务人以非金融资产抵偿债务方式取得的固定资产的核算也将在以后相关章节中介绍，此处从略。

6.2.3　固定资产取得的明细分类核算

为了加强固定资产的管理，反映和监督各类固定资产和每项不同性能和用途的固定资产的增减变化情况，企业除进行固定资产的总分类核算外，还应设置“固定资产卡片”和“固定资产登记簿”进行明细核算。

凡是新增固定资产都应设置固定资产卡片。每张固定资产卡片必须与一项独立固定资产相对应。在卡片中应记载该项固定资产的编号、名称、规格、技术特征、使用单位、开始使用日期、原价、预计使用年限、折旧率、停用及大修理等详细资料。凡是有关固定资产折旧、改良、大修理、内部转移、停止使用以及清理售出等经济业务，都应根据有关凭证在卡片内进行登记。固定资产登记簿应按固定资产的类别开设账页，账内按保管、使用单位设置专栏。该登记簿只登记金额、不登记数量，并按月结出余额，以反映各类固定资产的使用、保管和增减变动及结存情况。

固定资产登记簿、固定资产卡片和固定资产分类账的记录，应定期进行核对，固定资产登记簿上各类固定资产余额的合计数，必须同固定资产分类账上的余额核对相符；固定资产卡片的分类合计数，必须同固定资产登记簿上各类固定资产余额核对相符。

6.3　固定资产折旧

6.3.1　固定资产折旧概述

1）固定资产折旧的含义

固定资产折旧是固定资产后续计量的一项内容。

固定资产的一个主要特征是能够长期参加生产经营过程而仍保持其原有的实物形态，但其价值是随着固定资产的使用而逐渐转移到产品成本或费用中的。固定资产在使用过程中逐渐损耗而消失的那部分价值称为固定资产折旧。固定资产的损耗包括有形损耗和无形损耗两种。有形损耗是指固定资产在使用过程中由于使用以及自然力影响引起的在使用价值和价值上的损失；无形损耗则是指由于科学技术进步等因素引起的固定资产价值的损失。固定资产的有形损耗是显而易见的，如机械磨损和自然条件的侵蚀等，但是，随着科学技术发展的日新月异，一些固定资产的无形损耗有时比有形损耗更为严重，对计算折旧的影响更大。

2）影响固定资产折旧的因素

（1）固定资产的账面原价。

一般来讲，固定资产的账面原价是计算固定资产折旧的基数。它表明在固定资产的整个使用期内，应将其取得时发生的原始成本通过计提折旧的方式，从各期营业收入中收回，以利于固定资产价值的补偿和实物的更新。

（2）固定资产的净残值。

固定资产的净残值是指预计固定资产报废时可以收回的残余价值扣除预计清理费用后的数额。净残值是在固定资产报废时对固定资产支出的一种价值回收，将固定资产原价减去报废时预计的净残值，即为固定资产在整个使用期间的应提折旧总额。

（3）固定资产的使用年限。

固定资产使用年限的长短直接影响各期应提的折旧额。在确定固定资产使用年限时，不仅要考虑固定资产的有形损耗，还要考虑固定资产的无形损耗。

由于固定资产的净残值和使用年限只能预计，所以，企业应根据固定资产的性质和损耗方式，合理地确定固定资产的预计使用年限和预计净残值。

提示　固定资产的使用寿命、预计净残值一经确定，不得随意变更。

6.3.2　固定资产折旧的计提范围

计提折旧不仅要明确影响折旧的因素，而且还要明确计提折旧的范围，即哪些固定资产应提折旧，哪些固定资产不应提折旧。

《企业会计准则第4号——固定资产》规定，企业应对所有的固定资产计提折旧，但是，已提足折旧仍继续使用的固定资产和单独计价入账的土地除外。

在确定计提折旧的范围时，还应注意以下几点：

第一，提足折旧是指已经提足该项固定资产的应计折旧额。固定资产提足折旧后，不论能否继续使用，均不再计提折旧。提前报废的固定资产也不再补提折旧。

第二，已达到预定可使用状态但尚未办理竣工决算的固定资产，应当按照估计价值确定其成本，并计提折旧；待办理竣工决算后再按实际成本调整原来的暂估价值，但不需要调整原已计提的折旧额。

微课

固定资产折旧的影响因素和计提范围

第三，处于更新改造过程停止使用的固定资产，应将其账面价值转入在建工程，不再计提折旧。更新改造项目达到预定可使用状态转为固定资产后，再按照重新确定的折旧方法和该项固定资产尚可使用年限计提折旧。

启示窗 6-1

下列固定资产中应计提折旧的有哪些？

（1）大修理停用的固定资产；（2）已单独计价入账的土地；（3）未使用的机器设备；（4）改建、扩建中的固定资产。

6.3.3 固定资产折旧的计算方法

固定资产折旧的计算方法有年限平均法（直线法）、工作量法、双倍余额递减法和年数总和法等。折旧方法一经确定，不得随意变更。

1）年限平均法

年限平均法，是指按固定资产使用年限平均计算折旧的一种方法。由于按照这种方法计算的折旧额在各个使用年份或月份都是相等的，折旧的累计额呈直线上升的趋势，因此这种方法也称直线法。其计算公式如下：

$$年折旧额=\frac{固定资产原价-预计净残值}{预计使用年限}$$

$$月折旧额=年折旧额\div 12$$

在实际工作中，为了反映固定资产在一定期间内的损耗程度以及便于计算折旧，每月应计提的折旧额一般是根据固定资产的原价乘以月折旧率计算确定的。固定资产折旧率是指一定期间内固定资产折旧额与固定资产原价之比。其计算公式如下：

$$年折旧率=\frac{固定资产原价-预计净残值}{预计使用年限\times固定资产原价}\times 100\%$$

$$月折旧率=年折旧率\div 12$$

$$月折旧额=固定资产原价\times月折旧率$$

固定资产折旧率按计算对象不同，分为个别折旧率、分类折旧率和综合折旧率三种。

（1）个别折旧率，是按单项固定资产计算的折旧率。其计算公式如下：

$$某项固定资产年折旧率=\frac{1-预计净残值率}{预计使用年限}$$

$$某项固定资产月折旧率=该项固定资产年折旧率\div 12$$

【例 6-7】企业某项固定资产原价为 80 000 元，预计使用年限为 5 年，预计净残值率为 4%。则该项固定资产折旧率及折旧额的计算如下：

$$年折旧率=\frac{1-4\%}{5}=19.2\%$$

$$月折旧率=19.2\%\div 12=1.6\%$$

$$月折旧额=80\ 000\times 1.6\%=1\ 280（元）$$

（2）分类折旧率，是按照固定资产的类别分类计算的平均折旧率。其计算公式如下：

$$某类固定资产年折旧率=\frac{\sum 该类各项固定资产折旧额}{\sum 该类各项固定资产原价}\times 100\%$$

$$某类固定资产月折旧率=该类固定资产年折旧率\div 12$$

（3）综合折旧率，是按全部固定资产计算的平均折旧率。其计算公式如下：

$$固定资产年综合折旧率 = \frac{\sum 各项固定资产折旧额}{\sum 各项固定资产原价} \times 100\%$$

固定资产月综合折旧率=固定资产年综合折旧率÷12

采用个别折旧率计算折旧，结果较准确，但计算过于繁琐；采用综合折旧率，计算较简单，但准确性较差；采用分类折旧率计算折旧，既可以适当简化计算工作，又可以较为合理地分配折旧费。

2）工作量法

工作量法，是指按固定资产预计所能完成的总工作量平均计算折旧的一种方法。其计算公式如下：

$$单位工作量折旧额=\frac{固定资产原价 \times (1-预计净残值率)}{预计总工作量}$$

某项固定资产月折旧额=该项固定资产当月工作量×单位工作量折旧额

按照工作量的表现形式不同，具体的工作量折旧额计算公式如下：

（1）按照行驶里程计算折旧的公式。

$$单位里程折旧额=\frac{固定资产原价 \times (1-预计净残值率)}{规定的总行驶里程}$$

月折旧额=月内实际完成的行驶里程×单位里程折旧额

（2）按照工作小时计算折旧的公式。

$$单位工作小时折旧额=\frac{固定资产原价 \times (1-预计净残值率)}{规定的总工作小时数}$$

月折旧额=月内实际完成的工作小时数×单位工作小时折旧额

（3）按工作台班计算折旧的公式。

$$单位台班折旧额=\frac{固定资产原价 \times (1-预计净残值率)}{规定的总工作台班数}$$

月折旧额=月内实际完成的工作台班数×单位台班折旧额

【例6-8】**某公司有货运卡车一辆，原值为100 000元，预计净残值率为5%，预计总行驶里程为600 000千米，当月行驶里程为4 000千米，该项固定资产的月折旧额计算如下：**

$$单位里程折旧额=\frac{100\,000 \times (1-5\%)}{600\,000} \approx 0.1583（元/千米）$$

本月折旧额=4 000×0.1583=633.20（元）

工作量法实际上也是直线法，因为它也是按工作量平均计算的，只不过由于每期固定资产的使用程度不同，实际完成工作量不相等，导致每期折旧也不尽相同。

3）双倍余额递减法

双倍余额递减法是加速折旧法的一种。加速折旧法是指固定资产每期计提的折旧额，在使用初期计提的多，在后期计提的少，从而相对加快折旧速度的一种方法。其体现了会计核算的谨慎性要求。

双倍余额递减法是以固定资产的期初账面净值为折旧基数，以直线法折旧率的双倍数（不考虑净残值）作为折旧率来计算各期折旧额的一种方法。其计算公式为：

$$年折旧率=\frac{2}{预计使用年限}\times 100\%$$

年折旧额=该年年初固定资产账面净值×年折旧率

由于双倍余额递减法在计算折旧率时没有考虑预计净残值，这样会导致在固定资产预计使用期届满时已提折旧总额不等于应提折旧总额，即固定资产处置时其账面净值不等于预计净残值。为解决这一问题，采用双倍余额递减法计提折旧的固定资产，应当在其固定资产折旧年限到期前2年内，将固定资产净值扣除预计净残值后的净额平均摊销。

【例6-9】沿用【例6-7】的资料，对上述固定资产采用双倍余额递减法计算折旧。

各个年份的折旧额见表6-1。

表6-1　**固定资产折旧计算表**　金额单位：元

年份	期初固定资产净值	折旧率	折旧额	累计折旧额	期末固定资产净值
第1年	80 000	40%	32 000	32 000	48 000
第2年	48 000	40%	19 200	51 200	28 800
第3年	28 800	40%	11 520	62 720	17 280
第4年	17 280		7 040	69 760	10 240
第5年	10 240		7 040	76 800	3 200

前3年的年折旧率为40%（2÷5×100%）；第4年、第5年改用年限平均法，年折旧额为7 040元［（17 280−3 200）÷2］。

4）年数总和法

年数总和法又称合计年限法，也是加速折旧法的一种。它是以固定资产的应计折旧总额作为折旧基数，以一个逐年递减的分数作为折旧率来计算各期固定资产折旧额的一种方法。逐年递减分数的分子代表固定资产尚可使用的年数，分母代表使用年数的逐年数字之和，假定使用年限为n年，分母即为：

$$1+2+3+\cdots+n=\frac{n(n+1)}{2}$$

故年数总和法中折旧的计算公式如下：

$$年折旧率=\frac{预计使用年限-已使用年数}{\frac{预计使用年限\times(预计使用年限+1)}{2}}\times 100\%$$

年折旧额=（固定资产原价−预计净残值）×年折旧率

【例6-10】沿用【例6-7】的资料，对上述固定资产采用年数总和法计提折旧。

各年折旧率和折旧额的计算如下：

根据公式，折旧率的分母为15［5+4+3+2+1或5×（5+1）÷2］；分子第1年为5、第2年为4、第3年为3、第4年为2、第5年为1，即：

$$第1年的折旧率=\frac{5}{15}$$

$$第2年的折旧率=\frac{4}{15}$$

$$第3年的折旧率=\frac{3}{15}$$

第4年的折旧率=$\frac{2}{15}$

第5年的折旧率=$\frac{1}{15}$

根据各年折旧率和固定资产应提折旧总额76 800元（80 000-3 200）计算的各年折旧额见表6-2。

表6-2 固定资产折旧计算表 金额单位：元

年份	应提折旧总额	年折旧率	年折旧额	累计折旧额
第1年	76 800	5/15	25 600	25 600
第2年	76 800	4/15	20 480	46 080
第3年	76 800	3/15	15 360	61 440
第4年	76 800	2/15	10 240	71 680
第5年	76 800	1/15	5 120	76 800

与年限平均法和工作量法比较，采用加速折旧法，并不改变固定资产折旧年限，也不改变固定资产折旧额，只改变了固定资产折旧在各年的分布情况，即从固定资产全部折旧年限看，折旧总额是不变的。

采用加速折旧法的优点是：

第一，符合配比性。因为固定资产早期的生产能力强，创造的收益也比较大，故多提折旧，随着固定资产创收能力的递减，其折旧额也逐期减少。

拓展思维

双倍余额递减法和年数总和法都属于加速折旧法，两者有何区别？

第二，均衡各期使用成本。采用加速折旧法，固定资产计提的折旧额逐年减少，但固定资产的维修费会因固定资产的使用而逐年增加，这样，从总体而言，固定资产每年的折旧额与维修费之和相接近，这使得固定资产的使用成本大体上保持平衡。

第三，考虑了固定资产的无形损耗。固定资产折旧除了要考虑有形损耗外，无形损耗也是不可忽视的因素，尤其在科学技术日新月异的情况下，一些更新换代较快的资产，它们的无形损耗已成为计提其折旧时必须考虑的一个重要因素，实行加速折旧法可以减少旧技术淘汰时发生的损失。

6.3.4 固定资产折旧的会计处理

企业对固定资产计提折旧，是以月初应提折旧的固定资产账面原价为依据的。因此，企业各月计算提取折旧时，可以在上月计提折旧的基础上，对上月固定资产的增减情况进行调整后计算当月应计提的折旧额。其计算公式如下：

$$\text{本月应计提折旧额}=\text{上月计提折旧额}+\text{上月增加固定资产应计提折旧额}-\text{上月减少固定资产应计提折旧额}$$

在我国的会计实务中，各月计算折旧的工作一般是通过编制“固定资产折旧计算表”（见表6-3）来完成的。

企业计提的固定资产折旧，应根据固定资产的使用地点和用途记入有关成本费用账户。

表6-3 **固定资产折旧计算表**

2024年5月 单位：元

使用部门	固定资产项目	上月折旧额	上月增加固定资产		上月减少固定资产		本月折旧额	分配费用
			原价	折旧额	原价	折旧额		
A车间	厂房	3 000					3 000	制造费用
	机器设备	15 000					15 000	
	其他设备	1 000					1 000	
	小计	19 000					19 000	
B车间	厂房	3 000					3 000	制造费用
	机器设备	12 000	100 000	500			12 500	
	小计	15 000	100 000	500			15 500	
C车间	厂房	2 000					2 000	
	机器设备	14 000			40 000	1 000	13 000	
	小计	16 000			40 000	1 000	15 000	
厂部管理部门	房屋建筑	1 200					1 200	管理费用
	运输工具	1 800					1 800	
	小计	3 000					3 000	
出租	运输工具	1 000					1 000	其他业务成本
	小计	1 000					1 000	
合计		54 000	100 000	500	40 000	1 000	53 500	

【例6-11】某企业在2024年5月计提固定资产折旧，有关资料见表6-3。编制会计分录如下：

借：制造费用——A车间 19 000
　　　　　　——B车间 15 500
　　　　　　——C车间 15 000
　　管理费用 3 000
　　其他业务成本 1 000
　贷：累计折旧 53 500

6.3.5 固定资产使用寿命和折旧方法的复核

企业应当至少于每年年度终了，对固定资产的使用寿命、预计净残值和折旧方法进行复核。企业的固定资产一般使用期限较长，固定资产在使用过程中，其所处的经济环境、技术环境以及其他环境随时间的变化有可能发生变化。预计固定资产使用寿命与原先预计的使用寿命可能会有较大的差异，应当调整固定资产的使用寿命。例如，固定资产的使用强度比正常情况大大加强、维护措施不当、操作不规范等，致使固定资产实际使用寿命与预计使用寿命发生较大的差异。原先确定的固定资产使用寿命已不是固定资产为企业提供经济利益的期间，如果不对固定资产预计使用寿命进行调整，则提供的会计信息就很可能是不真实的，从而影响会计信息质量。为了避免这种情况，企业应定期对固定资产预计使用寿命进行复核，如果固定资产使用寿命的预期数与原先的估计数有重大差异，则应当相应调整固定资产折旧年限，并按照会计估计变更的有关规定进行会计处理。

折旧是固定资产损耗的价值，耗费与收入应相互配比。如果固定资产给企业带来经济利益的方式发生重大变化，企业也应相应改变固定资产的折旧方法。例如，某企业以前年度采用年限平均法计提固定资产折旧，年终复核时发现，与该固定资产相关的技术发生很大变化，年限平均法已很难反映该项固定资产给企业带来经济利益的方式，因此，改年限平均法为双倍余额递减法，加速计提折旧。如果不调整固定资产折旧方法，则不能反映固定资产为企业提供经济利益的方式，据此提供的会计信息就很可能是不真实的，进而影响会计信息质量。为了避免这种情况，企业应定期复核固定资产的折旧方法；若改变折旧方法，则应按照会计估计变更的有关规定进行会计处理。

【例 6-12】C公司自2022年1月1日起对价值750 000元（不考虑净残值）的管理用设备按8年的折旧年限，采用直线法计提折旧。2024年1月1日，根据该项固定资产的状况及技术发展趋势判断，其使用年限应改为6年。

2024年计算如下：

原会计估计下的年折旧额=750 000÷8=93 750（元）

已计提折旧额=93 750×2=187 500（元）

固定资产净值=750 000−187 500=562 500（元）

改变会计估计后的年应提折旧额=562 500÷（6−2）=140 625（元）

2024年C公司确认折旧费用，编制会计分录如下：

借：管理费用	140 625	
贷：累计折旧		140 625

上述折旧费用直接包含在2024年度利润表的折旧费用中，以后相关年度也应编制相同会计分录，此项会计估计变更对2024年度以前的财务报表不会产生影响。

6.4 固定资产后续支出

6.4.1 固定资产后续支出的概念

固定资产后续支出也是固定资产后续计量的一项内容。

固定资产的后续支出，是指固定资产使用过程中发生的更新改造支出、修理费用等。固定资产的后续支出，符合固定资产确认条件的，计入固定资产成本，即资本化；不符合固定资产确认条件的，应当在发生时计入当期损益，即费用化。

6.4.2 固定资产后续支出的会计处理

1）费用化的后续支出

固定资产投入使用之后，由于固定资产磨损、各组成部分耐用程度不同，可能导致固定资产的局部损坏。为了保证固定资产的正常运转和使用，充分发挥其使用效能，企业必须对固定资产进行有计划的、及时的维护，从而发生一些必要的后续支出。若该后续支出只是为确保固定资产的正常运转和使用，则该支出达不到固定资产的确认条件，不符合固定资产资本化后续支出条件，属于费用化的后续支出，不应当计入固定资产的账面价值。企业对于不符合固定资产资本化后续支出条件的固定资产日常修理费用，在发生时应当按照受益对象计入当期损益或计入相关资产的成本。与存货的生产和加工相关的固定资产日常修理费用按照存货成本确定原则进行处理，行政管理部门、企业专设的销售机构等发生的固定资产日常修理费用按照功能分类计入管理费用或销售费用。

拓展视野

请同学们通过网络查阅财政部会计司发布2021年第五批企业会计准则实施问答，关注对固定资产后续支出会计处理的回答。

【例6-13】2024年6月25日，B公司对现有的一台管理用设备进行修理，修理过程中发生应支付维修人员的工资60 000元，应支付的奖金和津贴等8 400元；不考虑其他相关税费。

本例中，由于对设备的维修仅仅是为了确保固定资产的正常使用而发生的，没有满足固定资产的确认条件，而且其受益对象是行政管理部门，因此，应将该项固定资产后续支出在其发生时确认为管理费用。编制会计分录如下：

借：管理费用	68 400	
贷：应付职工薪酬		68 400

2）资本化的后续支出

在固定资产发生后续支出的过程中，如果后续支出满足固定资产的确认条件，则应当计入固定资产的账面价值，其主要内容是改建、扩建固定资产等发生的后续支出。

企业对固定资产进行定期检查发生的大修理费用，有确凿证据表明符合固定资产确认条件的部分，可以计入固定资产的成本；不符合固定资产确认条件的部分，应当比照费用化的后续支出进行处理。

在对固定资产实施改扩建从而发生可资本化的后续支出时，企业应将该固定资产的原价、已计提的累计折旧和减值准备转销，将固定资产的账面价值转入“在建工程”账户，并停止计提折旧。固定资产发生的可资本化的后续支出，通过“在建工程”账户核算。在工程完工并达到预定可使用状态时，将改扩建后的固定资产账面价值，从“在建工程”账户转入“固定资产”账户，并按重新确定的使用寿命、预计净残值和折旧方法计提折旧。

【例6-14】某公司有关业务资料如下：

2021年12月31日，该公司自行建成了一条产品生产线，建造成本为900 000元，采用年限平均法计提折旧，预计净残值率为固定资产原价的3%，预计使用年限为5年。

2024年1月1日，由于生产的产品适销对路，现有生产线的生产能力已难以满足公司生产发展的需要，但新建生产线成本过高、周期过长，于是公司决定对现有生产线进行改扩建，以提高其生产能力。

2024年1月1日至3月31日，经过3个月的改扩建，该公司完成了对这条生产线的改扩建工程，共发生支出30 000元，全部以银行存款支付。

该生产线改扩建工程达到预定可使用状态后，大大提高了生产能力，预计尚可使用年限为8年。假定改扩建后生产线的预计净残值率为改扩建后该固定资产账面价值的3%；折旧方法仍为年限平均法。

为简化计算过程，不考虑其他相关税费，按年度计提固定资产折旧。

本例中，由于对生产线改扩建提高了生产线的生产能力并延长了其使用寿命，所以，此项后续支出应增加固定资产的账面价值。编制会计分录如下：

（1）2022年1月1日至2023年12月31日两年间（即固定资产后续支出发生前），该条生产线的应计提折旧额为873 000元［900 000×（1−3%）］，年折旧额为174 600元（873 000÷5）。

2022年：

借：制造费用	174 600	
贷：累计折旧		174 600

2023年同上。

（2）2024年1月1日，固定资产的账面价值为550 800元（900 000−174 600×2），固定资产转入改扩建工程时：

借：在建工程	550 800	
累计折旧	349 200	
贷：固定资产——生产用固定资产		900 000

（3）2024年1月1日至3月31日，固定资产后续支出发生时：

借：在建工程	30 000	
贷：银行存款		30 000

（4）2024年3月31日，生产线改扩建工程达到预定可使用状态时：

借：固定资产——生产用固定资产	580 800	
贷：在建工程		580 800

（5）2024年3月31日，生产线改扩建工程达到预定可使用状态后，固定资产的账面价值为580 800元；固定资产应计提折旧额为563 376元［580 800×（1−3%）］，月折旧额为5 868.50元［563 376÷（8×12）］。

2024年应计提的折旧额为52 816.50元（5 868.50×9），2024年年底计提折旧时：

借：制造费用	52 816.50	
贷：累计折旧		52 816.50

在2025年至2031年，该固定资产每年应计提的折旧额为70 422元（563 376÷8）。2032年应计提的折旧额为17 605.50元（5 868.50×3）。

议一议 同学们，企业发生固定资产资本化后续支出时，如果替换了原固定资产的某组成部分，被替换部分的账面价值应如何处理？

6.5 固定资产期末计量

6.5.1 固定资产期末计量的内容

固定资产期末计量的内容包括固定资产清查、固定资产减值等。固定资产清查是指为保证固定资产核算的真实性，充分挖掘企业现有固定资产的潜力，企业定期对固定资产进行盘点、清查。固定资产清查至少每年实地盘点一次。在固定资产清查过程中，如果发现有盘盈、盘亏的固定资产，应查明原因，填制“固定资产盘盈、盘亏报告表”并写出书面报告，根据企业的管理权限，经股东（大）会或董事会，或类似机构批准后，在期末结账前处理完毕。固定资产减值，是指固定资产的可收回金额低于其账面价值。

6.5.2 固定资产期末计量的会计处理

1）固定资产清查

企业盘亏的固定资产，在批准处理之前，应先将其价值记入“待处理财产损溢”账户，并调整固定资产的账面价值；待批准处理之后，再按不同的原因和处理结果转销“待处理财产损溢”账户。盘盈固定资产应作为前期差错更正处理（账务处理原理见“18.3 前期差错更正”）。

企业在财产清查中发现盘亏的固定资产，应按其账面价值，记入“待处理财产损溢——待处理固定资产损溢”账户；按规定程序报经批准后，按盘亏固定资产价值扣除过失人及保险公司应赔偿金额后的差额，转入“营业外支出——盘亏损失”账户。

启示窗 6-2

下列各项中，应记入“固定资产清理”账户借方的有哪些？

A.因出售厂房而缴纳的增值税；B.因自然灾害损失的固定资产账面净值；C.因自然灾害损失的固定资产取得的赔款；D.支付清理固定资产人员的工资；E.固定资产残值收入。

【例 6-15】某企业在财产清查中，发现盘亏设备一台，其原价为200 000元，已提减值准备10 000元，累计折旧为150 000元。编制会计分录如下：

（1）设备盘亏：

借：待处理财产损溢——待处理固定资产损溢	40 000	
累计折旧	150 000	
固定资产减值准备	10 000	
贷：固定资产		200 000

（2）盘亏设备应由保险公司赔偿20 000元，其余部分经批准转入营业外支出：

借：其他应收款——应收保险赔款	20 000	
营业外支出——盘亏损失	20 000	
贷：待处理财产损溢——待处理固定资产损溢		40 000

2）固定资产减值

（1）固定资产减值的确认。

固定资产可收回金额应当根据固定资产的公允价值减去处置费用后的净额与固定资产预计未来现金流量的现值两者之间的较高者确定。处置费用包括与固定资产处置有关的法律费用、相关税费、搬运费以及使固定资产达到可销售状态所发生的直接费用等。固定资产预计未来现金流量的现值，应当按照固定资产在持续使用过程中和最终处置时所产生的预计未来现金流量，选择恰当的折现率对其进行折现后的金额加以确定。

企业应当在期末判断固定资产是否存在可能发生减值的迹象，并进行减值测试。如果有以下迹象的，表明固定资产可能发生了减值：

❶固定资产的市价当期大幅度下跌，其跌幅明显高于因时间的推移或者正常使用而预

计的下跌。

❷企业所处的经济、技术或者法律等环境以及资产所处的市场在当期或者将在近期发生重大变化，从而对企业产生不利影响。

❸市场利率或者其他市场投资报酬率在当期已经提高，从而影响企业计算资产预计未来现金流量现值的折现率，导致资产可收回金额大幅度降低。

❹有证据表明资产已经陈旧过时或者实体已经损坏。

❺固定资产已经或者将被闲置、终止使用或者计划提前处置。

❻企业内部报告的证据表明资产的经济绩效已经低于或者即将低于预期。

❼其他表明资产可能已经发生减值的迹象。

根据减值测试结果，固定资产的可收回金额高于其账面价值，表明该固定资产没有发生减值；固定资产的可收回金额低于其账面价值，表明该固定资产发生减值。

（2）固定资产减值的计量。

可收回金额的计量结果表明，固定资产的可收回金额低于其账面价值的，应当将固定资产的账面价值减记至可收回金额，减记的金额应确认为固定资产减值损失，计入当期损益，同时计提相应的固定资产减值准备。

固定资产减值损失一经确认，在以后会计期间不得转回。

拓展思维

为什么固定资产减值损失一经确认，在以后会计期间不得转回？

（3）固定资产减值的账务处理。

【例 6-16】某公司2020年12月31日购入一项先进设备，2023年12月31日，由于技术进步，该公司发现此项设备可能减值。如果公司准备出售该设备，那么市场上有厂商愿意以4 950 000元的净价予以收购。该设备尚可使用5年，未来5年的现金流量分别为1 200 000元、1 125 000元、1 050 000元、975 000元、900 000元，第6年使用寿命结束时处置该资产带来现金流量750 000元。年折现率为6%，假设2023年年末该设备账面余额为7 500 000元，已经计提折旧1 800 000元，以前年度已计提减值准备450 000元。

（1）该设备可收回金额的确定：

❶确定销售净价为4 950 000元。

❷通过计算未来现金流量现值来确定该设备的使用价值，见表6-4。

表6-4　预计未来现金流量现值计算表　金额单位：元

年份	预计未来现金流量	折现率	折现系数	现值
2024	1 200 000	6%	0.9434	1 132 080
2025	1 125 000	6%	0.8900	1 001 250
2026	1 050 000	6%	0.8396	881 580
2027	975 000	6%	0.7921	772 297.50
2028	900 000	6%	0.7473	672 570
2029	750 000	6%	0.7050	528 750
合　计				4 988 527.50

❸该设备预计未来现金流量现值为4 988 527.50元，大于销售净价4 950 000元，取两者中较高者作为资产可收回金额，故该设备可收回金额为4 988 527.50元。

（2）该设备减值损失的确定：

账面价值=原值−折旧−已计提资产减值=7 500 000−1 800 000−450 000=5 250 000（元）

该设备的账面价值为5 250 000元，大于设备的可收回金额4 988 527.50元，确认设备减值损失为261 472.50元（5 250 000−4 988 527.50）。

（3）编制会计分录如下：

借：资产减值损失　261 472.50
　贷：固定资产减值准备　261 472.50

（4）重新复核固定资产的折旧方法。

固定资产减值损失确认后，减值固定资产的折旧应当在未来期间作相应调整，以使固定资产在剩余使用寿命内，系统地分摊调整后的资产账面价值（扣除预计净残值）。具体来说，已计提减值准备的固定资产，应当按照固定资产的账面价值以及尚可使用寿命重新计算确定折旧率和折旧额。固定资产计提减值准备后，企业应当重新复核固定资产的折旧方法、预计使用寿命和预计净残值，并区别情况采用不同的处理方法进行会计处理。

如果固定资产所含经济利益的预期实现方式没有发生变更，企业仍应遵循原来的折旧方法，按照固定资产的账面价值扣除预计净残值后的余额以及尚可使用寿命重新计算确定折旧率和折旧额；如果固定资产所含经济利益的预期实现方式发生了重大改变，企业应当相应改变固定资产的折旧方法，并按照会计估计变更的有关规定进行会计处理。

如果固定资产的预计使用寿命（或预计净残值）没有发生变更，企业仍应遵循原来的预计使用寿命，按照固定资产的账面价值扣除预计净残值后的余额以及尚可使用寿命重新计算确定折旧率和折旧额；如果固定资产的预计使用寿命（或预计净残值）发生变更，企业应当相应改变固定资产的预计使用寿命（或预计净残值），并按照会计估计变更的有关规定进行会计处理。

3）在建工程减值

通常情况下，在建工程存在以下迹象时，表明其可能发生了减值：（1）长期停建并且预计在未来3年内不会重新开工的在建工程；（2）所建项目无论在性能上，还是在技术上都已经落后，并且给企业带来的经济利益具有很大的不确定性；（3）其他足以证明在建工程已经发生减值的情形。企业在建工程发生减值的，按在建工程减值金额，借记“资产减值损失”账户，贷记“在建工程减值准备”账户。

在资产负债表中，“在建工程”项目应按照“在建工程”科目余额减去“在建工程减值准备”科目余额后的净额填列。

6.6 固定资产处置

6.6.1 固定资产终止确认的条件

固定资产满足下列条件之一的，应当终止确认：第一，该固定资产处于处置状态；第二，该固定资产预期通过使用或处置不能产生经济利益。

固定资产处于处置状态包括固定资产的出售、转让、报废或毁损、对外投资、非货币性资产交换、债务重组等。处于处置状态的固定资产不再用于生产商品、提供劳务、出租或经营管理，因此不再符合固定资产的定义，应予终止确认。

6.6.2 固定资产处置的会计处理

企业出售、转让划归为持有待售类别的，按照持有待售非流动资产、处置组的相关规定进行会计处理；未划归为持有待售类别而出售、转让的，通过“固定资产清理”科目归集所发生的损益，其产生的利得或损失记入“资产处置损益”科目，计入当期损益；固定资产因报废毁损等原因而终止确认的，通过“固定资产清理”科目归集所发生的损益，其产生的利得或损失记入“营业外收入”或“营业外支出”科目。

1）固定资产出售、报废或毁损

固定资产处置一般通过“固定资产清理”账户进行核算。一般来说，企业出售、报废或毁损的固定资产，其会计核算应经过以下几个步骤：

（1）固定资产转入清理。出售、报废或毁损的固定资产转入清理，按固定资产账面价值，借记“固定资产清理”账户，按已计提的累计折旧，借记“累计折旧”账户，按已计提的减值准备，借记“固定资产减值准备”账户，按固定资产原价，贷记“固定资产”账户。

（2）发生的清理费用。固定资产清理过程中按发生的费用及其可抵扣的增值税进项税额，借记“固定资产清理”“应交税费”账户，贷记“银行存款”等账户。

（3）出售收入和残料等的处理。企业收回出售固定资产的价款、残料价值和变价收入等，应冲减清理支出。按实际收到的出售价款以及残料变价收入等，借记“银行存款”“原材料”等账户，贷记“固定资产清理”“应交税费”账户。

（4）保险赔偿的处置。企业计算收到的应由保险公司或过失人赔偿的损失时，应冲减清理支出，借记“其他应收款”“银行存款”等账户，贷记“固定资产清理”账户。

（5）清理净损益的处置。

固定资产清理后的净损失，属于筹建期间发生的，增加管理费用（筹建费用），借记“管理费用”账户，贷记“固定资产清理”账户；属于生产经营期间正常报废清理产生的，借记“营业外支出——处置非流动资产损失”账户，贷记“固定资产清理”账户；属于生产经营期间由于自然灾害等非正常原因造成的，借记“营业外支出——非常损失”账户，贷记“固定资产清理”账户；属于生产经营期间正常出售、转让所产生的，借记“资产处置损益”账户，贷记“固定资产清理”账户。

固定资产清理后的净收益，属于筹建期间发生的，冲减管理费用（筹建费用），借记“固定资产清理”账户，贷记“管理费用”账户；属于生产经营期间正常出售、转让所产生的，借记“固定资产清理”账户，贷记“资产处置损益”账户。

【例 6-17】某企业出售一幢厂房（2016年4月前自建），原价为200 000元，已提折旧30 000元，已计提减值准备10 000元。出售收入189 000元（含税）已存入银行，用银行存款支付清理费用1 000元。根据政策规定，该企业可以选择简易计税方法全额计征增值税，税率为5%，全额预缴，预缴率为5%（其他税费忽略不计）。编制会计分录如下：

（1）将固定资产转入清理程序时：

将固定资产转入清理程序，应将该资产的净值转入“固定资产清理”账户，并同时反映固定资产原始价值和已提折旧的减少，该资产因已提取减值准备，还应同时冲减减值准备。

借：固定资产清理　　160 000
　　累计折旧　　30 000
　　固定资产减值准备　　10 000
　贷：固定资产　　200 000

（2）支付清理费用时：

借：固定资产清理　　1 000
　贷：银行存款　　1 000

（3）收到价款时：

计算增值税：应纳增值税=189 000÷（1+5%）×5%=9 000（元）

借：银行存款　　189 000
　贷：固定资产清理　　180 000
　　　应交税费——简易计税　　9 000

（4）结转固定资产清理后的净收益时：

借：固定资产清理　　19 000
　贷：资产处置损益　　19 000

（5）预缴增值税时：

借：应交税费——预缴增值税　　9 000
　贷：银行存款　　9 000

【例6-18】某企业有一台设备使用期满不能继续使用，决定予以报废。该设备原值100 000元，已提折旧95 000元。在清理过程中，以银行存款支付清理费用3 000元，残料变价收入4 000元已存入银行。该企业编制会计分录如下：

（1）固定资产转入清理程序时：

借：固定资产清理　　5 000
　　累计折旧　　95 000
　贷：固定资产　　100 000

（2）取得残料变价收入时：

借：银行存款　　4 000
　贷：固定资产清理　　4 000

（3）支付清理费用时：

借：固定资产清理　　3 000
　贷：银行存款　　3 000

（4）结转清理后的净损失时：

借：营业外支出——处置非流动资产损失　　4 000
　贷：固定资产清理　　4 000

【例6-19】某企业有运输卡车一辆，原价180 000元，已提折旧60 000元，在一次交通事故中报废，收到过失人赔偿款75 000元，卡车残值变价收入10 000元。编制会计分录如下：

（1）将报废卡车转销时：

借：固定资产清理　　120 000
　　累计折旧　　60 000
　贷：固定资产　　180 000

（2）收到过失人赔偿款及残值变价收入时：

借：银行存款　　85 000
　贷：固定资产清理　　85 000

（3）结转固定资产净损益时：

借：营业外支出——非常损失　　35 000
　贷：固定资产清理　　35 000

2）其他方式减少的固定资产

其他方式减少的固定资产，如以固定资产清偿债务、以非货币性资产交换换出固定资产等，分别按照债务重组、非货币性资产交换等业务的处理原则进行（分别参见第19章和第16章的有关内容）。

议一议　同学们，固定资产账面价值、账面余额及账面净值有何区别？

6.7 持有待售的固定资产

6.7.1 持有待售固定资产的确认条件

企业主要通过出售（包括具有商业实质的非货币性资产交换）而非持续使用一项固定资产收回其账面价值的，应当将其划分为持有待售固定资产。同时满足下列条件的固定资产应当划分为持有待售固定资产：

第一，在当前状况下，仅根据出售此类资产或处置组的惯常条款，即可立即出售。

第二，出售极可能发生，即企业已经就一项出售计划作出决议且获得确定的购买承诺，预计出售将在1年内完成。如果该出售计划需要得到企业相关权力机构或者监管部门批准，应当已经取得批准。确定的购买承诺，是指企业与其他方签订的具有法律约束力的购买协议，该协议包含交易价格、时间和足够严厉的违约惩罚等重要条款，使协议出现重大调整或者撤销的可能性极小。

持有待售的固定资产包括单项资产和处置组。

处置组，是指在一项交易中作为整体通过出售或以其他方式一并处置的一组资产，以及在该交易中转让的与这些资产直接相关的负债。

6.7.2 持有待售固定资产的会计处理

企业初始计量或在资产负债表日重新计量持有待售的固定资产，其账面价值高于公允价值减去出售费用后的净额的，应当将账面价值减记至公允价值减去出售费用后的净额，减记的金额确认为资产减值损失，计入当期损益，同时计提持有待售资产减值准备。

后续资产负债表日持有待售的固定资产公允价值减去出售费用后的净额增加的，以前减记的金额应当予以恢复，并在划分为持有待售类别后确认的资产减值损失金额内转回，转回金额计入当期损益。划分为持有待售类别前确认的资产减值损失不得转回。

持有待售的固定资产不应计提折旧。

6.7.3　持有待售固定资产的列报及披露

1）列报

企业应将持有待售的固定资产在资产负债表的流动资产部分单独列报，项目名称为“持有待售资产”。

2）披露

企业应在财务报表附注中披露持有待售的固定资产的名称、账面价值、公允价值、预计处置费用和预计处置时间等。

6.7.4　持有待售固定资产不再符合持有待售条件的处理

某项资产或处置组被划归为持有待售，但后来不再满足持有待售固定资产的确认条件，企业应当停止将其划归为持有待售，并按照下列两项金额中的较低者计量：

一是原账面价值减折旧、摊销或减值。

该资产或处置组被划归为持有待售之前的账面价值，按照其假定在没有被划归为持有待售的情况下原应确认的折旧、摊销或减值进行调整后的金额。

二是不再继续划分为持有待售类别之日的可收回金额。

企业终止确认持有待售的固定资产时，应当将尚未确认的利得或损失计入当期损益。

◉ 典型案例6-1

诚信公司一台设备，原值为160 000元，预计使用年限为5年，预计净残值率为4%。

要求：

（1）根据上述资料采用年限平均法计算该设备的年折旧率、月折旧率、年折旧额、月折旧额；

（2）根据上述资料采用双倍余额递减法计算该设备的年折旧率和年折旧额；

（3）根据上述资料采用年数总和法计算该设备的年折旧率和年折旧额。

分析提示：固定资产折旧的计算主要有年限平均法及双倍余额递减法等，查看本章中关于折旧方法的介绍及计算过程，结合上面的案例计算固定资产的折旧。

本章小结

固定资产，是指企业为生产商品、提供劳务、出租或进行经营管理而持有的，使用寿命超过一个会计年度的，单位价值较高的有形资产，如厂房、机器设备等。企业不论以何种方式取得固定资产，均应按取得时的实际成本作为入账价值。固定资产在使用过程中发生的价值损耗，应通过计提折旧的方式予以补偿。固定资产因出售、报废、毁损等原因减少时应按规定的会计处理方法进行处理，期末还应按固定资产可收回金额低于账面价值的差额计提固定资产减值准备。

概念回顾

固定资产　预计净残值　固定资产可收回金额　固定资产减值　固定资产折旧

第7章

无形资产及其他资产

学习目标

知识目标：掌握无形资产的确认条件及无形资产初始计量、研究与开发支出的确认条件；明确无形资产使用寿命的确定原则、无形资产摊销原则；了解无形资产处置的方法。

技能目标：熟悉无形资产取得、摊销、处置和减值的账务处理。

素养提升

华为的“极限生存假设”

7.1 无形资产

7.1.1 无形资产概述

1）无形资产的概念和特征

无形资产是指企业拥有或者控制的没有实物形态的可辨认非货币性资产。相对于其他资产，无形资产具有以下特征：

第一，由企业拥有或者控制并能为其带来未来经济利益的资源。预计能为企业带来未来经济利益是作为一项资产的本质特征，无形资产也不例外。

第二，无形资产不具有实物形态。无形资产通常表现为某种权利、某项技术或是某种可以获取超额利润的综合能力，它们不具有实物形态，看不见，摸不着。

第三，无形资产具有可辨认性。无形资产能够从企业中分离出来，并能单独用于出售或转让等；无形资产产生于合同性权利或其他法定权利，无论这些权利是否可以从企业或其他权利和义务中转移或者分离。

第四，无形资产属于非货币性资产。无形资产由于没有发达的交易市场，一般不容易转化为现金，在持有过程中为企业带来未来经济利益的情况不确定，不属于以固定或可确定的金额收取的资产，属于非货币性资产。

2）无形资产的内容

无形资产一般包括专利权、非专利技术、商标权、著作权、特许权、土地使用权等。

（1）专利权。

专利权，是指国家专利主管机关依法授予发明创造专利申请人，对其发明创造在法定期限内所享有的专有权利，包括发明专利权、实用新型专利权和外观设计专利权。专利权的主体是依据专利法被授予专利权的单位或个人，具有独占性。专利权的客体是受专利法保护的专利范围。专利权是一种有期限的权利，各国均在相关法律中对其有效期限作出了规定。我国专利法规定，发明专利权的有效期限为20年，实用新型专利权和外观设计专利权的有效期限为10年。需要注意的是，专利权并不一定能给持有者带来经济利益，有的专利可能没有经济价值或只有很小的经济价值，有的专利可能有较大的经济价值但会被另外一些更有经济价值的专利所淘汰等。因此，企业并不能将其所拥有的所有专利权都作为无形资产核算，只有那些能够给企业带来较大经济效益，并且使企业付出成本的专利权才能被列为无形资产。

（2）非专利技术。

非专利技术也称专有技术，是指不为外界所知、在生产经营活动中已被采用、不受法律保护、可以带来经济效益的各种技术和诀窍。非专利技术一般包括工业专有技术、商业贸易专有技术和管理专有技术三个方面。非专利技术具有经济性、机密性和动态性等特点。

非专利技术实际上具有专利权的效用，但是由于它未经公开且未取得专利权，所以不受法律保护。企业的非专利技术有的是自行研究开发的，有的是根据合同规定从外部购入的。企业自行研究开发非专利技术，可能成功也可能失败，研究开发过程中所发生的费用，根据谨慎性要求，应将其列入当期损益，不作为无形资产核算。对于从外部购入的非专利技术，应将其实际发生的支出予以资本化，作为无形资产入账核算。

拓展视野

通过网络等媒介资源，学习党的二十大报告的第五部分——实施科教兴国战略，强化现代化建设人才支撑。理解完善科技创新体系、加快实施创新驱动发展战略的重要性。

（3）商标权。

商标是用来辨认特定的商品或劳务的标记。商标权，是指企业专门在某类指定的商品或产品上使用特定的名称或图案的权利。根据我国商标法的规定，经商标局核准注册的商标称注册商标，商标注册人享有商标专用权，受法律保护。我国商标法规定，注册商标的有效期限为10年，自核准注册之日起计算。注册商标有效期满，需要继续使用的，商标注册人应当在期满前12个月内按照规定办理续展手续；在此期间未能办理的，可以给予6个月的宽展期。每次续展注册的有效期为10年，自该商标上一届有效期满次日起计算。

商标权的内容包括独占使用权和禁止使用权两个方面。独占使用权是指注册商标所有人在商标注册的范围内独家使用该商标的权利。禁止使用权是指注册商标所有人排除和禁止他人对商标独占使用权进行侵犯的权利。

一般情况下，企业自创商标并将其注册登记，支出的直接费用一般不大，是否将其资本化并不重要。有一定影响、能够给所有者带来获利能力的商标，往往是企业多年来重视产品质量，并通过广告宣传和其他商标名称传播手段，在客户的心目中逐渐树立起来的。这些方面的支出，如广告费等一般不作为商标权的成本入账，而是在发生时直接作为费用计入当期损益。企业购买他人的商标权，一次性支出费用较大的，应将其相关支出资本化，作为无形资产核算。

（4）著作权。

著作权又称版权，是指作者对其创作的文学、科学和艺术作品依法享有的某些特殊权利。著作权可以转让、出售或赠与。著作权包括发表权、署名权、修改权、保护作品完整权、复制权、发行权、出租权等。这里所说的著作除了文学、艺术作品外，还应包括工程设计、产品设计图纸及其说明、计算机软件等。

（5）特许权。

特许权又称经营特许权、专营权，是指企业在某一地区经营或销售某种特定商品的权利，或是一家企业接受另一家企业使用其商标、商号、技术秘密等的权利。前者是指由政府机构授权，准许企业使用或在一定地区享有经营某种业务的特权，如水、电、邮政通信等专营权和烟草专卖权等；后者是指企业间按照合同有限期或无限期使用另一家企业的某些权利，如连锁企业授予在世界各地的特许经营者的特权等。会计上的经营特许权主要是指后一种情况。同样，只有支付了费用取得的特许经营权才能作为无形资产核算。

（6）土地使用权。

土地使用权是指国家准许某企业或单位在一定期间内对国有土地享有开发、利用、经营的权利。根据我国《土地管理法》的规定，我国土地实行公有制，任何单位和个人不得侵占、买卖或者以其他形式非法转让。国有土地使用权可以依法出让和转让。

企业取得土地使用权一般有两种类型：

第一，无偿取得。如企业拥有的并未入账的土地使用权，即国家有关部门拨给企业使用某土地的权利。这种不付出代价取得的土地使用权，不能作为无形资产入账。

第二，有偿取得。这种花费一定代价取得的土地使用权，应将其支出资本化，作为无形资产入账。这里又有两种情况：一是企业根据《中华人民共和国城镇国有土地使用权出让和转让暂行条例》的规定，向政府土地管理部门申请取得土地使用权，企业为取得土地使用权而支付的土地出让金，应作为无形资产核算；二是企业原来通过行政划拨获得的土地使用权并未入账核算，企业根据有关规定将土地使用权有偿转让、出租、抵押、作价入股和对外投资时应按规定补交土地出让金的，企业因此而补交的土地出让金应予以资本化，作为无形资产入账核算。

拓展思维

商誉为何不属于企业的无形资产？

3）无形资产的分类

无形资产可按不同的标准进行分类，以便于对其进行管理与核算。

（1）无形资产按有无期限，可以分为使用寿命确定的无形资产和使用寿命不确定的无形资产。无法预见无形资产为企业带来未来经济利益期限的，应当视为使用寿命不确定的无形资产，否则就是使用寿命确定的无形资产。

（2）无形资产按来源不同，可分为外来无形资产和自创无形资产。外来无形资产指从企业外部取得的无形资产，包括企业外购的无形资产、接受投资获得的无形资产、接受捐赠获得的无形资产、政府给予的经营特许权等；自创无形资产指企业自行研究开发的无形资产。

7.1.2 从外部取得的无形资产

1）无形资产的确认

无形资产的确认，原则上应满足三个条件：一是符合无形资产的定义；二是与该资产有关的经济利益很可能流入企业；三是该无形资产的成本能够可靠地计量。

2）无形资产的初始计量

无形资产通常是按实际成本计量，即以取得无形资产并使之达到预定用途而发生的全部支出，作为无形资产的成本。对于不同来源取得的无形资产，其成本构成不尽相同。

（1）企业从外部购入的无形资产，应按取得时实际支付的价款作为入账价值。其购置成本包括购买价款、相关税费以及直接归属于使该项资产达到预定用途所发生的其他支出。企业购入的土地使用权或以支付土地出让金等方式取得的土地使用权，也应按照实际支付的价款作为入账价值。

企业外购的无形资产，如果取得法律规定的可抵扣发票，其支付的增值税税额可以抵扣，若无法取得法律规定的可抵扣发票，则支付的增值税税额不能抵扣，应计入无形资产成本。

（2）其他单位作为资本或者合作条件投入的无形资产，应根据投资各方确认的价值入账（显失公允的除外）。

（3）企业自行开发的无形资产，应严格区分研究阶段支出和开发阶段支出。研究阶段发生的支出，在发生时应当费用化计入当期损益；开发阶段形成的无形资产，其成本由可直接归属于该资产的创造、生产并使该资产能够以管理层预定的方式运作的所有必要支出组成，包括开发该资产时耗费的材料、劳务成本、注册费、使用其他专利权和特许权的费用摊销、按规定的资本化利息支出以及该资产达到预定用途前所发生的其他费用支出。

（4）企业作为债权人接受的债务人以非金融资产抵偿债务方式（债务重组）取得的无形资产，应按企业债务重组的相关规定确定入账价值，详见第19章的相关内容。

下列各项不包括在无形资产的初始成本中：

❶为引进新产品进行宣传发生的广告费、管理费用及其他间接费用；

❷无形资产已经达到预定用途以后发生的费用，应在发生时确认为当期费用。

3）从外部取得无形资产的账务处理

企业应设置“无形资产”账户，核算企业持有的无形资产成本。该账户借方登记取得无形资产的成本，贷方登记出售无形资产等时转出的无形资产的账面余额，期末借方余额反映企业现有无形资产的成本。本账户应按各无形资产项目设置明细账，进行明细核算。

（1）外购的无形资产，其成本包括购买价款、相关税费以及直接归属于为使该项资产达到预定用途所发生的其他支出。

【例7-1】B公司向土地管理部门申请取得土地使用权，以银行存款6 000 000元支付土地出让金，假设不考虑相关税费。编制会计分录如下：

借：无形资产——土地使用权	6 000 000	
贷：银行存款		6 000 000

（2）投资者投入的无形资产，其成本应当按照投资合同或协议约定的价值确定，但合同或协议约定价值不公允的除外。在投资合同或协议约定价值不公允的情况下，应按无形

资产的公允价值入账，按所确认初始成本与实收资本或股本之间的差额调整资本公积。

【例 7-2】某股份有限公司接受A公司以其所拥有的专利权作为出资入股，双方协议约定的价值为30 000 000元，按照市场情况估计其公允价值也为30 000 000元，已办妥相关手续，假设不考虑相关税费。编制会计分录如下：

借：无形资产	30 000 000	
贷：股本		30 000 000

（3）企业以非货币性资产交换方式取得的无形资产，其账务处理原理参见“第16章　非货币性资产交换”的相关内容。

7.1.3　企业内部研究开发的无形资产

1）研究阶段和开发阶段的划分

（1）研究阶段。

研究阶段是探索性的，为进一步开发活动进行资料及相关方面的准备，已进行的研究活动将来是否会转入开发、开发后是否会形成无形资产等均具有较大的不确定性。比如，旨在获取知识而进行的活动，研究成果或其他知识的应用研究、评价和最终选择，材料、设备、产品、工序、系统或服务替代品的研究，新的或经改进的材料、设备、产品、工序、系统或服务的可能替代品的配制、设计、评价和最终选择等，均属于研究活动。

（2）开发阶段。

相对于研究阶段而言，在开发阶段企业应当已完成研究阶段的工作，在很大程度上具备了形成一项新产品或新技术的基本条件。比如，生产前或使用前的原型和模型的设计、建造和测试，不具有商业性生产经营规模的试生产设施的设计、建造和运营等，均属于开发活动。

2）开发阶段有关支出资本化的条件

企业内部研究开发项目研究阶段的支出，应当于发生时计入当期损益；开发阶段的支出，同时满足下列条件的，才能予以资本化：

（1）完成该无形资产以使其使用或出售在技术上具有可行性。判断无形资产的开发在技术上是否具有可行性，应当以目前阶段的研究成果为基础，并提供相关证据和材料，证明企业进行开发所需的技术条件等已经具备，不存在技术上的障碍或其他不确定性。比如，企业已经完成了全部计划、设计和测试活动或通过了专家鉴定等。

（2）具有完成该无形资产并使用或出售的意图。企业的管理当局应当能够说明其开发无形资产的目的，并具有完成该项无形资产开发并使其能够使用或出售的可能性。

（3）无形资产产生经济利益的方式。作为无形资产确认，其基本条件是能够为企业带来未来经济利益，包括能够证明运用该无形资产生产的产品存在市场或无形资产自身存在市场，无形资产将在内部使用的，应当证明其有用性。

（4）有足够的技术、财务资源和其他资源支持，以完成该无形资产的开发，并有能力使用或出售该无形资产。企业能够证明：完成该项无形资产的开发具有技术上的可靠性；有财务资源和其他资源的支持；可以取得无形资产开发所必需的技术、财务和其他资源，以及获得这些资源的相关计划；有能力使用或出售该无形资产以取得收益等。

（5）归属于该无形资产开发阶段的支出能够可靠地计量。企业对研究开发的支出应单独核算，比如，直接发生的研发人员工资、材料费等，在企业同时从事多项研究开发活动的情况下，所发生的支出应当按照合理的标准在各项研究开发活动之间进行分配，无法明确分配的，应予以费用化计入当期损益，不计入开发活动的成本。

3）内部研究开发的无形资产的计量

内部研究开发形成的无形资产，其成本由可直接归属于该资产的创造、生产并使该资产能够以管理层预定的方式运作的所有必要支出组成，包括开发该资产时耗费的材料、劳务成本、注册费、使用其他专利权和特许权的费用摊销、按规定的资本化利息支出以及为使该资产达到预定用途前所发生的其他费用。

4）内部研究开发费用的账务处理

企业应设置“研发支出”账户，核算企业进行研究与开发无形资产过程中发生的各项支出。该账户可按研究开发项目，分“费用化支出”和“资本化支出”进行明细核算。

微课

无形资产内部研发支出的核算

（1）企业自行开发无形资产发生的研发支出，不满足资本化条件的，借记本账户（费用化支出），满足资本化条件的，借记本账户（资本化支出），贷记“原材料”“银行存款”“应付职工薪酬”等账户。根据内部研究开发无形资产发生的支出取得增值税专用发票可抵扣的进项税额，借记“应交税费——应交增值税（进项税额）”账户。

（2）研究开发项目达到预定用途形成无形资产的，应按本账户（资本化支出）的余额，借记“无形资产”账户，贷记本账户（资本化支出）。

（3）期（月）末，应按本账户归集的费用化支出金额，借记“管理费用”账户，贷记本账户（费用化支出）。

该账户期末借方余额，反映企业正在进行无形资产研究开发的项目满足资本化条件的支出。

【例7-3】某企业自行研究开发一项新产品专利技术，在研究开发过程中发生材料费40 000 000元、工人工资10 000 000元及其他费用30 000 000元，总计80 000 000元，其中，符合资本化条件的支出为50 000 000元。研发结束，该专利技术已经达到预定用途。编制会计分录如下：

（1）研发过程中：

借：研发支出——费用化支出	30 000 000	
——资本化支出	50 000 000	
贷：原材料		40 000 000
应付职工薪酬		10 000 000
银行存款		30 000 000

（2）各月末，将不符合资本化条件的研发支出转入当期管理费用：

借：管理费用	30 000 000	
贷：研发支出——费用化支出		30 000 000

（3）研发结束后：

借：无形资产	50 000 000	
贷：研发支出——资本化支出		50 000 000

提示 无法区分研究阶段和开发阶段的支出，应当在发生时费用化，计入当期损益。

拓展视野

浏览国家税务总局网站，查询自行研发无形资产在进行所得税汇算清缴时，加计扣除和加计摊销的规定。

7.1.4 无形资产的后续计量

1）使用寿命确定的无形资产

（1）估计无形资产使用寿命应考虑的因素。

❶资产通常的寿命周期，以及可获得的类似资产使用寿命的信息。

❷技术、工艺等方面的现实情况及对未来发展的估计。

❸以该资产生产的产品或服务的市场需求情况。

❹现在或潜在的竞争者预期采取的行动。

❺为维持该资产产生未来经济利益的能力，预期的维护支出及企业预计支付有关支出的能力。

❻对该资产的控制期限，对该资产使用的法律或类似限制。

❼与企业持有的其他资产使用寿命的关联性。

（2）无形资产使用寿命的确定。

源自合同性权利或其他法定权利取得的无形资产，其使用寿命不应超过合同性权利或其他法定权利的期限。但如果企业使用资产的预期期限短于合同性权利或其他法定权利规定的期限，应当按照企业预期使用的期限来确定其使用寿命。没有明确的合同或法律规定的，企业应当综合各方面情况，如聘请相关专家进行论证或与同行业的情况进行比较，以及考虑企业的历史经验等，来确定无形资产为企业带来未来经济利益的期限。如果经过这些努力，确实无法合理确定无形资产为企业带来经济利益的期限，再将其作为使用寿命不确定的无形资产进行处理。

（3）无形资产使用寿命的复核。

❶企业至少应当于每年年度终了，对无形资产的使用寿命进行复核，如果有证据表明无形资产的使用寿命不同于以前的估计，则对于使用寿命有限的无形资产，应改变其摊销年限，并按照《企业会计准则第28号——会计政策、会计估计变更和差错更正》中的会计估计变更的有关规定进行处理。

❷对于使用寿命不确定的无形资产，企业应当在每个会计期末对其使用寿命进行复核，如果有证据表明其使用寿命是有限的，则应按照会计估计变更处理，并按照使用寿命有限的无形资产的处理原则进行处理。

（4）无形资产的摊销期和摊销方法。

无形资产属于企业的非流动资产，能在较长时期内给企业带来经济利益。同时，无形资产通常有一定的有效期限，在这个期限内，随着无形资产为企业带来经济利益，其价值会发生转移，具有价值的权利会终结或消失。因此，使用寿命有限的无形资产，应自取得当月起在预计使用年限内采用系统合理的方法对应摊销金额进行摊销。无形资产的应摊销金额是指其成本扣除预计残值后的金额。已计提减值准备的无形资产，还应扣除已计提的减值准备累计金额。无形资产的摊销方法有直线法、产量法等。企业选择的无形资产摊销方法，应根据与无形资产有关的经济利益的预期消耗方式作出决定，并一致地运用于不同会计期间。无法可靠确定其预期消耗方式的，应当采用直线法进行摊销。

无形资产摊销期限一经确定，不得随意变更。

议一议　**同学们，无形资产摊销的起始、结束月份与固定资产计提折旧的起始、结束月份，有何区别？**

（5）残值的确定。

无形资产的残值一般为零，除非有第三方承诺在无形资产使用寿命结束时愿意以一定的价格购买该项无形资产，或是该资产存在活跃的市场，通过市场可以得到无形资产使用寿命结束时的残值信息，并且从目前情况看，在无形资产使用寿命结束时，该市场还可能存在的情况下，无形资产存在残值。

（6）账务处理。

为了核算无形资产的摊销情况，企业应当设置“累计摊销”账户。该账户属于“无形资产”的调整账户，核算企业对使用寿命有限的无形资产计提的累计摊销，贷方登记企业计提的无形资产摊销，借方登记处置无形资产时转出的累计摊销，期末贷方余额，反映企业现有无形资产的累计摊销额。

此外，无形资产发生减值的，还应设置“无形资产减值准备”账户进行核算。

【例7-4】某公司2024年12月份无形资产摊销情况见表7-1。

表7-1　**无形资产摊销表**　金额单位：元

项　目	应摊销金额	摊销期限（年）	每月摊销金额
A项土地使用权	324 000	15	1 800
B项专利权	288 000	10	2 400
C项专利权	240 000	5	4 000
合　计	852 000	—	8 200

根据“无形资产摊销表”，该公司编制会计分录如下：

借：管理费用——无形资产摊销　8 200
　贷：累计摊销——土地使用权（A）　1 800
　　　　　　——专利权（B）　2 400
　　　　　　——专利权（C）　4 000

【例7-5】某股份有限公司从外单位购得一项商标权，取得的增值税专用发票上注明：价款36 000 000元，税率6%，增值税2 160 000元，款项已支付。该商标权的使用寿命为10年，不考虑残值等因素。编制会计分录如下：

（1）购买商标权时：

借：无形资产——商标权　36 000 000
　　应交税费——应交增值税（进项税额）　2 160 000
　贷：银行存款　38 160 000

（2）每月摊销该无形资产时：

借：管理费用——无形资产摊销（36 000 000÷10÷12）　300 000

贷：累计摊销　　300 000

2）使用寿命不确定的无形资产

根据可获得的情况判断，无法合理估计其使用寿命的无形资产，应作为使用寿命不确定的无形资产。按照企业会计准则规定，对于使用寿命不确定的无形资产，在持有期间不需要摊销，但需要至少于每个会计期末进行一次减值测试。按照企业会计准则的规定，需要计提减值准备的，相应计提有关的减值准备。

微课

无形资产摊销

启示窗 7-1

企业2017年1月1日购入一项专利权，实际成本为200万元，摊销年限为10年，采用直线法摊销。2023年12月31日，该无形资产发生减值，预计可收回金额为70万元。计提减值准备后，该无形资产原摊销年限和摊销方法不变。2024年12月31日，该无形资产的账面价值为多少？

7.1.5　无形资产的减值

1）检查账面价值

无形资产由于技术进步或其他经济原因导致其可收回金额低于账面摊余价值，这种情况称为无形资产的减值。

企业应定期对无形资产的账面价值进行检查，至少于每年年末检查一次。如果发现无形资产存在减值情况，应对无形资产的可收回金额进行估计，并按该无形资产的账面价值超过可收回金额的部分（减值）计提减值准备，并列为当期费用，这也说明，企业无形资产是按照账面价值与可收回金额孰低的方式计量的。

检查无形资产，发现存在以下一种或几种情况的，可以确定为无形资产减值：

（1）该项无形资产已被其他新技术等所替代，使其为企业创造经济利益的能力受到重大不利影响。

（2）该项无形资产的市价在当期大幅度下跌，预计在剩余年限内不会恢复。

（3）该项无形资产已超过法律保护期限，但仍然具有部分使用价值。

（4）其他足以表明该无形资产的账面价值已超过可收回金额的情形。

2）确定可收回金额

资产存在减值迹象的，应当估计其可收回金额。可收回金额应当根据资产的公允价值减去处置费用后的净额与资产预计未来现金流量的现值两者之中较高者确定。处置费用包括与资产处置有关的法律费用、相关税费，以及为使资产达到可销售状态所发生的直接费用等。

3）计提减值准备

企业所持有的无形资产的账面价值高于其可收回金额的，其差额应确认为无形资产减值，借记“资产减值损失”账户，贷记“无形资产减值准备”账户。“无形资产减值准备”账户核算无形资产减值准备，可按无形资产项目进行明细核算。

【例 7-6】某公司于2024年年末对其现有无形资产进行减值测试，各项无形资产账面价值与可收回金额的对比资料见表7-2。

表7-2　无形资产账面价值与可收回金额对比表　单位：元

项　目	账面价值	可收回金额	减　值
甲项土地使用权	270 000	220 000	50 000
乙项专利权	150 000	150 000	—
丙项专利权	320 000	300 000	20 000
合　计	740 000	670 000	70 000

根据表7-2的资料，企业计提无形资产减值准备，编制会计分录如下：

借：资产减值损失　70 000
　贷：无形资产减值准备　70 000

值得注意的是，无形资产减值损失一经确认，在以后会计期间不得转回。

7.1.6　无形资产的处置和披露

1）无形资产的处置

（1）出售无形资产。

企业出售无形资产时，应将所取得的价款与该无形资产账面价值的差额计入当期损益。

【例7-7】某公司将拥有的一项非专利技术出售，取得收入4 000 000元，根据现行规定，技术转让免交增值税。该项非专利技术的账面余额为3 500 000元，累计摊销额为1 750 000元，已计提的减值准备为1 000 000元。编制会计分录如下：

借：银行存款　4 000 000
　　累计摊销　1 750 000
　　无形资产减值准备　1 000 000
　贷：无形资产　3 500 000
　　　资产处置损益　3 250 000

启示窗7-2

企业于2024年12月1日转让一项无形资产，转让价格为60万元。该无形资产系企业2021年12月1日购入并投入使用，初始入账价值为210万元，预计使用年限为5年，法律规定的有效年限为10年，采用直线法进行摊销。企业转让该无形资产发生的净损失为多少？

（2）出租无形资产。

企业将所拥有的无形资产的使用权让渡给他人，并收取租金，在满足收入准则规定的确认标准的情况下，应确认相关的收入及成本。

出租无形资产时，取得的租金收入记入“其他业务收入”账户；摊销出租无形资产并发生有关费用时，记入“其他业务成本”账户。无形资产出租，即转让无形资产使用权时，除了符合法律规定的免征增值税项目外，应计算缴纳增值税，如出租商标使用权等，增值税税率为6%。

【例 7-8】某企业将列为无形资产的商标权出租给M公司使用，本月取得含税租赁收入300 000元（适用的增值税税率为6%），存入银行。该项商标权的账面价值为1 200 000元，摊销期限为10年。编制会计分录如下：

（1）当月取得租赁收入时：

借：银行存款	300 000	
贷：其他业务收入		283 019
应交税费——应交增值税（销项税额）		16 981

（2）结转当月出租成本时：

借：其他业务成本	10 000	
贷：累计摊销（1 200 000÷10÷12）		10 000

（3）报废无形资产。

当无形资产预期不能为企业带来经济利益时，便不再符合无形资产的定义，企业应将其转销。无形资产预期不能为企业带来经济利益的情形主要有：❶该无形资产已被其他新技术等所替代，且已不能为企业带来经济利益；❷该无形资产不再受法律的保护，且不能给企业带来经济利益。

【例 7-9】某企业经核查发现，由于科技进步等原因，其专利权M已丧失使用价值，不能为企业带来经济利益，应予以转销。该项专利权账面原价为400 000元，摊余价值为40 000元，已计提无形资产减值准备5 000元。编制会计分录如下：

借：营业外支出——处置非流动资产损失	35 000	
无形资产减值准备	5 000	
累计摊销（400 000-40 000）	360 000	
贷：无形资产——专利权（M）		400 000

（4）转移无形资产。

企业购入的土地使用权，或以支付土地出让金等方式取得的土地使用权，应按实际支付的价款作为企业的无形资产入账。土地使用权用于自行开发建造厂房等地上建筑物时，土地使用权的账面价值不与地上建筑物合并计算成本，而仍作为无形资产进行核算，并按企业会计准则关于无形资产摊销的规定进行摊销。房地产开发企业进行房地产开发时，应将其相关的土地使用权予以结转，计入房地产开发成本，即将土地使用权的账面价值计入房屋的建筑成本。

2）无形资产的披露

企业应当按照无形资产的类别在财务报表附注中披露与无形资产有关的下列信息：

（1）无形资产的期初和期末账面余额、累计摊销额及减值准备累计金额。

（2）使用寿命有限的无形资产，其使用寿命的估计情况；使用寿命不确定的无形资产，其使用寿命不确定的判断依据。

（3）无形资产的摊销方法。

（4）用于担保的无形资产账面价值、当期摊销额等情况。

（5）计入当期的损益和确认为无形资产研究开发支出的金额。

启示窗7-3

下列关于无形资产的各项目中，哪些可能影响企业的营业利润？

A.无形资产研究阶段的支出；B.无形资产开发阶段的支出；C.无形资产出售损益；D.出租无形资产的摊销额；E.无形资产报废损益。

7.2 长期待摊费用和其他非流动资产

7.2.1 长期待摊费用

1）长期待摊费用的内容

长期待摊费用，是指企业已经支出，但摊销期在1年以上（不含1年）的各项费用，如预付超过1年的财产租金等。长期待摊费用本身没有价值，并不属于资产的范畴，它所带来的效益有待于将来实现，并且数额比较大，为正确反映当期经营成果，需要对其作递延处理，将应计入当期损益的费用列为长期待摊费用，当然也不能随意增加费用项目。

2）长期待摊费用的账务处理

企业发生的长期待摊费用应设置“长期待摊费用”账户核算。该账户借方登记企业发生的各项长期待摊费用，贷方登记摊销数额，期末借方余额表示尚未摊销的长期待摊费用。长期待摊费用应按费用的种类设置明细账，进行明细分类核算。

长期待摊费用应在各费用项目的受益期限内分期平均摊销。企业发生长期待摊费用时，借记“长期待摊费用”账户，贷记“银行存款”“原材料”等账户；分期摊销费用时，借记“销售费用”“管理费用”等账户，贷记“长期待摊费用”账户。

注意：如果长期待摊费用项目不能使以后会计期间受益，那么应当将尚未摊销的该项目的摊余价值全部转入当期损益。

7.2.2 其他非流动资产

1）其他非流动资产的内容

其他非流动资产是指企业除流动资产、固定资产、债权投资、长期股权投资、无形资产、长期待摊费用等以外的资产。其他非流动资产主要包括特准储备物资、银行冻结存款和冻结物资、涉及诉讼中的财产等。

（1）特准储备物资。

特准储备物资，是指由于特殊原因经国家批准在正常范围以外储备的，具有专门用途、不参加企业生产经营周转的物资，如国家为了应对自然灾害以及战备等需要而储备的物资。

（2）银行冻结存款和冻结物资。

冻结是指人民法院对被执行人在银行的存款或企业的物资等财产实施强制执行的一种措施。根据我国民事诉讼法的规定，被执行人拒不履行法院裁决规定的义务，而银行有存款、企业有物资的，人民法院有权冻结其存款和物资，有权向有关银行或企业发出协助执行通知书，企业被冻结的存款、物资不能支取或转移。所以，冻结存款、物资的所有权并没有改变，但企业已不能正常支配使用。冻结是一种临时性措施，在规定的期限内，被执行人自动履行了义务，人民法院可以解除冻结。

（3）涉及诉讼中的财产。

诉讼是指司法机关在案件当事人和其他诉讼参与人参加和配合下，为解决案件而依照法定程序所进行的活动。涉及诉讼中的财产，主要是指已被有关机关依法查封、冻结、扣押的财产，企业对这些财产不得隐藏、转移、变卖、毁损。

2）其他非流动资产的账务处理

其他非流动资产的经济业务，一般企业很少发生。如有其他非流动资产业务发生，应根据具体情况设置相应的账户进行核算，如“特准储备物资”“特准储备资金”等。

当企业购进或收到特准储备物资时，借记“特准储备物资”账户，贷记“银行存款”“特准储备资金”等账户；企业经国家批准动用特准储备物资时，借记“特准储备资金”账户，贷记“特准储备物资”账户。

【例 7-10】某企业收到国家下拨的特准储备A材料200 000元，已验收入库。根据有关原始凭证，编制会计分录如下：

借：特准储备物资——A材料　　200 000
　贷：特准储备资金　　200 000

若国家特准动用A材料100 000元，根据有关原始凭证，编制会计分录如下：

借：特准储备资金　　100 000
　贷：特准储备物资——A材料　　100 000

典型案例7-1

2024年1月1日，A公司将一项专利技术出租给L公司使用，租期为2年，年租金80万元（不考虑相关税费），转让期间A公司不再使用该项专利技术。该专利技术系A公司2022年1月1日购入，初始入账价值为260万元，预计使用年限为10年，采用直线法摊销。2023年年末，A公司对该项无形资产计提减值准备48万元，计提减值准备后摊销方法、使用年限不变。假定不考虑其他因素，A公司2024年度因该专利技术形成的营业利润为多少？

分析提示：关于无形资产出租的会计处理方法，本章中提到的取得的租金收入以及应摊销的无形资产成本等应该作何会计处理？回顾处理方法，并解答上面的问题。

典型案例7-2

乙企业自行研制一项新型技术，成功后拟申请专利。在研究过程中，应付职工薪酬100万元，以银行存款支付各项费用200万元；在开发过程中，应付职工薪酬200万元，以银行存款支付各项费用500万元。该项目研制成功后申请专利，以银行存款支付律师费等10万元，并获专利部门批准领取了专利证书。请编制有关该专利权的各项会计分录。

分析提示：回顾企业内部的研究开发费用方面的会计处理方法，结合本章中所提到的账务处理方法及例题，根据所学知识编制案例中的会计分录。

本章小结

企业资产除了流动资产、固定资产以外，还存在着无形资产、长期待摊费用和其他非流动资产等。无形资产，是指企业拥有或者控制的没有实物形态的可辨认非货币性资产。本章在介绍无形资产的概念、特征、内容、分类等基本理论的基础上，着重介绍无形资产入账价值和摊销期限的确定，以及无形资产取得、摊销、处置、减值等的账务处理。长期待摊费用，是指企业已经支出，但摊销期在1年以上（不含1年）的各项费用。本章简要介绍了长期待摊费用和其他非流动资产的基本账务处理。

概念回顾

无形资产　研发支出　累计摊销　无形资产减值准备　长期待摊费用

第8章

投资性房地产

学习目标

知识目标：掌握投资性房地产的特征和范围、投资性房地产的确认条件；明确投资性房地产的初始计量、投资性房地产的后续计量、与投资性房地产有关的后续支出的内容；了解投资性房地产处置的核算方法。

技能目标：熟悉投资性房地产的取得、后续计量、后续支出以及处置的账务处理。

素养提升

房子是用来住的，
不是用来炒的

8.1 投资性房地产概述

8.1.1 投资性房地产的概念与特征

1）投资性房地产的概念

投资性房地产是指为赚取租金或资本增值，或者两者兼有而持有的房地产。投资性房地产应当能够单独计量和出售。

房地产是土地和房屋及其权属的总称。在我国，土地实行公有制，土地所有权归国家或集体所有。因此，房地产中的土地是指土地使用权，房屋是指土地上的房屋建筑物及构筑物。随着我国社会主义市场经济的发展和完善，房地产市场日益活跃。就某些企业而言，投资性房地产属于日常经营性活动，形成的租金收入或转让增值收益应确认为主营业务收入；但对于大部分企业而言，投资性房地产是与经常性活动相关的其他活动，形成的租金收入或转让增值收益构成企业的其他业务收入。

为了更加清晰地反映企业所持有的房地产的构成情况和盈利能力，需要将投资性房地产与企业自用的房地产以及作为存货的房地产区别开来，单独作为一个资产项目予以核算和反映。

2）投资性房地产的特征

（1）投资性房地产是一种经营性活动。投资性房地产的主要形式是出租建筑物、出租土地使用权，这实质上属于一种让渡资产使用权的行为。房地产租金就是让渡资产使用权取得的使用费收入，是企业为完成其经营目标所从事的经营性活动以及与之相关的其他活动形成的经济利益总流入。投资性房地产的另一种形式是持有并准备增值后转让的土地使用权，尽管其增值收益通常与市场供求、经济发展等因素相关，但目的是增值后转让以赚取增值收益，也是企业为完成其经营目标所从事的经营性活动以及与之相关的其他活动形成的经济利益总流入。

（2）投资性房地产在用途、状态、目的等方面区别于作为生产经营场所的房地产和用于销售的房地产。企业持有的房地产除了用作自身管理、生产经营活动场所和对外销售之外，出现了将房地产用于赚取租金或增值收益的活动，甚至成为个别企业的主营业务。这就需要将投资性房地产单独作为一项资产核算和反映，与自用的厂房、办公楼等房地产和作为存货（已建完工商品房）的房地产加以区别，从而更加清晰地反映企业所持有房地产的构成情况和盈利能力。

（3）投资性房地产的两种后续计量模式。企业通常应当采用成本模式对投资性房地产进行后续计量，只有在满足特定条件的情况下，即有确凿证据表明其所有投资性房地产的公允价值能够持续可靠取得的，才可以采用公允价值模式进行后续计量。也就是说，投资性房地产准则适当引入公允价值模式，在满足特定条件的情况下，可以对投资性房地产采用公允价值进行后续计量。但是，同一企业只能采用一种模式对所有投资性房地产进行后续计量，不得同时采用两种计量模式进行后续计量。

8.1.2　投资性房地产的范围

投资性房地产主要包括已出租的土地使用权、持有并准备增值后转让的土地使用权和已出租的建筑物。

1）属于投资性房地产的项目

微课

投资性房地产的界定

（1）已出租的土地使用权。

已出租的土地使用权，是指企业通过出让或转让方式取得并以经营租赁方式出租的土地使用权。企业计划用于出租但尚未出租的土地使用权，不属于此类。对于以经营租赁方式租入土地使用权再转租给其他单位的，不能确认为投资性房地产。

（2）持有并准备增值后转让的土地使用权。

持有并准备增值后转让的土地使用权，是指企业通过出让或转让方式取得并准备增值后转让的土地使用权。但是，按照国家有关规定认定的闲置土地，不属于持有并准备增值后转让的土地使用权，也就不属于投资性房地产。

拓展视野

查阅《闲置土地处置办法》（中华人民共和国国土资源部令第53号）的规定，明确闲置土地具备的特点。

（3）已出租的建筑物。

已出租的建筑物，是指企业拥有产权并以经营租赁方式出租的房屋等建筑物，包括自行建造或开发活动完成后用于出租的建筑物，以及正在建造或开发过程中将来用于出租的建筑物。

企业在判断和确认已出租的建筑物时，应当把握以下要点：

❶用于出租的建筑物是企业拥有产权的建筑物。企业以经营租赁方式租入再转租的建

筑物不属于投资性房地产。

❷已出租的建筑物是企业已经与其他方签订了租赁协议，约定以经营租赁方式出租的建筑物。从确认时点上来看，一般应自租赁协议规定的租赁期开始日起，经营租出的建筑物才属于已出租的建筑物。

通常情况下，对企业持有以备经营出租的空置建筑物，如董事会或类似机构已作出正式书面决议，明确表明将其用于经营出租且持有意图短期内不再发生变化的，即使尚未签订租赁协议，也应视为投资性房地产。这里所说的“空置建筑物”，是指企业新购入、自行建造或开发完成但尚未使用的建筑物，以及不再用于日常生产经营活动且经整理后达到可经营出租状态的建筑物。

❸企业将建筑物出租，按租赁协议向承租人提供的相关辅助服务在整个协议中不重大的，应当将该建筑物确认为投资性房地产。例如，企业将其办公楼出租，同时向承租人提供维修、保安等日常辅助服务，企业应当将其确认为投资性房地产。

提示　作为投资性房地产的已经出租的建筑物，指的是经营租赁出租，而非融资租赁出租。

2）不属于投资性房地产的项目

（1）自用房地产，即为生产商品、提供劳务或者经营管理而持有的房地产，包括自用建筑物（固定资产）和自用土地使用权（无形资产）。

（2）作为存货的房地产，通常指房地产开发企业在正常经营过程中销售的或为销售而正在开发的商品房和土地。

如果某项房地产部分用于赚取租金或资本增值、部分自用（即用于生产商品、提供劳务或经营管理），能够单独计量和出售的、用于赚取租金或资本增值的部分，应当确认为投资性房地产；不能够单独计量和出售的、用于赚取租金或资本增值的部分，不确认为投资性房地产。该项房地产自用的部分，以及不能够单独计量和出售的、用于赚取租金或资本增值的部分，应当确认为固定资产或无形资产。

议一议　同学们，企业出租给本企业职工居住的房屋，是否属于投资性房地产？为什么？

启示窗 8-1

2024年6月5日，甲公司购入写字楼。写字楼第一层每平方米购买成本为3.6万元，共计2 600平方米；其余楼层每平方米购买成本为1.8万元，共计32 000平方米；购买成本总计为66 960万元，该公司即日付清全部款项。现甲公司打算将第一层用于对外出租，其余楼层作为本公司的办公场所。对外出租的写字楼为甲公司唯一对外出租的资产。

请思考：写字楼第一层是否可以单独确认为投资性房地产？

8.2　投资性房地产的确认和初始计量

8.2.1　投资性房地产的确认

投资性房地产只有在符合定义的前提下，同时满足下列条件的，才能予以确认：

第一，与该投资性房地产有关的经济利益很可能流入企业；

第二，该投资性房地产的成本能够可靠地计量。

对于已出租的土地使用权和已出租的建筑物，确认为投资性房地产的时点是租赁期开始日（即土地使用权和建筑物已进入出租状态、开始赚取租金的日期），但持有以备经营租赁、可视为投资性房地产的空置建筑物，确认为投资性房地产的时点是企业董事会或类似机构就该事项作出正式书面决议的日期。对于持有并准备增值后转让的土地使用权，确认为投资性房地产的时点是企业将自用土地使用权停止自用、准备增值后转让的日期。

8.2.2 投资性房地产的初始计量

投资性房地产无论采用哪一种后续计量模式，取得时均应该按照成本进行初始计量。投资性房地产的取得渠道不同，成本的具体构成内容也会有所不同。

1）外购投资性房地产的初始计量

企业外购的房地产，只有在购入的同时开始对外出租或用于资本增值，才能作为投资性房地产加以确认。

企业购入房地产，自用一段时间之后再改为出租或用于资本增值的，应当先将外购的房地产确认为固定资产或无形资产，自租赁期开始日或用于资本增值之日起，才能从固定资产或无形资产转换为投资性房地产。

企业外购投资性房地产时，应当按照取得时的实际成本进行初始计量。取得时的实际成本，包括购买价款、相关税费和可直接归属于该资产的其他支出。

2）自行建造投资性房地产的初始计量

企业自行建造的房地产，只有在自行建造活动完成（即达到预定可使用状态）的同时开始对外出租或用于资本增值，才能确认为投资性房地产。

企业自行建造房地产达到预定可使用状态后一段时间才对外出租或用于资本增值的，应当先将自行建造的房地产确认为固定资产、无形资产或存货，自租赁期开始日或用于资本增值之日开始，从固定资产、无形资产或存货转换为投资性房地产。

自行建造投资性房地产，其成本由建造该项资产达到预定可使用状态前发生的必要支出构成，包括土地开发费、建筑成本、安装成本、应予资本化的借款费用、支付的其他费用和分摊的间接费用等。

8.2.3 投资性房地产初始计量的会计处理

1）账户设置

“投资性房地产”账户，用于核算企业采用成本模式计量的投资性房地产的成本。企业采用公允价值模式计量投资性房地产的，也通过本账户核算。该账户属资产类账户，借方登记取得的投资性房地产的成本；贷方登记减少的投资性房地产的成本；期末借方余额反映企业投资性房地产的实有成本。

采用成本模式进行计量的，企业应当在购入、自行建造取得投资性房地产时，按应计入投资性房地产成本的金额，借记“投资性房地产”账户，贷记“银行存款”“在建工程”等账户；采用公允价值模式进行计量的，企业应当在购入、自行建造取得投资性房地产时，按应计入投资性房地产成本的金额，借记“投资性房地产——成本”账户，贷记“银行存款”“在建工程”等账户。

2）投资性房地产初始计量的账务处理

【例 8-1】2024年6月，甲企业计划购入一栋写字楼用于对外出租。6月25日，甲企业与乙企业签订了经营租赁合同，约定自写字楼购买日起将这栋写字楼出租给乙企业，为期5年。8月31日，甲企业实际购入写字楼，取得的增值税专用发票注明：价款1 800万元，增值税税率9%，增值税162万元。根据租赁合同，租赁期开始日为2024年9月1日。甲企业编制会计分录如下：

（1）假定甲企业采用成本模式进行后续计量：

借：投资性房地产——写字楼　　18 000 000
　　应交税费——应交增值税（进项税额）　　1 620 000
　贷：银行存款　　19 620 000

（2）假定甲企业采用公允价值模式进行后续计量：

借：投资性房地产——写字楼（成本）　　18 000 000
　　应交税费——应交增值税（进项税额）　　1 620 000
　贷：银行存款　　19 620 000

【例 8-2】2024年2月，甲公司从其他单位购入一块土地，并在这块土地上开始自行建造两栋厂房。2024年11月，甲公司预计厂房即将完工，与乙公司签订了经营租赁合同，将其中的一栋厂房租赁给乙公司使用。租赁合同约定，该厂房于完工时起租。2024年12月5日，两栋厂房同时完工。该块土地使用权的成本为13 500 000元；两栋厂房的实际造价均为18 000 000元，能够单独出售。编制会计分录如下：

土地使用权中的对应部分同时转换为投资性房地产=13 500 000×（18 000 000÷36 000 000）

=6 750 000（元）

（1）假定甲公司采用成本模式进行后续计量：

借：固定资产——厂房　　18 000 000
　　投资性房地产——厂房　　18 000 000
　贷：在建工程——厂房　　36 000 000
借：投资性房地产——已出租土地使用权　　6 750 000
　贷：无形资产——土地使用权　　6 750 000

（2）假定甲公司采用公允价值模式进行后续计量：

借：固定资产——厂房　　18 000 000
　　投资性房地产——厂房（成本）　　18 000 000
　贷：在建工程——厂房　　36 000 000
借：投资性房地产——已出租土地使用权（成本）　　6 750 000
　贷：无形资产——土地使用权　　6 750 000

8.3 投资性房地产的后续计量

8.3.1 采用成本模式计量的投资性房地产

1）账户设置

企业应设置“投资性房地产累计折旧（或摊销）”账户和“投资性房地产减值准备”

账户。

2）采用成本模式计量的账务处理

企业通常应当采用成本模式对投资性房地产进行后续计量。采用成本模式进行后续计量的投资性房地产，应当遵循以下规定：

（1）按照固定资产或无形资产的有关规定，按期（月）计提折旧或摊销时，借记“其他业务成本”等账户，贷记“投资性房地产累计折旧（或摊销）”账户。

（2）取得租金收入时，借记“银行存款”等账户，贷记“其他业务收入”等账户。

（3）投资性房地产存在减值迹象的，适用资产减值的有关规定。经减值测试后确定发生减值的，应当计提减值准备，借记“资产减值损失”账户，贷记“投资性房地产减值准备”账户。已经计提减值准备的投资性房地产，其减值损失在以后的会计期间不得转回。

【例8-3】甲公司将一栋写字楼出租给乙公司使用，确认为投资性房地产，采用成本模式进行后续计量，假设这栋写字楼的成本为36 000 000元，按照年限平均法计提折旧，使用寿命为20年，预计净残值为零。经营租赁合同约定，乙公司每月等额支付甲公司租金200 000元，增值税18 000元。甲公司编制会计分录如下：

（1）每月计提折旧：

每月计提的折旧=36 000 000÷20÷12=150 000（元）

借：其他业务成本——出租写字楼折旧	150 000	
贷：投资性房地产累计折旧		150 000

（2）每月确认租金收入：

借：银行存款（或其他应收款）	218 000	
贷：其他业务收入——出租写字楼租金收入		200 000
应交税费——应交增值税（销项税额）		18 000

启示窗8-2

甲企业对投资性房地产采用成本模式进行后续计量，现关于投资性房地产的会计处理有下列几种说法：（1）应当按规定计提折旧或进行摊销；（2）折旧额或者摊销额计入其他业务成本；（3）取得的租金收入计入其他业务成本；（4）不得再转为公允价值模式计量。

请思考：以上几种说法中哪些是正确的呢？

8.3.2　采用公允价值模式计量的投资性房地产

1）采用公允价值模式计量的条件和规定举例

只有存在确凿证据表明投资性房地产的公允价值能够持续可靠取得的情况下，企业才可以采用公允价值模式对投资性房地产进行后续计量。企业一旦选择采用公允价值计量模式，就应当对其所有投资性房地产均采用公允价值模式进行后续计量。

（1）采用公允价值模式进行后续计量的投资性房地产应满足的条件。

❶投资性房地产所在地有活跃的房地产交易市场。

所在地，通常指投资性房地产所在的城市。对于大中型城市，应当为投资性房地产所在的城区。

❷企业能够从活跃的房地产交易市场上取得同类或类似房地产的市场价格及其他相关信息，从而对投资性房地产的公允价值作出合理的估计。

同类或类似的房地产，对建筑物而言，是指所处地理位置和地理环境相同、性质相同、结构类型相同或相近、新旧程度相同或相近、可使用状况相同或相近的建筑物；对土地使用权而言，是指同一位置区域、所处地理环境相同或相近、可使用状况相同或相近的土地。

投资性房地产的公允价值是指市场参与者在计量日发生的有序交易中，出售该投资性房地产所能收到的价格。确定投资性房地产的公允价值时，应当参照活跃市场上同类或类似房地产的现行市场价格（市场公开报价）；无法取得同类或类似房地产现行市场价格的，应当参照活跃市场上同类或类似房地产的最近交易价格，并考虑交易情况、交易日期、所在区域等因素，从而对投资性房地产的公允价值作出合理的估计，也可以基于预计未来获得的租金收益和相关现金流量予以计量。

（2）采用公允价值模式进行后续计量的投资性房地产应遵循的规定。

企业不应对公允价值模式计量的投资性房地产计提折旧或摊销。企业应当以资产负债表日投资性房地产的公允价值为基础调整其账面价值，公允价值与原账面价值之间的差额计入当期损益。

2）采用公允价值模式计量的账务处理

资产负债表日，根据投资性房地产的公允价值高于原账面价值的差额，借记“投资性房地产——公允价值变动”账户，贷记“公允价值变动损益”账户；公允价值低于原账面价值的差额，作相反的账务处理。根据取得的租金收入，借记“银行存款”等账户，贷记“其他业务收入”等账户。

【例8-4】2024年9月，甲公司与乙公司签订租赁协议，约定将甲公司新建造的一栋写字楼租赁给乙公司使用，租赁期为10年。2024年12月1日，该写字楼起租，写字楼的工程造价为75 000 000元，公允价值也为相同金额。该写字楼所在区域有活跃的房地产交易市场，而且能够从房地产交易市场上取得同类房地产的市场报价，甲公司决定采用公允价值模式对该项出租的房地产进行后续计量。在确定该投资性房地产的公允价值时，甲公司选取了与该处房产所处地区相近、结构及用途相同的房地产，并参照公司所在地房地产交易市场上的平均销售价格。结合周边市场信息和自有房产的特点，2024年12月31日，该写字楼的公允价值为83 000 000元。甲公司编制会计分录如下：

（1）2024年12月1日，甲公司出租写字楼：

借：投资性房地产——写字楼（成本）	75 000 000	
贷：固定资产——写字楼		75 000 000

（2）2024年12月31日，按照公允价值调整账面价值，公允价值与原账面价值之间的差额计入当期损益：

借：投资性房地产——写字楼（公允价值变动）	8 000 000	
贷：公允价值变动损益——投资性房地产		8 000 000

拓展思维

投资性房地产的两种计量模式可以随意转换吗？

8.4 投资性房地产的后续支出

8.4.1 投资性房地产后续支出概述

投资性房地产的后续支出，是指已确认为投资性房地产的项目在持有期间发生的与投资性房地产使用效能直接相关的各种支出，如改建、扩建支出，装修、装潢支出，日常维修支出等。

投资性房地产发生的后续支出，如果延长了投资性房地产的使用寿命或明显改良了投资性房地产的使用效能，从而导致流入企业的经济利益超过了原先的估计，能够满足投资性房地产确认条件的，应当计入投资性房地产的成本。例如，企业为了使投资性房地产更加坚固耐用而对其进行改建、扩建所发生的支出，以及为了提高投资性房地产使用效能而对其进行装修、装潢所发生的支出，一般都可以满足投资性房地产的确认条件，应当将其资本化，计入投资性房地产的成本。

投资性房地产发生的后续支出，如果只是维护或恢复投资性房地产原有的使用效能，不可能导致流入企业的经济利益超过原先的估计，应当在发生时计入当期损益。例如，企业为了保持投资性房地产的正常使用效能而对其进行日常维护和修理所发生的支出，不能满足投资性房地产的确认条件，应当将其费用化，计入支付当期的损益。

8.4.2 资本化后续支出的会计处理

1）账户设置

企业应设置“投资性房地产——在建”、“投资性房地产——成本”和“投资性房地产——公允价值变动”账户。

采用成本模式计量的，投资性房地产进入改扩建或装修阶段后，应当将其账面价值转入改扩建工程，借记“投资性房地产——在建”“投资性房地产累计折旧”等账户，贷记“投资性房地产”账户。发生资本化的改良或装修支出，通过“投资性房地产——在建”账户归集，借记“投资性房地产——在建”账户，贷记“银行存款”“应付账款”等账户。改扩建或装修完成后，借记“投资性房地产”账户，贷记“投资性房地产——在建”账户。

采用公允价值模式计量的，投资性房地产进入改扩建或装修阶段，借记“投资性房地产——在建”账户，贷记“投资性房地产——成本”“投资性房地产——公允价值变动”等账户；在改扩建或装修完成后，借记“投资性房地产——成本”账户，贷记“投资性房地产——在建”账户。

企业对某项投资性房地产进行改扩建等再开发且将来仍作为投资性房地产的，再开发期间应继续将其作为投资性房地产，不计提折旧或摊销。

2）资本化后续支出的账务处理

【例 8-5】 2024年5月，甲公司与乙公司的一份厂房经营租赁合同即将到期。该厂房原价为55 000 000元，已计提折旧10 000 000元。为了提高厂房的租金收入，甲公司决定在租赁期满后对该厂房进行改扩建，并与丙公司签订了经营租赁合同，约定自改扩建完工时将该厂房出租给丙公司。2024年5月31日，与乙公司的租赁合同到期，该厂房随即进入改扩建工程。2024年12月31日，该厂房改扩建工程完工，共发生支出4 000 000元，均已支付，即日按照租赁合同出租给丙公司。假定甲公司采用成本模式计量。甲公司编制会计分录如下：

（1）2024年5月31日，投资性房地产转入改扩建工程：

借：投资性房地产——厂房（在建）　　45 000 000
　　投资性房地产累计折旧　　10 000 000
　贷：投资性房地产——厂房　　55 000 000

（2）2024年5月31日至2024年12月31日，发生改扩建支出：

借：投资性房地产——厂房（在建）　　4 000 000
　贷：银行存款　　4 000 000

（3）2024年12月31日，改扩建工程完工：

借：投资性房地产——厂房　　49 000 000
　贷：投资性房地产——厂房（在建）　　49 000 000

【例8-6】2024年5月，甲公司与乙公司的一项厂房经营租赁合同即将到期。为了提高厂房的租金收入，甲公司决定在租赁期满后对该厂房进行改扩建，并与丙公司签订了经营租赁合同，约定自改扩建完工时将该厂房出租给丙公司。2024年5月31日，与乙公司的租赁合同到期，该厂房随即进入改扩建工程。2024年5月31日，该厂房账面余额为25 000 000元，其中，成本为20 000 000元，累计公允价值变动为5 000 000元。2024年11月30日，该厂房改扩建工程完工，共发生支出3 000 000元，均已支付，即日按照租赁合同出租给丙公司。假定甲公司采用公允价值模式计量。甲公司编制会计分录如下：

（1）2024年5月31日，投资性房地产转入改扩建工程：

借：投资性房地产——厂房（在建）　　25 000 000
　贷：投资性房地产——厂房（成本）　　20 000 000
　　　　　　　　——厂房（公允价值变动）　　5 000 000

（2）2024年5月31日至2024年11月30日，发生改扩建支出：

借：投资性房地产——厂房（在建）　　3 000 000
　贷：银行存款　　3 000 000

（3）2024年11月30日，改扩建工程完工：

借：投资性房地产——厂房（成本）　　28 000 000
　贷：投资性房地产——厂房（在建）　　28 000 000

8.4.3 费用化后续支出的会计处理

与投资性房地产有关的后续支出，不满足投资性房地产确认条件的，如企业对投资性房地产进行日常维护所发生的支出，应当在发生时计入当期损益，借记“其他业务成本”等账户，贷记“银行存款”等账户。

【例8-7】甲企业对其某项投资性房地产进行日常维修，发生维修支出15 000元，以银行存款支付。甲企业编制会计分录如下：

借：其他业务成本　　15 000
　贷：银行存款　　15 000

启示窗 8-3

某企业有如下一些投资性房地产的后续支出：(1) 投资性房地产日常修理支出；(2) 投资性房地产大修理支出；(3) 投资性房地产改建、扩建支出；(4) 投资性房地产维护支出。

请思考：以上投资性房地产的后续支出中哪些应作为资本性支出？

8.5 投资性房地产的处置

当投资性房地产被处置或者永久退出使用且预计不能从其处置中取得经济利益时，应当终止确认该项投资性房地产。企业可以通过对外出售或转让等方式处置投资性房地产取得收益。对于那些由于使用而不断磨损直到最终报废，或者由于遭受自然灾害等非正常原因发生毁损的投资性房地产应当及时进行清理。企业出售、转让、报废投资性房地产或者发生投资性房地产毁损，应当将处置收入扣除其账面价值和相关税费后的金额计入当期损益。此外，企业因其他原因（如非货币性资产交换等）而减少投资性房地产，也属于投资性房地产的处置。

8.5.1　采用成本模式计量的投资性房地产的处置

处置采用成本模式计量的投资性房地产时，应当按实际收到的金额，借记“银行存款”等账户，贷记“其他业务收入”“应交税费——应交增值税（销项税额）”等账户；按该项投资性房地产的账面价值，借记“其他业务成本”账户，按其账面余额，贷记“投资性房地产”账户，按照已计提的折旧或摊销，借记“投资性房地产累计折旧（或摊销）”账户，原已计提减值准备的，借记“投资性房地产减值准备”账户。

【例 8-8】甲公司将其出租的一栋写字楼确认为投资性房地产。租赁期届满后，甲公司将该栋写字楼出售给乙公司，合同价款为 250 000 000 元，乙公司已用银行存款付清。假设这栋写字楼原采用成本模式计量。出售时，该栋写字楼的成本为 200 000 000 元，已计提折旧 20 000 000 元，不考虑相关税费。甲公司编制会计分录如下：

借：银行存款	250 000 000	
贷：其他业务收入		250 000 000
借：其他业务成本	180 000 000	
投资性房地产累计折旧	20 000 000	
贷：投资性房地产——写字楼		200 000 000

8.5.2　采用公允价值模式计量的投资性房地产的处置

处置采用公允价值模式计量的投资性房地产时，应当按实际收到的金额，借记“银行存款”等账户，贷记“其他业务收入”“应交税费——应交增值税（销项税额）”等账户；按该项投资性房地产的账面余额，借记“其他业务成本”账户，按其成本，贷记“投资性房地产——成本”账户，按其累计公允价值变动，贷记或借记“投资性房地产——公允价值变动”账户。同时结转投资性房地产累计公允价值变动。若存在原转换日计入其他综合收益的金额，也应一并结转。

【例 8-9】甲企业为一家房地产开发企业，2023年3月10日，甲企业与乙企业签订了租赁协议，将其开发的一栋写字楼出租给乙企业使用，租赁期开始日为2023年4月15日。2023年4月15日，该栋写字楼的公允价值为450 000 000元。2023年12月31日，该项投资性房地产的公允价值为460 000 000元。2024年6月租赁期届满，企业收回该项投资性房地产，并以520 000 000元出售，出售款项已收讫。甲企业采用公允价值模式计量，不考虑相关税费。甲企业编制会计分录如下：

（1）2023年12月31日，公允价值变动：

借：投资性房地产——公允价值变动	10 000 000	
贷：公允价值变动损益		10 000 000

（2）2024年6月，出售投资性房地产：

借：银行存款	520 000 000	
贷：其他业务收入		520 000 000
借：其他业务成本	450 000 000	
公允价值变动损益	10 000 000	
贷：投资性房地产——成本		450 000 000
——公允价值变动		10 000 000

◉ 典型案例8-1

甲公司对投资性房地产采用公允价值模式进行后续计量。该公司与乙公司签订的一项厂房经营租赁合同将于2024年6月30日到期。甲公司决定在租赁期满后对厂房进行改建，并与丙公司签订了经营租赁合同，约定自改建完工之日起将厂房出租给丙公司使用。2024年6月30日，与乙公司的租赁合同到期，厂房随即转入改建工程。2024年6月30日，该厂房账面余额为2 000万元，其中，成本为1 500万元，累计公允价值变动为500万元。在改建过程中，用银行存款支付改建支出1 000万元，厂房拆除部分的残料作价10万元出售，款项存入银行。2025年3月31日，厂房公允价值为3 600万元。

要求：根据上述资料，编制有关该项投资性房地产的下列会计分录：

（1）2024年6月30日，将厂房转入改建工程。

（2）用银行存款支付改建支出。

（3）拆除部分的残料作价出售。

（4）2025年3月31日，改建工程完工。

（5）2025年3月31日，确认公允价值变动损益。

分析提示：在公允价值计量模式下，投资性房地产的后续支出中的改扩建支出的会计分录是怎样记录的？掌握其内容并结合所学知识作出案例中业务的账务处理。

◉ 典型案例8-2

甲公司将用作办公场所的房屋转为对外出租，并于2021年12月25日签订了租赁合同，租赁开始日期为2022年1月1日。用于出租的房屋原价为1 600万元，预计净残值为40万元，预计可使用30年，采用年限平均法计提折旧（为简化起见，假定按年计提折旧）。转换为投资性房地产之前，该房屋已使用了9年，累计折旧为468万元。甲企业按净利润的10%计提盈余公积。

要求：根据上述资料，作出甲公司有关该项投资性房地产的下列会计处理：

（1）假定采用成本模式进行后续计量。

❶2022年1月1日，将自用房地产转为投资性房地产。

❷2022年12月31日，计算房屋年折旧额并计提折旧。

❸2023年1月1日，房屋公允价值为1 560万元，将成本模式转为公允价值模式。

❹2023年12月31日，房屋公允价值为1 570万元。

（2）假定采用公允价值模式进行后续计量。

❶2022年1月1日，房屋公允价值为1 500万元，将自用房地产转为投资性房地产。

❷2022年12月31日，房屋公允价值为1 490万元。

❸2023年12月31日，房屋公允价值为1 560万元。

❹2024年12月31日，房屋公允价值为1 570万元。

分析提示：本章的重点是投资性房地产的两种会计处理方式，即成本模式和公允价值模式，重点掌握二者在会计处理方面的区别，并结合所学内容分析、解答本案例。

本章小结

投资性房地产是指为赚取租金或资本增值，或者两者兼有而持有的房地产。它主要包括已出租的土地使用权、持有并准备增值后转让的土地使用权和已出租的建筑物。投资性房地产无论采用哪一种后续计量模式，取得时均应该按照成本进行初始计量，取得渠道不同，成本的具体构成内容也会有所不同。企业通常应当采用成本模式对投资性房地产进行后续计量，只有在满足特定条件的情况下，即有确凿证据表明其所有投资性房地产的公允价值能够持续可靠取得的，才可以采用公允价值模式进行后续计量。对于投资性房地产的后续支出，要注意区分资本化支出和费用化支出。

概念回顾

投资性房地产　成本模式　公允价值模式　投资性房地产后续支出　投资性房地产的处置

第9章

流动负债

学习目标

知识目标：掌握流动负债的概念和特征、应交税费的含义，明确应付款项、应付职工薪酬、应交税费的核算内容，了解应付职工薪酬的计算方法。

技能目标：熟悉应付账款、应付职工薪酬、应交税费的账务处理。

素养提升

"一带一路"拓市场
减税降费助百年老茶馆迎来"新商机"

9.1 流动负债概述

9.1.1 流动负债的概念和特点

负债是指企业过去的交易或者事项形成的、预期会导致经济利益流出企业的现时义务。企业所承担的这一现时义务，能以货币计量，需以资产或劳务偿付。一个企业的自有资金是有限的，负债是企业一项重要的资金来源。适度的负债经营，是所有企业生产经营的策略和方式。同时，企业进行生产经营活动也会自然产生一些暂收和应付款项，形成企业负债。企业的负债按其流动性可分为流动负债和非流动负债两大类。流动负债（又称短期负债）是指将在1年内（含1年）或者超过1年的一个营业周期内偿还的债务。流动负债主要包括短期借款、以公允价值计量且其变动计入当期损益的金融负债、应付票据、应付账款、预收账款、应付职工薪酬（含工资、福利费）、应付股利、应交税费、应付利息、其他暂收应付款项和一年内到期的非流动负债等。

流动负债具有以下特点：

第一，偿还期限短是流动负债的最大特点。流动负债是债权人提出要求时即期偿付，或1年内以及超过1年的一个营业周期内必须偿付的债务。

第二，到期必须要用企业资产、提供劳务或者举借新的负债来偿还。

第三，企业举借流动负债的目的一般是满足生产经营资金周转的需要。

第四，流动负债中的各负债项目的数额与非流动负债相比，数额较小。

9.1.2 流动负债的计价

从理论上说，负债的计价应以未来偿付债务的现金流出量的现值为基础，也就是应按未来应付金额的现时价值来计量，但由于流动负债一般都应在短期内偿付，到期价值与现值的差额不大，折现计算并不很必要，所以，流动负债通常是按实际发生额计价入账的。根据我国现行规定，各项流动负债应当按实际发生额入账。必须注意，带息应付票据、短期应付债券按期计算的应付利息也作为负债额计价入账。

9.1.3　流动负债的分类

流动负债可以按不同标准进行分类。

1）按偿还金额是否确定分类

（1）应付金额肯定的流动负债。这类流动负债是指根据合同、契约或法律规定，企业在到期日应予偿付的、有肯定金额的流动负债，如应付票据、短期借款、应付账款、预收账款等。

（2）应付金额视经营情况而定的流动负债。这类流动负债是指必须根据企业一定期间的经营情况，到期末才能确定负债金额的流动负债。如应付股利、应交税费中的应交所得税，必须到会计期末，计算出利润总额后才能确定其金额。

（3）应付金额需予以估计的流动负债。这类流动负债的金额和到期日都无法确定，根据稳健性要求，企业可以根据以往的经验和有关资料预先估计入账，如对商品实行售后“三包”服务的企业应付的维修费用及损失等。

2）按偿付手段分类

（1）用货币资产偿还的流动负债。这类流动负债到期时，需用现金、银行存款或其他货币性资产来支付，如应付账款、短期借款、应交税费、应付职工薪酬等。

（2）用商品或劳务偿付的流动负债。这类流动负债到期时，企业需要用商品偿还或用劳务来抵偿，如预收账款等。

3）按形成方式分类

（1）营业活动形成的流动负债。这类流动负债是由于企业从事正常的生产经营活动形成的，如应付票据、应付账款、应付职工薪酬和预收账款等。

（2）收益分配形成的流动负债。这类流动负债是在对所实现的净收益进行分配的过程中形成的，如应付股利、应交税费中的应交所得税等。

（3）融资活动中形成的流动负债。这类流动负债是指企业从银行或其他金融机构筹措资金时形成的，如短期借款、应付利息等。

9.2　短期借款

9.2.1　短期借款概述

1）短期借款的内容

短期借款是企业向银行或其他金融机构借入的期限在1年以内（含1年）的各种借款。短期借款主要包括以下几种：

（1）临时借款，是指企业由于临时性、季节性等原因申请取得的借款。

（2）生产经营周转借款，是指企业为了满足当年生产经营活动中资金的需要，向银行申请借入的款项。

（3）票据贴现借款，是指持有银行承兑汇票或商业承兑汇票的企业，在资金周转发生困难时，向银行申请取得票据贴现的借款。

（4）结算借款，是指企业在采用托收承付结算方式进行销售的情况下，在发出商品后委托银行收款时至收款银行通知购买单位承付货款之前，为解决结算资产占用的资金的需要，以托收承付结算凭证为保证向银行取得的借款。

2）短期借款的利息计算

企业各种短期借款，均应按期结算或支付利息。由于短期借款期限在1年以内，且数额不大，所以，其利息一般采取单利计算。其计算公式为：

借款利息=借款本金×借款期限×借款利率

企业短期借款的利息主要有三种结算支付办法：（1）按月计算，通过预提方式计入当期损益，按季度与银行办理结算；（2）按月计算并支付；（3）利息在借款到期时连同本金一起归还。

9.2.2　短期借款的会计处理

1）账户设置

为了总括地核算和监督短期借款的取得和偿还情况，企业应设置“短期借款”账户。该账户属负债类账户，贷方登记企业取得的短期借款数额；借方登记企业偿还短期借款的本金。该账户应按债权人设置明细账，并按借款种类进行明细核算。

2）短期借款的账务处理

短期借款利息的账务处理分两种情况：

（1）借款利息是按月支付的，或者利息是在借款到期时连同本金一起归还且数额不大的，可在支付时直接计入当期损益，借记“财务费用”账户，贷记“银行存款”账户。

（2）借款利息是按季支付的，或者利息是在借款到期时连同本金一起归还且数额较大的，应采取预提的办法，设置“应付利息”账户，按月预提计入财务费用。

【例9-1】某企业因生产经营的临时性需要，从银行取得一笔为期2个月的临时借款200 000元，借款利息2 000元于借款到期时连同本金一起归还（数额不大）。编制会计分录如下：

（1）取得借款时：

借：银行存款	200 000	
贷：短期借款——临时借款		200 000

（2）借款到期，归还本金并支付利息：

借：短期借款——临时借款	200 000	
财务费用——利息支出	2 000	
贷：银行存款		202 000

【例9-2】某企业因生产经营需要，于7月1日从银行取得为期6个月的生产周转借款300 000元，借款利息按季计付，每月预提利息1 200元。该企业编制会计分录如下：

（1）7月1日取得借款时：

借：银行存款	300 000	
贷：短期借款——生产周转借款		300 000

（2）7月末预提借款利息时：

借：财务费用——利息支出　　1 200
　贷：应付利息　　1 200

8月末预提借款利息的账务处理同上。

（3）9月末支付第三季度利息3 600元：

借：应付利息　　2 400
　　财务费用——利息支出　　1 200
　贷：银行存款　　3 600

（4）12月末归还借款本金，并支付第四季度利息：

借：应付利息　　2 400
　　财务费用——利息支出　　1 200
　　短期借款——生产周转借款　　300 000
　贷：银行存款　　303 600

启示窗9-1

资产负债表日，按计算确定的短期借款利息费用，贷记的会计账户是下列各项中的哪一项？

A.短期借款；B.应付利息；C.应计利息；D.财务费用。

9.3 应付款项

企业在生产经营活动中，往往会与其他单位或个人发生一定的经济往来。在这些经济往来中，由于购买商品、接受劳务供应等商品交易和业务活动等形成企业承担的必须用资产或劳务在短期内偿付的债务，一般称为应付款项。应付款项通常包括应付账款、应付票据、其他应付款等。

9.3.1 应付账款

应付账款，是指企业在生产经营过程中因购买材料、商品、物资或接受劳务供应等业务应支付给供应者的款项。应付账款是买卖双方在购销活动中因取得物资与支付货款时间上不一致而产生的负债。

1）应付账款的入账时间

应付账款的入账时间，应以所购货物所有权的转移或接受劳务已发生为标志。在实际工作中，应区别以下情况处理：（1）在货物和发票账单同时到达的情况下，应付账款一般待货物验收入库后，才按发票账单所列金额登记入账。（2）在货物和发票账单非同时到达，且两者间隔较长时间的情况下，应付账款的入账时间以收到发票账单为准。但在货物验收入库、发票账单未到的情况下，如果至月份终了仍未收到发票账单的，应按估计价或计划价暂估入账，下月初用红字冲销，待以后收到发票账单时，再按具体情况处理。

2）应付账款的入账价值

应付账款通常是在购销活动中由于取得物资与支付货款的时间不一致造成的，往往在短期内就需付款，因而，应付账款应按发票记载的应付金额入账。存在购货折扣的情况时，应区别处理：（1）属于商业折扣的，购货方应根据发票价格，也就是按扣除了商业折扣以后的金额入账。（2）属于现金折扣的，应先按发票上记载的应付金额记账，即按不扣除折扣金额入账；待实际发生折扣时，再将折扣金额计入当期财务费用。现金折扣的这种处理方法，也称为总价法。

3）应付账款的账务处理

为了核算和监督应付账款的发生及偿还情况，企业应设置“应付账款”账户。该账户贷方登记企业因购货、接受劳务供应而产生的应付款项以及因无款支付到期商业汇票转入的应付票据款；贷方登记企业偿还、抵付的应付账款以及转销无法支付的应付账款；余额一般在贷方，表示企业尚未支付的应付账款。该账户应按供应单位设置明细账，进行明细分类核算。

【例 9-3】某企业从A公司购入甲材料一批，货款100 000元，增值税进项税额13 000元，材料已验收入库，款项尚未支付。若在10天内付款可享受2%的现金折扣，11～20天内付款可享受1%的现金折扣，超过20天付款则无现金折扣。假设现金折扣按不含税价格计算。该企业应编制会计分录如下：

（1）材料验收入库：

借：原材料——甲材料	100 000	
应交税费——应交增值税（进项税额）	13 000	
贷：应付账款——A公司		113 000

（2）如果该企业在10天内向A公司付款，则：

借：应付账款——A公司	113 000	
贷：财务费用		2 000
银行存款		111 000

（3）如果该企业在11～20天内向A公司付款，则：

借：应付账款——A公司	113 000	
贷：财务费用		1 000
银行存款		112 000

（4）如果该企业超过20天付款，则：

借：应付账款——A公司	113 000	
贷：银行存款		113 000

【例 9-4】某公司5月30日根据有关资料结算本月应付电费32 000元，其中，基本生产车间产品生产用电24 000元，车间照明用电4 000元，厂部照明用电4 000元。6月2日以银行存款支付上个月应付电费32 000元，并按应付电费的13%支付增值税4 160元。该公司编制会计分录如下：

（1）5月30日结算应付电费：

借：生产成本——基本生产成本	24 000	
制造费用	4 000	
管理费用	4 000	
贷：应付账款——供电局		32 000

（2）6月2日以银行存款支付应付电费及增值税：

借：应付账款——供电局	32 000	
应交税费——应交增值税（进项税额）	4 160	
贷：银行存款		36 160

企业由于债权单位撤销或其他原因而无法支付的应付账款，应借记“应付账款”账户，贷记“营业外收入——其他”账户。

9.3.2　应付票据的会计处理

应付票据是指企业签发并承兑商业汇票而形成的债务。商业汇票按是否带息分为带息商业汇票和不带息商业汇票两种。带息商业汇票有确定票面利率的，票据到期时除应支付票面金额外，还应按票面利率计算支付利息。企业可以凭未到期的商业汇票向银行办理短期的贴现借款，称为应付票据贴现。有关商业汇票的具体内容及使用管理规定，这里不再重述。

1）应付票据的入账价值

应付票据入账价值的确定，应分两种情况处理：不带息应付票据，应按票据面值计价入账；带息应付票据，企业开出承兑票据时应按面值计价入账，期末计算的应付利息也应列为应付票据款计价入账。

2）账户设置

为了总括核算和监督企业商业汇票的签发、承兑和支付情况，应设置“应付票据”账户。该账户属于负债类账户，贷方登记企业签发、承兑的商业汇票的面值和带息票据已计算的应付利息；借方登记企业到期支付（或结转）的票款数额；余额在贷方，表示企业尚未到期的应付票据的本息合计。

为加强对应付票据的管理，企业应设置“应付票据备查簿”，详细登记应付票据的种类、号数、签发日期、到期日、票面金额、合同交易号、收款人姓名或单位名称，以及付款日、金额等详细资料。应付票据到期结清时，应在备查簿内逐笔注销。

3）应付票据的账务处理

（1）企业开出并承兑商业汇票购货或抵付应付账款时，借记“材料采购”“应交税费”“应付账款”等账户，贷记“应付票据”账户。若企业开出的是银行承兑汇票，需按票面金额支付一定的手续费，借记“财务费用”账户，贷记“银行存款”账户。

（2）汇票到期，如期付款时，借记“应付票据”账户，贷记“银行存款”账户；若为带息票据，应于期末计算应计利息，借记“财务费用”账户，贷记“应付票据”账户；票据到期支付本息时，按票据账面余额，借记“应付票据”账户，按应计未计的利息，借记“财务费用”账户，按实际支付的金额，贷记“银行存款”账户。

（3）应付票据到期，企业无力支付票款时，对于不带息的应付票据，属商业承兑汇票的，按应付票据账面余额，借记“应付票据”账户，贷记“应付账款”账户；属银行承兑汇票的，按应付票据账面余额，借记“应付票据”账户，贷记“短期借款”账户。对于带息的应付票据，属商业承兑汇票的，按应付票据账面余额，借记“应付票据”账户，按尚未计提的利息，借记“财务费用”账户，贷记“应付账款”账户；属银行承兑汇票的，按应付票据账面余额，借记“应付票据”账户，按尚未计提的利息，借记“财务费用”账户，贷记“短期借款”账户。到期不能支付的带息应付票据，转入“应付账款”等账户后，期末不再计提利息。

【例9-5】某企业从A公司购入甲材料一批，货款20 000元，增值税2 600元，当日签发并承兑一张为期3个月、面额为22 600元的不带息商业承兑汇票结算，材料已验收入库。该企业编制会计分录如下：

（1）购入材料入库，签发并承兑汇票时：

借：原材料——甲材料　　20 000
　　应交税费——应交增值税（进项税额）　　2 600
　贷：应付票据——商业承兑汇票（A公司）　　22 600

（2）到期支付票款时：

借：应付票据——商业承兑汇票（A公司）　　22 600
　贷：银行存款　　22 600

（3）如果上述汇票到期，企业暂时无力付款，则：

借：应付票据——商业承兑汇票（A公司）　　22 600
　贷：应付账款——A公司　　22 600

【例9-6】某企业从B公司购入乙材料一批，货款30 000元，增值税3 900元，价税款用当日签发并承兑的一张为期3个月、面额为33 900元、年利息率为5%的带息银行承兑汇票结算。支付承兑手续费150元，材料已验收入库。该企业编制会计分录如下：

（1）向银行申请承兑，支付承兑手续费时：

借：财务费用——手续费　　150
　贷：银行存款　　150

（2）持票购料时：

借：原材料——乙材料　　30 000
　　应交税费——应交增值税（进项税额）　　3 900
　贷：应付票据——银行承兑汇票（B公司）　　33 900

（3）向B公司开出汇票后的第1、2个月月末，计提应付利息时：

月应付利息=33 900×5%÷12=141.25（元）

借：财务费用——利息支出　　141.25
　贷：应付票据——银行承兑汇票（B公司）　　141.25

（4）票据到期，支付票据本息时：

借：应付票据——银行承兑汇票（B公司）（33 900+141.25×2）　　34 182.50
　　财务费用——利息支出　　141.25
　贷：银行存款（33 900+141.25×3）　　34 323.75

（5）若票据到期时无力付款，则由承兑银行付款，该企业应将其作为短期借款处理：

借：应付票据——银行承兑汇票（B公司）　　34 182.50
　　财务费用——利息支出　　141.25
　贷：短期借款　　34 323.75

9.3.3 其他应付款

其他应付款是指与企业购销业务没有直接关系的一切暂收、应付款项，包括应付租入固定资产或周转材料的租金、存入保证金、职工未按期领取的工资等。为了总括地反映和监督企业其他应付款项的应付、暂收及支付情况，应设置“其他应付款”账户。该账户贷方登记企业发生的各种应付、暂收款项；借方登记企业实际支付或转销的其他应付款项；余额在贷方，表示企业尚未支付的其他应付款项。该账户应按应付、暂收款项的类别和单位或个人设置明细账，进行明细分类核算。

启示窗 9-2

下列各项中，应包括在资产负债表“其他应付款”项目中的是哪几项？
A.预收购货单位的货款；B.收到出租包装物的押金；C.应付利息；D.应付股利。

【例 9-7】某企业结转本月车间应付的租入固定资产租金6 000元，假设不考虑相关税费。该企业根据有关原始凭证，编制会计分录如下：

借：制造费用	6 000
贷：其他应付款——应付租金（×××）	6 000

【例 9-8】某企业开出转账支票，退还其出租包装物时收取的押金5 000元。该企业根据有关原始凭证，编制会计分录如下：

借：其他应付款——存入保证金	5 000
贷：银行存款	5 000

9.4 应付职工薪酬

9.4.1 职工薪酬的组成

职工薪酬是指企业为获得职工提供的服务或解除劳动关系而给予的各种形式的报酬或补偿，包括职工在职期间和离职后提供给职工的全部货币性薪酬和非货币性福利，既包括提供给职工本人的薪酬，也包括提供给职工配偶、子女及其他被赡养人的福利等。企业与职工因职工提供服务形成的关系，大多数构成企业的现时义务，将导致企业未来经济利益的流出，从而形成企业的一项负债。职工薪酬包括短期薪酬、离职后福利、辞退福利和其他长期职工福利。

提示 职工范畴：❶与企业订立劳动合同的所有人员，含全职、兼职和临时职工；❷虽未与企业订立劳动合同但由企业正式任命的人员；❸在企业的计划和控制下，虽未与企业订立劳动合同或未由企业正式任命，但向企业所提供服务与职工所提供服务类似的人员，比如通过中介机构为企业工作的劳务用工人员。

1）短期薪酬

短期薪酬，是指企业在职工提供相关服务的年度报告期间结束后12个月内需要全部予以支付的职工薪酬，因解除与职工的劳动关系给予的补偿除外。短期薪酬具体包括：职工工资、奖金、津贴和补贴，职工福利费，医疗保险费、工伤保险费和生育保险费等社会保险费，住房公积金，工会经费和职工教育经费，短期带薪缺勤，短期利润分享计划，非货币性福利以及其他短期薪酬。

（1）职工工资、奖金、津贴和补贴，是指企业应支付给职工的工资总额，它是企业一定时间支付给职工的全部劳动报酬，作为企业对职工运用其知识和技能耗费其时间和精力、付出一定劳动的一种补偿。按照国家统计局规定，工资总额包括计时工资，计件工资，加班加点工资，特殊情况下支付的工资、奖金、津贴。

（2）职工福利费，是指企业向职工提供的生活困难补助、丧葬补助费、抚恤金、职工异地安家费、防暑降温费等职工福利支出。对于尚未实行分离办社会职能或主辅分离、辅业改制的企业，内设医务室、职工浴室、托儿所等集体福利机构人员的工资、医务经费、社会保险费、住房公积金等也属于职工福利费。

（3）社会保险费，是指企业按照国家规定的基准和比例计算，向社会保险经办机构缴纳的医疗保险费、工伤保险费和生育保险费。企业以购买商业保险形式提供给职工的各种保险待遇属于职工薪酬，应当按照职工薪酬准则予以确认、计量和披露。

（4）住房公积金，是指企业按照国家规定的基准和比例计算，向住房公积金管理机构缴纳的公积金。住房公积金全部归职工个人所有，长期储蓄，专项用于住房支出。

（5）工会经费和职工教育经费，是指企业为了改善职工文化生活、提高职工的文化水平和业务素质，用于开展工会活动和职工教育及职业技能培训等的相关支出。

（6）非货币性福利，是指企业提供给职工的实物福利、服务性福利、优惠性福利等。如企业以自己的产品或外购商品发放给职工作为福利；企业将自己拥有或租赁的房产无偿提供给职工住宿等。

（7）短期带薪缺勤，是指企业支付工资或提供补偿的职工缺勤，包括年休假、病假、短期伤残、婚假、产假、丧假、探亲假等。

（8）短期利润分享计划，是指因职工提供服务而与职工达成的基于利润或其他经营成果提供薪酬的协议。

（9）其他短期薪酬，是指除上述薪酬以外的其他为获得职工提供的服务而给予的短期薪酬。

2）离职后福利

离职后福利，是指企业为获得职工提供的服务而在职工退休或与企业解除劳动关系后，提供的各种形式的报酬和福利，短期薪酬和辞退福利除外。

议一议 **同学们，企业为职工缴纳的养老保险、失业保险为何不属于短期薪酬，而属于离职后福利？**

3）辞退福利

辞退福利，是指企业在职工劳动合同到期之前解除与职工的劳动关系，或者为鼓励职工自愿接受裁减而给予职工的补偿。

4）其他长期职工福利

其他长期职工福利，是指除短期薪酬、离职后福利、辞退福利之外所有的职工薪酬，包括长期带薪缺勤、长期残疾福利、长期利润分享计划等。

拓展视野

习近平总书记在党的二十大报告中指出，要增进民生福祉，提高人民生活品质，阐述了健全社会保障体系的重要举措。要健全覆盖全民、统筹城乡、公平统一、安全规范、可持续的多层次社会保障体系；完善基本养老保险全国统筹制度，发展多层次、多支柱养老保险体系；扩大社会保险覆盖面，健全基本养老、基本医疗保险筹资和待遇调整机制，推动基本医疗保险、失业保险、工伤保险省级统筹；促进多层次医疗保障有序衔接，完善大病保险和医疗救助制度，落实异地就医结算，建立长期护理保险制度，积极发展商业医疗保险等。

9.4.2　职工薪酬核算的原始记录

企业应按劳动工资制度的规定，根据原始记录，计算各项工资。

1）工资卡

工资卡主要记录职工的工资级别和工资标准，反映每个职工的基本情况，如职务、参加工作时间、进厂时间、工资级别、工资标准、工资调整情况以及有关津贴等。工资卡按每个职工设立，一般由劳动工资部门或企业人事部门统一管理。

2）考勤记录

考勤记录是记载和反映每个职工出勤情况的原始记录，是计算计时工资的主要依据，也是计算计件工资的依据之一。考勤记录应由各车间、班组和部门的负责人或考勤员逐日登记，定期汇总并经单位负责人审查签章后，送财会部门计算应付职工薪酬。考勤记录通过设置考勤簿或考勤卡进行。考勤簿一般按各车间、部门分别设置；考勤卡则应按每一职工开设。

3）产量记录

产量记录是反映工人或生产小组在出勤时间内完成产量和耗用工时的原始记录。产量记录是计算计件工资的主要依据，通过产量记录，还可以考核企业生产计划的完成情况和工时定额的执行情况。企业产量记录通常有工作通知单、工序进程单、工作台班产量记录等。

9.4.3　货币性职工薪酬的计量

1）计时工资制下职工工资的计算

计时工资是职工工资结算的基本形式，适用于不能采取计件制的工人、管理人员和服务人员等工资的计算。计时工资的计算方法有月薪制和日薪制两种。

（1）月薪制。

采用月薪制计算计时工资，不论当月实际日历天数多少，只要职工按规定出全勤，就可以获得固定的月标准工资。如果有缺勤，则应按有关规定从月标准工资中扣除缺勤工资。所以，这种方法又称为“扣缺勤法”。其计算公式如下：

应付计时工资=月标准工资−缺勤应扣工资

缺勤应扣工资=缺勤天数×日工资×应扣比例

缺勤天数含职工旷工、事假及病假天数。

日工资，又称日工资率，是指每个职工平均每天的标准工资。

$$日工资=\frac{月标准工资}{月工作天数}$$

根据月工作天数的确定方法不同，日工资的计算方法有两种：

❶按月平均日历天数30天计算日工资。按照这种方法，双休日和法定节假日应视同出勤，照付工资，缺勤期间的双休日和节假日也应视同缺勤，照扣工资。

❷按月平均实际工作天数20.83天〔［365-（104+11）］÷12〕计算日工资。按照这种方法，不论大月还是小月，每月应计工作天数均固定按20.83天计算。各月内的双休日、法定节假日不付工资，缺勤期间的双休日和节假日也不扣工资。

计算缺勤应扣工资时，应根据国家的劳动法规、劳动保险条例的规定，区别情况进行处理：对旷工和事假缺勤的，应扣发全部缺勤日的工资；对因公负伤、探亲假、婚丧假、产假等缺勤的应视同出勤，不扣工资；对病假缺勤的，应根据病假期限和工龄的长短，按一定比例扣发缺勤日工资。病假工资扣发标准见表9-1。

表9-1　病假工资扣发标准

<table>
<tr><td rowspan="3">6个月以内</td><td>工龄</td><td>不满2年</td><td>2～4年</td><td>4～6年</td><td>6～8年</td><td>8年以上</td></tr>
<tr><td>扣发比例</td><td>40%</td><td>30%</td><td>20%</td><td>10%</td><td>0</td></tr>
<tr><td>应发比例</td><td>60%</td><td>70%</td><td>80%</td><td>90%</td><td>100%</td></tr>
<tr><td rowspan="3">6个月以上（长病假）</td><td>工龄</td><td colspan="2">不满1年</td><td colspan="2">1～3年</td><td>3年以上</td></tr>
<tr><td>扣发比例</td><td colspan="2">60%</td><td colspan="2">50%</td><td>40%</td></tr>
<tr><td>应发比例</td><td colspan="2">40%</td><td colspan="2">50%</td><td>60%</td></tr>
</table>

【例9-9】某公司职工洪萍的月标准工资为3 780元，本月请事假5天（其中2天为双休日），病假3天（其中1天为节日），工龄7年，病假扣发工资比例为10%。

（1）按月工作日30天计算工资：

日工资=3 780÷30=126（元）

应付计时工资=3 780-5×126-3×126×10%=3 112.20（元）

（2）按月工作日20.83天计算工资：

日工资=3 780÷20.83=181.47（元）

应付计时工资=3 780-3×181.47-2×181.47×10%=3 199.30（元）

（2）日薪制。

采用日薪制计算计时工资的企业，每月按职工月实际出勤天数和日工资率计算职工应得计时工资。对于职工的病假，应按前述有关规定，计发一定比例的工资，所以，这种方法又称为"出勤工资累计法"。其计算公式如下：

应付计时工资=月出勤天数×日工资+病假应发工资

病假应发工资=病假天数×日工资×应发比例

【例9-10】沿用【例9-9】的资料，本月日历天数为31天，其中有8天双休日和1天节日，根据考勤记录，洪萍本月实际出勤17天。

（1）按月工作日30天计算，日工资为126元：

应付计时工资=（17+6）×126+3×126×90%=3 238.20（元）

（2）按月工作日20.83天计算，日工资为181.47元：

应付计时工资=17×181.47+2×181.47×90%=3 411.64（元）

由上可见，采用不同的工作天数和不同的工资形式计算计时工资，在相同情况下，得出的月计时工资可能不相同。但从全年的整体看，其结果仍然相同。企业选择何种方法、何种工作日计算计时工资可视企业的具体情况而定，但方法一经选定，不得随意变更。

2）计件工资制下职工工资的计算

计件工资是根据当月产量记录中的产品数量和规定的计件单价计算的工资。这里的产品数量包括实际完成的合格品产量以及生产过程中因材料不合格而造成的废品（料废）数量，对于因工人过失而造成的废品（工废），则不计付工资，其计算公式如下：

$$应付计件工资=\sum\left[(合格品数量+料废品数量)\times 计件单价\right]$$

计件工资的计算包括个人计件工资的计算和集体计件工资的计算。

（1）个人计件工资的计算。

个人计件工资是以个人完成的产品数量及规定的计件单价计算的工资。

【例9-11】A工厂某工人本月加工甲零件500件，计件单价4元；加工乙零件400件，计件单价5元。验收时发现甲零件有5件废品，其中，料废3件，工废2件；乙零件有废品4件，均为工废，其余为合格品。则：

应付计件工资=（495+3）×4+396×5=3 972（元）

为了简化计算工作，也可以将每位工人完成的各种产品产量，按定额工时折算成定额总工时，再乘以规定的小时工资率计算计件工资，计算公式为：

$$应付计件工资=\sum\left[(合格品数量+料废品数量)\times 定额工时\times 小时工资率\right]$$

【例9-12】沿用【例9-11】的资料，工厂规定加工甲零件的定额工时为12分钟，加工乙零件的定额工时为24分钟，该工人的小时工资率为15.40元，则：

应付计件工资=（498×12÷60+396×24÷60）×15.40=3 973.20（元）

（2）集体计件工资的计算。

企业中有的产品是由集体（班、组）共同组织生产的，则计件工资就需以班、组为对象进行计算。具体分两步：第一步，先按上述个人计件工资的计算方法计算出集体计件工资总额；第二步，将集体计件工资总额在小组各成员之间，按每人的工资标准和该月实际工作时间的比例进行分配。

【例9-13】某生产班组由3人组成，共同完成产品加工任务。本月全组共得计件工资15 192.90元，则各人应得计件工资的计算见表9-2。

表9-2 班组计件工资分配表 金额单位：元

姓名	月标准工资	小时工资率	实际工作小时	计时工资	分配率	应得计件工资
	（1）	（2）=（1）÷（20.83×8）	（3）	（4）=（2）×（3）	（5）	（6）=（4）×（5）
李明	2 385	14.31	180	2 576	1.6864*	4 344.17
王新	3 024	18.15	195	3 539	1.6864	5 968.17
郑平	2 772	16.63	174	2 894	1.6864	4 880.56**
合计			549	9 009		15 192.90

注：*分配率=15 192.90÷9 009=1.6864

**由于存在尾差，本数倒挤得出。

计算出每个职工的计时工资和计件工资以后，再根据有关资料和标准确定每个职工的奖金、津贴和补贴及加班加点工资，从而计算出企业的应付职工薪酬，从中扣除应由职工个人承担的房租、水电费等代扣与代垫款项后，得出企业的实发工资金额，有关计算公式如下：

应付职工薪酬=应付计时工资+奖金+津贴和补贴+加班加点工资+其他工资

或　　=应付计件工资+奖金+津贴和补贴+加班加点工资+其他工资

实发的职工薪酬=应付职工薪酬−各种代扣、代垫款

3）职工工资结算凭证的编制

实际工作中，企业与职工进行工资结算，是通过编制“职工工资结算表”来进行的。“职工工资结算表”一般分车间、部门，按每个职工进行编制，每月一次。在编制过程中，应根据工资核算的原始记录及有关奖金、补贴的发放标准和代扣款项等资料，分别计算出每一职工的“应付职工薪酬”、“代扣款项”及“实发金额”。“职工工资结算表”的一般格式见表9–3。

表9–3　　职工工资结算表

车间：第一车间　　2024年11月　　金额单位：元

编号	姓名	日工资率	计时工资	计件工资	奖金		各种津贴			缺勤扣款				应付职工薪酬	代扣款项			实发职工薪酬
					综合奖	单项奖	副补	夜班津贴	粮贴	事假		病假			社会保险	住房公积金	个人所得税	
										天数	金额	天数	金额					
101	李明	120	3 605		400		250	120	80	1	120	1	12	4 323	314	166	0	3 843.00
102	王超	140	4 201		400		265	140	80	1	140			4 946	322	78	0	4 546.00
103	李中	135		7 706		300	250	150	80					8 486	611	147	21.84	7 706.16
⋮	⋮	⋮	⋮	⋮	⋮	⋮	⋮	⋮	⋮	⋮	⋮	⋮	⋮	⋮	⋮	⋮	⋮	⋮
合计			92 000	20 000	8 000	6 400	18 000	2 400	3 200		1 150		600	148 250	9 600	5 110	1 000	132 540

为了准确、有效地进行工资核算，企业财会部门还应根据各车间、部门的“职工工资结算表”汇总编制整个企业的“职工工资结算汇总表”，以掌握整个企业职工薪酬的结算和支出情况，并据以进行职工薪酬的总分类核算。“职工工资结算汇总表”的一般格式见表9–4。

4）职工工资的会计处理

（1）账户设置。

为了总括地核算企业职工工资的情况，应设置“应付职工薪酬”账户。该账户属负债类账户，应当按“工资”“职工福利”“社会保险费”“住房公积金”“工会经费”“职工教育经费”“非货币性福利”“辞退福利”“股份支付”等项目进行明细核算。

“应付职工薪酬——工资”账户，核算企业工资的结算与分配情况。企业包括在工资总额内的各种工资、奖金、津贴等，不论是否在当月支付，都应通过该账户核算。该账户借方登记企业实际发放的职工薪酬和结转从应付职工薪酬中扣还的各种代垫代扣款，贷方登记本月应发放的职工薪酬。该账户期末一般应无余额。如果企业本月应付职工薪酬是按

表9-4 **职工工资结算汇总表**

2024年11月 单位：元

车间及部门		计时工资	计件工资	奖金		各种津贴			缺勤扣款		应付职工薪酬	代扣款项			实发职工薪酬
				综合类	单项类	副补	夜班津贴	其他	事假	病假		社会保险	住房公积金	个人所得税	
第一生产车间	生产工人	80 000	28 000	7 100	6 400	9 250	2 400	2 960	1 150	600	134 360	8 640	4 480	1 000	120 240
	管理人员	12 000		900		750		240			13 890	960	630		12 300
第二生产车间	生产工人	95 000	25 000	6 000	6 500	5 700	3 000	3 500	900	700	143 100	3 100	2 900		137 100
	管理人员	14 000		1 050		1 000		400			16 450	400	250	500	15 300
机修车间	生产工人	20 000		2 400	500	1 500		480	200		24 680	260	140		24 280
	管理人员	3 000		200		250		80	50		3 480	250	190		3 040
厂部		76 000		2 500		2 000		800			81 300	350	300	500	80 150
医务及福利部门		7 000		900		500		160			8 560				8 560
专设销售机构		8 000			400	500		160			9 060				9 060
合计		315 000	53 000	21 050	13 800	21 450	5 400	8 780	2 300	1 300	434 880	13 960	8 890	2 000	410 030

上月考勤记录计算的，其与按本月考勤记录计算的应付职工薪酬的差额即为该账户的余额，借方余额为已计提但尚未发放的职工薪酬，贷方余额为应付未付的职工薪酬；上述差额相差不大的，也可以按上月考勤记录计算的应付职工薪酬进行分配，这样，“应付职工薪酬——工资”账户就无余额。

企业应进行工资的明细核算，按照职工类别分设账页，按照工资的组成内容分设专栏，根据“职工工资结算表”（见表9-3）或“职工工资结算汇总表”（见表9-4）进行登记。

（2）职工工资结算的账务处理。

职工工资结算一般包括提取现金、发放工资、结转代扣款项等几项内容。企业发放工资，应根据“职工工资结算汇总表”中的实发金额，按规定手续向银行提取现金，借记“库存现金”账户，贷记“银行存款”账户。实际支付时，借记“应付职工薪酬”账户，贷记“库存现金”账户。

“职工工资结算汇总表”中的各种代扣或代垫款项，是企业为职工代扣或垫付的款项，应在进行职工工资结算时予以结转。若为代扣款，应借记“应付职工薪酬”账户，贷记“其他应付款”账户；若为代垫款，如职工借款、代垫职工房租、水电费等，应借记“应付职工薪酬”账户，贷记“其他应收款”账户；若为代扣个人所得税，应借记“应付职工薪酬”账户，贷记“应交税费——应交个人所得税”账户；职工在规定期限内未领取的工资，由发放单位及时交回财会部门，借记“库存现金”账户，贷记“其他应付款”账户。

【例 9-14】新丰工厂根据表9-4，编制会计分录如下：

（1）提取现金，备发职工工资：

借：库存现金　410 030
　贷：银行存款　410 030

（2）以现金发放职工工资：

借：应付职工薪酬——工资　410 030
　贷：库存现金　410 030

（3）结转代扣款项：

借：应付职工薪酬——工资　24 850
　贷：其他应付款——代扣社会保险　13 960
　　　　　　　——代扣住房公积金　8 890
　　应交税费——应交个人所得税　2 000

（4）支付代扣款项：

借：其他应付款——代扣社会保险　13 960
　　　　　　　——代扣住房公积金　8 890
　　应交税费——应交个人所得税　2 000
　贷：银行存款　24 850

为简化职工工资结算工作，避免提取现金、分发职工工资过程中可能产生的不安全性等，大多企业每月职工工资的发放是由银行将工资直接转入活期储蓄账户上。企业将“职工工资结算汇总表”等交给银行办理工资发放，收到银行的批量代付清单（见表9-5），按照实发金额，借记“应付职工薪酬”账户，贷记“银行存款”账户，同时结转代扣、代垫款项等，因而这种情况下企业职工工资结算的核算不存在提取现金、以现金发放职工工资以及收回未领职工工资等账务处理。

表 9-5　特色业务交通银行北京西城支行批量成功代付清单

机构代码：519　机构名称：交通银行北京西城支行　入账时间：2024 年 11 月 30 日

账号	姓名	金额
6227608852761052280	郭子俊	10 809.15
6227608852761052702	范立伟	9 134.72
6227608852761052608	魏凯风	8 745.31
6227608852761052336	陈玉林	7 806.23
6227608852761052090	李中	7 706.16
6227608852761052009	王超	4 546.00
6227608852761052013	李明	3 843.00
…	…	…
合计		410 030.00

（3）职工工资分配的账务处理。

月份终了，企业应将本月应付职工工资进行分配。企业按本月“职工工资结算汇总表”中的“应付职工薪酬”进行分配。

企业各月应付职工薪酬按发生的部门和用途进行分配，借记有关账户：基本生产车间直接从事产品生产工人的薪酬记入“生产成本——基本生产成本”账户；辅助生产车间生产工人的薪酬记入“生产成本——辅助生产成本”账户；企业各车间、生产单位管理人员的薪酬记入“制造费用”账户；厂部行政管理人员及6个月以上病假人员的薪酬记入“管理费用”账户；应由销售部门负担的职工薪酬记入“销售费用”账户；应由工程负担的人员薪酬记入“在建工程”等账户；清理固定资产人员的薪酬记入“固定资产清理”账户。同时，贷记“应付职工薪酬”账户。

【例9-15】新丰工厂应付职工薪酬费用的分配情况见表9-6。

表9-6　**职工工资分配汇总表**

2024年11月　　单位：元

项　目	第一生产车间	第二生产车间	机修车间	厂　部	专设销售机构	合　计
生产成本	134 360	143 100	24 680			302 140
制造费用	13 890	16 450	3 480			33 820
管理费用				89 860		89 860
销售费用					9 060	9 060
合　计	148 250	159 550	28 160	89 860	9 060	434 880

账务处理如下：

借：生产成本——基本生产成本（第一生产车间）　134 360
　　　　　　——基本生产成本（第二生产车间）　143 100
　　　　　　——辅助生产成本（机修车间）　24 680
　　制造费用——第一生产车间　13 890
　　　　　　——第二生产车间　16 450
　　　　　　——机修车间　3 480
　　管理费用　89 860
　　销售费用　9 060
　贷：应付职工薪酬——工资　434 880

5）短期带薪缺勤的会计处理

带薪缺勤应当根据其性质及职工享有的权利，分为累积带薪缺勤和非累积带薪缺勤。企业应当对累积带薪缺勤和非累积带薪缺勤分别进行会计处理。

（1）累积带薪缺勤的会计处理。

累积带薪缺勤，是指带薪权利可以结转下期的带薪缺勤，本期尚未用完的带薪缺勤权利可以在未来期间使用。企业应当在职工提供了服务从而增加了其未来享有的带薪缺勤权利时，确认与累积带薪缺勤相关的职工薪酬，并以累积未行使权利而增加的预期支付金额计量。确认累积带薪缺勤时，借记“管理费用”等账户，贷记“应付职工薪酬——累积带薪缺勤”账户。有些累积带薪缺勤在职工离开企业时，对于未行使的权利，职工有权获得现金支付。职工在离开企业时能够获得现金支付的，企业应当确认企业必须支付的、职工全部累积未使用权利的金额。企业应当根据资产负债表日因累积未使用权利而导致的预期支付的追加金额，作为累积带薪缺勤费用进行预计。

【例 9-16】甲公司共有职工500人，从2023年1月1日起，该公司实行累积带薪缺勤制度。该制度规定，职工每人每年可享受5个工作日的带薪年休假，未使用的年休假只能向后结转一个日历年度，超过1年未使用的，带薪缺勤权利将作废；职工休年休假时，首先使用当年可享受的权利，不足部分再从上年结转的带薪年休假中扣除；职工离开公司时，对未使用的累积带薪年休假无权获得现金支付。

2023年12月31日，职工每人当年平均未使用带薪年休假为2天。甲公司预计2024年有450人将享受不超过5天的带薪年休假，剩余50人每人将平均享受6天半年休假，假定这50人全部为总部管理人员，该公司职工平均每人每个工作日工资为400元。

甲公司在2023年12月31日预计由于职工累积未使用的带薪年休假权利而导致预期将支付的工资负债为75天（50×1.5）的年休假工资金额30 000元（75×400），并作如下账务处理：

借：管理费用　　30 000
　贷：应付职工薪酬——累积带薪缺勤　　30 000

假定甲公司的带薪缺勤制度规定，职工累积未使用的带薪缺勤权利可以无限期结转，且可以于职工离开企业时以现金支付。甲公司职工500人中，25人为总部各部门经理，50人为总部各部门职员，400人为生产工人，25人正在建造一幢自用办公楼。2023年12月31日应作如下账务处理：

借：管理费用（75×2×400）　　60 000
　　生产成本（400×2×400）　　320 000
　　在建工程（25×2×400）　　20 000
　贷：应付职工薪酬——累积带薪缺勤　　400 000

（2）非累积带薪缺勤的会计处理。

非累积带薪缺勤，是指带薪权利不能结转下期的带薪缺勤，本期尚未用完的，带薪缺勤权利将予以取消，并且职工离开企业时也无权获得现金支付。我国企业职工休婚假、产假、丧假、探亲假、病假期间的工资通常属于非累积带薪缺勤。由于职工提供服务本身不能增加其能够享受的福利金额，企业在职工未缺勤时不应当计提相关费用和负债。所以，企业应当在职工实际发生缺勤的会计期间确认与非累积带薪缺勤相关的职工薪酬。企业确认职工享有的与非累积带薪缺勤权利相关的薪酬，视同职工出勤确认的当期损益或相关资产成本。通常情况下，与非累积带薪缺勤相关的职工薪酬已经包括在企业每期向职工发放的工资等薪酬中，因此，不必额外作相应的账务处理。

启示窗 9-3

下列各项中属于职工薪酬范围的有哪些？

A.工资和奖金；B.非货币性薪酬；C.社会保险费；D.股份支付；E.工会经费。

9.4.4　非货币性职工薪酬的计量

企业向职工提供的非货币性职工薪酬，应当分别情况处理：

1）以自产产品或外购商品发放给职工作为福利

企业以其生产的产品作为非货币性福利提供给职工的，应当按照该产品的公允价值和相关税费，计量应计入成本费用的职工薪酬金额，相关收入的确认、销售成本的结转和相关税费的处理，与正常商品销售相同。以外购商品作为非货币性福利提供给职工的，应当按照该商品的公允价值和相关税费计入成本费用。需要注意的是，在以自产产品或外购商品发放给职工作为福利的情况下，企业在进行账务处理时，应当先通过“应付职工薪酬”科目归集当期应计入成本费用的非货币性薪酬金额，以确定完整、准确的企业人工成本金额。

【例9-17】乙公司为一家生产彩电的企业，共有职工200人。2024年5月，公司以其生产的成本为10 000元的液晶彩电和外购的每台不含税价格为1 000元的电暖器作为春节福利发放给公司每一职工。该型号液晶彩电的售价为每台14 000元，乙公司适用的增值税税率为13%；乙公司以银行存款支付了购买电暖器的价款和增值税进项税额，已取得增值税专用发票，适用的增值税税率为13%。假定200人中170人为直接参加生产的职工，30人为总部管理人员。

分析：企业以自己生产的产品作为福利发放给职工，应计入成本费用的职工薪酬金额以公允价值计量，计入主营业务收入，产品按照成本结转，但要根据相关税收规定，视同销售计算增值税销项税额。外购商品发放给职工作为福利，应当将缴纳的增值税进项税额计入成本费用。

彩电的售价总额=170×14 000+30×14 000=2 380 000+420 000=2 800 000（元）

彩电的增值税销项税额=170×14 000×13%+30×14 000×13%=309 400+54 600=364 000（元）

公司决定发放非货币性福利时，应进行如下账务处理：

借：生产成本（2 380 000+309 400）	2 689 400	
管理费用（420 000+54 600）	474 600	
贷：应付职工薪酬——非货币性福利		3 164 000

实际发放彩电时，应进行如下账务处理：

借：应付职工薪酬——非货币性福利	3 164 000	
贷：主营业务收入		2 800 000
应交税费——应交增值税（销项税额）		364 000
借：主营业务成本	2 000 000	
贷：库存商品		2 000 000

电暖器的售价总额=170×1 000+30×1 000=170 000+30 000=200 000（元）

电暖器的进项税额=170×1 000×13%+30×1 000×13%=22 100+3 900=26 000（元）

购买电暖器时，公司应进行如下账务处理：

借：应付职工薪酬——非货币性福利	226 000	
贷：银行存款		226 000

公司决定发放非货币性福利时，应进行如下账务处理：

借：生产成本（170 000+22 100）　192 100
　　管理费用（30 000+3 900）　33 900
　贷：应付职工薪酬——非货币性福利　226 000

2）将拥有的房屋等资产无偿提供给职工使用或租赁住房等资产供职工无偿使用

企业将拥有的房屋等资产无偿提供给职工使用的，应当根据受益对象，将住房每期应计提的折旧计入相关资产成本或当期损益，同时确认应付职工薪酬。租赁住房等资产供职工无偿使用的，应当根据受益对象，将每期应付的租金计入相关资产成本或当期损益，并确认应付职工薪酬。难以认定受益对象的，直接计入当期损益，并确认应付职工薪酬。

【例 9–18】丙公司为总部各部门经理级别以上职工每人提供一辆桑塔纳汽车免费使用，同时为副总裁以上高级管理人员每人租赁一套住房。该公司总部共有部门经理级别以上职工 50 人，假定每辆桑塔纳汽车每月计提折旧 1 000 元；该公司共有副总裁以上高级管理人员 10 人，公司为其每人租赁一套月租金为 8 000 元的公寓（不考虑相关税费）。

该公司每月应进行如下账务处理：

借：管理费用　130 000
　贷：应付职工薪酬——非货币性福利（50×1 000+10×8 000）　130 000
借：应付职工薪酬——非货币性福利　130 000
　贷：累计折旧　50 000
　　　其他应付款　80 000

3）向职工提供企业支付了补贴的商品或服务

企业有时以低于企业取得资产或服务成本的价格向职工提供资产或服务，比如以低于成本的价格向职工出售住房、以低于企业支付的价格向职工提供医疗保健服务。以提供包含补贴的住房为例，企业在出售住房等资产时，应当将出售价款与成本的差额（即相当于企业补贴的金额）分别情况处理：

（1）如果出售住房的合同或协议中规定了职工在购得住房后至少应当提供服务的年限，企业应当将该项差额作为长期待摊费用处理，并在合同或协议规定的服务年限内平均摊销，根据受益对象分别计入相关资产成本或当期损益。

（2）如果出售住房的合同或协议中未规定职工在购得住房后必须服务的年限，企业应当将该项差额直接计入出售住房当期损益，因为在这种情况下，该项差额相当于是对职工过去提供服务成本的一种补偿，不以职工的未来服务为前提，因此，应当立即确认为当期损益。

【例 9–19】2024 年 5 月，乙公司购买了 100 套全新的公寓拟以优惠价格向职工出售。该公司共有职工 100 人，其中，80 人为直接生产人员，20 人为公司总部管理人员。乙公司拟向直接生产人员出售的住房平均每套购买价为 100 万元，向职工出售的价格为每套 80 万元；拟向公司总部管理人员出售的住房平均每套购买价为 180 万元，向职工出售的价格为每套 150 万元。假定该公司职工 100 人均在 2024 年度陆续购买了公司出售的住房，售房协议规定，职工在取得住房后必须在公司服务 15 年。假设不考虑相关税费。

公司出售住房时应进行如下账务处理：

借：银行存款（80×800 000+20×1 500 000）　94 000 000
　　长期待摊费用　22 000 000
　贷：固定资产（80×1 000 000+20×1 800 000）　116 000 000

出售住房后的每年，公司应当按照直线法在15年内摊销长期待摊费用，并进行如下账务处理：

借：生产成本（200 000×80÷15） 1 066 667
　　管理费用（300 000×20÷15） 400 000
　贷：应付职工薪酬——非货币性福利（22 000 000÷15） 1 466 667
借：应付职工薪酬——非货币性福利 1 466 667
　贷：长期待摊费用 1 466 667

9.4.5 其他职工薪酬

1）工会经费

根据国家有关规定，企业每月应按照职工薪酬总额的2%计提工会经费，按期拨付给企业工会使用。企业提取工会经费的职工薪酬总额的构成与统计上的口径一致。其计算公式如下：

计提的工会经费=应付职工薪酬总额×2%

企业一般于月末计提工会经费，下月初拨交工会。企业计提的工会经费按照受益对象计入当期损益或相关资产成本，并通过“应付职工薪酬——工会经费”账户核算。

【例9-20】承【例9-15】，新丰工厂本月月末应付职工薪酬总额为434 880元，计提拨交工会经费。编制会计分录如下：

（1）本月月末按工资总额的2%计提工会经费：

借：生产成本 6 042.80
　　制造费用 676.40
　　管理费用 1 797.20
　　销售费用 181.20
　贷：应付职工薪酬——工会经费 8 697.60

（2）下月初以银行存款向工会拨交工会经费：

借：应付职工薪酬——工会经费 8 697.60
　贷：银行存款 8 697.60

2）职工教育经费

为了提高企业职工的文化素质和科技水平，企业应当按照国家相关规定，以职工工资薪金总额的一定比例计提应计入成本费用的职工教育经费。企业发生的职工教育经费支出，不超过工资薪金总额8%的部分，准予税前扣除；超过部分，准予在以后纳税年度结转扣除。

其计算公式如下：

计提的职工教育经费=职工工资薪金总额×8%

企业计提的职工教育经费，按照受益对象计入当期损益或相关资产成本。企业各期提取的职工教育经费应列入“应付职工薪酬——职工教育经费”账户，由企业在提取额度内专项控制使用。月末计提时，记入该账户的贷方，按规定报支职工教育经费时，记入该账户的借方。

【例9-21】承【例9-15】，新丰工厂本月月末应付职工薪酬总额为434 880元，按职工薪酬总额的8%计提职工教育经费。编制会计分录如下：

借：生产成本	24 171.20	
制造费用	2 705.60	
管理费用	7 188.80	
销售费用	724.80	
贷：应付职工薪酬——职工教育经费		34 790.40

3）社会保险和住房公积金等

企业根据国家有关规定计提社会保险费和住房公积金等，借记“生产成本”“制造费用”“管理费用”“销售费用”等账户，贷记“应付职工薪酬——社会保险费”“应付职工薪酬——住房公积金”等账户。

9.4.6 辞退福利

辞退福利是指在职工劳动合同到期之前解除与职工劳动关系或鼓励职工自愿接受裁减而给予的补偿。

企业向职工提供辞退福利的，应当在“企业不能单方面撤回因解除劳动关系计划或裁减建议所提供的辞退福利时”和“企业确认与涉及支付辞退福利的重组相关的成本或费用时”两者孰早日，确认辞退福利产生的职工薪酬负债，并计入当期损益。

企业应当严格按照辞退计划条款的规定，合理预计并确认辞退福利产生的应付职工薪酬。

对于职工没有选择权的辞退计划，应当根据辞退计划条款规定的拟解除劳动关系的职工数量、每一职位的辞退补偿标准等，确认应付职工薪酬。

企业对于自愿接受裁减的建议，应当预计将会接受裁减建议的职工数量，根据预计的职工数量和每一职位的辞退补偿标准等，确认应付职工薪酬。

辞退福利预期在其确认的年度报告期结束后12个月内完全支付的，应当适用短期薪酬的相关规定。

辞退福利预期在年度报告期结束后12个月内不能完全支付的，应当适用其他长期职工福利的有关规定。

辞退福利统一通过“管理费用”科目来核算，不再根据员工的岗位来划分，借记“管理费用”科目，贷记“应付职工薪酬”科目。

【例9-22】丙公司主要从事家用电器的生产和销售。2023年11月，为在2024年顺利实施转产，公司管理层制订了一项辞退计划。规定自2024年1月1日起，以职工自愿方式，辞退平面直角彩色电视机生产车间职工。辞退计划的详细内容，包括拟辞退职工所在部门、数量、各级别职工能够获得的补偿标准以及计划实施时间等，均已与职工协商一致。该辞退计划已于2023年12月15日经公司董事会正式批准，并将在2024年实施完毕。辞退计划的有关内容见表9-7、表9-8。

表9-7　　丙公司平面直角彩色电视机生产车间职工辞退计划一览表

职位	拟辞退数量（人）	工龄（年）	补偿标准（元）
车间主任	10	1～10	100 000
		11～20	200 000
		21～30	300 000
高级技工	50	1～10	80 000
		11～20	180 000
		21～30	280 000
一般技工	100	1～10	50 000
		11～20	150 000
		21～30	250 000
合计	160		

表9-8　　丙公司平面直角彩色电视机生产车间职工接受辞退及补偿金额一览表

职位	拟辞退数量（人）	工龄（年）	接受辞退计划职工人数	每人补偿标准（元）	补偿金额（元）
车间主任	10	1～10	5	100 000	500 000
		11～20	2	200 000	400 000
		21～30	1	300 000	300 000
高级技工	50	1～10	20	80 000	1 600 000
		11～20	10	180 000	1 800 000
		21～30	5	280 000	1 400 000
一般技工	100	1～10	50	50 000	2 500 000
		11～20	20	150 000	3 000 000
		21～30	10	250 000	2 500 000
合计	160		123		14 000 000

根据上述资料，丙公司的账务处理如下：

借：管理费用　　14 000 000

　贷：应付职工薪酬——辞退福利　　14 000 000

拓展视野

查阅资料，明确辞退福利与正常退休养老金的区分。

9.5 应交税费

9.5.1 企业应交税费概述

应交税费，是指企业按照税法等规定计算应该缴纳的各种税费，主要包括增值税、消费税、所得税、城市维护建设税、土地增值税、资源税、房产税、城镇土地使用税、车船税、车辆购置税、教育费附加等。

为了总括地核算企业各种税费的计提和缴纳情况，企业应设置“应交税费”账户。该账户贷方登记企业按规定计算结转应交的各种税费；借方登记企业实际缴纳的各种税费和应抵扣的税费；期末贷方余额，反映企业尚未缴纳的税费；期末借方余额，一般反映企业多交的或尚未抵扣的税费。该账户按应交税费的种类设置明细账，进行各种应交税费的明细分类核算。

9.5.2 应交增值税

1）增值税概述

增值税是以商品（含货物、服务、无形资产或不动产）在流转过程中产生的增值额为计税依据而征收的一种流转税。增值税是一种价外税，由消费者负担，有增值才征税，没增值不征税。从理论上看，增值额是指纳税人从事生产经营或提供应税服务在购入商品或取得服务价值基础上新增加的价值额。凡在我国境内销售货物、服务、无形资产和不动产，以及进口货物的单位和个人（包括个体工商户），均应按期缴纳增值税。

增值税的纳税人分为一般纳税人和小规模纳税人两类，相应的增值税的计算与会计核算也不相同。增值税的计算方法分为一般计税方法和简易计税方法。一般纳税人发生应税行为一般适用一般计税方法计税；一般纳税人发生财政部和国家税务总局规定的特定应税行为，可以选择适用简易计税方法计税，但一经选择，36个月内不得变更。小规模纳税人发生应税行为适用简易计税方法计税。

目前增值税的税率为：

一般纳税人增值税税率：（1）13%，适用于销售或者进口货物，销售加工修理修配服务、有形动产租赁服务等；（2）9%，适用于销售或者进口粮食等农产品，自来水、暖气、煤气等，图书、报纸、杂志、音像制品等，交通运输、邮政、基础电信、建筑、不动产租赁服务，销售不动产，转让土地使用权等；（3）6%，适用于增值电信服务、金融服务、现代服务、生活服务和销售无形资产等。

适用简易计税方式计算缴纳增值税的征收率为3%。

纳税人零税率：纳税人出口货物，境内单位和个人跨境销售国务院规定范围的服务、无形资产等。

2）应交增值税的确定

一般纳税人应交增值税税额是根据当期销项税额减当期进项税额计算确定的，其计算公式为：

应交增值税税额=当期销项税额-当期准予抵扣的进项税额

当期销项税额若小于当期准予抵扣的进项税额而不足抵扣时，其不足部分可结转至下期继续抵扣。

小规模纳税人计算确定应交增值税时，不必考虑进项税额。其应交增值税税额按销售额（不含增值税）和规定的征收率计算确定，计算公式为：

应交增值税税额=销售额（不含增值税）×适用的征收率

销售额（不含增值税）=含增值税销售额÷（1+适用的征收率）

（1）进项税额。

进项税额是指纳税人购进货物、服务、无形资产或不动产支付或负担的增值税税额。其数额一般包括：❶从销售方取得的增值税专用发票（包括从小规模纳税人处取得的由税务机关代开的专用发票）上注明的增值税税额。❷进口货物时，从海关取得的进口增值税专用缴款书上注明的增值税税额。❸购进免税农产品，按买价和9%的扣除率计算的准予抵扣的进项税额。如购进的免税农产品用于生产销售或委托加工13%税率的农产品，按买价和10%的扣除率计算准予抵扣的进项税额。❹从境外单位或个人购进服务、无形资产或不动产，自税务机关或扣缴义务人取得的解缴税款的完税凭证上注明的增值税税额。企业购进物资、生产的在产品或产成品等发生非正常损失以及购进物资改变用途（如用于简易计税方法计税项目、免征增值税项目、计提福利或个人消费等）等，其购进时已确认的进项税额应当予以转出，从“进项税额”中扣除。

议一议　**同学们，企业购进物资、生产的在产品或产成品等发生的非正常损失，包括管理不善被盗、丢失、霉烂的损失，以及被执法部门没收或销毁的损失，但是不包括自然灾害造成的损失，为什么？**

（2）销项税额。

销项税额是指纳税人发生应税交易，按照销售额乘以规定的税率计算的增值税税额。企业销售应税交易时，一般应开具增值税专用发票，注明货款和销项税额，一并结算。

销项税额=销售额×增值税税率

上式中的“销售额”指不含增值税销售额。若企业直接向消费者销售货物，按规定只能开具普通发票，收取的价款中含有销项税额，则应先计算出不含增值税销售额，再据以计算销项税额。其计算公式为：

不含税销售额=含增值税销售额÷（1+增值税税率）

企业将自产或委托加工的货物用于集体福利或个人消费，将自产、委托加工或购买的货物作为投资、分配给股东或投资者、赠送他人等，应视同销售货物计算销项税额。

3）应交增值税的会计处理

为了核算企业应交增值税的发生、抵扣、缴纳、退税及转出等情况，增值税一般纳税人应当在“应交税费”科目下设置“应交增值税”、“未交增值税”、“预交增值税”、“待抵扣进项税额”、“待认证进项税额”、“待转销项税额”、“增值税留抵税额”、“简易计税”、“转让金融商品应交增值税”和“代扣代交增值税”等明细科目。

增值税一般纳税人应在“应交增值税”明细账内设置“进项税额”、“销项税额抵减”、“已交税金”、“转出未交增值税”、“减免税款”、“出口抵减内销产品应纳税额”、“销项税额”、“出口退税”、“进项税额转出”和“转出多交增值税”等专栏，应交增值税明细账的基本格式见表9-9，期末余额在借

微课

一般纳税人应交增值税的核算

方，表示尚未抵扣的进项税额。

表9-9 应交税费——应交增值税明细账

年		借方						贷方				借或贷	余额
月	日	进项税额	销项税额抵减	已交税金	转出未交增值税	减免税款	出口抵减内销产品应纳税额	销项税额	出口退税	进项税额转出	转出多交增值税		

启示窗9-4

某企业在本月缴纳了上月未交的增值税5 000元，该企业在贷记“银行存款”账户的同时，应借记以下各项中的哪个账户？

A.应交税费——未交增值税；B.应交税费——应交增值税（已交税金）；C.应交税费——应交增值税（转出未交增值税）；D.应交税费——应交增值税（转出多交增值税）。

拓展视野

企业为了核算应交增值税，除设置“应交税费——应交增值税”明细账之外，还需要设置哪些二级明细账？

小规模纳税人企业只需设置“应交增值税”明细账户。

（1）进项税额的账务处理。

❶购进货物。

企业采购货物时，根据专用发票上记载的应计入采购成本的金额，借记“在途物资”或“材料采购”、“原材料”等账户，根据专用发票上注明的增值税税额，借记“应交税费——应交增值税（进项税额）”账户，按照应付或实际支付的资金总额，贷记“应付账款”“应付票据”“银行存款”等账户。购入货物发生退货的，应根据有关原始凭证编制相反会计分录。

购入免税农产品，可以按照根据买价和规定扣除率（一般为9%）计算的进项税额，借记“应交税费——应交增值税（进项税额）”账户，按买价扣除按规定计算的进项税额后的差额，借记“在途物资”或“材料采购”、“原材料”等账户，按照应付或实际支付的总额，贷记“应付账款”“银行存款”等账户。

【例9-23】某企业（一般纳税人）购入原材料一批，增值税专用发票注明的价款为40 000元，增值税为5 200元；另支付运输部门运输费，收到其开具的增值税专用发票，注明运费1 000元，增值税90元。材料已验收入库，款项均已通过银行存款支付。该企业

编制会计分录如下：

借：原材料　41 000

　　应交税费——应交增值税（进项税额）　5 290

　　贷：银行存款　46 290

【例9-24】某企业于2024年5月购进免税农产品一批，已验收入库，实际支付价款为35 000元，以银行存款支付，增值税抵扣率为9%。根据有关凭证，编制会计分录如下：

准予抵扣的进项税额=35 000×9%=3 150（元）

借：原材料　31 850

　　应交税费——应交增值税（进项税额）　3 150

　　贷：银行存款　35 000

【例9-25】某公司于2024年7月1日购买一幢办公楼，价格10 000 000元，进项税额为900 000元，款项已用银行存款支付。编制会计分录如下：

借：固定资产　10 000 000

　　应交税费——应交增值税（进项税额）　900 000

　　贷：银行存款　10 900 000

❷接受应税服务。

企业接受应税服务，应按照专用发票上记载的应计入加工、修理修配等物资成本的金额，借记“生产成本”“制造费用”“委托加工物资”“管理费用”等账户，按照专用发票上注明的增值税税额，借记“应交税费——应交增值税（进项税额）”账户，按照应付或实际支付的款项，贷记“应付账款”“银行存款”等账户。

❸接受投资转入或捐赠货物。

企业接受投资转入货物、接受捐赠的货物，应根据对方提供的增值税专用发票的增值税税额，借记“应交税费——应交增值税（进项税额）”账户，同时按照确认的价值或发票中的不含税价款，借记“原材料”等账户，按照增值税税额与货物价值的合计数，贷记“实收资本”或“营业外收入”账户。

（2）销项税额的账务处理。

❶销售货物或提供应税服务。

企业销售货物或提供应税服务，应按实现的销售收入和按规定收取的增值税税额，借记“银行存款”“应收账款”“应收票据”“预收账款”等账户，贷记“应交税费——应交增值税（销项税额）”“主营业务收入”“其他业务收入”等账户。

【例9-26】某企业销售产品一批，货款320 000元，增值税税额41 600元，同时取得修配业务收入5 000元，增值税650元，提货单和专用发票等结算单已交给购货方，款项尚未收到。企业应根据有关凭证，编制会计分录如下：

借：应收账款　367 250

　　贷：主营业务收入　320 000

　　　　其他业务收入　5 000

　　　　应交税费——应交增值税（销项税额）　42 250

❷将货物对外投资或捐赠。

企业将自产、委托加工或购买的货物对外投资或捐赠，税收上应视同销售计算应交增值税，会计上是否需要确认收入，要看其是否满足销售收入的确认原则。对于在会计上符合收入确认条件的，应确认收入；不符合收入确认条件的，只按账面价值结转。借记“长期股权投资”或“营业外支出”等账户，贷记“应交税费——应交增值税（销项税额）”“原材料”“库存商品”“主营业务收入”等账户。

【例 9-27】某企业对灾区捐赠产成品一批，成本为70 000元，不含税售价为90 000元，该企业适用的增值税税率为13%。根据有关凭证，编制会计分录如下：

销项税额=90 000×13%=11 700（元）

借：营业外支出	81 700	
贷：库存商品		70 000
应交税费——应交增值税（销项税额）		11 700

【例 9-28】某企业用一批原材料对外进行长期股权投资，取得甲公司30%的股权。该批原材料的实际成本为300 000元，其目前市场价格为450 000元，增值税税率为13%。根据有关凭证，编制会计分录如下：

借：长期股权投资	508 500	
贷：主营业务收入		450 000
应交税费——应交增值税（销项税额）		58 500

❸随同产品出售但单独计价的包装物和出租、出借包装物应纳增值税的账务处理。

随同产品出售但单独计价的包装物，按规定计算应纳的增值税，借记“应收账款”“银行存款”等账户，贷记“应交税费——应交增值税（销项税额）”账户。出租、出借包装物逾期未收回而没收的押金，也应按规定计算应纳的增值税，借记“其他应付款”账户，贷记“应交税费——应交增值税（销项税额）”账户。

【例 9-29】某企业本月没收逾期未退的出租包装物的押金4 000元，按13%的税率计算增值税税额为460.18元［4 000÷（1+13%）×13%］。根据有关凭证，编制会计分录如下：

借：其他应付款	4 000	
贷：其他业务收入		3 539.82
应交税费——应交增值税（销项税额）		460.18

（3）出口退税的账务处理。

按照国际惯例，出口货物应以不含税价格进入国际市场，所以，我国规定，企业出口的货物的增值税适用零税率，即出口货物不开具增值税专用发票，不收取增值税销项税额。但企业在国内采购这些货物或者为生产这些货物采购原材料时已支付了增值税进项税额的，这些已支付的增值税税额应由税务机关退还企业。企业向海关办理报关出口手续后，凭出口报关单等有关凭证，按月向税务机关办理出口货物增值税进项税额的退税。当企业收到退回的税款时，借记“银行存款”账户，贷记“应交税费——应交增值税（出口退税）”账户。

（4）缴纳增值税的账务处理。

按期结算后，企业“应交税费——应交增值税”账户的贷方余额，表示应缴纳的增值税。企业在规定期限内，以银行存款上缴税款时，借记“应交税费——应交增值税（已交税金）”账户，贷记“银行存款”账户。

【例9-30】某企业本月累计发生增值税销项税额84 700元，进项税额转出24 500元，进项税额20 400元，本月应交增值税税额为88 800元［84 700-（20 400-24 500）］，根据企业货币资金状况，以银行存款60 000元缴纳增值税。该企业编制会计分录如下：

借：应交税费——应交增值税（已交税金）	60 000	
贷：银行存款		60 000

（5）结转应交未交或多交的增值税。

月份终了，企业应将本月应交未交增值税自“应交增值税”明细账户转入“未交增值税”明细账户，借记“应交税费——应交增值税（转出未交增值税）”账户，贷记“应交税费——未交增值税”账户；将本月多交的增值税自“应交增值税”明细账户转入“未交增值税”明细账户，借记“应交税费——未交增值税”账户，贷记“应交税费——应交增值税（转出多交增值税）”账户。

【例9-31】某企业本月增值税销项税额合计84 700元，进项税额转出24 500元，进项税额20 400元，已交增值税60 000元，本月发生应交未交增值税28 800元［84 700-（20 400-24 500）-60 000］，转入“未交增值税”明细账户。该企业编制会计分录如下：

借：应交税费——应交增值税（转出未交增值税）	28 800	
贷：应交税费——未交增值税		28 800

小规模纳税人企业需要按照产品销售额的一定比例即征收率缴纳增值税，不享有进项税额的抵扣权，其购进货物和接受应税劳务时支付的增值税，直接计入有关货物和劳务的成本。

【例9-32】某小规模纳税人企业购入材料一批，取得的增值税发票中注明货款9 600元，增值税1 248元，款项以银行存款支付，材料已验收入库（该企业材料按实际成本计价）。编制会计分录如下：

借：原材料（9 600+1 248）	10 848	
贷：银行存款		10 848

【例9-33】某小规模纳税人企业销售产品一批，所开出的普通发票中注明货款（含税）60 000元，增值税征收率为3%，款项已存入银行。根据有关原始凭证，编制会计分录如下：

应纳税销售额=60 000÷（1+3%）=58 252.43（元）

应纳增值税税额=58 252.43×3%=1 747.57（元）

借：银行存款	60 000	
贷：主营业务收入		58 252.43
应交税费——应交增值税		1 747.57

启示窗 9-5

某增值税一般纳税人企业发生的下列业务中，应确认为增值税“销项税额”的交易和事项有哪些？

A.将购入的原材料用于在建工程；B.将购入的原材料用于对外投资；C.将自产的产成品用于在建工程；D.将自产的产成品用于对外投资；E.将自产的产成品用于职工福利。

9.5.3 应交消费税

消费税是国家对某些需要限制和调节的消费品或消费行为征收的一种流转税。我国现行税制规定的应税消费品包括15个大类：烟，酒，成品油，小汽车，摩托车，游艇，鞭炮、焰火，高档化妆品，贵重首饰及珠宝玉石，高档手表，高尔夫球及球具，实木地板，木制一次性筷子，电池，涂料。凡是在我国境内生产、委托加工和进口应税消费品的单位和个人，均应按规定计算缴纳消费税。消费税实行从价定率计征、从量定额计征和复合计征三种征收办法。

1）销售产品应交消费税的账务处理

消费税是一种价内税，企业销售商品应缴纳的消费税是对商品销售收入的抵减，因而企业应纳的消费税应列入“税金及附加”账户，并通过“应交税费——应交消费税”账户核算。

【例 9-34】某企业销售高档化妆品一批，增值税专用发票注明价款 30 000 元、增值税 3 900 元，价税款已向银行办妥托收手续。该企业编制会计分录如下：

（1）计算结转应纳消费税（高档化妆品适用的税率为 15%[①]）：

应纳消费税=30 000×15%=4 500（元）

借：税金及附加	4 500	
贷：应交税费——应交消费税		4 500

（2）以银行存款缴纳消费税：

借：应交税费——应交消费税	4 500	
贷：银行存款		4 500

2）自产自用产品应交消费税的账务处理

企业将自产的应税消费品用于对外投资、在建工程和管理部门等非生产机构，以及职工福利、捐赠等，应计算缴纳消费税。按其应纳消费税税额，借记“长期股权投资”“在建工程”“营业外支出”“应付职工薪酬——职工福利”等账户，贷记“应交税费——应交消费税”等账户。

【例 9-35】某企业将自产高档化妆品一批用于职工福利，实际成本为 50 000 元，不含税销售价格为 94 000 元，适用的消费税税率为 15%，增值税税率为 13%，则企业应纳消费税 14 100 元。编制会计分录如下：

借：应付职工薪酬——非货币性福利	106 220	
贷：主营业务收入		94 000
应交税费——应交增值税（销项税额）		12 220

① 自 2016 年 10 月 1 日起，化妆品消费税的征收对象调整为“高档化妆品”，税率从 30% 降至 15%，普通化妆品不再征收消费税。

借：税金及附加　14 100
　贷：应交税费——应交消费税　14 100

【例 9-36】某企业在建工程领用自产的应税消费品，成本为40 000元，应纳消费税4 800元。

编制会计分录如下：

借：在建工程　44 800
　贷：库存商品　40 000
　　应交税费——应交消费税　4 800

3）委托加工应税消费品的账务处理

需要缴纳消费税的委托加工物资，一般于委托方提货时，由受托方代收代缴税款，受托方按应交税款金额，借记“应收账款”“银行存款”等账户，贷记“应交税费——应交消费税”账户。委托加工物资收回后，直接用于销售的，应将代收代缴的消费税计入委托加工物资的成本；委托加工物资收回后用于连续生产应税消费品，按规定准予抵扣的，应按代收代缴的消费税，借记“应交税费——应交消费税”账户，贷记“应付账款”“银行存款”等账户。

【例 9-37】新远公司委托A企业加工材料（非金银首饰），原材料价款为320 000元，加工费用为90 000元，由受托方代收代缴的消费税为8 000元，材料已经加工完毕并验收入库，加工费用尚未支付。该企业材料采用实际成本法进行核算。

（1）如果收回加工后的材料用于继续生产应税消费品，则委托方（新远公司）编制会计分录如下：

借：委托加工物资　320 000
　贷：原材料　320 000
借：委托加工物资　90 000
　应交税费——应交消费税　8 000
　贷：应付账款　98 000
借：原材料　410 000
　贷：委托加工物资　410 000

（2）如果收回的材料直接用于销售，则委托方（新远公司）编制会计分录如下：

借：委托加工物资　320 000
　贷：原材料　320 000
借：委托加工物资　98 000
　贷：应付账款　98 000
借：原材料　418 000
　贷：委托加工物资　418 000

9.5.4　其他应交税费

1）应交城市维护建设税

城市维护建设税是以增值税、消费税为计税依据征收的一种税。城市维护建设税是一种附加税，其纳税人为缴纳增值税、消费税的单位和个人。

城市维护建设税按照纳税人所在地的不同实行地区差别税率，具体为：市区7%，县城、镇5%，其他1%。其应纳税额的计算公式为：

应纳税额=（应交增值税+应交消费税）×适用税率

企业应交城市维护建设税应通过“应交税费——应交城市维护建设税”账户核算。

【例9-38】某企业地处市区，本月应交增值税95 000元、消费税20 000元。编制会计分录如下：

本月应交城市维护建设税=（95 000+20 000）×7%=8 050（元）

（1）企业结转应纳税额：

借：税金及附加	8 050	
贷：应交税费——应交城市维护建设税		8 050

（2）企业以银行存款缴纳税款：

借：应交税费——应交城市维护建设税	8 050	
贷：银行存款		8 050

2）应交土地增值税

土地增值税是指对我国境内转让国有土地使用权、地上建筑物及其附着物（即转让房地产）并取得收入的单位和个人征收的一种税。

土地增值税按照转让房地产所取得的增值额和规定的税率计算征收。所谓增值额，是指转让房地产所取得的收入减除规定扣除项目金额后的余额。土地增值税实行四级超率累进税率。

为了核算土地增值税，企业应设置“应交税费——应交土地增值税”账户，贷方登记应缴纳的土地增值税，借方登记已缴纳的土地增值税，期末贷方余额为尚未缴纳的土地增值税。

根据企业对房地产核算的方法不同，企业应交土地增值税的账务处理也有所区别：企业转让的土地使用权连同地上建筑物及其附着物一并在“固定资产”账户核算的，转让时按应交的土地增值税，借记“固定资产清理”账户，贷记“应交税费——应交土地增值税”账户；土地使用权在“无形资产”账户核算的，借记“银行存款”“累计摊销”“无形资产减值准备”账户，按应交的土地增值税，贷记“应交税费——应交土地增值税”账户，同时冲销土地使用权的账面价值，贷记“无形资产”账户，按其差额，借记或贷记“资产处置损益”账户；房地产开发经营企业销售房地产按应交纳的土地增值税，借记“税金及附加”账户，贷记“应交税费——应交土地增值税”账户。交纳土地增值税时，借记“应交税费——应交土地增值税”账户，贷记“银行存款”账户。

3）应交资源税

资源税是向从事资源开发与利用的单位与个人，按资源产品的销售额或销售量与规定的比例税率或定额税率征收的一种税。我国现行资源税应税资源包括能源矿产、金属矿产、非金属矿产、水气矿产和盐五大类共164个具体税目。除粘土、砂石等仍实行从量定额计征外，对资源税税目税率表中未列举名称的其他非金属矿产品，依照从价计征为主、从量计征为辅的原则，由省级人民政府确定计征方式。其计算公式如下：

从量计征：应纳资源税=课税数量×单位税额

从价计征：应纳税额=销售额×税率

企业计算结转销售应税产品应纳资源税时，应借记“税金及附加”账户，贷记“应交税费——应交资源税”账户；企业结转自产自用应税产品应纳资源税时，应借记“生产成本”等账户，贷记“应交税费——应交资源税”账户。企业以银行存款缴纳资源税时，借记“应交税费——应交资源税”账户，贷记“银行存款”账户。

4）应交房产税、城镇土地使用税和车船税

房产税是国家在城市、县城、建制镇和工矿区征收的，由房屋产权所有人缴纳的一种税。房产税依照房产原值一次扣减10%～30%的余值计算缴纳。房产出租的，以房产租金收入为房产税计税依据。

城镇土地使用税是国家为了合理利用城镇土地，调节土地级差收入，提高土地使用效率，加强土地管理而以城镇土地为征税对象，对拥有土地使用权的单位和个人征收的一种税。城镇土地使用税以纳税人实际占用的土地面积为计税依据，按照规定税额计算征收。

车船税是以车辆、船舶为课征对象，向车船的所有人或者管理人征收的一种税。车船税以应税车船为征税对象，以征税对象的计量标准（辆、净吨位、装备质量吨位等）为计税依据。

企业按规定计算缴纳的房产税、城镇土地使用税、车船税时，应借记“税金及附加”账户，贷记“应交税费——应交房产税”“应交税费——应交城镇土地使用税”“应交税费——应交车船税”账户；以银行存款缴纳税款时，借记“应交税费”账户，贷记“银行存款”账户。

【例9-39】某企业当月按规定计算确定的应交房产税为3 000元、应交车船税为2 600元、应交城镇土地使用税为4 300元。编制会计分录如下：

借：税金及附加	9 900	
贷：应交税费——应交房产税		3 000
——应交车船税		2 600
——应交城镇土地使用税		4 300

5）应交教育费附加、地方教育附加

教育费附加、地方教育附加是以企业实际缴纳的增值税、消费税税额为计算依据，由税务机关负责征收的一项纳税附加费。教育费附加的征收率为3%，地方教育附加的征收率为2%。

【例9-40】某企业本月实际缴纳增值税93 000元，未发生缴纳消费税的业务。计算该企业应缴纳的教育费附加和地方教育附加，并编制会计分录如下：

产品销售业务应交教育费附加和地方教育附加=93 000×（3%+2%）=2 790+1 860=4 650（元）

（1）结转应交教育费附加、地方教育附加：

借：税金及附加	4 650	
贷：应交税费——应交教育费附加		2 790
——应交地方教育附加		1 860

（2）以银行存款缴纳教育费附加、地方教育附加：

借：应交税费——应交教育费附加	2 790
——应交地方教育附加	1 860

贷：银行存款　4 650

6）应交个人所得税

个人所得税的征收采用自行申报缴纳和代扣代缴两种办法。除实行查账核实征收的个体工商户取得的应税所得自行申报缴纳后需要会计核算外，一般个人取得的收入自行申报缴纳后不必进行会计核算。但是，履行代扣代缴义务的单位和个人代扣代缴税款时必须进行会计核算。

按照个人所得税代扣代缴的规定，扣缴义务人在代扣税款时，必须向纳税人开具税务机关统一印制的代扣代收税款凭证，对工资、薪金、利息、股息、红利等，因纳税人人数众多，不便一一开具代扣代收税款凭证时，经税务机关同意，可不开具，但应通过一定形式告知纳税人已扣税款。扣缴义务人应设立代扣代缴税收账簿，正确反映个人所得税的扣缴情况，并如实填写"扣缴个人所得税报告表"及其他有关资料。根据以上办法，扣缴义务人还需设立专门账户对扣缴的个人所得税进行核算。由于支付的类型不同，各代扣代缴单位代扣代缴个人所得税的会计核算所涉及的账户也有所不同。

支付职工薪酬的单位代扣代缴个人所得税，应通过"应交税费——应交个人所得税"账户核算。企业在提取应付职工薪酬的同时，应计算结转代扣代缴的个人所得税，借记"应付职工薪酬"账户，贷记"应交税费——应交个人所得税"账户；实际缴纳代扣税款时，借记"应交税费——应交个人所得税"账户，贷记"银行存款"账户。

9.5.5 可以不通过"应交税费"账户核算的税费

可以不通过"应交税费"账户核算的税费主要有：车辆购置税、印花税、耕地占用税、契税等[①]。

1）车辆购置税

企业单位和个人购置（包括购买、进口、自产、受赠、获奖或其他方式取得并自用）应税车辆的行为，均应按规定缴纳车辆购置税。车辆购置税实行从价定率征收，购买车辆以支付给销售者的全部价款和价外费用（不包括增值税税款）之和为计税依据；进口车辆以关税完税价格、关税和应纳消费税三者之和为计税依据。车辆购置税税率为10%。车辆购置税实行一次征收制度，购置已征车辆购置税的车辆，不需再缴纳车辆购置税。

车辆购置税应由购置应税车辆的企业，在办理车辆注册登记前计算缴纳，所以，车辆购置税不形成应交款项，不必通过"应交税费"账户核算。应由企业在购置车辆计算缴纳税款时，直接计入固定资产价值，借记"固定资产"账户，贷记"银行存款"账户。

企业购置的减税、免税车辆购置后用途发生变化的，应按规定补交车辆购置税。企业补交税款时，借记"固定资产"账户，贷记"银行存款"账户。

【例9-41】某企业购置自用汽车一辆，买价300 000元，增值税税额39 000元，相关费用10 000元，价税款共计349 000元，已用银行存款支付。企业应缴纳的车辆购置税为：

应纳车辆购置税=（300 000+10 000）×10%=31 000（元）

① 企业应当或者可以不预先计提的税金（即应当或者可以在发生纳税义务的当期缴纳，而不是以后期间缴纳），如印花税、车辆购置税、耕地占用税、契税等，可以不通过"应交税费"科目核算，而是直接借记相关科目，贷记"银行存款"科目。当然，若印花税、车辆购置税、耕地占用税、契税等预先计提而在以后期间缴纳，或者企业为了会计核算的需要，则通过"应交税费"科目核算。

企业以银行存款一次性支付购置车辆价税款349 000元，缴纳车辆购置税31 000元时，编制会计分录如下：

借：固定资产（300 000+10 000+31 000） 341 000
　　应交税费——应交增值税（进项税额） 39 000
　贷：银行存款 380 000

2）印花税

企业缴纳的印花税，是由纳税人根据规定自行计算应纳税额以购买并一次贴足印花税票的方式缴纳的一种税款。一般情况下，企业需要预先购买印花税票，待发生应税行为时，再根据凭证的性质和规定的比例税率或按件计算应纳税额，将已购买的印花税票粘贴在应纳税凭证上，并在每枚税票的骑缝处盖戳注销或划销，办理完税手续。企业缴纳的印花税，不会发生应付未付税款的情况，不需要预计应纳税金额，同时也不存在与税务机关结算或清算的问题。

企业购买印花税票时，借记“税金及附加”账户，贷记“银行存款”或“库存现金”账户。企业一次购买印花税票数额较大的，为均衡费用负担，可以分期摊销。

【例9-42】某企业以银行存款购买印花税票5 400元，编制会计分录如下：

借：税金及附加 5 400
　贷：银行存款 5 400

注：耕地占用税、契税的核算从略。

拓展视野

学习税法，了解购买新车、买卖商品房需要缴纳哪些税种。

◉ 典型案例9-1

甲公司为增值税一般纳税人，增值税税率为13%，消费税税率为10%，材料按照实际成本进行核算，2024年5月发生以下经济业务：

（1）委托加工原材料一批（属于应税消费品），发出原材料成本为170 000元，支付加工费10 000元，增值税为1 300元；受托方代扣代缴了消费税。委托加工的原材料已全部收回，将直接出售，加工费和税金已用银行存款支付。

（2）收回的委托加工原材料全部出售，收取价款220 000元，增值税28 600元，存入银行。

要求：根据上述业务编制有关会计分录。

分析提示：结合本章中提到的关于委托加工应税消费品的会计处理方法，仔细分析该案例的会计分录应该怎样编制。

◉ 典型案例9-2

甲公司为增值税一般纳税人，适用的增值税税率为13%，存货收发采用实际成本法核算。该企业2024年5月发生以下经济业务：

（1）购入一批原材料，取得的增值税专用发票上注明的原材料价款为500 000元，货款已经支付；购入材料过程中另支付运费1 000元，取得增值税专用发票，进项税额按9%

计算，材料已经到达并验收入库。

（2）收购农产品，实际支付的价款为20 000元，收购的农产品已验收入库，增值税抵扣率为9%。

（3）用原材料对外投资，该批原材料的成本为500 000元，双方协议价格为600 000元。

（4）销售产品一批，销售价格为452 000元（含增值税），实际成本为360 000元，提货单和增值税专用发票已交购货方，货款尚未收到。该销售符合收入确认条件。

要求：根据上述业务编制有关会计分录。

分析提示：应交税费中应交增值税中关于“进项税额”及“销项税额”的计算，以及在不同业务下的会计账务处理是本章应重点掌握的内容。回顾相关知识点并作出有关业务的会计分录。

本章小结

流动负债，是指将在1年内或超过1年的一个营业周期内偿还的各种债务。流动负债主要包括短期借款、应付账款、应交税费、应付职工薪酬、应付利息等。本章主要介绍各主要流动负债的形成、内容以及确认与计量，包括：短期借款的账务处理；应付账款、应付票据、其他应付款等应付款项入账价值的确定及基本的账务处理；职工薪酬及其组成，应付职工薪酬的形成、结算及账务处理；主要应交税费的确定及账务处理等。

概念回顾

流动负债　应付票据　增值税　应付职工薪酬

第10章

非流动负债

学习目标

知识目标：掌握非流动负债的概念和分类、借款费用的范围及确认原则、借款费用资本化期间和金额的确定及会计处理；明确长期借款、应付债券、长期应付款、租赁负债的会计处理；了解长期借款的计算内容。

技能目标：熟悉长期借款、应付债券、长期应付款、租赁负债的账务处理。

素养提升

企业骗贷　银行受损

10.1 非流动负债概述

10.1.1 非流动负债的概念

非流动负债，又称长期负债，是指偿还期限在1年或超过1年的一个营业周期以上的负债。非流动负债是企业向债权人筹集的、可供长期使用的资金，主要包括长期借款、应付债券和长期应付款等。

非流动负债除了具有负债的共同特点之外，与流动负债相比，还具有偿还期限较长、可以分期偿还、债务金额较大等特点。

10.1.2 非流动负债的分类

1）按债款筹措方式分类

非流动负债按债款筹措方式划分，可分为四类：

（1）长期借款，是指企业向银行或其他金融机构借入的、偿还期在1年以上（不含1年）的各种借款。

（2）应付债券，是指企业为筹集（长期）资金而发行债券的本金和利息。企业债券是企业为筹集资金而发行的一种借款性质的书面凭证。企业发行长期债券，就可向债权人筹集可供长期使用的资金，并对债权人负有按期还本付息的责任，形成企业的一项非流动负债。

（3）长期应付款，是指企业除长期借款和应付债券以外的其他各种长期应付款项，包括以分期付款方式购入固定资产等发生的应付款项等。

（4）专项应付款，是指企业取得政府作为企业所有者投入的具有专项或特定用途的款项。

2）按计息和偿还方式分类

非流动负债按偿还方式划分，可分为两类：

（1）定期偿还的非流动负债，是指到期日一次偿还本金的非流动负债。企业发行债券通常采用这种方式。

（2）分期偿还的非流动负债，是指到期日之前分期偿还本金的非流动负债。以分期付款方式购入固定资产的款项通常采用这种方式。

3）按计息方式分类

非流动负债按计息方式划分，可分为两类：

（1）一次付息的非流动负债，是指在债务到期日一次支付债务利息的非流动负债。企业发行的一些企业债券会采用这种方式。

（2）分期付息的非流动负债，是指在到期日之前分期支付债务利息的非流动负债。一般分期偿还本金的其他流动负债的利息会采用这种付息方式。

4）按借款的币种分类

非流动负债按借款的币种划分，可分为两类：

（1）人民币非流动负债，是指借款为人民币或以人民币为基准计算的非流动负债，如人民币长期借款。

（2）外币非流动负债，是指借款为人民币以外的货币或以人民币以外的货币为基准计算的非流动负债。

10.1.3　借款费用的处理方法

借款费用是指企业因借入资金而发生的利息及其他相关成本，具体包括借款的利息、折价或溢价的摊销、辅助费用以及因外币借款而发生的汇兑差额等。

企业发生的借款费用，可直接归属于符合资本化条件的资产的购建或者生产的，应当予以资本化，计入相关资产成本；其他借款费用，应当在发生时根据其发生额确认为费用，计入当期损益。符合资本化条件的资产，是指需要经过相当长时间的购建或者生产活动才能达到预定可使用或者可销售状态的固定资产、投资性房地产和存货等资产。

在进行借款费用的账务处理时，根据已确定的借款费用资本化的金额，借记“在建工程”“制造费用”等账户；根据已确定的费用化的金额，借记“财务费用”账户；根据计算的应支付的利息，贷记“长期借款”“应付债券”“应付利息”等账户。

1）借款费用资本化的借款范围

借款费用应予以资本化的借款范围既包括专门借款，也包括一般借款。

（1）专门借款。

专门借款，是指为购建或生产符合资本化条件的资产而专门借入的款项。专门借款应当有明确的专门用途，即为购建或者生产某项符合资本化条件的资产而专门借入的，通常应当具有标明该借款用途的借款合同。

（2）一般借款。

一般借款，是指除专门借款之外的借款。一般借款在借入时，通常没有特指必须用于符合资本化条件的资产的购建或者生产。

对于一般借款，只有在购建或者生产符合资本化条件的资产占用了一般借款时，才应将与该部分一般借款相关的借款费用资本化；否则，所发生的借款费用应当计入当期损益。

拓展视野

通过网络查阅财政部会计司关于企业会计准则借款费用准则的实施问答，了解用于开发建造房屋建筑物的土地使用权是否满足《企业会计准则第17号——借款费用》(财会〔2006〕3号）关于"符合资本化条件的资产"的定义。

2）借款费用资本化的期间

借款费用资本化期间是指借款费用开始资本化时点到停止资本化时点的期间，但不包括借款费用暂停资本化的期间。

（1）资本化开始时间。

借款费用允许资本化必须同时满足三个条件，即资产支出已经发生、借款费用已经发生、为使资产达到预定可使用状态或者可销售状态所必要的购建或者生产活动已经开始。这三个条件中，只要其中一个条件没有满足，借款费用就不能开始资本化。

（2）资本化结束时间。

当所购建或者生产符合资本化条件的资产达到预定可使用或者可销售状态时，借款费用应当停止资本化；以后发生的借款费用应当在发生时根据其发生额确认为费用，计入当期损益。

资产达到预定可使用或者可销售状态，是指所购建或者生产符合资本化条件的资产已达到购买方、建造方或者企业自身等预先设计、计划或者合同约定的可以使用或者可以销售的状态。

（3）资本化暂停时间。

符合资本化条件的资产在购建或者生产过程中发生了非正常中断，并且中断时间连续超过3个月（含3个月)，则中断期间所发生的借款费用应当暂停资本化，将其计入当期损益，直至购建或者生产活动重新开始。但是，如果中断是使所购建或者生产符合资本化条件的资产达到预定可使用或者可销售状态所必要的程序，或者由于可预见的不可抗拒因素（如雨季或冰冻季节的原因）导致施工出现停顿，则借款费用的资本化应当继续进行。

3）借款费用资本化的金额

根据借款费用的处理原则，企业应先确定每期应予资本化的借款费用金额，每期应计入当期损益的借款费用金额则根据当期发生的借款费用总额减去当期应予资本化的借款费用金额后确定。

（1）专门借款资本化金额。

为购建或者生产符合资本化条件的资产而借入专门借款的，应当以专门借款当期实际发生的利息费用，减去将尚未动用的借款资金存入银行取得的利息收入或者进行暂时性投资取得的投资收益后的金额，确定为专门借款利息费用的资本化金额。

【例10-1】某公司于2024年1月1日正式动工兴建一幢办公楼，工期预计为1年。公司为建造办公楼于2024年1月1日向A银行专门借款600万元，借款期限为2年，年利率为6%。同时又向B银行专门借款500万元，借款期限为2年，年利率为8%。两项借款均到期一次还本付息。公司2024年度除了上述两项借款外，没有其他借款。公司按年计算应予资本化的利息金额。年末，两笔专门借款尚未动用期间获得的利息收益为2.2万元。

应计利息=600×6%+500×8%=76（万元）

资本化利息金额=76−2.2=73.8（万元）

编制会计分录如下：

借：在建工程	738 000
银行存款（或应收利息）	22 000
贷：长期借款	760 000

（2）一般借款资本化金额。

为购建或者生产符合资本化条件的资产占用了一般借款的，企业应当根据累计资产支出超过专门借款部分的资产支出加权平均数乘以所占用一般借款的资本化率，计算确定一般借款应予资本化的利息金额。企业占用一般借款购建或者生产符合资本化条件的资产时，一般借款的借款费用的资本化金额的确定应当与资产支出挂钩。有关计算公式如下：

$$\text{一般借款利息费用资本化金额}=\text{累计资产支出超过专门借款部分的资产支出加权平均数}\times\text{所占用一般借款的资本化率}$$

$$\text{累计资产支出超过专门借款部分的资产支出加权平均数}=\sum\left(\text{超过专门借款部分的每笔资产支出金额}\times\frac{\text{每笔资产支出占用的天数}}{\text{会计期间涵盖的天数}}\right)$$

上述公式中，“每笔资产支出占用的天数”是指发生在购建或者生产符合资本化条件的资产上的支出应承担的借款费用的时间长度。“会计期间涵盖的天数”是指计算应予资本化的借款费用金额的会计期间的长度。

$$\text{所占用一般借款的资本化率}=\text{所占用一般借款加权平均利率}=\sum\frac{\text{所占用一般借款当期实际发生的利息之和}}{\text{所占用一般借款本金加权平均数}}$$

$$\text{所占用一般借款本金加权平均数}=\sum\left(\text{所占用每笔一般借款本金}\times\frac{\text{每笔一般借款在当期所占用的天数}}{\text{当期天数}}\right)$$

【例10-2】某公司于2024年1月1日正式动工兴建一幢办公楼，工期预计为1年零6个月，工程采用出包方式，每月1日支付工程进度款。公司为建造办公楼于2023年12月1日向A银行专门借款800万元，借款期限为2年，年利率为10%。同时占用了2022年11月1日向B银行借入的一般借款400万元，借款期限为3年，年利率为8%。两项借款均到期一次还本付息。公司2024年度除了上述两项借款外，没有其他借款。公司按年计算应予资本化的利息金额。年末，专门借款尚未动用期间获得的利息收益为1.2万元。公司2024年度为建造办公楼的支出金额见表10-1。

公司2024年度为建造办公楼共支出1 560万元，而专门借款总额为800万元，一般借款为400万元，截至10月份公司的资产支出累计金额正好为1 200万元，因此，11至12月份发生的资产支出数不应纳入累计支出加权平均数的计算范围，计算过程如下：

表10-1　资产支出累计金额计算表

日期	支出项目	每期资产支出金额（万元）	资产支出累计金额（万元）
1月1日	大楼基础工程	200	200
2月1日	一楼部分工程	100	300
3月1日	一楼部分工程	120	420
4月1日	二楼部分工程	110	530
5月1日	二楼部分工程	100	630
6月1日	三楼部分工程	90	720
7月1日	三楼部分工程	120	840
8月1日	四楼部分工程	130	970
9月1日	四楼部分工程	120	1 090
10月1日	五楼部分工程	110	1 200
11月1日	五楼部分工程	120	1 320
12月1日	六楼部分工程	240	1 560

（1）专门借款资本化金额：

800×10%−1.2=78.8（万元）

（2）一般借款资本化金额：

一般借款累计支出加权平均数=40×180÷360+130×150÷360+120×120÷360+110× 90÷360

=20+54.17+40+27.50

=141.67（万元）

一般借款资本化金额=141.67×8%=11.33（万元）

（3）2024年度应予资本化的利息金额=78.8+11.33=90.13（万元）

（4）2024年度计入当期损益的利息金额=400×8%−11.33=20.67（万元）

编制会计分录如下：

借：在建工程　901 300

　　财务费用　206 700

　　银行存款（应收利息）　12 000

　贷：长期借款　1 120 000

借款存在折价或者溢价的，应当按照实际利率法确定每一会计期间应摊销的折价或溢价金额，调整每期利息金额。每一会计期间的利息资本化金额，不应当超过当期相关借款实际发生的利息金额。

启示窗10-1

在确定借款费用资本化金额时，与专门借款有关的利息收入应记入什么账户？

10.2 长期借款

10.2.1 长期借款概述

1）长期借款的种类

长期借款，是指企业从银行或其他金融机构借入的期限在1年以上（不含1年）的借款。长期借款一般用于固定资产的购置和建造工程，以及流动资产的正常需要等方面。长期借款具有借款数额大、借款期限长等特点。因此，企业要取得借款，必须符合金融机构申请借款条件，并履行必要的程序。企业需要向金融机构借入款项时，必须首先提出申请，说明借款原因、借款用途、使用时间、使用计划、归还期限等，然后签订借款合同，取得银行或其他金融机构的借款。

企业的长期借款，可以按照不同的标志进行分类。其主要的分类标志及种类有：

（1）长期借款按借款条件可以划分为抵押借款、信用借款和担保借款。抵押借款是指以企业的动产或不动产作为抵押，以保证按期还款而取得的借款；信用借款是指不以特定的抵押财产作保证，仅凭企业的良好信誉而取得的借款；担保借款是指企业通过其他具有法人资格的单位担保而取得的借款。

（2）长期借款按借款币种可以划分为人民币借款和外币借款。

（3）长期借款按借款付息方式可以划分为到期一次偿还本息借款和分期付息借款。

2）长期借款利息的计算

利息及本利和的计算公式如下：

利息=本金×利率×期数

本利和=本金+利息=本金×（1+利率×期数）

【例10-3】某公司向招商银行借入4年期借款60万元，年利率为8%，每年计息一次，到期一次还本付息。

每年利息=600 000×8%=48 000（元）

4年的利息总额=600 000×8%×4=192 000（元）

4年的本利和=600 000+192 000=792 000（元）

长期借款的利息，可根据借款合同规定，采用分期付息或到期一次还本付息的方式，不论采用哪一种付息方式，均应按权责发生制原则，将应由本期负担的长期借款利息计提入账。

10.2.2 长期借款的会计处理

1）账户设置

为反映企业长期借款的取得、应计利息和归还本息等情况，设置“长期借款”“应付利息”账户。

“长期借款”账户，核算企业向金融机构等借入的长期借款，贷方发生额反映借入的本金及计提的利息；借方发生额反映归还的借款本金及利息；期末贷方余额表示尚未偿还的长期借款本金及利息。该账户按贷款单位和贷款种类，设置“本金”“利息调整”“应计利息”等明细账进行明细核算。

“应付利息”账户，核算企业发生的分期付息的应付未付利息。

企业借入长期借款，按实际收到的金额，借记“银行存款”账户；按长期借款的本金，贷记“长期借款——本金”账户；按两者之间的差额，借记“长期借款——利息调整”账户。

资产负债表日，应按摊余成本和实际利率计算确定长期借款的利息费用，借记“在建工程”“制造费用”“研发支出”“财务费用”等账户；按借款本金和合同利率计算确定的应付未付利息，贷记“应付利息”“长期借款——应计利息”账户；按其差额，贷记“长期借款——利息调整”账户。

实际利率与合同利率差异较小的，也可以采用合同利率计算确定利息费用。

企业归还长期借款，按归还的借款本金，借记“长期借款——本金”账户；按已计提的利息，借记“应付利息”“长期借款——应计利息”账户；按实际支付的借款本息，贷记“银行存款”账户。

2）长期借款的账务处理

【例10-4】某公司2022年1月1日从银行借入资金100万元用于购买仪器。该借款期限为3年，年利率为6%，到期一次还本付息。借款费用不满足资本化条件，编制会计分录如下：

（1）2022年1月1日，取得借款时：

借：银行存款　1 000 000

　贷：长期借款——本金　1 000 000

（2）2022年12月31日计提利息：

借：财务费用　60 000

　贷：长期借款——应计利息　60 000

（3）2023年12月31日，计提利息。会计分录同（2）。

（4）2024年12月31日，还本付息：

借：长期借款——本金　1 000 000

　　　　　——应计利息　120 000

　财务费用　60 000

　贷：银行存款　1 180 000

启示窗10-2

长期借款进行明细核算应当设置的明细账户包括以下各项中的哪几项？

A.本金；B.应计利息；C.交易费用；D.利息调整；E.溢折价。

10.3 应付债券

10.3.1 应付债券概述

1）债券的种类

债券是经济主体为筹集资金而发行的，用以记载和反映债权债务关系的有价证券。由企业发行的债券称为企业债券或公司债券。这里所说的应付债券，是指企业为筹集（长期）资金而发行债券的本金和利息。

按照《公司法》的规定，公司债券有如下分类方式：

（1）按债券上是否记有持券人的姓名或名称，分为记名债券和无记名债券。

（2）按能否转换为公司股票，分为可转换债券和不可转换债券。一般来讲，可转换债券的利率要低于不可转换债券的利率。

2）债券的发行价格

债券的发行价格是指债券发行时使用的价格。债券的发行价格通常有三种：平价、溢价和折价。

平价指以债券的票面金额为发行价格；溢价指以高出债券票面金额的金额为发行价格；折价指以低于债券票面金额的金额为发行价格。债券发行价格的形成受多种因素的影响，其中最主要的是票面利率与市场利率的一致程度。债券的票面金额、票面利率在债券发行前即已参照市场利率和发行公司的具体情况确定下来，并载明于债券之上，但在发行债券时已确定的票面利率不一定与当时的市场利率一致。为了协调债券购销双方在债券利息上的利益，就要调整发行价格，即当票面利率高于市场利率时，以溢价发行债券，溢价发行表明企业以后多付利息而事先得到的补偿；当票面利率低于市场利率时，以折价发行债券，折价发行表明企业以后少付利息而预先给投资者的补偿；当票面利率等于市场利率时，以平价发行债券。溢价或折价是发行债券企业在债券存续期内对利息费用的一种调整。

10.3.2　应付债券的会计处理

1）账户设置

企业发行长期债券，应设置“应付债券”账户，核算企业为筹集长期资金而实际发行的债券及应付的利息。该账户下分设“面值”、“利息调整”和“应计利息”等进行明细核算。

（1）债券的发行。

企业发行债券时，按实际收到的款项，借记“银行存款”等账户；按债券票面金额，贷记“应付债券——面值”账户；存在差额的，还应借记或贷记“应付债券——利息调整”账户。

（2）资产负债表日计息。

❶对于分期付息、一次还本的债券，应于资产负债表日按摊余成本和实际利率计算确定的债券利息费用，借记“在建工程”“财务费用”“制造费用”“研发支出”等账户；按票面金额和票面利率计算确定的应付未付利息，贷记“应付利息”账户；按其差额，借记或贷记“应付债券——利息调整”账户。

❷对于一次还本付息的债券，应于资产负债表日按摊余成本和实际利率确定的债券利息费用，借记“在建工程”“财务费用”“制造费用”“研发支出”等账户；按票面金额和票面利率计算确定的应付未付利息，贷记“应付债券——应计利息”账户；按其差额，借记或贷记“应付债券——利息调整”账户。实际利率与合同约定的名义利率差异不大的，也可以采用合同约定的名义利率计算确定利息费用。

（3）债券到期。

❶对于分期付息、一次还本的债券，在长期债券到期支付债券本金和最后一期利息

时，借记“应付债券——面值”“在建工程”“财务费用”“制造费用”等账户，贷记“银行存款”账户；按借贷双方之间的差额，借记或贷记“应付债券——利息调整”账户。

❷对于一次还本付息的债券，在长期债券到期，支付债券本息时，借记“应付债券——面值”“应付债券——应计利息”账户，贷记“银行存款”账户。

启示窗10-3

乙公司于2024年1月1日溢价发行5年期一次还本的公司债券。该债券的实际发行价格为1 090万元（不考虑发行费用），债券面值总额为1 000万元，票面利率为6%，实际利率为4%。该债券于每年6月30日和12月31日支付利息。2024年12月31日应付债券的摊余成本为多少？

2）应付债券的账务处理

【例10-5】某公司经批准于2023年1月1日发行2年期、面值为200元的债券50 000张，债券年利率为3%，每年6月30日和12月31日付息，到期时归还本金。该债券发行价为9 809 600元，债券实际利率为4%，所筹资金用于新生产线的建设，该生产线于2023年6月底完工交付使用，债券折价采用实际利率法摊销。编制会计分录如下：

（1）2023年1月1日发行债券：

借：银行存款	9 809 600	
应付债券——利息调整	190 400	
贷：应付债券——面值		10 000 000

（2）2023年6月30日计提利息和支付利息：

利息=9 809 600×4%÷2=196 192（元）

借：在建工程——生产线	196 192	
贷：应付利息（200×50 000×3%÷2）		150 000
应付债券——利息调整		46 192
借：应付利息	150 000	
贷：银行存款		150 000

（3）2023年12月31日计提利息和支付利息：

利息=（9 809 600+46 192）×4%÷2=197 115.84（元）

借：财务费用	197 115.84	
贷：应付利息		150 000
应付债券——利息调整		47 115.84

支付利息分录略。

（4）2024年6月30日计提利息和支付利息：

利息=（9 809 600+46 192+47 115.84）×4%÷2=198 058.16（元）

借：财务费用	198 058.16	
贷：应付利息		150 000
应付债券——利息调整		48 058.16

支付利息分录略。

（5）2024年12月31日计提利息和支付利息：

尚未摊销的“利息调整”的余额=190 400-46 192-47 115.84-48 058.16=49 034（元）

借：财务费用	199 034	
贷：应付利息		150 000
应付债券——利息调整		49 034
借：应付债券——面值	10 000 000	
应付利息	150 000	
贷：银行存款		10 150 000

10.4　其他非流动负债

10.4.1　长期应付款

1）长期应付款的种类

长期应付款，是指企业除长期借款和应付债券以外的其他各种长期应付款项，主要有分期付款方式购入固定资产款等。

长期应付款所发生的借款费用，按照前述借款费用的处理方法确认入账。

2）长期应付款的账务处理

分期付款方式购入资产发生的应付款项，如果延期支付的购买价款超过正常信用的条件，实质上具有融资性质，所购资产的成本应当以延期支付购买价款的现值为基础确定。实际支付的价款与购买价款的现值之间的差额，应当在信用期间内采用实际利率法进行摊销。应付分期付款方式购入固定资产款的账务处理参见“6.2　固定资产的取得”的内容。

启示窗10-4

下列各项中，哪些属于应通过“长期应付款”账户核算的经济业务？

A.以分期付款方式购入固定资产发生的应付款；B.以分期付款方式购入无形资产发生的应付款；C.以分期付款方式购入存货发生的应付款。

10.4.2　租赁负债

承租人对所有的租赁资产，不再区分经营租赁和融资租赁。除短期租赁和低价值资产租赁除外，在租赁期开始日，应当对租赁确认使用权资产和租赁负债。

拓展思维

（1）承租人与出租人签订租赁期为1年的租赁合同，能否简单认定该租赁为短期租赁？（2）租赁期不超过12个月且包含购买选择权的租赁是否属于短期租赁？

使用权资产，是指承租人可在租赁期内使用租赁资产的权利。

租赁期开始日，是指出租人提供租赁资产使其可供承租人使用的起始日期。

1）使用权资产的初始计量

使用权资产应当按照成本进行初始计量。该成本包括：

（1）租赁负债的初始计量金额。

（2）在租赁期开始日或之前支付的租赁付款额，存在租赁激励的，扣除已享受的租赁激励相关金额。其中，租赁激励，是指出租人为达成租赁向承租人提供的优惠，包括出租人向承租人支付的与租赁有关的款项、出租人为承租人偿付或承担的成本等。

（3）承租人发生的初始直接费用。初始直接费用，是指为达成租赁所发生的增量成本。增量成本是指若企业不取得该租赁，则不会发生的成本。

（4）承租人为拆卸及移除租赁资产、复原租赁资产所在场地或将租赁资产恢复至租赁条款约定状态预计将发生的成本。

微课

租赁负债的初始计量

为核算承租人持有的使用权资产的原价，应设置“使用权资产”账户。该账户可按照租赁资产的类别和项目进行明细核算。

2）租赁负债的初始计量

租赁负债应当按照租赁期开始日尚未支付的租赁付款额的现值进行初始计量。

在计算租赁付款额的现值时，承租人应当采用租赁内含利率作为折现率；无法确定租赁内含利率的，应当采用承租人增量借款利率作为折现率。其中，租赁内含利率，是指使出租人的租赁收款额的现值与未担保余值的现值之和等于租赁资产公允价值与出租人的初始直接费用之和的利率。承租人增量借款利率，是指承租人在类似经济环境下为获得与使用权资产价值接近的资产，在类似期间以类似抵押条件借入资金须支付的利率。

租赁付款额，是指承租人向出租人支付的与在租赁期内使用租赁资产的权利相关的款项，包括：

（1）固定付款额及实质固定付款额，存在租赁激励的，扣除租赁激励相关金额。实质固定付款额，是指在形式上可能包含变量但实质上无法避免的付款额。

（2）取决于指数或比率的可变租赁付款额。该款项在初始计量时根据租赁期开始日的指数或比率确定。可变租赁付款额，是指承租人为取得在租赁期内使用租赁资产的权利，向出租人支付的因租赁期开始日后的事实或情况发生变化（而非时间推移）而变动的款项。取决于指数或比率的可变租赁付款额包括与消费者价格指数挂钩的款项、与基准利率挂钩的款项和为反映市场租金费率变化而变动的款项等。

（3）购买选择权的行权价格（前提是承租人合理确定将行使该选择权）。

（4）行使终止租赁选择权需支付的款项（前提是租赁期反映出承租人将行使终止租赁选择权）。

（5）根据承租人提供的担保余值预计应支付的款项。担保余值，是指与出租人无关的一方向出租人提供担保，保证在租赁结束时租赁资产的价值至少为某指定的金额。

为核算承租人尚未支付的租赁付款额的现值，应设置“租赁负债”账户。该账户设置“租赁付款额”“未确认融资费用”进行明细核算。

在租赁期开始日，承租人按照尚未支付的租赁付款额，贷记“租赁负债——租赁付款额”，按尚未支付的租赁付款额的现值，借记“使用权资产”，按尚未支付的租赁付款额与现值的差额，借记“租赁负债——未确认融资费用”。

3）租赁负债的后续计量

在租赁期开始日后，承租人应当采用成本模式对使用权资产进行后续计量。按照固定资产有关折旧规定，对使用权资产计提折旧，确定使用权资产是否发生减值，同时对已识别的减值损失计提减值准备并进行会计处理。

为核算使用权资产的折旧和减值情况，应分别设置“使用权资产累计折旧”“使用权资产减值准备”账户。

在租赁期开始日后，承租人应当按以下原则对租赁负债进行后续计量：

（1）确认租赁负债的利息时，增加租赁负债的账面价值；

（2）支付租赁付款额时，减少租赁负债的账面价值；

（3）因重估或租赁变更等原因导致租赁付款额发生变动时，重新计量租赁负债的账面价值。

承租人应当按照固定的周期性利率，即租赁内含利率，计算租赁负债在租赁期内各期间的利息费用，并计入当期损益。若按照《企业会计准则第17号——借款费用》等其他准则规定应当计入相关资产成本的，从其规定。

承租人在确认租赁期内各个期间的利息时，应当借记“财务费用”“在建工程”等，贷记“租赁负债——未确认融资费用”。

承租人支付租赁付款额时，借记“租赁负债——租赁付款额”等，贷记“银行存款”等。

【例10-6】2021年12月31日，甲公司租赁一设备给乙公司，起租日期为租赁物运抵甲公司生产车间之日，即2022年1月1日。该设备尚可使用5年。租赁期为从起租日算起36个月，即2022年1月1日至2024年12月31日。租金支付方式为自起租日起每年年末支付租金1 000 000元。折现率为8%，（P/A，8%，3）为2.5771，设备利息费用满足资本化条件。

甲公司的会计处理如下：

（1）租赁期开始日：

租赁付款额的现值=1 000 000×（P/A，8%，3）

=1 000 000×2.5771=2 577 100（元）

借：使用权资产	2 577 100	
租赁负债——未确认融资费用	422 900	
贷：租赁负债——租赁付款额		3 000 000

（2）2022年12月31日，支付第一期租金时：

借：租赁负债——租赁付款额	1 000 000	
贷：银行存款		1 000 000

（3）2022年1至12月，每月分摊利息时：

2 577 100×8%÷12=206 168÷12=17 180.67（元）

借：在建工程	17 180.67	
贷：租赁负债——未确认融资费用		17 180.67

（4）2023年12月31日，支付第二期租金时：

借：租赁负债——租赁付款额	1 000 000	
贷：银行存款		1 000 000

（5）2023年1月至12月，每月分摊利息时：

（2 577 100−1 000 000+206 168）×8%÷12=142 661.44÷12=11 888.45（元）

借：在建工程	11 888.45	

　　贷：租赁负债——未确认融资费用　　11 888.45

（6）2024年12月31日，支付第三期租金时：

借：租赁负债——租赁付款额　　1 000 000

　　贷：银行存款　　1 000 000

（7）2024年1至12月，每月分摊利息时：

（422 900−206 168−142 661.44）÷12=74 070.56÷12=6 172.55（元）

借：在建工程　　6 172.55

　　贷：租赁负债——未确认融资费用　　6 172.55

同时，每月计提使用权资产的折旧。

由于甲公司无法合理确定在租赁期满时能够取得使用权资产的所有权，因此，应当在租赁期与租赁资产尚可使用年限两者中的较短的期间内计提折旧。本例中，租赁期为3年，短于租赁资产尚可使用年限5年，因此按3年计提折旧。按年限平均法计算每月折旧额为：

2 577 100÷3÷12 =859 033.33÷12=71 586.11（元）

借：制造费用　　71 586.11

　　贷：使用权资产累计折旧　　71 586.11

议一议　同学们，如果某租赁合同变更导致租赁期缩短至1年以内，承租人要变成短期租赁进行会计处理并追溯调整吗？

10.4.3　专项应付款

为核算专项应付款，应设置“专项应付款”账户，并按资本性投资项目的种类进行明细核算。

企业收到款项，借记“银行存款”等账户，贷记“专项应付款”账户；用于工程项目的，借记“在建工程”等账户，贷记“银行存款”“应付职工薪酬”等账户。

工程项目完工，根据形成长期资产的部分，借记“专项应付款”账户，贷记“资本公积——资本溢价”账户；根据未形成长期资产的部分，借记“专项应付款”账户，贷记“在建工程”等账户；根据结余款项，借记“专项应付款”账户，贷记“银行存款”账户。

上述资本溢价转增资本时，借记“资本公积——资本溢价”账户，贷记“实收资本”账户。

◉ 典型案例10-1

红星实业股份有限公司（简称红星公司）2024年1月1日经批准，发行10 000万元记账式公司债券，用于公司厂房的二期改扩建工程。债券期限为5年，票面利率为4%，在债券存续期间内固定不变，债券利息按年计算，每年年底支付，本金到期一次还清。每张债券面值为100元。债券发行时，根据市场利率和票面利率的比较，红星公司决定按照每张债券110元的价格发行。给承销商的债券发行佣金及手续费为500万元，直接在债券收入中扣除。该公司采用实际利率法确定债券的摊余成本，实际利率为2.92%。假定从2024年1月1日起的4年内，债券利息等相关项目满足借款费用的资本化条件。

要求：

（1）计算红星公司发行的该债券每年的溢价及交易费用的摊销金额。

（2）为红星公司编制与该债券有关的所有会计分录。

分析提示：回顾本章中所提及的应付债券的会计处理及例题中所编制的会计分录，结合案例中的业务和数据，进行相应的计算并编制会计分录。

◉ 典型案例10-2

甲公司2023年4月1日开始建造一项工程，工程支出合计1 300 000元，其中，2023年4月1日支出500 000元，2023年10月1日支出300 000元，2024年1月1日支出500 000元。该工程所需资金全部来自两笔借款：

（1）2023年1月1日从银行取得一笔专门借款，金额为1 000 000元，期限为3年，利率为6%，利息于每年年初支付。未使用部分存款月利率为0.03%。

（2）2023年7月1日从银行取得一笔一般借款，金额为2 000 000元，期限为2年，利率为7%，利息于每年7月1日支付。

该工程于2024年12月31日达到预定可使用状态，其中2024年3月1日至2024年7月1日工程由于合同纠纷停工。

要求：

（1）确定借款利息资本化的期间。

（2）编制甲公司2023年6月30日计提利息的会计分录。

（3）编制甲公司2023年12月31日计提利息的会计分录。

（4）编制甲公司2024年6月30日计提利息的会计分录。

（5）编制甲公司2024年12月31日计提利息的会计分录。

分析提示：借款费用的资本化问题是本章的重点、难点问题，需理解并掌握计算借款费用资本化的计算公式及相应的会计分录，并结合上面的案例看是否已经掌握相关内容。

本章小结

非流动负债是指偿还期限在1年或超过1年的一个营业周期以上的债务。企业举借长期负债是企业的筹资策略，能对企业的生产经营活动产生重大影响。企业的非流动负债主要有长期借款、应付债券、长期应付款、租赁负债等。本章主要介绍：非流动负债的内容、分类；借款费用的确认；长期借款的取得、计息和本息偿还的账务处理；应付债券的取得、计息和偿还的账务处理；长期应付款的账务处理；租赁负债的账务处理等。

概念回顾

非流动负债　借款费用　债券溢折价　专项应付款　达到预定可使用状态

第11章

收入、费用和利润

学习目标

知识目标：掌握收入的概念及特点、收入的确认和计量；明确收入确认的五步法；了解期间费用的内容，掌握利润的计算。

技能目标：熟悉主营业务收入、其他业务收入、销售费用、管理费用、财务费用、本年（期）利润和利润分配的账务处理。

素养提升

康得新退市

11.1 收　入

11.1.1　收入的概念和特征

1）收入的概念

收入是指企业在日常活动中形成的、会导致所有者权益增加的、与所有者投入资本无关的经济利益的总流入。它适用于所有与客户之间的合同收入，但不包括长期股权投资、金融工具、金融资产转移、租赁、原保险合同、再保险合同等形成的收入。“客户”是指与企业订立合同以向该企业购买其日常活动产出的商品或服务并支付对价的一方；“合同”是指双方或多方之间订立有法律约束力的权利义务的协议。

2）收入的特征

（1）收入是企业在日常活动中形成的经济利益的总流入。

日常活动是指企业为完成其经营目标所从事的经常性活动以及与之相关的活动。如工业企业销售商品、商品流通企业销售商品、安装公司提供安装服务等均属于企业为完成其经营目标所从事的经常性活动，由此产生的经济利益的总流入构成收入。

工业企业转让无形资产使用权、出售不需用原材料等，属于与经常性活动相关的活动，由此产生的经济利益的总流入也构成收入。有些活动也能为企业带来经济利益，但不是企业为完成其经营目标所从事的经常性活动，也不属于与经常性活动相关的活动，如企业取得的罚款等，这些活动形成的经济利益的总流入属于企业的利得而不是收入。利得，通常不经过经营过程就能取得，多数属于企业不曾期望获得的收益。

（2）收入能导致企业所有者权益的增加。

收入能增加资产或减少负债或二者兼而有之，因此，根据“资产-负债=所有者权益”，企业取得收入增加所有者权益。但收入扣除相关成本费用后的净额，既可能增加所有者权益，也可能减少所有者权益。这里仅指收入本身导致的所有者权益增加，而不是指收入扣除相关成本费用后的净额对所有者权益的影响。

（3）收入与所有者投入资本无关。

所有者投入资本主要是为谋求享有企业资产的剩余权益，由此形成的经济利益的总流入不构成收入，而应确认为企业所有者权益的组成部分。

11.1.2 收入的分类

收入按企业经营业务的主次不同，分为主营业务收入和其他业务收入。

1）主营业务收入

主营业务收入是指企业为完成其经营目标所从事的经营性活动实现的收入。主营业务收入一般占企业总收入的比重较大，对企业的经济效益产生较大影响。不同行业企业的主营业务收入所包括的内容不同，例如，工业企业的主营业务收入主要包括销售商品、自制半成品和提供工业性劳务等实现的收入；商业企业的主营业务收入主要包括销售商品实现的收入；咨询公司的主营业务收入主要包括提供咨询服务实现的收入；安装公司的主营业务收入主要包括提供安装服务实现的收入。

企业实现的主营业务收入，通过“主营业务收入”账户核算，并通过“主营业务成本”账户核算为取得主营业务收入发生的相关成本。

2）其他业务收入

其他业务收入是指企业为完成其经营目标所从事的与经常性活动相关的其他活动实现的收入。其他业务收入属于企业日常活动中次要交易实现的收入，一般占企业总收入的比重较小。不同行业企业的其他业务收入所包括的内容不同，比如，工业企业的其他业务收入主要包括对外销售材料、对外出租包装物和商品、提供非工业性劳务等实现的收入。

企业实现的其他业务收入，通过“其他业务收入”账户核算，并通过“其他业务成本”账户核算为取得其他业务收入发生的相关成本。

11.1.3 收入的确认条件

我国收入准则规定，企业应当在履行了合同中的履约义务，即在客户取得相关商品控制权时确认收入。

收入准则采用了统一的收入确认模型来规范企业所有与客户之间的合同产生的收入，设立了“*五步法*”来确认和计量收入：

第一步，识别与客户订立的合同。

第二步，识别合同中的单项履约义务。

第三步，确定交易价格。

第四步，将交易价格分摊至各单项履约义务。

第五步，履行每一单项义务时确认收入。

其中，第一步、第二步和第五步主要与收入的确认有关，第三步和第四步主要与收入的计量有关。

11.1.4　收入“五步法”的应用

1）识别与客户订立的合同

合同，是指双方或多方之间订立有法律约束力的权利义务的协议。合同包括书面形式、口头形式以及其他形式（如隐含于商业惯例或企业以往的习惯做法中等）。企业与客户之间的合同同时满足下列五项条件的，企业应当在履行了合同中的履约义务，即在客户取得相关商品控制权时确认收入：

（1）合同各方已批准该合同并承诺将履行各自义务；

（2）该合同明确了合同各方与所转让商品相关的权利和义务；

（3）该合同有明确的与所转让商品相关的支付条款；

（4）该合同具有商业实质，即履行该合同将改变企业未来现金流量的风险、时间分布或金额；

（5）企业因向客户转让商品而有权取得的对价很可能收回。

【例11-1】甲公司与乙公司签订合同，将一项专利技术授权给乙公司使用，并按其使用情况收取特许权使用费。甲公司评估认为，该合同在合同开始日满足收入准则第五条规定的五项条件。该专利技术在合同开始日即授权给乙公司使用。

在合同开始日后的第1年内，乙公司每季度向甲公司提供该专利技术的使用情况报告，并在约定的期间内支付特许权使用费。

在合同开始日后的第2年内，乙公司继续使用该专利技术，但是，乙公司的财务状况下滑，融资能力下降，可用资金不足，因此，乙公司仅按合同支付了当年第一季度的特许权使用费，而后三个季度仅按象征性金额付款。

在合同开始日后的第3年内，乙公司继续使用甲公司的专利技术。但是，甲公司得知，乙公司已经完全丧失了融资能力，且流失了大部分客户，因此，乙公司的付款能力进一步恶化，信用风险显著升高。

分析：本例中，该合同在合同开始日满足收入准则第五条规定的五项条件，因此，甲公司在乙公司使用该专利技术的行为发生时，按照约定的特许权使用费确认收入。

合同开始日后的第2年，由于乙公司的信用风险升高，甲公司在确认收入的同时，要对乙公司的应收款项进行减值测试。

合同开始日后的第3年，由于乙公司的财务状况恶化，信用风险显著升高，甲公司对该合同进行了重新评估，认为不再满足“企业因向客户转让商品而有权取得的对价很可能收回”这一条件，因此，甲公司不再确认特许权使用费收入，同时，对现有应收款项是否发生减值继续进行评估。

2）识别合同中的单项履约义务

合同开始日，企业应当对合同进行评估，识别该合同所包含的各单项履约义务。

履约义务，是指合同中企业向客户转让可明确区分商品的承诺。履约义务既包括合同中明确的承诺，也包括由于企业已公开宣布的政策、特定声明或以往的习惯做法等导致合同订立时客户合理预期企业将履行的承诺。

3）确定交易价格

企业应当首先确定合同的交易价格，再按照分摊至各单项履约义务的交易价格计量收入。

交易价格，是指企业因向客户转让商品而预期有权收取的对价金额。企业代第三方收取的款项（如增值税）以及企业预期将退还给客户的款项，应当作为负债进行会计处理，不计入交易价格。合同标价并不一定代表交易价格，企业应当根据合同条款，并结合以往的习惯做法确定交易价格。

在确定交易价格时，企业应当考虑可变对价、合同中存在的重大融资成分、非现金对价以及应付客户对价等因素的影响，并应当假定将按照现有合同的约定向客户转移商品，且该合同不会被取消、续约或变更。

（1）可变对价。

企业与客户的合同中约定的对价金额可能是固定的，也可能会因折扣、价格折让、返利、退款、奖励积分、激励措施、业绩奖金、索赔等因素而变化。此外，企业有权收取的对价金额，将根据一项或多项或有事项的发生有所不同的情况，也属于可变对价的情形，例如，企业售出商品但允许客户退货时，由于企业有权收取的对价金额将取决于客户是否退货，因此该合同的交易价格是可变的。

拓展思维

对于给予客户的现金折扣应当如何进行会计处理？

【例 11-2】甲公司为其客户建造一栋厂房，合同约定的价款为100万元，但是，如果甲公司不能在合同签订之日起的120天内竣工，则须支付10万元罚款，该罚款从合同价款中扣除。上述金额均不含增值税。

分析：本例中，该合同的对价金额实际由两部分组成，即90万元的固定价格以及10万元的可变对价。

（2）合同中存在重大融资成分。

当企业将商品的控制权转移给客户的时间与客户实际付款的时间不一致时，如企业以赊销的方式销售商品，或者要求客户支付预付款等，如果各方以在合同中明确（或者以隐含的方式）约定的付款时间为客户或企业就转让商品的交易提供了重大融资利益，则合同中即包含了重大融资成分，企业在确定交易价格时，应当对已承诺的对价金额作出调整，以剔除货币时间价值的影响。

合同中存在重大融资成分的，企业应当按照假定客户在取得商品控制权时即以现金支付的应付金额（即现销价格）确定交易价格。

【例 11-3】2024年1月，甲公司与乙公司签订了一项施工总承包合同。合同约定的工期为30个月，工程造价为8亿元（不含税价）。甲乙双方每季度进行一次工程结算，并于完工时进行竣工结算，每次工程结算额（除质保金及相应的增值税外）由乙公司于工程结算后5个工作日内支付；除质保金外的工程尾款于竣工结算后10个工作日内支付；合同金额的3%作为质保金，用以保证项目在竣工后2年内正常运行，在质保期满后5个工作日内支付。

分析：本例中，乙公司保留了3%的质保金直到项目竣工2年后支付，虽然服务完成时间与乙公司付款的时间间隔较长，但是，该质保金旨在为乙公司提供工程质量保证，以防甲公司未能完成其合同义务，而并非向乙公司提供融资。因此，甲公司认为该合同中不包含重大融资成分，无需就延期支付质保金的影响调整交易价格。

（3）非现金对价。

当企业因转让商品而有权向客户收取的对价是非现金形式时，如实物资产、无形资产、股权、客户提供的广告服务等，企业通常应当按照非现金对价在合同开始日的公允价值确定交易价格。非现金对价公允价值不能合理估计的，企业应当参照其承诺向客户转让商品的单独售价间接确定交易价格。

企业在向客户转让商品的同时，如果客户向企业投入材料、设备或人工等商品，以协助企业履行合同，企业应当评估其是否取得了对这些商品的控制权，取得这些商品控制权的，企业应当将这些商品作为从客户收取的非现金对价进行会计处理。

（4）应付客户对价。

企业在向客户转让商品的同时，需要向客户或第三方支付对价的，应当将该应付对价冲减交易价格，但应付客户对价是为了自客户取得其他可明确区分商品的除外。

4）将交易价格分摊至各单项履约义务

当合同中包含两项或多项履约义务时，需要将交易价格分摊至各单项履约义务，以使企业分摊至各单项履约义务（或可明确区分的商品）的交易价格能够反映其因向客户转让已承诺的相关商品而预期有权收取的对价金额。

（1）单独售价确定方法。

合同中包含两项或多项履约义务的，企业应当在合同开始日，按照各单项履约义务所承诺商品的单独售价的相对比例，将交易价格分摊至各单项履约义务。

单独售价，是指企业向客户单独销售商品的价格。企业在类似环境下向类似客户单独销售某商品的价格，应作为确定该商品单独售价的最佳证据。

【例 11-4】甲公司与客户签订合同，向其销售 A、B、C 三件产品，合同价款为 10 000 元。A、B、C 产品的单独售价分别为 5 000 元、2 500 元和 7 500 元，合计 15 000 元。上述价格均不包含增值税。

分析：本例中，根据上述交易价格分摊原则，A 产品应当分摊的交易价格为 3 333 元（5 000÷15 000×10 000），B 产品应当分摊的交易价格为 1 667 元（2 500÷15 000×10 000），C 产品应当分摊的交易价格为 5 000 元（7 500÷15 000×10 000）。

单独售价无法直接观察的，企业应当综合考虑其能够合理取得的全部相关信息，采用市场调整法、成本加成法、余值法等合理估计单独售价。

（2）分摊合同折扣。

当客户购买的一组商品中所包含的各单项商品的单独售价之和高于合同交易价格时，表明客户因购买该组商品而取得了合同折扣。合同折扣，是指合同中各单项履约义务所承诺商品的单独售价之和高于合同交易价格的金额。企业应当在各单项履约义务之间按比例分摊合同折扣。

【例 11-5】甲企业与客户签订合同，向其销售 A、B、C 三种产品，合同总价款为 120 万元，这三种产品构成三项履约义务。A 产品的单独售价可直接观察；B 产品和 C 产品的单独售价不可直接观察，甲企业采用市场调整法估计的 B 产品单独售价为 25 万元，采用成本加成法估计的 C 产品单独售价为 75 万元。甲企业通常以 50 万元的价格单独销售 A 产品，并将 B 产品和 C 产品组合在一起以 70 万元的价格销售。上述价格均不包含增值税。

分析：本例中，三种产品的单独售价合计为150万元，而该合同的价格为120万元，该合同的整体折扣为30万元。由于甲企业经常将B产品和C产品组合在一起以70万元的价格销售，该价格与其单独售价之和（100万元）的差额为30万元，与该合同的整体折扣一致，而A产品单独销售的价格与其单独售价一致，证明该合同的整体折扣仅应归属于B产品和C产品。因此，在该合同下，分摊至A产品的交易价格为50万元，分摊至B产品和C产品的交易价格合计为70万元，甲企业应当进一步按照B产品和C产品的单独售价的相对比例将该价格在二者之间进行分摊：

B产品应分摊的交易价格=25÷（25+75）×70 =17.5（万元）

C产品应分摊的交易价格=75÷（25+75）×70=52.5（万元）

有确凿证据表明，合同折扣仅与合同中的一项或多项（而非全部）履约义务相关，且企业采用余值法估计单独售价的，应当首先在该一项或多项（而非全部）履约义务之间分摊合同折扣，然后再采用余值法估计单独售价。

（3）分摊可变对价。

合同中包含可变对价的，该可变对价可能与整个合同相关，也可能仅与合同中的某一特定组成部分相关。

仅与合同中的某一特定组成部分相关包括两种情形：❶可变对价可能与合同中的一项或多项（而非全部）履约义务有关；❷可变对价可能与企业向客户转让的构成单项履约义务的一系列可明确区分商品中的一项或多项（而非全部）商品有关。

【例11-6】甲公司与乙公司签订合同，将其拥有的两项专利技术X和Y授权给乙公司使用。假定两项授权均分别构成单项履约义务，且都属于在某一时点履行的履约义务。合同约定，授权使用专利技术X的价格为80万元，授权使用专利技术Y的价格为乙公司使用该专利技术所生产的产品销售额的3%。专利技术X和Y的单独售价分别为80万元和100万元。甲公司估计其就授权使用专利技术Y而有权收取的特许权使用费为100万元。上述价格均不包含增值税。

分析：本例中，该合同中包含固定对价和可变对价。其中，授权使用专利技术X的价格为固定对价，且与其单独售价一致；授权使用专利技术Y的价格为乙公司使用该专利技术所生产的产品销售额的3%，属于可变对价，该可变对价全部与授权使用专利技术Y能够收取的对价有关，且甲公司基于实际销售情况估计收取的特许权使用费的金额接近专利技术Y的单独售价。因此，甲公司将可变对价部分的特许权使用费金额全部由Y承担符合交易价格的分摊目标。

5）履行每一单项义务时确认收入

企业应当在履行了合同中的履约义务，即客户取得相关商品控制权时确认收入。企业应当根据实际情况，首先应当按照收入准则第十一条判断履约义务是否满足在某一时段内履行的条件，如不满足，则该履约义务属于在某一时点履行的履约义务。

微课

某一时段内履行的履约义务的收入确认条件

（1）某一时段内履行的履约义务的收入确认条件。

满足下列条件之一的，属于在某一时段内履行履约义务，相关收入应当在该履约义务履行的期间内确认：

❶客户在企业履约的同时即取得并消耗企业履约所带来的经济利益。

企业在履约过程中是持续地向客户转移企业履约所带来的经济利益的，该履约义务属于在某一时段内履行的履约义务，企业应当在履行履约义务的期间确认收入。

对于难以通过直观判断获知取得并消耗了企业履约所带来的经济利益时，企业可以假定在企业履约的过程中更换为其他企业继续履行剩余履约义务，当该继续履行合同的企业实质上无需重新执行企业累计至今已经完成的工作时，表明客户在企业履约的同时即取得并消耗了企业履约所带来的经济利益。

【例11-7】甲企业承诺将客户的一批货物从A市运送到B市，假定该批货物在途经C市时，由乙运输公司接替甲企业继续提供该运输服务。

分析：由于A市到C市之间的运输服务是无需重新执行的，表明客户在甲企业履约的同时即取得并消耗了甲企业履约所带来的经济利益，因此，甲企业提供的运输服务属于在某一时段内履行的履约义务。

❷客户能够控制企业履约过程中在建的商品。

企业在履约过程中在建的商品包括在产品、在建工程、尚未完成的研发项目、正在进行的服务等，由于客户控制了在建的商品，客户在企业提供商品的过程中获得其利益。

【例11-8】甲企业与客户签订合同，在客户拥有的土地上按照客户的设计要求为其建造厂房。在建造过程中客户有权修改厂房设计，并与甲企业重新协商设计变更后的合同价款。客户每月末按当月工程进度向甲企业支付工程款。如果客户终止合同，已完成建造部分的厂房归客户所有。

分析：本例中，甲企业为客户建造厂房，该厂房位于客户的土地上，客户终止合同时，已建造的厂房归客户，所有这些均表明客户在该厂房建造的过程中就能够控制该在建的厂房。因此，甲企业提供的该建造服务属于在某一时段内履行的履约义务，企业应当在提供该服务的期间内确认收入。

❸企业履约过程中所产出的商品具有不可替代用途，且该企业在整个合同期间内有权就累计至今已完成的履约部分收取款项。

有权就累计至今已完成的履约部分收取款项，是指在由于客户或其他方原因终止合同的情况下，企业有权就累计至今已完成的履约部分收取能够补偿其已发生成本和合理利润的款项，并且该权利具有法律约束力。

【例11-9】方海公司是一家中国境内的房地产开发企业，在中国境内从事房地产住宅项目的开发与销售。方海公司于2022年2月通过招拍挂取得一块土地使用权，并在该块土地上开发海寰小区商品房，于同年10月取得预售许可证之后开始预售海寰小区商品房，预计将于2024年6月竣工后交付给客户。2023年3月1日，方海公司和A客户签订商品房买卖合同，将海寰小区的一套商品房预售给购房人A客户（买受人，下同），付款方式为A客户于合同签订日一次性全额支付合同价款。合同的主要条款约定如下：

1.方海公司向A客户预售的商品房为：海寰小区1号楼1单元1层101室。

2.方海公司不能将该商品房出售给合同约定的购房人之外的其他方。

3.该商品房应于2024年7月31日前交付给购房人，该商品房在建期间购房人不拥有该商品房的法定所有权，不能将在建商品房用于出售或抵押。

4.在下列情形下购房人有权解除合同：（1）购房人所购商品房套内建筑面积误差比绝

对值超过3%；（2）方海公司逾期交房超过30天；（3）房屋交付后，主体结构质量不合格。除上述情形外，如果购房人单方要求解除合同，应当向方海公司支付合同价款的20%作为违约金。

本例中，方海公司的履约义务为向指定购房人销售建造的商品房，针对该项履约义务：（1）方海公司负责建造商品房，商品房在建期间购房人尚未取得相关商品房的法定所有权，购房人并不能够在方海公司建造商品房的同时即取得并消耗方海公司建造商品房所带来的经济利益。（2）方海公司在其自己拥有土地使用权的土地上建造商品房，商品房建造期间购房人尚未取得相关商品房的法定所有权，无法将该在建商品房用于出售或抵押，也无权主导房屋的建设、改变房屋设计或用途，表明购房人不能主导该商品房的使用并从中获得几乎全部的经济利益，因此，购房人不能够控制方海公司履约过程中在建的相关商品房。（3）合同约定购房人与方海公司销售的商品房为指定楼栋门牌号的唯一房屋单位，方海公司不能替换向购房人预售的房屋单位，也不能再与购房人之外的其他方签订该指定商品房的买卖合同，方海公司将按照合同约定建造房屋并按期交付给购房人，因此，该指定商品房具有不可替代用途。但是，如果购房人单方要求解除合同，仅需向方海公司支付合同价款的20%作为违约金，表明方海公司并不能够在整个合同期间内任一时点就累计至今已完成的履约部分收取能够补偿其已发生成本和合理利润的款项。

综合上述情况，方海公司该商品房预售业务不满足在某一时段内履行履约义务的条件，属于在某一时点履行的履约义务，方海公司应当在购房人取得该指定商品房控制权时（通常为交付商品房时）确认收入。

（2）某一时段内履行的履约义务的收入确认方法。

❶产出法。

产出法是根据已转移给客户的商品对于客户的价值确定履约进度的方法，通常可采用实际测量的完工进度、评估已实现的结果、已达到的里程碑、时间进度、已完工或交付的产品等产出指标确定履约进度。

【例11-10】甲公司与客户签订合同，为该客户提供100课时的员工培训，合同价格为10万元（不含税价）。截至2024年12月31日，甲公司共培训60课时，剩余部分预计在2025年3月31日之前完成。该合同仅包含一项履约义务，且该履约义务满足在某一时段内履行的条件。假定不考虑其他情况。

分析：甲公司提供的培训服务属于在某一时段内履行的履约义务，甲公司按照已完成的工作量确定履约进度。

因此，截至2024年12月31日，该合同的履约进度为60%（60÷100×100%），甲公司应确认的收入为6万元（10×60%）。

❷投入法。

投入法是根据企业履行履约义务的投入确定履约进度的方法，通常可采用投入的材料数量、花费的人工工时或机器工时、发生的成本和时间进度等投入指标确定履约进度。当企业从事的工作或发生的投入是在整个履约期间内平均发生时，企业也可以按照直线法确认收入。

【例11-11】乙公司经营一家健身俱乐部。2024年2月1日，某客户与乙公司签订合同，成为乙公司的会员，并向乙公司支付会员费3 600元（不含税价），可在未来的12个月内在该俱乐部健身，且没有次数的限制。

分析： 该客户在会籍期间可随时来俱乐部健身，且没有次数限制，该客户已使用该会员卡健身的次数不会影响其未来继续使用的次数，乙公司在该合同下的履约义务是承诺随时准备在该客户需要时为其提供健身服务，因此，该履约义务属于在某一时段内履行的履约义务，并且该履约义务在会员的会籍期间内随时间的流逝而被履行。因此，乙公司按照直线法确认收入，即每月应当确认的收入为300元。

实务中，通常按照累计实际发生的成本占预计总成本的比例（即成本法）确定履约进度。累计实际发生的成本包括企业向客户转移商品过程中所发生的直接成本和间接成本，如直接人工、直接材料、分包成本以及其他与合同相关的成本。

11.1.5 合同成本

1）合同履约成本

企业为履行合同可能会发生各种成本，企业应当对这些成本进行分析，属于存货、固定资产、无形资产等规范范围的，应当按照相关章节进行会计处理，不属于其他章节规范范围且同时满足下列条件的，应当作为合同履约成本确认为一项资产：

（1）该成本与一份当前或预期取得的合同直接相关。与合同直接相关的成本包括直接人工（如支付给直接为客户提供所承诺服务的人员的薪酬等）、直接材料（如为履行合同耗用的原材料、辅助材料、零配件、半成品的成本和周转材料的摊销等）、制造费用（或类似费用，如与组织和管理生产、施工、服务等活动发生的费用，包括管理人员的职工薪酬、劳动保护费、固定资产折旧费及修理费、物料消耗、取暖费、水电费、办公费、差旅费、财产保险费、工程保修费、排污费、临时设施摊销费等）、明确由客户承担的成本以及仅因该合同而发生的其他成本（如支付给分包商的成本、机械使用费、设计和技术援助费用、施工现场二次搬运费、生产工具和用具使用费、检验试验费、工程定位复测费、工程点交费、场地清理费等）。

（2）该成本增加了企业未来用于履行（或持续履行）履约义务的资源。

（3）该成本预期能够收回。

议一议 同学们，企业为了履行收入合同而从事运输活动，该运输活动是否构成单项履约义务？相关运输成本作为合同履约成本进行处理吗？

【例11-12】甲公司与乙公司签订合同，为乙公司信息中心提供管理服务，合同期限为5年。在向乙公司提供服务之前，甲公司设计并搭建了一个信息技术平台供其内部使用，该信息技术平台由相关的硬件和软件组成。甲公司需要提供设计方案，将该信息技术平台与乙公司现有的信息系统对接，并进行相关测试。该平台并不会转让给乙公司，但是将用于向乙公司提供服务。甲公司为该平台的设计、购买硬件和软件以及信息中心的测试发生了成本。除此之外，甲公司专门指派两名员工负责向乙公司提供服务。

分析： 本例中，甲公司为履行合同发生的上述成本中，购买硬件和软件的成本应当分别按照固定资产和无形资产准则进行会计处理；设计服务成本和信息中心的测试成本与履行该合同直接相关，并且增加了甲公司未来用于履行履约义务（即提供管理服务）的资源，如果甲公司预期该成本可通过未来提供服务收取的对价收回，则甲公司应当将这些成本确认为合同履约成本。甲公司向两名负责该项目的员工支付的工资费用，虽然与向乙公司提供服务有关，但是由于其并未增加企业未来用于履行履约义务的资源，因此，应当于发生时计入当期损益。

需要注意的是，企业应当在下列支出发生时，将其计入当期损益：❶管理费用，除非这些费用明确由客户承担。❷非正常消耗的直接材料、直接人工和制造费用（或类似费用）。❸与履约义务中已履行（包括已全部履行或部分履行）部分相关的支出，即该支出与企业过去的履约活动相关。❹无法在尚未履行的与已履行（或已部分履行）的履约义务之间区分的相关支出。

2）合同取得成本

企业为取得合同发生的增量成本预期能够收回的，应当作为合同取得成本确认为一项资产。增量成本，是指企业不取得合同就不会发生的成本。为简化实务操作，该资产摊销期限不超过1年的，可以在发生时计入当期损益（销售费用）。企业为取得合同发生的、除预期能够收回的增量成本之外的其他支出，如无论是否取得合同均会发生的差旅费、投标费等，应当在发生时计入当期损益。企业因现有合同续约或发生合同变更需要支付的额外佣金，也属于为取得合同发生的增量成本。

【例11-13】甲公司是一家咨询公司，其通过竞标赢得一个新客户。为取得与该客户的合同，甲公司聘请外部律师进行尽职调查而支付的相关费用为15 000元，为投标而发生的差旅费为10 000元，支付销售人员佣金5 000元。甲公司预期这些支出未来均能够收回。此外，甲公司根据其年度销售目标、整体盈利情况及个人业绩等，向销售部门经理支付年度奖金20 000元。

分析：本例中，甲公司因签订该客户合同而向销售人员支付的佣金属于为取得合同发生的增量成本，应当将其作为合同取得成本确认为一项资产。甲公司聘请外部律师进行尽职调查发生的支出、为投标发生的差旅费，无论是否取得合同都会发生，不属于增量成本，因此，应当于发生时直接计入当期损益。甲公司向销售部门经理支付的年度奖金也不是为取得合同发生的增量成本，这是因为该奖金发放与否以及发放金额还取决于其他因素（包括公司的整体盈利情况和个人业绩等），并不能直接归属于可识别的合同。

3）合同履约成本与合同取得成本的摊销和减值

（1）摊销。

对于确认为资产的合同履约成本和合同取得成本，企业应当采用与该资产相关的商品收入确认相同的基础（即在履约义务履行的时点或按照履约义务的履约进度）进行摊销，计入当期损益。

（2）减值。

合同履约成本和合同取得成本的账面价值高于下列两项的差额的，超出部分应当计提减值准备，并确认为资产减值损失：❶企业因转让与该资产相关的商品预期能够取得的剩余对价；❷为转让该相关商品估计将要发生的成本。

资产减值损失=账面价值-（预期能够取得的剩余对价-估计将要发生的成本）

以前期间减值的因素之后发生变化，使得“企业因转让与该资产相关的商品预期能够取得的剩余对价”减去“为转让该相关商品估计将要发生的成本”的差额高于该资产账面价值的，应当转回原已计提的资产减值准备，并计入当期损益，但转回后的资产账面价值不应超过假定不计提减值准备情况下该资产在转回日的账面价值。

11.1.6　收入的会计处理

启示窗11-1

甲公司委托乙公司销售商品1 000件，商品已经发出，每件成本为70元。合同约定乙公司应按每件100元对外销售，甲公司按不含增值税的销售价格的10%向乙公司支付手续费。甲公司能否确认收入呢？

1）一般情况下商品销售业务

【例11-14】某企业销售产品50件，每件售价300元，单位成本200元，购货单位以支票付款，已将提货单和发票账单交给购货单位，适用的增值税税率为13%。编制会计分录如下：

借：银行存款	16 950	
贷：主营业务收入		15 000
应交税费——应交增值税（销项税额）		1 950
借：主营业务成本	10 000	
贷：库存商品		10 000

2）合同开始日不符合收入确认条件的商品销售

如果商品销售不符合收入确认条件，则不应确认收入。已经发出的商品，应当通过“发出商品”账户进行核算。“发出商品”账户核算在一般销售方式下已经发出但尚未确认销售收入的商品成本。企业应当对其进行持续评估，直到符合收入确认条件才能确认收入。

【例11-15】甲公司向丙公司销售一批商品，开出的增值税专用发票上注明的销售价格为150 000元，增值税税额为19 500元。该批商品成本为90 000元。甲公司在售出该批商品时已得知丙公司资金周转暂时出现困难，但为了减少存货积压，同时也为了维持与丙公司长期以来建立的商业关系，甲公司仍将商品发出。假定甲公司销售该批商品的纳税义务已经发生，不考虑其他因素。编制会计分录如下：

（1）甲公司发出商品：

借：发出商品	90 000	
贷：库存商品		90 000
借：应收账款	19 500	
贷：应交税费——应交增值税（销项税额）		19 500

（2）甲公司得知丙公司经营情况出现好转且丙公司承诺近期付款：

借：应收账款	150 000	
贷：主营业务收入		150 000
借：主营业务成本	90 000	
贷：发出商品		90 000

3）委托代销安排下的销售

委托代销是指委托方和受托方签订代销合同或协议，委托受托方向终端客户销售商品。在这种安排下，企业应当评估受托方在企业向其转让商品时是否已获得对该商品的控制权，如果没有，企业不应在此时确认收入，通常应当在受托方售出商品时确认销售商品收入；受托方应当在商品销售后，按合同或协议约定的方法计算确定的手续费确认收入。

【例 11-16】甲公司委托乙公司销售W商品1 000件，W商品已经发出，每件成本为70元。合同约定乙公司应按每件100元对外销售，甲公司按不含增值税的销售价格的10%向乙公司支付手续费。除非这些商品在乙公司存放期间内由于乙公司的责任发生毁损或丢失，否则在W商品对外销售之前，乙公司没有义务向甲公司支付货款。乙公司不承担包销责任，没有售出的W商品须退回给甲公司，同时，甲公司也有权要求收回W商品或将其销售给其他的客户。乙公司对外实际销售1 000件，开出的增值税专用发票上注明的销售价格为100 000元，增值税税额为13 000元，款项已经收到，乙公司立即向甲公司开具代销清单并支付货款。甲公司收到乙公司开具的代销清单时，向乙公司开具一张相同金额的增值税专用发票。假定甲公司发出W商品时纳税义务尚未发生，手续费的增值税税率为6%，不考虑其他因素。

分析：本例中，甲公司将W商品发送至乙公司后，乙公司虽然已经实物占有W商品，但是仅是接受甲公司的委托销售W商品，并根据实际销售的数量赚取一定比例的手续费。甲公司有权要求收回W商品或将其销售给其他的客户，乙公司并不能主导这些商品的销售，这些商品对外销售与否、是否获利以及获利多少等不由乙公司控制，乙公司没有取得这些商品的控制权。因此，甲公司将W商品发送至乙公司时，不应确认收入，而应当在乙公司将W商品销售给终端客户时确认收入。

（1）根据上述资料，甲公司编制会计分录如下：

❶发出商品：

借：发出商品——乙公司	70 000	
贷：库存商品——W商品		70 000

❷收到代销清单，同时发生增值税纳税义务：

借：应收账款——乙公司	113 000	
贷：主营业务收入——销售W商品		100 000
应交税费——应交增值税（销项税额）		13 000
借：主营业务成本——销售W商品	70 000	
贷：发出商品——乙公司		70 000
借：销售费用——代销手续费	10 000	
应交税费——应交增值税（进项税额）	600	
贷：应收账款——乙公司		10 600

❸收到乙公司支付的货款：

借：银行存款	102 400	
贷：应收账款——乙公司		102 400

（2）根据上述资料，乙公司编制会计分录如下：

❶收到商品：

借：受托代销商品——甲公司	100 000	
贷：受托代销商品款——甲公司		100 000

❷对外销售：

借：银行存款 113 000
　贷：受托代销商品——甲公司 100 000
　　应交税费——应交增值税（销项税额） 13 000

❸收到增值税专用发票：

借：受托代销商品款——甲公司 100 000
　　应交税费——应交增值税（进项税额） 13 000
　贷：应付账款——甲公司 113 000

❹支付货款并计算代销手续费：

借：应付账款——甲公司 113 000
　贷：银行存款 102 400
　　其他业务收入——代销手续费 10 000
　　应交税费——应交增值税（销项税额） 600

4）企业发生已收或应收客户对价而应向客户转让商品的义务的商品销售

企业在向客户转让商品之前，客户已经支付了合同对价或企业已经取得了无条件收取合同对价权利的，企业应当在客户实际支付款项与到期应支付款项孰早时点，按照该已收或应收的金额，借记“银行存款”“应收账款”“应收票据”等科目，贷记“合同负债”科目；企业向客户转让相关商品时，借记“合同负债”科目，贷记“主营业务收入”“其他业务收入”等科目。涉及增值税的，还应进行相应的处理。

提示　新收入准则对合同负债的规定：尚未向客户履行转让商品的义务而已收或应收客户对价中的增值税部分，因不符合合同负债的定义，不应确认为合同负债。

企业因转让商品收到的预收款适用收入准则进行会计处理时，不再使用“预收账款”科目及“递延收益”科目。

【例11-17】2024年5月1日，甲公司与乙公司签订合同，约定向乙公司销售一批实际成本为750 000元的商品。合同约定，该批商品销售价格为1 000 000元，增值税税额为130 000元；合同约定乙公司在2024年5月31日前预先向甲公司支付500 000元，在乙公司预付货款前，合同可以撤销，乙公司并未按照合同约定的时限支付合同价款，而是于2024年6月30日予以支付，甲公司在2024年9月30日向乙公司转让了相应商品，并收到剩余款项。

假定不考虑其他因素，甲公司编制会计分录如下：

（1）5月31日，甲公司无需进行会计处理。

因为乙公司预付货款前，合同可以撤销，因此，甲公司不具有无条件收取现金的权利。

（2）6月30日，收到预付款：

借：银行存款 500 000
　贷：合同负债 500 000

（3）9月30日，确认收入：

借：合同负债 500 000
　　银行存款 630 000

贷：主营业务收入		1 000 000
应交税费——应交增值税（销项税额）		130 000
借：主营业务成本	750 000	
贷：库存商品		750 000

5）附有销售退回条款的销售

企业将商品转让给客户之后，可能会因为各种原因允许客户选择退货。附有销售退回条款的销售，是指客户依照有关合同有权退货的销售方式。

企业应当在客户取得相关商品控制权时，按照因向客户转让商品而预期有权收取的对价金额（即不包含预期因销售退回将退还的金额）确认收入，按照预期因销售退回将退还的金额确认负债。

同时，按照预期将退回商品转让时的账面价值，扣除收回该商品预计发生的成本（包括退回商品的价值减损）后的余额，确认一项资产，按照所转让商品转让时的账面价值扣除上述资产成本的净额结转成本。

每一资产负债表日，企业应当重新估计未来销售退回情况，并对上述资产和负债进行重新计量。如有变化，应当作为会计估计变更进行会计处理。

【例11-18】2023年10月1日，甲公司向乙公司销售100件商品，销售单价为100元，单位成本为80元，开出的增值税专用发票上注明的销售价格为10 000元，增值税税额为1 300元。产品已经发出，但款项尚未收到。根据协议约定，乙公司应于2023年12月1日之前支付货款，在2024年3月31日之前有权退还商品。发出商品时，甲公司根据过去的经验，估计该批健身器材的退货率约为20%；在2023年12月31日，甲公司对退货率进行了重新评估，认为只有10%的健身器材会被退回。2024年3月21日发生销售退回，实际退货量为6件。甲公司为增值税一般纳税人，商品发出时纳税义务已经发生，实际发生退回时取得税务机关开具的红字增值税专用发票。假定商品发出时控制权转移给乙公司。

根据上述资料，甲公司编制会计分录如下：

（1）2023年10月1日发出健身器材：

借：应收账款	11 300	
贷：主营业务收入		8 000
预计负债——应付退货款		2 000
应交税费——应交增值税（销项税额）		1 300
借：主营业务成本	6 400	
应收退货成本	1 600	
贷：库存商品		8 000

（2）2023年12月1日前收到货款：

借：银行存款	11 300	
贷：应收账款		11 300

（3）2023年12月31日，甲公司对退货率进行重新评估：

借：预计负债——应付退货款	1 000	
贷：主营业务收入		1 000

借：主营业务成本 800
　贷：应收退货成本 800

（4）2024年3月31日发生销售退回，实际退货量为6件，退货款项已经支付：

借：库存商品 480
　　应交税费——应交增值税（销项税额） 78
　　预计负债——应付退货款 1 000
　贷：应收退货成本 480
　　　主营业务收入 400
　　　银行存款 678
借：主营业务成本 320
　贷：应收退货成本 320

6）按照履约进度确认收入的销售

企业按照履约进度确认收入时，通常应当在资产负债表日按照合同的交易价格总额乘以履约进度再扣除以前会计期间累计已确认的收入后的金额，确认为当期收入。

具体公式如下：

本期确认的收入=交易价格总额×至本期末止履约进度-前期累计已确认收入

本期确认的成本=合同总成本×至本期末止履约进度-前期累计已确认成本

【例11-19】某科技公司2024年10月1日与客户签订一项合同，为其开发一套软件，工期大约5个月，合同总收入为40万元（含税）。至2024年12月31日，该公司已发生成本22万元（假定均为开发人员薪酬），预计总成本为30万元，预收账款25万元。至当年年底，经测算该软件的履约进度为60%。不考虑其他因素。编制会计分录如下：

（1）实际发生履约成本时：

借：合同履约成本 220 000
　贷：应付职工薪酬 220 000

（2）预收劳务款项时：

借：银行存款 250 000
　贷：合同负债 250 000

（3）2024年12月31日确认提供劳务收入，并结转成本：

收入=40×60%-0=24（万元）

成本=30×60%-0=18（万元）

借：合同负债 240 000
　贷：主营业务收入［240 000÷（1+6%）］ 226 415.09
　　　应交税费——应交增值税（销项税额） 13 584.91
借：主营业务成本 180 000
　贷：合同履约成本 180 000

11.2 费 用

11.2.1 费用概述

1）费用的概念和特征

费用是指企业在日常活动中发生的、会导致所有者权益减少的、与向所有者分配利润无关的经济利益的流出。企业在生产经营过程中发生的各项耗费，包括产品生产费用和期间费用。它主要有以下特征：

（1）费用会减少企业的所有者权益。

费用通常是为取得某项营业收入而发生的耗费，可以表现为资产的减少或负债的增加，最终会减少企业的所有者权益。

（2）费用会减少企业的资源。

费用本质上是资源的流出，最终会是企业资源的耗费，如支付工资、消耗材料和使用机器设备等都将导致企业资源的减少。

（3）费用和产品成本不是同一概念。

费用中的产品生产费用是构成产品成本的基础，费用是按时间归集的，而产品成本是按产品对象归集的。

2）费用的分类

费用按照经济用途分类，分为计入产品成本或劳务成本的费用和期间费用。

（1）计入产品成本或劳务成本的费用。

计入产品成本或劳务成本的费用由以下项目组成：

❶直接材料，是指直接用于产品生产、构成产品实体的原料、主要材料、外购半成品及有助于产品形成的辅助材料和其他直接材料。

❷直接人工，是指直接参加产品生产的工人工资、奖金、津贴以及按生产工人工资总额和企业根据实际情况确定的比例计算提取的社会保险费和住房公积金。

❸燃料和动力，是指直接用于产品生产的外购和自制的燃料及动力费。

❹制造费用，是指企业各生产单位为组织和管理生产而发生的各项间接费用。

以上四类，构成产品的制造成本。

（2）期间费用。

期间费用是指不能直接或间接归属于某个特定产品的费用，主要包括销售费用、管理费用和财务费用。期间费用在发生的当期就全部计入当期损益，而不计入产品成本，这样有助于简化成本核算工作，提高成本计算的准确性。

11.2.2 产品生产费用

根据课程分工，产品生产费用的核算在同系列教材《成本会计》中阐述。

11.2.3 期间费用

1）销售费用的内容及会计处理

（1）销售费用的内容。

销售费用是指企业在销售商品和材料、提供劳务的过程中发生的各种费用，包括企业销售商品过程中发生的运输费、装卸费、包装费、保险费、展览费和广告费，以及为销售本企业商品而专设的销售机构（含销售网点、售后服务网点等）的职工薪酬、业务费、折旧费、固定资产修理费用等经营费用。

（2）销售费用的账务处理。

企业发生的销售费用在“销售费用”账户中核算。该账户一般为多栏式账户，按费用项目分项记录。企业发生的各项销售费用借记该账户，贷记“库存现金”“银行存款”“应付职工薪酬”等账户；期末，将借方归集的销售费用全部由本账户的贷方转入“本年利润”账户的借方，计入当期损益。结转后，该账户期末没有余额。

【例11-20】某企业以转账支票支付广告费5 000元（含税，取得增值税普通发票），销售产品领用包装物1 000元，结转专职销售机构人员工资3 000元、福利费420元。编制会计分录如下：

（1）发生销售费用：

借：销售费用	9 420	
贷：银行存款		5 000
周转材料——包装物		1 000
应付职工薪酬——工资		3 000
——职工福利		420

（2）结转销售费用：

期末将本期发生的销售费用全部转入“本年利润”账户。

借：本年利润	9 420	
贷：销售费用		9 420

2）管理费用的内容及会计处理

（1）管理费用的内容。

管理费用是指企业为组织和管理企业生产经营所发生的费用，包括企业在筹建期间内发生的开办费、董事会和行政管理部门在企业的经营管理中发生的或者应当由企业统一负担的公司经费（包括行政管理部门职工工资及福利费、物料消耗、低值易耗品摊销、办公费和差旅费等）、工会经费、董事会费（包括董事会成员津贴、会议费和差旅费等）、聘请中介机构费、咨询费（含顾问费）、诉讼费、业务招待费、技术转让费、不符合资本化条件的研究与开发费用，以及企业生产车间（部门）和行政管理部门等发生的固定资产修理费。

管理费用属于期间费用，在发生的当期就计入当期损益。

启示窗11-2

下列费用中，不属于管理费用列支范围的有哪些？

A.车船税；B.诉讼费；C.工会经费；D.无形资产转让费用。

（2）管理费用的账务处理。

企业发生的管理费用在“管理费用”账户中核算。该账户一般为多栏式账户，按费用项目分项记录。企业根据发生的各项管理费用，借记该账户，贷记“库存现金”“银行存款”“应付职工薪酬”“原材料”“研发支出”“累计摊销”“累计折旧”等账户；期末，将本账户借方归集的管理费用全部由本账户的贷方转入“本年利润”账户的借方，计入当期损益。期末结转后，该账户无余额。

【例11-21】某企业行政部9月份共发生费用224 000元，其中：行政人员薪酬150 000元，行政部门专用办公设备折旧费45 000元，报销行政人员差旅费21 000元（假定报销人员均未预借差旅费），其他办公、水电费8 000元（均以银行存款支付）。编制会计分录如下：

借：管理费用　224 000
　贷：应付职工薪酬　150 000
　　累计折旧　45 000
　　库存现金　21 000
　　银行存款　8 000

3）财务费用的内容及会计处理

（1）财务费用的内容。

财务费用是指企业为筹集生产经营所需资金等而发生的筹资费用，包括利息净支出（减利息收入后的支出）、汇兑净损失（减汇兑收益后的损失）、金融机构手续费、现金折扣，以及其他财务费用。

财务费用属于期间费用，在发生的当期就计入当期损益。

（2）财务费用的账务处理。

企业发生的财务费用在“财务费用”账户中核算。该账户一般为多栏式账户，按费用项目分项记录。企业根据发生的各项财务费用，借记该账户，贷记“银行存款”等账户；根据发生的利息收入、汇兑收益，借记“银行存款”等账户，贷记该账户。期末，将财务费用转入“本年利润”账户，计入当期损益。期末结转后，该账户无余额。

【例11-22】某企业于10月1日向银行借入生产经营用短期借款360 000元，期限为6个月，年利率为5%，该借款本金到期后一次归还，利息分月预提，按季支付。假定所有利息均不符合利息资本化条件。每月月末，预提当月份应计利息1 500元（360 000×5%÷12）。编制会计分录如下：

借：财务费用　1 500
　贷：应付利息　1 500

【例11-23】某企业本月收到银行存款利息入账通知单，利息收入为2 000元。编制会计分录如下：

借：银行存款　2 000
　贷：财务费用　2 000

【例11-24】某企业以银行存款1 000元支付办理银行承兑汇票的手续费。编制会计分录如下：

借：财务费用　1 000
　贷：银行存款　1 000

11.3　利　润

11.3.1　利润的构成

利润是指企业在一定会计期间的经营成果。利润包括收入减去费用后的净额、直接计入当期利润的利得和损失。

直接计入当期利润的利得和损失，是指应当计入当期损益、会导致所有者权益发生增减变动的、与所有者投入资本或者向所有者分配利润无关的利得或者损失。

利润的构成公式如下：

1）营业利润

营业利润=营业收入-营业成本-税金及附加-销售费用-管理费用-研发费用-财务费用-资产减值损失-信用减值损失+其他收益+投资收益（-投资损失）+净敞口套期收益（-净敞口套期损失）+公允价值变动收益（-公允价值变动损失）+资产处置收益（-资产处置损失）

2）利润总额

利润总额=营业利润+营业外收入-营业外支出

3）净利润

净利润=利润总额-所得税费用

所得税费用=当期应纳所得税+递延所得税

当期应纳所得税=应纳税所得额×所得税税率

所得税费用的核算参见“12.3　所得税费用”的内容。

启示窗 11-3

企业一定期间的利润总额是指什么？

A.营业利润加投资收益；B.营业利润加公允价值变动净损益；C.营业利润加营业外收支净额；D.营业利润加营业外收支净额减所得税费用。

11.3.2　营业外收支

营业外收入是指企业发生的营业利润以外的收益。营业外收入的内容主要包括盘盈利得、捐赠利得、与日常活动无关的政府补助等。

营业外支出是指企业发生的除营业利润以外的支出，主要包括公益性捐赠支出、非常损失、盘亏损失、非流动资产毁损报废损失等。

企业发生的营业外收入，在“营业外收入”账户核算。该账户的贷方反映企业本期实际发生的营业外收入，借方反映企业期末转入“本年利润”账户的营业外收入。该账户期末无余额。

企业发生的营业外支出，在“营业外支出”账户核算。该账户的借方反映本期实际发生的各项营业外支出，贷方反映期末转入“本年利润”账户的营业外支出。该账户期末无余额。

【例 11-25】某企业接受现金捐赠1 000元。编制会计分录如下：

借：银行存款　　1 000

　贷：营业外收入　　1 000

【例 11-26】某企业由于自然灾害发生流动资产净损失6 000元，现已批准转作营业外支出。编制会计分录如下：

借：营业外支出　　6 000

　贷：待处理财产损溢——待处理流动资产损溢　　6 000

【例 11-27】某企业处理报废一台固定资产，净损失2 000 元，清理完毕后转为营业外支出。编制会计分录如下：

借：营业外支出　　2 000

　贷：固定资产清理　　2 000

11.3.3　本期（月）利润的会计处理

企业应设置“本年利润”账户，用来核算企业当期实现的净利润（或发生的净亏损）。期末（月末）企业应将各收入类账户的余额转入该账户的贷方，将各费用类账户的余额转入该账户的借方。结转后，该账户如为贷方余额，反映本年度自年初开始累计实现的利润；如为借方余额，反映本年度自年初开始累计发生的亏损。

【例 11-28】某企业1—4月份累计实现净利润340 000元，5月末各损益类账户结转前余额见表11-1。

表 11-1　　损益类账户结转前余额表　　单位：元

账户名称	结转前余额	方向	账户名称	结转前余额	方向
主营业务收入	500 000	贷	其他业务收入	50 000	贷
税金及附加	30 000	借	其他业务成本	30 000	借
主营业务成本	300 000	借	投资收益	8 000	贷
销售费用	10 000	借	营业外收入	20 000	贷
管理费用	50 000	借	营业外支出	18 000	借
财务费用	10 000	借	所得税费用	80 000	借

（1）结转各个收益类账户余额，编制会计分录如下：

借：主营业务收入　　500 000

　　其他业务收入　　50 000

　　投资收益　　8 000

　　营业外收入　　20 000

　贷：本年利润　　578 000

（2）结转各成本费用类账户余额，编制会计分录如下：

借：本年利润　　528 000

　贷：主营业务成本　　300 000

　　　税金及附加　　30 000

　　　销售费用　　10 000

贷：管理费用	50 000
财务费用	10 000
其他业务成本	30 000
营业外支出	18 000
所得税费用	80 000

（3）计算1—5月份累计净利润：

该企业5月份实现净利润=578 000−528 000=50 000（元）

该企业1—5月份累计实现净利润=340 000+50 000=390 000（元）

所得税费用的计算和账务处理参见“12.3 所得税费用”的内容。

11.3.4 净利润的分配和结转

1）净利润分配的顺序

根据现行规定，企业当年实现的净利润，一般应按照以下顺序分配：

企业本年实现的净利润，加上年初未分配利润（或减去年初未弥补亏损）的余额，为可供分配的利润。可供分配的利润，应首先提取法定盈余公积。公司制企业按照税后利润10%的比例提取，计算提取基数时不包括企业年初未分配利润，法定盈余公积累计提取额占公司注册资本50%以上时可不再提取。可供分配的利润减去提取的法定盈余公积后，为可供投资者分配的利润。

可供投资者分配的利润，按照下列顺序分配：

（1）应付优先股股利，是指企业按照利润分配方案分配给优先股股东的现金股利。

（2）提取任意盈余公积，是指企业按规定提取的任意盈余公积。

（3）应付普通股股利，是指企业按照利润分配方案分配给普通股股东的现金股利，包括分配给投资者的利润。

（4）转作资本或股本的普通股股利，是指企业按照利润分配方案以分派股票股利的形式转作的资本（或股本），包括企业以利润转增的资本。

可供投资者分配的利润，经过上述分配后为未分配利润（或未弥补亏损）。未分配利润可留待以后年度进行分配。企业如发生亏损，可以按规定由以后年度利润进行弥补。

2）净利润分配和结转的账务处理

企业设置“利润分配”账户，核算企业利润的分配（或亏损的弥补）和历年分配（或弥补）后的余额。该账户应当分别设置“提取法定盈余公积”“提取任意盈余公积”“应付现金股利或利润”“转作股本的股利”“盈余公积补亏”“未分配利润”等明细账户。

“未分配利润”明细账户，核算企业全年实现的净利润（或净亏损）、净利润分配和尚未分配的利润（或尚未弥补的亏损）。年度终了，企业将全年实现的净利润（或净亏损）自“本年利润”账户转入“未分配利润”明细账户；同时，将“利润分配”账户下的其他明细账户的余额转入“未分配利润”明细账户。年终结转后，其他明细账户无余额，“未分配利润”明细账户如为贷方余额，反映尚未分配的利润，如为借方余额，反映尚未弥补的亏损。

【例11-29】某企业全年实现净利润100万元，按10%提取法定盈余公积，按5%提取任意盈余公积，并分配给投资者利润20万元。编制会计分录如下：

（1）提取盈余公积：

提取法定盈余公积=1 000 000×10%=100 000（元）

提取任意盈余公积=1 000 000×5%=50 000（元）

借：利润分配——提取法定盈余公积　100 000
　　　　　　——提取任意盈余公积　50 000
　贷：盈余公积——法定盈余公积　100 000
　　　　　　——任意盈余公积　50 000

（2）向投资者分配现金股利或利润：

借：利润分配——应付现金股利或利润　200 000
　贷：应付股利（或应付利润）　200 000

【例 11-30】沿用【例 11-29】的资料，企业年初未分配利润为 500 000 元，根据上述资料，进行净利润的年终结转。编制会计分录如下：

（1）当年实现的净利润结转：

借：本年利润　1 000 000
　贷：利润分配——未分配利润　1 000 000

（2）利润分配的过程及账务处理同【例 11-29】。

（3）利润分配中的各个明细账户（除未分配利润外）的结转：

借：利润分配——未分配利润　350 000
　贷：利润分配——提取法定盈余公积　100 000
　　　　　　——提取任意盈余公积　50 000
　　　　　　——应付现金股利或利润　200 000

企业当年的未分配利润=1 000 000-350 000=650 000（元）

企业年末累计未分配利润=500 000+650 000=1 150 000（元）

企业净利润年终结转后，“本年利润”账户、“利润分配”各有关明细账户（除“未分配利润”外）余额均为零，“利润分配——未分配利润”明细账中有贷方余额 1 150 000 元。

◉ 典型案例 11-1

星海公司 2024 年度取得主营业务收入 6 000 万元，其他业务收入 1 500 万元，投资收益 1 800 万元，营业外收入 300 万元；发生主营业务成本 4 000 万元，其他业务成本 1 000 万元，税金及附加 200 万元，销售费用 950 万元，管理费用 650 万元，财务费用 300 万元，营业外支出 900 万元，所得税费用 520 万元。星海公司按净利润的 10% 提取法定盈余公积，2024 年度向投资者分配现金股利 300 万元。

要求：作出星海公司有关利润结转和分配的下列会计处理：

（1）结转损益类账户余额；

（2）结转净利润；

（3）提取法定盈余公积；

（4）向投资者分配现金股利；

（5）结转“利润分配”各明细账户。

分析提示：本章中介绍本期会计利润处理时提到每期期末需将所有的收入类账户及费

用类账户转入“本年利润”账户并最终计算出利润，结合所学知识作出案例中业务的会计分录。

◉ 典型案例11-2

2024年4月28日，星海公司向A公司销售一批商品。商品成本为42 000元，销售价格为50 000元，增值税税额为6 500元。商品已发出，货款也已收妥。5月5日，A公司在验收商品时，发现存在质量问题，要求给予20%的价格折让，星海公司同意给予折让。

要求：编制星海公司有关销售折让的下列会计分录：

（1）发出商品，并收取货款。

（2）同意给予价格折让，并退回多收货款。

分析提示：销售商品收入的会计处理是本章的一个基本及重点问题，结合一般商品销售收入及销售折让确认销售收入的会计处理，根据案例中提供的数据编制有关会计分录。

本章小结

收入是指企业在日常活动中形成的、会导致所有者权益增加的、与所有者投入资本无关的经济利益的总流入，包括主营业务收入和其他业务收入。我国企业会计准则针对收入的确认与计量采用五步法。费用是指企业在日常活动中发生的、会导致所有者权益减少的、与向所有者分配利润无关的经济利益的流出。企业在生产经营过程中发生的各项耗费，包括产品生产费用和期间费用。利润是指企业在一定会计期间的经营成果，包括营业利润、利润总额和净利润。企业的净利润为利润总额减去所得税费用后的余额，在实际工作中也称税后利润。企业取得的净利润，应当按规定进行分配。

概念回顾

收入　可变对价　合同履约成本　费用　利润

第12章

企业所得税

学习目标

知识目标：掌握资产计税基础和负债计税基础的确定、应纳税暂时性差异和可抵扣暂时性差异的确定、递延所得税资产和递延所得税负债的确认，明确所得税费用的确认和计量方法，了解所得税会计的处理程序。

技能目标：熟悉所得税费用的账务处理。

素养提升

集成电路新政落地　最高免10年企业所得税

12.1 企业所得税概述

12.1.1 企业所得税

1）企业所得税的概念

企业所得税是以企业或者组织为纳税义务人，对其每一纳税年度内来源于中国境内、境外的生产经营等所得和其他所得征收的一种税。企业所得税是国家依法对企业的生产经营等所得课征的税，它具有强制性、无偿性，无论国家对企业是否有投资，只要企业有收入，均要依法纳税。

拓展思维

2013年8月18日，财政部、税务总局发布了《关于设备、器具扣除有关企业所得税政策的公告》，请同学们通过各媒介了解该公告的详细内容，并分析其原因。

2）税前会计利润与应纳税所得额

税前会计利润是指企业按照会计方法计算的税前利润。应纳税所得额是指企业按照税收法规规定计算的应纳税的所得额。由于会计与税收法规对损益计算或纳税所得计算的目的不同，同一企业在同一会计期间的经营成果依据会计法规和税收法规计算的结果往往存在差异，在缴纳企业所得税时，企业应当按照税收规定对税前会计利润进行调整，并按调整后的数额申报缴纳企业所得税。

3）所得税会计和所得税费用

所得税会计是研究如何对按照会计准则计算的企业利润和按照税法计算的应纳税所得

额之间的差异进行会计处理的会计理论与会计方法。企业为最终拥有的净利润而发生的一切支出都是费用，企业所得税费用也是企业为了拥有最终的净利润发生的支出，应作为一项费用，在净利润前扣除。

目前国际会计准则规定所有企业采用资产负债表债务法进行所得税的会计处理。资产负债表债务法的基本原理是：企业的所得税费用应当以企业的资产、负债的账面价值与按税法规定的计税基础之间的差额，计算暂时性差异，据以确认递延所得税负债或资产。所得税费用包括当期所得税和递延所得税，用利润总额扣除所得税费用，计算出的税后利润即净利润。我国2007年1月1日起实施的企业会计准则基本采用了国际会计准则的做法。

12.1.2　计税基础

计税基础是资产负债表债务法下的重要内容，包括资产的计税基础和负债的计税基础。

1）资产的计税基础

资产的计税基础是指企业收回资产账面价值的过程中，计算应纳税所得额时按照税法规定可以自应税经济利益中抵扣的金额。

资产在初始确认时，其计税基础一般为取得成本，即企业为取得某项资产支付的成本在未来期间准予税前扣除。在资产持续持有的过程中，其计税基础是指资产的取得成本减去以前期间按照税法规定已经在税前扣除的金额后的余额。如固定资产、无形资产等长期资产在某一资产负债表日的计税基础是指其成本扣除按照税法规定已在以前期间税前扣除的累计折旧额或累计摊销额后的金额。因为税法对资产的税前扣除金额与企业的会计估计经常会产生差异，所以会产生资产的账面价值与计税基础的差异，形成应纳税暂时性差异或可抵扣暂时性差异。

启示窗12-1

甲公司于2023年1月1日开始计提折旧的某项固定资产，原价为3 000 000元，使用年限为10年，采用年限平均法计提折旧，预计净残值为零。税法规定类似固定资产采用加速折旧法计提的折旧可予税前扣除，在计税时采用双倍余额递减法计提折旧，预计净残值为零。2024年12月31日，该企业估计该固定资产的可收回金额为2 200 000元。该项固定资产的计税基础是多少？

2）负债的计税基础

负债的计税基础是指负债的账面价值减去未来期间计算应纳税所得额时按照税法规定可予抵扣的金额。

负债的确认与偿还一般不会影响企业的损益，也不会影响其应纳税所得额，未来期间计算应纳税所得额时按照税法规定可予抵扣的金额为零，计税基础即为账面价值。但是在某些情况下，负债的确认可能会影响企业的损益，进而影响不同期间的应纳税所得额，使得其计税基础与账面价值之间产生差额，如按照企业会计准则规定确认的某些预计负债。

12.1.3　暂时性差异

暂时性差异是指资产或负债的账面价值与其计税基础之间的差额。未作为资产和负债确认的项目，按照税法规定可以确定其计税基础的，该计税基础与其账面价值之间的差额也属于暂时性差异。暂时性差异按照其对未来期间应纳税所得额的影响，分为应纳税暂时性差异和可抵扣暂时性差异。

提示　判断暂时性差异属于应纳税暂时性差异，还是可抵扣暂时性差异，是根据该差异对未来期间应纳税所得额的影响，而不是对本期所得税的影响。

1）应纳税暂时性差异

应纳税暂时性差异，是指在确定未来收回资产或清偿负债期间的应纳税所得额时，将产生应税金额的暂时性差异。该差异在未来期间转回时，会增加转回期间的应纳税所得额，即在未来期间不考虑该事项影响的应纳税所得额的基础上，由于该暂时性差异的转回，会进一步增加转回期间的应纳税所得额和应交所得税金额。在该暂时性差异产生当期，应当确认相关的递延所得税负债。

应纳税暂时性差异通常产生于以下情况：

（1）资产的账面价值大于其计税基础。此时，该项资产未来期间产生的经济利益不能全部在税前抵扣，两者之间的差额需要交税，产生应纳税暂时性差异。

（2）负债的账面价值小于其计税基础。此时，则意味着就该项负债在未来期间可以税前抵扣的金额为负数，即应在未来期间应纳税所得额的基础上调增，增加应纳税所得额和应交所得税金额，产生应纳税暂时性差异。

2）可抵扣暂时性差异

可抵扣暂时性差异，是指在确定未来收回资产或清偿负债期间的应纳税所得额时，将产生可抵扣金额的暂时性差异。该差异在未来期间转回时会减少转回期间的应纳税所得额，减少未来期间的应交所得税金额。在该暂时性差异产生当期，应当确认相关的递延所得税资产。

可抵扣暂时性差异通常产生于以下情况：

（1）资产的账面价值小于其计税基础。此时，该项资产未来期间产生的经济利益少于按照税法规定允许税前扣除的金额，两者之间的差额可以减少企业未来期间的应纳税所得额和应交所得税金额，产生可抵扣暂时性差异。

（2）负债的账面价值大于其计税基础。负债产生的暂时性差异实际上是税法规定就该项负债可以在未来期间税前扣除的金额。负债的账面价值大于其计税基础，意味着未来期间按照税法规定与负债相关的全部或部分支出可以自未来应税经济利益中扣除，减少未来期间的应纳税所得额和应交所得税金额，产生可抵扣暂时性差异。

微课

暂时性差异

拓展思维

试列出账面价值和计税基础可能存在差异的资产、负债项目。

启示窗 12-2

甲公司 2024 年发生广告费 10 000 000 元，至年末已全额支付给广告公司。税法规定，企业发生的广告费、业务宣传费不超过当年销售收入 15% 的部分允许税前扣除，超过部分允许结转以后年度税前扣除。甲公司 2024 年实现销售收入 60 000 000 元。分析该公司的可抵扣暂时性差异是多少？

12.1.4　当期所得税和递延所得税

1）当期所得税

当期所得税，是指企业按照税法规定计算确定的针对当期发生的交易和事项，应交给税务部门的所得税金额，即应交所得税，它以适用的税收法规为基础计算确定。

2）递延所得税

递延所得税，是指按照《企业会计准则第18号——所得税》规定应予确认的递延所得税资产和递延所得税负债在期末应有的金额相对于原已确认金额之间的差额，即递延所得税资产和递延所得税负债当期发生额的综合结果，但不包括计入所有者权益的交易和事项的所得税影响。

12.2　资产负债表债务法

12.2.1　资产负债表债务法的含义

资产负债表债务法适用于对所有暂时性差异的处理，是企业会计准则规定的处理方法。它以资产负债表为中心，企业的收益根据“资产负债观”来定义，所得税费用的计算是在递延所得税资产和递延所得税负债确认的基础上加以倒挤推算。如果在资产负债表中资产的账面价值比资产的计税基础高，就是递延所得税负债；反之，是递延所得税资产。

12.2.2　资产负债表债务法的核算内容

第一，确定每项资产或负债的计税基础。

第二，依据该资产或负债的账面价值与其计税基础之间的差额，确定暂时性差异。

第三，用暂时性差异乘以适用税率得到递延所得税资产和递延所得税负债的期末余额。

第四，本期发生或转回的递延所得税资产和递延所得税负债（所得税影响金额）应是其期末、期初余额的差额，即：

$$\text{递延所得税资产}=\begin{matrix}\text{发生的可抵扣暂时性}\\\text{差异的所得税影响金额}\end{matrix}-\begin{matrix}\text{已转回的可抵扣暂时性}\\\text{差异的所得税影响金额}\end{matrix}\pm\begin{matrix}\text{调整}\\\text{金额}\end{matrix}$$

$$\text{递延所得税负债}=\begin{matrix}\text{发生的应纳税暂时性}\\\text{差异的所得税影响金额}\end{matrix}-\begin{matrix}\text{已转回的应纳税暂时性}\\\text{差异的所得税影响金额}\end{matrix}\pm\begin{matrix}\text{调整}\\\text{金额}\end{matrix}$$

提示　本期发生的递延所得税资产和递延所得税负债，是指本期增加的递延所得税资产和递延所得税负债；本期转回的，则指本期减少的。

第五，确定所得税费用。

$$\text{所得税费用}=\text{当期所得税}+\left(\begin{matrix}\text{期末递延}\\\text{所得税负债}\end{matrix}-\begin{matrix}\text{期初递延}\\\text{所得税负债}\end{matrix}\right)-\left(\begin{matrix}\text{期末递延}\\\text{所得税资产}\end{matrix}-\begin{matrix}\text{期初递延}\\\text{所得税资产}\end{matrix}\right)$$

12.3　所得税费用

12.3.1　所得税费用的确认和计量

1）当期所得税

资产负债表日，对于当期和以前期间形成的所得税负债（或资产），应当按照税法规定计算的预期应缴纳（或返还）的所得税金额计量。企业在确定当期所得税时，对于当期发生的交易或事项，应在会计利润的基础上，按照适用税法的规定进行调整，计算出当期应纳税所得额，按照应纳税所得额与适用的所得税税率计算确定当期应交所得税。其计算公式如下：

当期所得税=当期应交所得税=应纳税所得额×适用的所得税税率

应纳税所得额=会计利润±按照会计准则规定计入利润表但计税时不允许税前扣除的费用±计入利润表的费用与按照税法规定可予税前抵扣的金额之间的差额±计入利润表的收入与按照税法规定应计入应纳税所得额的收入之间的差额−税法规定的不征税收入±其他需要调整的因素

议一议　同学们，若暂时性差异不影响损益，如“以公允价值计量且其变动计入其他综合收益的金融资产”的公允价值变动产生的其他综合收益，是否需要纳税调整？

2）递延所得税

承上节所述，递延所得税的计算公式为：

递延所得税=（期末递延所得税负债－期初递延所得税负债）－（期末递延所得税资产－期初递延所得税资产）

应予说明的是，某项交易或事项按照会计准则规定应计入所有者权益的，由该交易或事项产生的递延所得税资产或递延所得税负债及其变化也应计入所有者权益，不构成利润表中的所得税费用（或收益）。

3）所得税费用

计算确定了当期所得税及递延所得税以后，利润表中应予确认的所得税费用为：

所得税费用=当期所得税+递延所得税

12.3.2　企业所得税费用的会计处理

1）账户设置

在进行所得税会计核算时，需要设置三个账户：

（1）“所得税费用”账户。

“所得税费用”账户，核算企业按规定从本期损益中扣除的所得税。其借方反映企业计入本期损益的所得税税额，贷方反映转入“本年利润”账户的所得税税额，期末结转本年利润后，“所得税费用”账户无余额。

（2）“递延所得税资产”账户。

“递延所得税资产”账户，核算企业根据《企业会计准则第18号——所得税》确认的可抵扣暂时性差异产生的所得税资产，以及根据税法规定可用以后年度税前利润弥补的亏损及税款抵减产生的所得税资产。其借方反映企业应予以确认的递延所得税资产，贷方反映应减记的金额，期末借方余额反映企业已确认的递延所得税资产的余额。该账户应当按照可抵扣暂时性差异等项目设置明细账户。

（3）“递延所得税负债”账户。

“递延所得税负债”账户，核算企业根据《企业会计准则第18号——所得税》确认的应纳税暂时性差异产生的所得税负债。其贷方反映企业应予以确认的递延所得税负债，借方反映应减记的金额，期末贷方余额反映企业已确认的递延所得税负债的余额。该账户应当按照应纳税暂时性差异等项目设置明细账户。

2）企业所得税费用的账务处理

【例12-1】某企业支付2024年因违反环保法规定的罚款20万元。该企业2024年度税前会计利润经计算为1 800万元。该企业适用的所得税税率为25%。

（1）计算应纳税所得额：

当期应纳税所得额=1 800+20=1 820（万元）

（2）计算当期所得税：

当期所得税=1 820×25%=455（万元）

（3）编制会计分录：

借：所得税费用　4 550 000

　贷：应交税费——应交所得税　4 550 000

【例12-2】某公司2023年度利润表中利润总额为1 200万元，适用的所得税税率为25%。递延所得税资产及递延所得税负债不存在期初余额，相关资产、负债的账面价值与其计税基础见表12-1。

表12-1　资产、负债的账面价值与计税基础（一）　单位：元

项　目	账面价值	计税基础	差　异	
			应纳税暂时性差异	可抵扣暂时性差异
存货	8 000 000	8 300 000		300 000
固定资产：				
固定资产原价	6 000 000	6 000 000		
减：累计折旧	1 200 000	600 000		
固定资产减值准备	0	0		
固定资产账面价值	4 800 000	5 400 000		600 000
其他应付款	1 000 000	1 000 000		
总　计				900 000

2023年发生的有关交易和事项中，会计与税收之间存在的差别有：2023年1月开始计提折旧的一项固定资产，成本为600万元，使用年限为10年，预计净残值为零，会计处理按双倍余额递减法计提折旧，税法规定按直线法计提折旧（假定税法规定的使用年限及净残值与会计处理相同）；向关联企业捐赠现金200万元（假定按照税法规定，企业向关联方的捐赠不允许税前扣除）；2023年度发生研究开发支出500万元，较上年度增长20%。其中300万元资本化计入无形资产成本，税法规定，企业费用化的研究开发支出按200%税前扣除，资本化的研究开发支出按资本化金额的200%确定予以摊销的金额（假定所开发无形资产于期末未达到预定使用状态）；违反环保法规定应支付罚款100万元；期末对持有的存货计提了30万元的存货跌价准备。

根据以上资料，该企业会计处理如下：

（1）2023年度应交所得税：

应纳税所得额=1 200+60+200−200+100+30=1 390（万元）

当期所得税=当期应交所得税=1 390×25%=347.5（万元）

（2）2023年度递延所得税：

递延所得税资产=90×25%=22.5（万元）

（3）利润表中应确认的所得税费用：

所得税费用=347.5-22.5=325（万元）

编制会计分录如下：

借：所得税费用　3 250 000
　　递延所得税资产　225 000
　贷：应交税费——应交所得税　3 475 000

【例12-3】沿用【例12-2】的资料。假设该公司2024年当期应交所得税为4 221 300元。资产负债表中有关资产、负债的账面价值与其计税基础见表12-2，其他资产、负债项目不存在会计和税收的差异。

表12-2　资产、负债的账面价值与计税基础（二）　单位：元

项目	账面价值	计税基础	差异	
			应纳税暂时性差异	可抵扣暂时性差异
存货	16 000 000	16 800 000		800 000
固定资产：				
固定资产原价	6 000 000	6 000 000		
减：累计折旧	2 160 000	1 200 000		
固定资产减值准备	200 000	0		
固定资产账面价值	3 640 000	4 800 000		1 160 000
预计负债	1 000 000	0		1 000 000
总　计				2 960 000

根据以上资料，会计处理如下：

（1）计算当期所得税：

当期所得税=当期应交所得税=422.13万元

（2）计算递延所得税：

期末递延所得税资产=296×25%=74（万元）

期初递延所得税资产=22.50万元

递延所得税=-（74-22.50）=-51.50（万元）

（3）计算所得税费用：

所得税费用=422.13-51.50=370.63（万元）

编制会计分录如下：

借：所得税费用　3 706 300
　　递延所得税资产　515 000
　贷：应交税费——应交所得税　4 221 300

启示窗 12-3

丙公司2024年9月取得某项分类为以公允价值计量且其变动计入其他综合收益的资产，成本为2 000 000元，2024年12月31日，其公允价值为2 400 000元。丙公司适用的所得税税率为25%。请确认应纳税暂时性差异的所得税影响。

12.3.3　弥补亏损的所得税账务处理

【例 12-4】某企业在第1年至第4年的应税利润分别为-400万元、160万元、140万元、160万元，适用的所得税税率为25%，假设无其他暂时性差异。

（1）编制会计分录。

❶第1年年末：

借：递延所得税资产　　1 000 000

　贷：所得税费用　　1 000 000

❷第2年年末：

借：所得税费用　　400 000

　贷：递延所得税资产　　400 000

❸第3年年末：

借：所得税费用　　350 000

　贷：递延所得税资产　　350 000

❹第4年年末：

借：所得税费用　　400 000

　贷：递延所得税资产　　250 000

　　　应交税费——应交所得税　　150 000

（2）“递延所得税资产”T形账户如下：

借方	递延所得税资产	贷方
第1年：		
期末余额	1 000 000	
第2年：		400 000
期末余额	600 000	
第3年：		350 000
期末余额	250 000	
第4年：		250 000
期末余额	0	

拓展视野

《财政部 税务总局关于企业职工教育经费税前扣除政策的通知》（财税〔2018〕51号）规定，企业发生的职工教育经费支出，不超过工资薪金总额8%的部分，准予在计算企业所得税应纳税所得额时扣除；超过部分，准予在以后纳税年度结转扣除。

◉ 典型案例12-1

甲公司拥有乙公司60%有表决权的股份，能够控制乙公司的财务和经营决策。2024年10月，甲公司将本公司生产的一批产品出售给乙公司，不含增值税销售价格为6 000 000元，成本为3 600 000元。至2024年12月31日，乙公司尚未将该批产品对外出售。甲、乙公司适用的所得税税率均为25%。税法规定，企业取得的存货以历史成本作为计税基础。假定本例中从合并财务报表角度在未来期间能够产生足够的应纳税所得额利用可抵扣暂时性差异。甲公司在编制合并财务报表时，应如何处理？

分析提示：回顾本章中提到的关于可抵扣暂时性差异的会计处理问题，比较应纳税暂时性差异与可抵扣暂时性差异的区别，结合所学知识分析上面的案例。

◉ 典型案例12-2

甲公司于2024年1月1日开始计提折旧的某设备，取得成本为5 000 000元，采用年限平均法计提折旧，使用年限为10年，预计净残值为零。假定计税时允许按双倍余额递减法计提折旧，使用年限及预计净残值与会计相同。2024年12月31日根据该设备生产产品的市场占有情况，甲公司估计其可收回金额为3 800 000元。甲公司适用的所得税税率为25%。假定该企业不存在其他会计与税收处理的差异。2024年12月31日甲公司确认的递延所得税负债应该是多少？

分析提示：回忆关于递延所得税负债的计算公式及会计处理方法，掌握其中的要点并结合上面的案例计算企业应确认的递延所得税负债。

本章小结

应纳税所得额，是指企业按照税收法规规定计算的应纳税的所得额。暂时性差异，是指资产或负债的账面价值与其计税基础之间的差额。资产的计税基础，是指企业收回资产账面价值的过程中，计算应纳税所得额时按照税法规定可以自应税经济利益中抵扣的金额。负债的计税基础，是指负债的账面价值减去未来期间计算应纳税所得额时按照税法规定可予抵扣的金额。资产负债表债务法适用于对所有暂时性差异的处理，是企业会计准则采用的方法。

概念回顾

计税基础　暂时性差异　应纳税暂时性差异　可抵扣暂时性差异

第13章

所有者权益

学习目标

知识目标：掌握所有者权益的概念、特征和构成；明确实收资本（或股本）、资本公积和留存收益的内容；了解盈余公积的计提方法。

技能目标：熟悉实收资本（或股本）、资本公积和留存收益的账务处理。

素养提升

A股高送转套路难再
相关监管趋严

13.1 所有者权益概述

13.1.1 所有者权益的概念和构成

1）所有者权益的概念

所有者权益，是指企业资产扣除负债后由所有者享有的剩余权益。公司的所有者权益又称为股东权益。所有者权益来源于所有者投入的资本、直接计入所有者权益的利得和损失、留存收益等。

直接计入所有者权益的利得和损失，是指不应计入当期损益、会导致所有者权益发生增减变动的、与所有者投入资本或者向所有者分配利润无关的利得或者损失。

2）所有者权益的构成

在我国现行会计核算中，所有者权益包括实收资本（股份有限公司称为股本）、资本公积、其他综合收益、盈余公积和未分配利润等部分。

实收资本，是指投资者直接投入的资本，如投入的货币性资产、原材料、固定资产、无形资产等。

资本公积，是指企业收到投资者出资额超出其在注册资本或股本中所占份额的部分，以及其他资本公积。

其他综合收益，是指企业根据其他会计准则规定未在当期损益中确认的各项利得和损失，包括以后会计期间不能重分类进损益的其他综合收益和以后会计期间满足规定条件时将重分类进损益的其他综合收益两类。

盈余公积，是指企业从税后利润中提取的各种积累，包括法定盈余公积、任意盈余公积等。

未分配利润，是企业净利润分配后的剩余部分，即净利润中尚未指定用途的部分。

由于盈余公积和未分配利润都是由企业在生产经营过程中实现的利润留存在企业所形成的，因此，盈余公积和未分配利润又被称为留存收益。

企业应当将所有者权益各项目在资产负债表上单列项目分别反映。

13.1.2 所有者权益的特点

所有者权益与负债同属权益。权益是指对企业资产的求偿权，它包括投资人的求偿权（所有者权益）和债权人的求偿权（债权人权益）两种。所有者权益与负债相比，其特点主要表现在以下几个方面：

第一，对象不同。负债是对债权人负担的经济责任；所有者权益是对投资人负担的经济责任。

第二，性质不同。负债是在经营或其他事项中发生的债务，是债权人对其债务的要求权；所有者权益是投资者对投入资本及投入资本的运用所产生的盈余（或亏损）的要求权。

第三，偿还期限不同。负债必须于一定的日期（特定日期或确定的日期）偿还；所有者权益一般只有在企业解散清算时（除按法律程序减资外），其财产在偿付了清算费用、债权人的债务等以后，如有剩余，才有可能还给投资者，在企业持续经营的情况下，一般不能收回投资。

第四，享受的权利不同。债权人只享有收回债务本金和利息的权利，而无权参与企业的收益分配和经营管理；所有者在某些情况下，除了可以获得收益外，还可参与经营管理。

从会计核算的角度来看，所有者权益的核算与企业组织形式有密切的关系。在不同组织形式的企业里，资产、负债、收入、费用和利润的核算一般并无不同，但是所有者权益的核算却差别很大，尤其是股份有限公司的所有者权益。我国《公司法》对公司制企业的股票发行和转让、利润的分配、减资等均作了比较详细的规定。

13.2 实收资本（或股本）

13.2.1 实收资本（或股本）概述

实收资本是指投资者按照企业章程或合同、协议的约定，实际投入企业的资本。所有者向企业投入的资本，在一般情况下无需偿还，并可以长期周转使用。实收资本的构成比例即投资者的出资比例或股东的股份比例，是企业据以向投资者进行利润或股利分配的主要依据。

我国目前实行的是注册资本金制度，要求企业的实收资本与其注册资本相一致。我国《企业法人登记管理条例》规定，除国家另有规定外，企业的注册资金应当与实有资金相一致。投资者向企业投入的资本，在企业持续经营期间内，除依法转让外，不得以任何形式抽回。

投资者既可以货币资金的方式出资，也可以固定资产、材料物资等实物资产和无形资产的方式出资。不论以何种方式出资，投资者如在投资过程中违反投资合约，不按规定如期缴付出资额或不如期缴足规定的出资额，企业可以依法追究投资者的违约责任。

13.2.2 实收资本（或股本）的会计处理

1）企业的实收资本

为了反映和监督投资者投入资本的增减变动情况，企业应设置“实收资本”账户（股份有限公司应设置“股本”账户）。该账户的贷方反映企业实际收到投资者缴付的资本，借方反映企业按法定程序减资时所减少的注册资本数额，期末贷方余额反映企业期末实收资本实有数额。为了反映企业各所有者投资在企业所有者权益中的构成及其变动情况，“实收资本”账户还必须按投资者设置明细账户，进行明细分类核算。

拓展视野

在我国，有股份有限公司和有限责任公司两种公司形式。股份有限公司的注册资本对应“股本”科目，有限责任公司的注册资本对应“实收资本”科目。

（1）接受货币资金投资。

投资者以货币资金投入的资本，应当以实际收到或者存入企业开户银行的金额作为实收资本入账。实际收到或者存入企业开户银行的金额超过其在该企业注册资本中所占份额的部分，计入资本公积。

【例 13-1】A公司收到甲股东作为资本投入的货币资金500 000元，款项已收妥入账，编制会计分录如下：

借：银行存款	500 000	
贷：实收资本——甲股东		500 000

企业收到投资者以外币资金投入的资本，应将实际收到的外币金额按当时的市场汇率折合为记账本位币金额，借记“银行存款”账户，贷记“实收资本”账户。

【例 13-2】某外商投资企业收到外商投入的外币资金50 000美元，当时的市场汇率为1美元=6.40元人民币。该外商投资企业以人民币为记账本位币。合同约定汇率为1美元=6.20元人民币。收到外币时，该外币的入账价值为320 000元（50 000×6.40），编制会计分录如下：

借：银行存款——美元户	320 000	
贷：实收资本——外方		320 000

提示　企业收到投资者以外币资金投入的资本，按照收到外币金额当天的市场汇率（而非合同约定的汇率）折合为记账本位币金额，记入“实收资本”账户的贷方。

（2）接受非现金资产投资。

股东除了以货币资金投资外，也有可能以实物资产或无形资产投资。

❶接受投入固定资产。

企业接受投资者作价投入的房屋、建筑物、机器设备等固定资产，应按照投资合同或协议约定的价值作为固定资产的入账价值，借记“固定资产”账户，按增值税专用发票上注明的增值税税额，借记“应交税费——应交增值税（进项税额）”账户，同时按照投资合同或协议约定的其在注册资本中所占的份额，贷记“实收资本”账户，按照投资合同或协议约定的价值超过其在该企业注册资本中所占份额的部分，贷记“资本公积”账户。如合同或协议约定的价值不公允，则以公允价值作为固定资产的入账价值。

【例 13-3】A公司收到乙企业作为资本投入的不需要安装的机器设备1台。合同约定该设备的价值为80 000元，公允价值也为80 000元，增值税进项税额为10 400元。经约定，A公司接受乙企业的投入资本为90 400元，全部作为实收资本。A公司应编制会计分录如下：

借：固定资产	80 000	
应交税费——应交增值税（进项税额）	10 400	
贷：实收资本——乙企业		90 400

❷接受投入材料物资等投资。

企业接受投资者作价投入的材料物资，应按照投资合同或协议约定的价值作为材料物资的入账价值，借记“原材料”等账户，按增值税专用发票上注明的增值税税额，借记“应交税费——应交增值税（进项税额）”账户，同时按照投资合同或协议约定的其在注册资本中所占的份额，贷记“实收资本”账户，按其差额，贷记“资本公积”账户。如合同或协议约定的价值不公允，则按照公允价值作为材料物资的入账价值。

【例 13-4】A公司收到出资者丙投入的原材料一批，投资合同或协议约定的不含税价值为100 000元，与公允价值相同，增值税专用发票列明的税款为13 000元。编制会计分录如下：

借：原材料	100 000	
应交税费——应交增值税（进项税额）	13 000	
贷：实收资本——丙股东		113 000

❸接受无形资产投资。

企业收到以无形资产方式投入的资本，其会计处理比照收到的固定资产和材料物资。

【例 13-5】A公司收到D企业作为资本投入的专利权一项，投资合同约定的价值为60 000元。编制会计分录如下：

借：无形资产——专利权	60 000	
贷：实收资本——D企业		60 000

2）股份有限公司的股本

股份有限公司是指全部资本由等额股份构成并通过发行股票筹集资本，股东以其所持股份对公司承担有限责任，公司以其全部资产对公司债务承担责任的企业法人。

（1）股票及其种类。

公司所发行的股票必须载明公司名称、公司登记成立日期、股票的种类和金额以及代表的股份数、股票的编号、董事长的签名及公司的签章。

❶股票按是否记名分为记名股票和不记名股票。

记名股票除记载上述内容外，还必须有股东的姓名或者名称及住所、股东取得股份的日期等事项。公司向发起人、国家授权投资的机构、法人发行的股票，应为记名股票；对社会公众发行的股票，可以为记名股票，也可以为不记名股票。

❷股票按持股人享受的权利不同分为普通股和优先股。

普通股是股份有限公司的基本股份。普通股持有者拥有四项权利：参与管理权、优先认股权、利润分配权、剩余财产分配权。

优先股是指在公司享有优先于普通股获得利益的权利的股份。优先股的优先权主要表现为两项：优先分得股利权和优先分得剩余财产权。

通过以上分析可以看出，普通股和优先股的区别主要体现在两个方面：普通股的股东拥有股东会的投票权，而优先股的股东则没有，但优先股的股东拥有公司给予的某些优惠条件；普通股股东承担较大的风险，投资回报的波动性大，而优先股股东风险较小，投资回报稳定。

（2）股票的发行。

从理论上讲，股票发行有三种情况：一是溢价发行，即公司发行股票所得收入大于股本总额；二是折价发行，即公司发行股票所得收入小于股本总额；三是面值发行，亦称平价发行，即公司发行股票所得收入等于股本总额。但从实务来看，许多国家都不允许折价发行股票，我国也是如此。股份有限公司发行股票支付的手续费或佣金等发行费用，减去发行股票冻结期间产生的利息收入后的余额，如果是溢价发行的，从发行股票的溢价中扣除；股票没有溢价发行或溢价金额不足以支付发行费用的部分，应将不足支付的发行费用冲减盈余公积和未分配利润。

【例13-6】A公司发行普通股2 000万股，每股面值为1元，每股发行价为1.2元。假设A公司按发行收入的1%向证券公司支付发行费用（不考虑增值税），证券公司从发行收入中抵扣，股款已划入A公司的银行账户，则：

股票发行费用=20 000 000×1.2×1%=240 000（元）

实际收到的股款=20 000 000×1.2−240 000=23 760 000（元）

A公司编制会计分录如下：

借：银行存款	23 760 000	
贷：股本		20 000 000
资本公积——股本溢价		3 760 000

（3）境外上市、在中国香港上市以及境内发行外资股的公司的股本。

境外上市、在中国香港上市以及境内发行外资股的公司，在收到股款时，应按照收到股款当日的汇率折合的人民币金额，借记“库存现金”“银行存款”等账户，按照确定的人民币股票面值与核定的股份总额的乘积，贷记“股本”账户，按照收到股款当日的汇率折合的人民币金额与按人民币计算的股票面值总额的差额，贷记“资本公积——股本溢价”账户。

3）实收资本（或股本）的变动

我国有关法律规定，实收资本（或股本）除了下列情况外，不能随意变动：一是符合增资条件并经有关部门批准增资；二是企业按法定程序报经批准减少注册资本。

（1）企业增资。

❶接受投资者追加投资的核算。在按规定接受投资者额外投入实现增资时，企业应按实际收到的金额或其他资产，借记“银行存款”等账户；按增加的实收资本（或股本）金额，贷记“实收资本（或股本）”账户；按照两者之间的差额，贷记“资本公积——资本（或股本）溢价”账户。

❷资本公积转增资本的核算。在采用资本公积转增资本时，企业应按照转增的金额，借记“资本公积”账户，贷记“实收资本（或股本）”账户。

❸盈余公积转增资本的核算。在采用盈余公积转增资本时，企业应按照转增的金额，借记“盈余公积”账户，贷记“实收资本（或股本）”账户。

❹采用发放股票股利方式增资的核算。在股份有限公司股东会或类似权力机构批准采用发放股票股利的方式增资时，公司应在实施该方案并办理完增资手续后，根据实际发放的股票股利数，借记“利润分配——转作股本的普通股股利”账户，贷记“股本”账户。

（2）企业减资。

企业按照法定程序报经批准减少注册资本的，应在实际发放投资时按照减资金额，借记“实收资本（或股本）”账户，贷记“银行存款”等账户。

微课

实收资本的核算

议一议 同学们，股份有限公司可以通过哪些方式减资？

13.3 资本公积和其他综合收益

13.3.1 资本公积概述

资本公积包括资本（或股本）溢价及其他资本公积。资本（或股本）溢价是指企业收到投资者投入的超出其在企业注册资本中所占份额的投资。形成资本（或股本）溢价的原因有溢价发行股票、投资者超额缴入资本等。

其他资本公积是指除资本（或股本）溢价、净损益、其他综合收益和利润分配以外所有者权益的其他变动。比如，企业的长期股权投资采用权益法核算时，因被投资单位除净损益、其他综合收益和利润分配以外的所有者权益的其他变动，投资企业按应享有份额而增加或减少的资本公积，直接记入投资方所有者权益中的“资本公积——其他资本公积”账户。其他资本公积是直接计入所有者权益的利得和损失中的一部分。直接计入所有者权益的利得和损失包括资本公积和其他综合收益。资本公积由全体股东享有，资本公积在转增资本时，按各个股东在实收资本中所占的投资比例计算的金额，分别转增各个股东的投资金额。资本公积与盈余公积不同，盈余公积是从净利润中取得的，而资本公积的形成与企业的净利润无关。在我国，资本公积主要用来转增资本（或股本）。

13.3.2 资本公积的会计处理

1）账户设置

为了核算企业资本公积的增减变动情况，应设置“资本公积”账户。该账户贷方核算企业资本公积的增加数额；借方核算企业资本公积的减少数额，期末余额为企业资本公积的结余数额。为了反映各类不同性质的资本公积的增减变动情况，该账户应设置“资本（或股本）溢价”“其他资本公积”等明细账户进行明细核算。

2）资本公积来源的账务处理

（1）资本溢价或股本溢价。

❶资本溢价。

资本溢价，是指投资者缴付企业的出资额大于该投资者在企业注册资本中所占有份额的数额。除股份有限公司以外的其他类型的企业，投资者通常依其出资额对企业经营决策享有表决权，并相应承担有限责任。在企业创立时，投资者认缴的出资额往往与注册资本一致，不会产生资本公积。但在企业重组或有新的投资者加入时，为了维护原投资者的权益，新加入的投资者的出资额，并不一定全部作为实收资本处理。这是因为：第一，企业创建时的资金投入和企业已走向经营正轨时期的资金投入，即使在数量上相等，其盈利能力也是不同的；第二，接纳新投资者后，新投资者与原投资者一样有权参与原有留存收益的分配，只有新的出资额大于实收资本，才能维护原投资者的已有权益。资本溢价在"资本公积——资本溢价"账户中核算。

【例13-7】某企业由A、B、C三位股东各投资100万元设立。设立时的实收资本为300万元。经过几年的经营，该企业留存收益为120万元，这时又有D投资者要加入该企业，并表示愿出资140万元，享有与A、B、C三位股东同等的权利，三位股东均表示同意。则在会计核算时，将D股东投入资金中的100万元记入"实收资本"账户，其余的40万元记入"资本公积"账户。编制会计分录如下：

借：银行存款	1 400 000	
贷：实收资本——D股东		1 000 000
资本公积——资本溢价		400 000

❷股本溢价。

股份有限公司是以发行股票的方式筹集股本，股东按其所持企业股份享有权利和承担义务。为了反映和便于计算各股东所持股份占企业全部股份的比例，企业的股本总额应按股票的面值与股份总数的乘积计算。有关法规规定，股本总额应与注册资本总额相等。因此，在采用面值发行股票的情况下，企业发行股票取得的收入，应全部记入"股本"账户；在采用溢价发行股票的情况下，企业发行股票取得的收入，相当于股票面值的部分记入"股本"账户，超出股票面值的溢价收入（含发行股票冻结期间所产生的利息收入，下同）扣除发行中支付给代理商的手续费等，记入"资本公积——股本溢价"账户。

【例13-8】A公司委托甲证券公司代理发行普通股100万股，每股面值1元，按每股1.2元的价格发行。A公司与甲证券公司约定手续费按发行收入的3%收取，从发行收入中扣除，假设收到的股款已存入银行。编制会计分录如下：

A公司收到受托发行单位交来的现金=1 000 000×1.2×（1-3%）=1 164 000（元）

应记入"资本公积"账户的金额=溢价收入-发行手续费=200 000-36 000=164 000（元）

借：银行存款	1 164 000	
贷：股本		1 000 000
资本公积——股本溢价		164 000

【例13-9】在境内发行外资股的某上市公司增资发行普通股股票50万股，每股确定的面值为60元人民币，每股发行价为10美元，收到股款日的市场汇率为1美元=6.40元人民币。编制会计分录如下：

借：银行存款——美元户	32 000 000	
贷：股本		30 000 000
资本公积——股本溢价		2 000 000

（2）其他资本公积。

其他资本公积，是指除资本（或股本）溢价以外原因形成的资本公积。取得时，借记有关账户，贷记“资本公积——其他资本公积”账户。

3）资本公积运用的账务处理

按规定，资本公积可用于转增资本。资本公积转增资本时，应借记“资本公积”账户，贷记“实收资本（或股本）”账户。

【例 13-10】A有限责任公司将资本公积750 000元转增资本。在原来的注册资本中，甲、乙、丙三位投资者的投资比例分别为50%、20%、30%。该公司按法定程序办理完增资手续。编制会计分录如下：

借：资本公积	750 000	
贷：实收资本——甲股东		375 000
——乙股东		150 000
——丙股东		225 000

启示窗 13-1

甲公司以定向增发股票的方式购买同一集团内另一企业持有的A公司80%股权。为取得该股权，甲公司增发2 000万股普通股，每股面值为1元，每股公允价值为5元；支付承销商佣金50万元。取得该股权时，A公司在集团合并财务报表中的净资产账面价值为9 000万元，公允价值为12 000万元。假定甲公司和A公司采用的会计政策相同。

请思考：甲公司取得该股权时应确认的资本公积为多少？

拓展思维

资本公积和盈余公积的用途有何异同？

13.3.3　其他综合收益

其他综合收益主要包括直接计入所有者权益的利得和损失。直接计入所有者权益的利得和损失主要由以下交易或事项引起：

1）采用权益法核算的长期股权投资

长期股权投资采用权益法核算的，被投资单位其他综合收益发生变动时，投资企业按持股比例计算应享有的份额，计入其他综合收益。处置采用权益法核算的长期股权投资时，还应结转原计入其他综合收益的相关金额，借记或贷记“其他综合收益”科目，贷记或借记“投资收益”科目。

2）其他债权投资公允价值的变动

根据其他债权投资发生公允价值变动的利得和损失，借记或贷记“其他债权投资——公允价值变动”科目，贷记或借记“其他综合收益”科目。

3）投资性房地产的转换差额

自用房地产（或存货）转换为采用公允价值模式计量的投资性房地产时，转换日的公允价值小于原账面价值的，其差额计入当期损益。转换日的公允价值大于原账面价值的，其差额作为其他综合收益计入所有者权益。

13.4 留存收益

13.4.1 留存收益概述

留存收益指企业从历年实现的净利润中提取或留存于企业的内部积累，它来源于企业的生产经营活动所实现的利润，包括企业的盈余公积和未分配利润两个部分。

1）盈余公积

盈余公积是指企业按照规定从净利润提取的积累资金。

（1）盈余公积的计提。

❶一般企业和股份有限公司的盈余公积包括法定盈余公积和任意盈余公积两项。有关规定参见“11.3.4 净利润的分配和结转”。

❷外商投资企业的盈余公积包括：a.储备资金，是指企业按照法律、行政法规规定从净利润中提取的，经批准用于弥补亏损和增加资本的积累基金；b.企业发展基金，是指企业按照法律、行政法规规定从净利润中提取的，用于企业生产发展和经批准用于增加资本的企业发展的积累基金。

（2）盈余公积的使用。

企业提取的盈余公积可用于转增资本、弥补亏损、发放现金股利或利润和扩大企业生产经营。

❶在转增资本时，一是要办理增资手续；二是要按股东原有的股份比例结转；三是法定盈余公积转增资本（或股本）后，留存的盈余公积不得少于注册资本的25%。

❷企业发生的亏损，在发生亏损以后的5年内可以以税前利润弥补亏损。对按规定不能用税前利润弥补的亏损，则必须用以后的税后利润弥补或用盈余公积弥补。

❸经股东会决议，企业可按规定用盈余公积扩大企业生产经营。

2）未分配利润

未分配利润是指截止到本年度末累计未分配的利润，包括企业以前累计的尚未分配的利润以及本年未分配利润数。

13.4.2 留存收益的会计处理

1）账户设置

为了反映和监督盈余公积的提取和使用等增减变动情况，企业应设置“盈余公积”账户。该账户为所有者权益类账户。企业提取盈余公积时记入该账户的贷方，使用盈余公积时记入该账户的借方，贷方余额为企业盈余公积的实有数额。“盈余公积”账户下分别设置“法定盈余公积”“任意盈余公积”等进行明细核算。

未分配利润，通过“利润分配——未分配利润”明细账户进行核算。该账户的应用参见“11.3 利润”。

2）盈余公积形成与使用的账务处理

（1）提取盈余公积。

【例13-11】**某企业本年税后利润为1 500 000元，分别按10%、6%的比例提取法定盈**

余公积、任意盈余公积。编制会计分录如下：

借：利润分配——提取法定盈余公积　150 000
　　　　　　——提取任意盈余公积　90 000
　贷：盈余公积——法定盈余公积　150 000
　　　　　　　——任意盈余公积　90 000

外商投资企业提取储备基金、企业发展基金，借记“利润分配——提取储备基金”“利润分配——提取企业发展基金”账户，贷记“盈余公积——储备基金”“盈余公积——企业发展基金”账户。

（2）盈余公积使用。

❶盈余公积弥补亏损。

【例 13-12】某企业经研究决定用以前年度提取的任意盈余公积900 000元弥补当期亏损，编制会计分录如下：

借：盈余公积——任意盈余公积　900 000
　贷：利润分配——盈余公积补亏　900 000

❷盈余公积转增资本。

企业提取的法定盈余公积转增资本，应按照批准的转增资本数额，借记“盈余公积——法定盈余公积”账户，贷记“实收资本（或股本）”账户。

❸盈余公积派送新股。

股份有限公司经股东会决议，可用盈余公积分派现金股利或股票股利。派送新股时，按派送新股计算的金额，借记“盈余公积”账户，按股票面值和派送新股总数计算的股票面值总额，贷记“股本”账户。

3）未分配利润

参见“11.3.4　净利润的分配和结转”中有关净利润年终结转的内容。

启示窗 13-2

某公司现有下列行为：（1）以盈余公积弥补亏损；（2）提取法定盈余公积；（3）发放股票股利；（4）将债务转化为资本。

请思考：以上会引起所有者权益总额发生增减变动的有哪些？

◉ 典型案例13-1

甲公司是中方A公司与外商B公司共同出资组建的中外合资企业，于2024年1月1日设立，注册资本总额为2 000 000元。A公司和B公司的出资比例为6：4。A公司对甲公司有重大影响。

1月1日，按出资合同规定，A公司以账面原价为1 400 000元、已提折旧400 000元的厂房投资，双方确定该厂房的价值为1 200 000元，并已办妥产权划转等相关手续。1月2日，B公司以125 000美元投资，投资合同约定的汇率为1美元=6.40元人民币。当日的市场汇率为1美元=6.50元人民币，该外币已存入银行。

2024年度，甲公司实现净利润200 000元；董事会决定共提取15%的盈余公积，并向投资者分配利润100 000元。

要求：

（1）编制甲公司接受A公司投资的会计分录。

（2）编制甲公司接受B公司投资的会计分录。

（3）编制A公司确认投资收益的相关会计分录。

分析提示：本案例主要考查实收资本的账务处理和长期股权投资成本法的相关内容，请结合学习内容进行解答。

本章小结

所有者权益又称为股东权益。所有者权益包括实收资本（在股份有限公司称为股本）、资本公积、其他综合收益、盈余公积和未分配利润等部分。实收资本是指投资者直接投入的资本；资本公积是指企业收到投资者出资额超出其在注册资本或股本中所占份额的部分；其他综合收益是指企业根据其他会计准则规定未在当期损益中确认的各项利得和损失；盈余公积是指企业从税后利润中提取的各种积累；未分配利润是企业净利润分配后的剩余部分。

概念回顾

所有者权益　实收资本　资本公积　其他综合收益　盈余公积　未分配利润　留存收益

第14章

财务报表

学习目标

知识目标：掌握财务报表的概念、意义和分类；明确资产负债表、利润表、现金流量表和所有者权益变动表的编制方法；了解报表附注、资产负债表日后调整事项的内容。

技能目标：熟悉资产负债表、利润表、现金流量表和所有者权益变动表的编制。

素养提升

康美药业证券纠纷案

14.1 财务报表概述

14.1.1 财务报表的概念及意义

1）财务报表的概念

财务报告是指企业对外提供的反映企业某一特定日期财务状况和某一会计期间经营成果、现金流量等会计信息的文件。财务报告包括财务报表和其他应当在财务报告中披露的相关信息和资料。财务报表是对企业财务状况、经营成果和现金流量的结构性表述，是会计核算过程中最后提出的结果，也是会计核算工作的阶段性总结。

2）财务报表的意义

企业的管理者、投资者、债权人、政府机构以及其他与企业有利害关系的单位或个人，不能直接使用日常会计核算中比较分散的会计记录来分析评价企业的财务状况和经营成果，必须定期地将日常会计资料加以分类、调整、汇总，按照一定的表格形式编制财务报表，总括、综合地反映企业的经济活动过程和结果。所以，编制财务报表有着重要的意义：

（1）财务报表为企业加强和改善经营管理提供重要信息。

（2）财务报表为国家经济管理部门进行宏观调控和管理提供重要信息。

（3）财务报表为投资者和债权人进行决策提供重要信息。

14.1.2 财务报表的分类

财务报表可以根据需要，按照不同的标准进行分类。

微课

财务报表的分类

1）动态财务报表和静态财务报表

财务报表按照反映的内容，可以分为动态财务报表和静态财务报表。动态财务报表是指反映一定时期内资金耗费和资金收回情况的报表，如利润表是反映企业一定时期内经营成果的报表；静态财务报表是指反映企业在一定时点经济指标处于相对静止状态的报表，如资产负债表是反映一定日期企业资产总额和权益总额的报表。

2）中期财务报表和年度财务报表

财务报表按照编报时间，可以分为中期财务报表（月度、季度、半年度）和年度财务报表。其中，月报要求简明扼要、及时反映；年报要求揭示完整、反映全面；季报和半年度报表的要求介于月报和年报之间。

3）单位财务报表和汇总财务报表

财务报表按照编制单位，可以分为单位财务报表和汇总财务报表。单位财务报表是指由企业在自身会计核算的基础上，对账簿记录进行加工而编制的报表，以反映企业本身的财务状况、经营成果和现金流量情况；汇总财务报表是指由企业主管部门或上级单位，根据所属单位报送的财务报表，连同本单位财务报表汇总编制的综合性报表。

4）个别财务报表和合并财务报表

财务报表按照各项目所反映的数字内容，可以分为个别财务报表和合并财务报表。个别财务报表各项目所反映的内容，仅仅包括企业本身的财务数字；合并财务报表是由母公司编制的，一般包括所有控股子公司财务报表的有关数字，可以向财务报表使用者提供集团总体的财务状况、经营成果和现金流量情况。

5）内部财务报表和外部财务报表

财务报表按照服务对象，可以分为内部财务报表和外部财务报表。内部财务报表是指为适应企业内部经营管理需要而编制的不对外公开的报表，它没有统一的格式和指标体系；外部财务报表是指企业向外提供的，供政府部门、其他企业和个人使用的报表，它有统一的格式和指标体系。

14.1.3 财务报表的内容

我国企业会计准则规定，企业财务报表的内容主要包括资产负债表、利润表、所有者权益变动表、现金流量表、报表附注等。财务报表的上述组成部分具有同等的重要程度，它们从不同的角度说明企业的财务状况、经营成果和现金流量情况。

14.1.4 财务报表的编制要求

企业应当以持续经营为基础，根据实际发生的交易和事项，按照《企业会计准则——基本准则》和其他各项会计准则的规定进行确认和计量，在此基础上编制财务报表。企业不应以附注披露代替确认和计量，不恰当的确认和计量也不能通过充分披露相关会计政策而纠正。如果按照各项会计准则规定披露的信息不足以让报表使用者了解特定交易或事项对企业财务状况和经营成果的影响时，企业还应当披露其他的必要信息。

企业编制的财务报表应当便于理解、真实可靠、相关可比、全面完整、编报及时。

便于理解，是指财务报表提供的财务信息应清晰易懂，为使用者所理解。

真实可靠，是指财务报表所提供的财务信息应如实反映企业的经营活动和财务状况。

相关可比，是指财务报表提供的财务信息必须与使用者的决策需要相关联并具有可比性。

全面完整，是指财务报表应当全面反映企业的财务状况、经营成果和现金流量情况，反映企业经营活动的全貌。

编报及时，是指企业的财务报表应及时编制和报送。

14.2 资产负债表

14.2.1 资产负债表的概念和作用

1）资产负债表的概念

资产负债表是反映企业在某一特定日期的财务状况的报表。它是根据资产、负债和所有者权益之间的相互关系，按照一定的分类标准和一定的顺序，把企业在一定日期的资产、负债、所有者权益各项目予以适当排列并对日常活动中形成的大量数据进行高度浓缩整理后编制而成的。它表明企业在某一特定日期所拥有或控制的经济资源、所承担的现时义务和所有者对净资产的要求权。

2）资产负债表的作用

资产负债表能够提供资产、负债和所有者权益的全貌。资产负债表有着极其重要的作用，主要表现在：

（1）资产负债表可以提供某一日期资产的总额，表明企业拥有或控制的经济资源及其分布情况，是分析企业生产经营能力的重要资料。

（2）资产负债表可以反映某一日期的负债总额以及结构，表明企业未来需用多少资产或劳务清偿债务。

（3）资产负债表可以反映所有者权益的情况，表明投资者在企业资产中所占的份额，了解权益的结构情况。

（4）资产负债表还能够提供进行财务分析的基本资料，通过资产负债表可以计算流动比率、速动比率，以了解企业的短期偿债能力等。

14.2.2 资产负债表的格式

目前国际上流行的资产负债表的格式主要有报告式和账户式两种。

报告式资产负债表，是将资产负债表的项目自上而下排列，首先列示资产的数额，然后列示负债的数额，最后再列示所有者权益的数额。

账户式资产负债表，是将资产项目列在报表的左方，负债和所有者权益项目列在报表的右方，从而使资产负债表左右双方平衡。

我国企业会计准则规定，企业的资产负债表采用账户式格式。

14.2.3 资产负债表的编制方法

1）“上年年末余额”栏的填列方法

资产负债表“上年年末余额”栏内各项数字，应根据上年年末资产负债表“期末余额”栏内所列数字填列。如果上年年末资产负债表规定的各个项目的名称和内容同本年度不相一致，应对上年年末资产负债表各项目的名称和数字按照本年度的规定进行调整，填入报表中的“上年年末余额”栏内。

2）“期末余额”栏的填列方法

（1）一般填列方法。

❶直接根据有关总账期末余额填列。例如，“短期借款”“应付职工薪酬”等项目，应当根据总账期末余额直接填列。

❷根据几个总账期末余额计算填列。例如，“货币资金”项目，应当根据“库存现金”“银行存款”“其他货币资金”等总账期末余额合计数填列。

❸根据明细账期末余额计算填列。例如，“应付账款”项目，应当根据“应付账款”“预付账款”两个总账所属明细账期末贷方余额合计数填列。

❹根据总账和有关明细账期末余额分析计算填列。例如，“长期借款”项目，应当根据“长期借款”总账期末余额扣除所属明细账户中将在1年内到期且企业不能自主地将清偿义务展期的长期借款后的金额计算填列。

❺根据几个总账账户期末余额减去其备抵账户期末余额后的净额填列。例如，“固定资产”项目，应当根据“固定资产”总账期末余额，减去“累计折旧”“固定资产减值准备”等总账期末余额后的金额，以及“固定资产清理”科目的期末余额填列。

（2）各项目的具体填列方法。

“货币资金”项目，反映企业库存现金、银行结算户存款、外埠存款、银行汇票存款、银行本票存款、信用卡存款、信用证保证金存款等的合计数。本项目应根据“库存现金”“银行存款”“其他货币资金”科目的期末余额合计数填列。

“交易性金融资产”项目，反映资产负债表日企业分类为以公允价值计量且其变动计入当期损益的金融资产，以及企业持有的指定为以公允价值计量且其变动计入当期损益的金融资产的期末账面价值。本项目应根据“交易性金融资产”科目的相关明细科目的期末余额分析填列。自资产负债表日起超过1年到期且预期持有超过1年的以公允价值计量且其变动计入当期损益的非流动金融资产的期末账面价值，在“其他非流动金融资产”项目反映。

“衍生金融资产”项目，反映企业期末持有的衍生工具、套期工具、被套期项目中属于衍生金融资产的金额。本项目应根据“衍生工具”“套期工具”“被套期项目”等科目借方余额分析计算填列。

“应收票据”项目，反映资产负债表日以摊余成本计量的、企业因销售商品、提供服务等收到的商业汇票，包括银行承兑汇票和商业承兑汇票。本项目应根据“应收票据”科目的期末余额，减去“坏账准备”科目中有关应收票据计提的坏账准备期末余额后的金额填列。

“应收账款”项目，反映资产负债表日以摊余成本计量的、企业因销售商品、提供服务等经营活动应收取的款项。本项目应根据“应收账款”科目的期末余额，减去“坏账准备”科目中有关应收账款计提的坏账准备期末余额后的金额填列。

“应收款项融资”项目，反映资产负债表日以公允价值计量且其变动计入其他综合收益的应收票据和应收账款等。

“预付款项”项目，反映企业按购货合同规定预付给供应单位的款项等。本项目应根据“预付账款”和“应付账款”账户所属各明细账户的期末借方余额合计数，减去“坏账准备”账户中有关预付款项计提的坏账准备期末余额后的金额填列。如“预付账款”账户所属有关明细账户期末有贷方余额，应在本表“应付账款”项目填列。

“其他应收款”项目，应根据“应收利息”“应收股利”“其他应收款”科目的期末余额合计数，减去“坏账准备”科目中有关其他应收款计提的坏账准备期末余额后的金额填列。其中的“应收利息”仅反映相关金融工具已到期可收取但于资产负债表日尚未收到的利息。基于实际利率法计提的金融工具的利息应包含在相应金融工具的账面余额中。

“存货”项目，反映企业期末在库、在途和在加工中的各项存货的可变现净值。本项目应根据“材料采购”“原材料”“库存商品”“委托加工物资”“委托代销商品”“周转材料”“生产成本”等账户期末余额合计数，减去“受托代销商品款”“存货跌价准备”账户期末余额后的金额填列。材料采用计划成本核算，以及库存商品采用计划成本或售价核算的企业，还应按加上或减去材料成本差异、商品进销差价后的金额填列。按照《企业会计准则第14号——收入》（2017年修订）的相关规定，确认为资产的合同履约成本，应当根据“合同履约成本”科目的明细科目初始确认时摊销期限是否超过1年或1个正常营业周期，在“存货”或“其他非流动资产”项目中填列，已计提减值准备的，还应按减去“合同履约成本减值准备”科目中相关的期末余额后的金额填列。

“合同资产”和“合同负债”项目：企业应按照《企业会计准则第14号——收入》的相关规定，根据本企业履行履约义务与客户付款之间的关系在资产负债表中列示合同资产或合同负债。“合同资产”项目和“合同负债”项目，应分别根据“合同资产”科目和“合同负债”科目的相关明细科目期末余额分析填列，同一合同下的合同资产和合同负债应当以净额列示，其中净额为借方余额的，应当根据其流动性在“合同资产”或“其他非流动资产”项目中填列，已计提减值准备的，还应按减去“合同资产减值准备”科目中相关的期末余额后的金额填列；净额为贷方余额的，应当根据其流动性在“合同负债”或“其他非流动负债”项目填列。

“持有待售资产”项目，反映资产负债表日划分为持有待售类别的非流动资产及划分为持有待售类别的处置组中的流动资产和非流动资产的期末账面价值。本项目应根据“持有待售资产”科目的期末余额，减去“持有待售资产减值准备”科目的期末余额后的金额填列。

“一年内到期的非流动资产”项目，通常反映预计自资产负债表日起1年内变现的非流动资产，如自资产负债表日起1年内到期的长期债权投资的期末账面价值。对于按照相关会计准则采用折旧（或摊销、折耗）方法进行后续计量的固定资产、使用权资产、无形资产和长期待摊费用等非流动资产，折旧（或摊销、折耗）年限（或期限）只剩1年或不足1年的，或预计在1年内（含1年）进行折旧（或摊销、折耗）的部分，不得归类为流动资产，仍在各该非流动资产项目中填列，不转入“一年内到期的非流动资产”项目。

“其他流动资产”和“其他非流动资产”项目：按照《企业会计准则第14号——收入》的相关规定确认为资产的合同取得成本，应当根据“合同取得成本”科目的明细科目初始确认时摊销期限是否超过1年或1个正常营业周期，在“其他流动资产”或“其他非流动资产”项目中填列，已计提减值准备的，还应按减去“合同取得成本减值准备”科目中相关的期末余额后的金额填列。按照《企业会计准则第14号——收入》的相关规定确认为资产的应收退货成本，应当根据“应收退货成本”科目是否在1年或1个正常营业周期内出售，在“其他流动资产”或“其他非流动资产”项目填列。

“债权投资”项目，反映资产负债表日企业以摊余成本计量的长期债权投资的期末账面价值。本项目应根据“债权投资”科目的相关明细科目期末余额，减去“债权投资减值准备”科目中相关减值准备的期末余额后的金额分析填列。自资产负债表日起1年内到期的长期债权投资的期末账面价值，在“一年内到期的非流动资产”项目反映。企业购入的以摊余成本计量的1年内到期的债权投资的期末账面价值，在“其他流动资产”项目反映。

“其他债权投资”项目，反映资产负债表日企业分类为以公允价值计量且其变动计入其他综合收益的长期债权投资的期末账面价值。本项目应根据“其他债权投资”科目的相关明细科目期末余额分析填列。企业购入的以公允价值计量且其变动计入其他综合收益的1年内到期的债权投资的期末账面价值，在“其他流动资产”项目反映。

“长期应收款”项目，反映采用递延方式具有融资性质的销售商品和提供劳务等产生的长期应收款项等。本项目应根据“长期应收款”账户的期末余额，减去相应的“未实现融资收益”账户和“坏账准备”账户所属相关明细账户期末余额后的金额填列。

“长期股权投资”项目，反映企业持有的对子公司、联营企业和合营企业的长期股权投资。本项目应根据“长期股权投资”账户的期末余额，减去“长期股权投资减值准备”账户的期末余额后的金额填列。

“其他权益工具投资”项目，反映资产负债表日企业指定为以公允价值计量且其变动计入其他综合收益的非交易性权益工具投资的期末账面价值。本项目应根据“其他权益工具投资”科目的期末余额填列。

“其他非流动金融资产”项目，反映企业除上述非流动金融资产以外的其他非流动金融资产。本项目应根据相关科目的期末余额填列。

“投资性房地产”项目，反映企业持有的投资性房地产。企业采用成本模式计量投资性房地产的，本项目应根据“投资性房地产”账户的期末余额，减去“投资性房地产累计折旧（摊销）”和“投资性房地产减值准备”账户期末余额后的金额填列。企业采用公允价值模式计量投资性房地产的，本项目应根据“投资性房地产”账户的期末余额填列。

“固定资产”项目，反映资产负债表日企业固定资产的期末账面价值和企业尚未清理完毕的固定资产清理净损益。本项目应根据“固定资产”科目的期末余额，减去“累计折旧”和“固定资产减值准备”科目的期末余额后的金额，以及“固定资产清理”科目的期末余额填列。

“在建工程”项目，反映资产负债表日企业尚未达到预定可使用状态的在建工程的期末账面价值和企业为在建工程准备的各种物资的期末账面价值。本项目应根据“在建工程”科目的期末余额，减去“在建工程减值准备”科目的期末余额后的金额，以及“工程物资”科目的期末余额，减去“工程物资减值准备”科目的期末余额后的金额填列。

“使用权资产”项目，反映资产负债表日承租人企业持有的使用权资产的期末账面价值。该项目应根据“使用权资产”科目的期末余额，减去“使用权资产累计折旧”和“使用权资产减值准备”科目的期末余额后的金额填列。

“无形资产”项目，反映企业持有的无形资产，包括专利权、非专利技术、商标权、著作权、土地使用权等。本项目应根据“无形资产”账户的期末余额，减去“累计摊销”

和“无形资产减值准备”账户期末余额后的金额填列。

“开发支出”项目，反映企业开发无形资产过程中能够资本化形成无形资产成本的支出部分。本项目应根据“研发支出”账户中所属的“资本化支出”明细账户期末余额填列。

“商誉”项目，反映企业合并中形成的商誉价值。本项目应根据“商誉”账户的期末余额，减去相应减值准备后的金额填列。

“长期待摊费用”项目，反映企业已经发生但应由本期和以后各期负担的分摊期限在1年以上的各项费用。本项目应根据“长期待摊费用”账户的期末余额填列。

“递延所得税资产”项目，反映企业确认的可抵扣暂时性差异产生的递延所得税资产。本项目应根据“递延所得税资产”账户的期末余额填列。

“短期借款”项目，反映企业向银行或其他金融机构等借入的期限在1年以下（含1年）的各种借款。本项目应根据“短期借款”账户的期末余额填列。

“交易性金融负债”项目，反映资产负债表日企业承担的交易性金融负债，以及企业持有的指定为以公允价值计量且其变动计入当期损益的金融负债的期末账面价值。本项目应根据“交易性金融负债”科目的相关明细科目的期末余额填列。

“衍生金融负债”项目，反映衍生工具、套期工具、被套期项目中属于衍生金融负债的金额。本项日应根据“衍生工具”“套期工具”“被套期项目”等科目的贷方余额分析计算填列。

“应付票据”项目，反映资产负债表日以摊余成本计量的，企业因购买材料、商品和接受服务等开出、承兑的商业汇票，包括银行承兑汇票和商业承兑汇票。本项目应根据“应付票据”科目的期末余额填列。

“应付账款”项目，反映资产负债表日以摊余成本计量的、企业因购买材料、商品和接受服务等经营活动应支付的款项。本项目应根据“应付账款”和“预付账款”科目所属的相关明细科目的期末贷方余额合计数填列。

“预收款项”项目，反映企业按照购货合同规定预收供应单位的不符合合同负债内容的款项。本项目应根据“预收账款”和“应收账款”账户所属各明细账户的期末贷方余额合计数填列。

“应付职工薪酬”项目，反映企业根据有关规定应付给职工的工资、职工福利、社会保险费、住房公积金、工会经费、职工教育经费、非货币性福利、辞退福利等各种薪酬。本项目应根据“应付职工薪酬”账户的期末贷方余额填列。外商投资企业按规定从净利润中提取的职工奖励及福利基金，也在本项目列示。

“应交税费”项目，反映企业按照税法规定计算应交纳的各种税费，包括增值税、消费税、所得税、资源税、土地增值税、城市维护建设税、房产税、城镇土地使用税、车船税、教育费附加等。企业代扣代缴的个人所得税，也通过本项目列示。企业所交纳的税金不需要预计应交数的，如印花税、耕地占用税等，不在本项目列示。“应交税费”科目下的“应交增值税”“未交增值税”“待抵扣进项税额”“待认证进项税额”“增值税留抵税额”等明细科目期末借方余额，应根据情况在资产负债表中的“其他流动资产”或“其他非流动资产”项目列示；“应交税费——待转销项税额”等科目期末贷方余额，应根据情况在资产负债表中的“其他流动负债”或“其他非流动负债”项目列示；“应交税费”科目下的“未交增值税”“简易计税”“转让金融商品应交增值税”“代扣代交增值税”等科目期末贷方余额，应在资产负债表中的“应交税费”项目列示。

“其他应付款”项目，应根据“应付利息”“应付股利”“其他应付款”科目的期末余额合计数填列。其中的“应付利息”仅反映相关金融工具已到期应支付但于资产负债表日尚未支付的利息。基于实际利率法计提的金融工具的利息应包含在相应金融工具的账面余额中。

“持有待售负债”项目，反映资产负债表日处置组中与划分为持有待售类别的资产直接相关的负债的期末账面价值。本项目应根据“持有待售负债”科目的期末余额填列。

“一年内到期的非流动负债”项目，反映企业非流动负债中将于资产负债表日后1年内（含1年）到期部分的金额，如将于1年内（含1年）偿还的长期借款、自资产负债表日起1年内到期应予以清偿的租赁负债。本项目应根据有关账户的期末余额分析填列。

“其他流动负债”项目，反映企业除以上流动负债以外的其他流动负债。本项目应根据有关账户的期末余额填列。

“长期借款”项目，反映企业向银行或其他金融机构等借入的期限在1年以上（不含1年）的各项借款。本项目应根据“长期借款”账户的期末余额，扣除“长期借款”账户所属的明细账中将在资产负债表日起1年内到期且企业不能自主地将清偿义务展期的长期借款后的金额计算填列。

“应付债券”项目，反映企业为筹集长期资金而发行的债券本金和利息。本项目应根据“应付债券”账户的期末余额填列。

“租赁负债”项目，反映资产负债表日承租人企业尚未支付的租赁付款额的期末账面价值。本项目应根据“租赁负债”科目的期末余额填列。自资产负债表日起1年内到期应予以清偿的租赁负债的期末账面价值，在“一年内到期的非流动负债”项目反映。

“长期应付款”项目，反映资产负债表日企业除长期借款和应付债券以外的其他各种长期应付款项的期末账面价值。本项目应根据“长期应付款”科目的期末余额，减去相关的“未确认融资费用”科目的期末余额后的金额，以及“专项应付款”科目的期末余额填列。

“预计负债”项目，反映企业确认的对外提供担保、未决诉讼、产品质量保证、重组义务、亏损性合同等预计的负债。本项目应根据“预计负债”账户的期末余额填列。按照《企业会计准则第14号——收入》的相关规定确认为预计负债的应付退货款，应当根据“预计负债”科目下的“应付退货款”明细科目是否在1年或1个正常营业周期内清偿，在“其他流动负债”或“预计负债”项目中填列。企业按照《企业会计准则第22号——金融工具确认和计量》的相关规定对贷款承诺、财务担保合同等项目计提的损失准备，也应当在“预计负债”项目填列。

“递延收益”项目，反映尚待确认的收入或收益。本项目核算包括企业根据政府补助准则确认的应在以后期间计入当期损益的政府补助金额等其他递延性收入。本项目应根据“递延收益”项目的期末余额填列。“递延收益”项目中摊销期限只剩1年或不足1年的，或预计在1年内（含1年）进行摊销的部分，不得归类为流动负债，仍在本项目填列，不转入“一年内到期的非流动负债”项目。

“递延所得税负债”项目，反映企业根据所得税准则确认的应纳税暂时性差异产生的所得税负债。本项目应根据“递延所得税负债”科目的期末余额填列。

“其他非流动负债”项目，反映企业除上述非流动负债以外的其他非流动负债。本项目应根据有关科目期末余额，减去将于1年内（含1年）到期偿还数后的余额分析填列。非流动负债各项目中将于1年内（含1年）到期的非流动负债，应在“一年内到期的非流动负债”项目反映。

“实收资本（或股本）”项目，反映企业各投资者实际投入的资本（或股本）总额。本项目应根据“实收资本（或股本）”账户的期末余额填列。

“其他权益工具”项目，反映资产负债表日企业发行在外的除普通股以外分类为权益工具的金融工具的期末账面价值。对于资产负债表日企业发行的金融工具，分类为金融负债的，应在“应付债券”项目填列，对于优先股和永续债，还应在“应付债券”项目下的“优先股”项目和“永续债”项目分别填列；分类为权益工具的，应在“其他权益工具”项目填列，对于优先股和永续债，还应在“其他权益工具”项目下的“优先股”项目和“永续债”项目分别填列。

“资本公积”项目，反映企业资本公积的期末余额。本项目应根据“资本公积”账户的期末余额填列。

“其他综合收益”项目，指企业根据其他会计准则规定未在当期损益中确认的各项利得和损失。本项目应根据“其他综合收益”账户的期末余额填列。

“专项储备”项目，反映高危行业企业按国家规定提取的安全生产费的期末账面价值。本项目应根据“专项储备”科目的期末余额填列。

“盈余公积”项目，反映企业盈余公积的期末余额。本项目应根据“盈余公积”账户的期末余额填列。

“未分配利润”项目，反映企业尚未分配的利润。本项目应根据“本年利润”“利润分配”账户的期末余额计算填列。期末累计未分配利润为负数的，以“-”号填列。

14.2.4 资产负债表编制举例

【例14-1】M有限责任公司（简称M公司）为增值税一般纳税人，增值税税率为13%，所得税税率为25%，存货采用实际成本计价。M公司2023年12月31日有关账户余额见表14-1。

表14-1 2023年12月31日账户余额表 单位：元

账户名称	借方余额	贷方余额
库存现金	13 350	
银行存款	3 315 000	
交易性金融资产	67 500	
应收票据	1 107 000	
应收账款	1 350 000	
预付账款	450 000	
其他应收款	22 500	
原材料	7 620 000	
周转材料	1 125 000	
库存商品	3 390 000	
长期股权投资	1 125 000	

续表

账户名称	借方余额	贷方余额
固定资产	6 000 000	
累计折旧		1 800 000
在建工程	6 750 000	
无形资产	3 600 000	
短期借款		1 350 000
应付票据		900 000
应付账款		1 292 100
其他应付款		975 000
应付职工薪酬		495 000
应交税费		164 700
长期借款		6 450 000
实收资本		21 825 000
盈余公积		683 550

1.M公司2024年度发生如下经济业务：

（1）1月1日，该公司发行了5年期一次还本、分次付息的公司债券7 500 000元，每年1月1日支付债券利息，票面利率为6%，市场利率为5%，发行价格为7 824 525元，每年年末计息一次，按实际利率法摊销。

（2）1月5日，获得甲公司30%的股权，支付价款750 000元，取得投资时甲公司可辨认净资产账面价值为2 250 000元。假设甲公司可辨认净资产公允价值与账面价值相同，采用权益法核算。

（3）公司一张不带息银行承兑汇票到期，面值为900 000元，款项已存入银行。

（4）收到应收账款229 500元，存入银行。

（5）购入原材料一批，价款1 124 100元，增值税146 133元，用银行存款支付，材料已验收入库。

（6）购入不需安装的生产设备一台，价款750 000元，增值税97 500元，另外支付运费15 000元、增值税1 350元。全部款项均已用银行存款支付，设备已经交付使用。

（7）销售产品一批，价款4 500 000元，增值税585 000元。该批产品已经发出，已收款项5 085 000元。公司于期末一次结转销售产品成本。

（8）用银行存款偿还长期借款3 750 000元。

（9）分配应支付的职工薪酬2 250 000元，其中，生产人员工资1 987 500元，车间管理人员工资120 000元，行政管理部门人员工资142 500元。

（10）用银行支付职工薪酬2 250 000元。

（11）发生产品展览费、广告费合计315 000元，用银行存款支付。

（12）预收客户购买产品的货款375 000元，存入银行。

（13）收到外单位捐赠的现金75 000元存入银行。

（14）向希望工程捐款45 000元，用银行存款支付。

（15）销售产品一批，价款1 125 000元，增值税146 250元，商品已发出，货款尚未收到。

（16）11月20日，购入乙公司股票50 000股，每股4.5元，支付交易税费3 750元，全部款项已通过银行支付。

（17）接受外商捐赠一项专利权，价值为375 000元。

（18）提取应计入当期损益的短期借款利息56 250元。

（19）归还短期借款本息1 181 250元（其中利息56 250元已预提）。

（20）计提固定资产折旧450 000元，其中，生产车间负担360 000元，行政管理部门负担90 000元。

（21）本期应缴纳的教育费附加为9 000元。

（22）用银行存款缴纳增值税450 000元、教育费附加9 000元（本题不考虑地方教育附加，下同）。

（23）本月销售库存积压的材料一批，价款150 000元，增值税19 500元，款项已收存银行。

（24）结转已销售库存材料的成本127 500元。

（25）结转本期主营业务成本3 375 000元。

（26）12月31日，乙公司股票每股市价为5.1元。

（27）从银行借入3年期借款1 800 000元，借款已存入公司银行账户。

（28）摊销无形资产成本150 000元。

（29）12月31日，计提固定资产减值准备225 000元。

（30）12月31日，甲公司实现净利润450 000元。

（31）12月31日，对公司债券计息，并摊销溢折价。

（32）将各损益类账户余额结转至“本年利润”账户。

（33）将本年利润结转至“利润分配——未分配利润”明细账。

（34）计算并结转本期应交所得税。

（35）提取法定盈余公积金（提取比例为净利润的10%）。

（36）将“利润分配”有关明细账余额结转至“未分配利润”明细账。

2.M公司2024年度发生的经济业务的账务处理如下：

（1）借：银行存款	7 824 525	
贷：应付债券——面值		7 500 000
——利息调整		324 525
（2）借：长期股权投资——成本	750 000	
贷：银行存款		750 000
（3）借：银行存款	900 000	
贷：应收票据		900 000
（4）借：银行存款	229 500	
贷：应收账款		229 500
（5）借：原材料	1 124 100	
应交税费——应交增值税（进项税额）	146 133	
贷：银行存款		1 270 233

(6) 借：固定资产　765 000
　　应交税费——应交增值税（进项税额）　98 850
　贷：银行存款　863 850
(7) 借：银行存款　5 085 000
　贷：主营业务收入　4 500 000
　　应交税费——应交增值税（销项税额）　585 000
(8) 借：长期借款　3 750 000
　贷：银行存款　3 750 000
(9) 借：生产成本　1 987 500
　　制造费用　120 000
　　管理费用　142 500
　贷：应付职工薪酬　2 250 000
(10) 借：应付职工薪酬　2 250 000
　贷：银行存款　2 250 000
(11) 借：销售费用　315 000
　贷：银行存款　315 000
(12) 借：银行存款　375 000
　贷：合同负债　375 000
(13) 借：银行存款　75 000
　贷：营业外收入　75 000
(14) 借：营业外支出　45 000
　贷：银行存款　45 000
(15) 借：应收账款　1 271 250
　贷：主营业务收入　1 125 000
　　应交税费——应交增值税（销项税额）　146 250
(16) 借：交易性金融资产——成本　225 000
　　投资收益　3 750
　贷：银行存款　228 750
(17) 借：无形资产　375 000
　贷：营业外收入　375 000
(18) 借：财务费用　56 250
　贷：应付利息　56 250
(19) 借：短期借款　1 125 000
　　应付利息　56 250
　贷：银行存款　1 181 250
(20) 借：制造费用　360 000
　　管理费用　90 000
　贷：累计折旧　450 000
(21) 借：税金及附加　9 000

贷：应交税费——应交教育费附加　　9 000
(22) 借：应交税费——应交增值税（已交税金）　　450 000
——应交教育费附加　　9 000
贷：银行存款　　459 000
(23) 借：银行存款　　169 500
贷：其他业务收入　　150 000
应交税费——应交增值税（销项税额）　　19 500
(24) 借：其他业务成本　　127 500
贷：原材料　　127 500
(25) 借：主营业务成本　　3 375 000
贷：库存商品　　3 375 000
(26) 借：交易性金融资产——公允价值变动　　30 000
贷：公允价值变动损益　　30 000
(27) 借：银行存款　　1 800 000
贷：长期借款　　1 800 000
(28) 借：管理费用　　150 000
贷：累计摊销　　150 000
(29) 借：资产减值损失　　225 000
贷：固定资产减值准备　　225 000
(30) 借：长期股权投资——损益调整　　135 000
贷：投资收益　　135 000
(31) 借：财务费用　　391 226.25
应付债券——利息调整　　58 773.75
贷：应付利息　　450 000
(32) 借：主营业务收入　　5 625 000
其他业务收入　　150 000
营业外收入　　450 000
公允价值变动损益　　30 000
投资收益　　131 250
贷：本年利润　　6 386 250
借：本年利润　　4 926 476.25
贷：主营业务成本　　3 375 000
其他业务成本　　127 500
销售费用　　315 000
税金及附加　　9 000
管理费用　　382 500
财务费用　　447 476.25
营业外支出　　45 000
资产减值损失　　225 000

（33）借：本年利润 1 459 773.75
　　贷：利润分配——未分配利润 1 459 773.75

（34）应纳税所得额=1 459 773.75-135 000-30 000+225 000=1 519 773.75（元）

应交所得税=1 519 773.75×25%=379 943.44（元）

递延所得税资产=225 000×25%=56 250（元）

递延所得税负债=30 000×25%=7 500（元）

所得税费用=379 943.44+7 500-56 250 = 331 193.44（元）

借：所得税费用 331 193.44
　　递延所得税资产 56 250
　贷：应交税费——应交所得税 379 943.44
　　递延所得税负债 7 500

（35）净利润=1 459 773.75- 331 193.44=1 128 580.31（元）

本年应提法定盈余公积=1 128 580.31×10%=112 858.03（元）

借：利润分配——提取法定盈余公积 112 858.03
　贷：盈余公积——法定盈余公积 112 858.03

（36）借：利润分配——未分配利润 112 858.03
　　贷：利润分配——提取法定盈余公积 112 858.03

3.根据上述资料，编制M有限责任公司2024年12月31日资产负债表，见表14-2。

表14-2 资产负债表 会企01表

编制单位：M有限责任公司 2024年12月31日 单位：元

资产	期末余额	上年年末余额	负债和所有者权益（或股东权益）	期末余额	上年年末余额
流动资产：			流动负债：		
货币资金	8 673 792	3 328 350	短期借款	225 000	1 350 000
交易性金融资产	322 500	67 500	交易性金融负债	0	0
衍生金融资产	0	0	衍生金融负债	0	0
应收票据	207 000	1 107 000	应付票据	900 000	900 000
应收账款	2 391 750	1 350 000	应付账款	1 292 100	1 292 100
应收款项融资	0	0	预收款项	0	0
预付款项	450 000	450 000	合同负债	375 000	
其他应收款	22 500	22 500	应付职工薪酬	495 000	495 000
存货	12 224 100	12 135 000	应交税费	600 410.44	164 700
合同资产			其他应付款	1 425 000	975 000
持有待售资产	0	0	持有待售负债	0	0
一年内到期的非流动资产	0	0	一年内到期的非流动负债	0	0
其他流动资产	0	0	其他流动负债	0	0
流动资产合计	24 291 642	18 460 350	流动负债合计	5 312 510.44	5 176 800
非流动资产：			非流动负债：		
债权投资	0	0	长期借款	4 500 000	6 450 000
其他债权投资	0	0	应付债券	7 765 751.25	0

续表

资产	期末余额	上年年末余额	负债和所有者权益（或股东权益）	期末余额	上年年末余额
长期应收款	0	0	其中：优先股	0	0
长期股权投资	2 010 000	1 125 000	永续债	7 765 751.25	
其他权益工具投资			租赁负债	0	0
其他非流动金融资产			长期应付款	0	0
投资性房地产	0	0	预计负债	0	0
固定资产	4 290 000	4 200 000	递延收益	0	0
在建工程	6 750 000	6 750 000	递延所得税负债	7 500	0
生产性生物资产	0	0	其他非流动负债	0	0
油气资产	0	0	非流动负债合计	12 273 251.25	6 450 000
使用权资产			负债合计	17 585 761.69	11 626 800
无形资产	3 825 000	3 600 000	所有者权益（或股东权益）：		
开发支出	0	0	实收资本（或股本）	21 825 000	21 825 000
商誉	0	0	其他权益工具	0	0
长期待摊费用	0	0	其中：优先股	0	0
递延所得税资产	56 250	0	永续债	0	0
其他非流动资产	0	0	资本公积	0	0
非流动资产合计	16 931 250	15 675 000	减：库存股	0	0
			专项储备	0	0
			盈余公积	796 408.03	683 550
			其他综合收益	0	0
			未分配利润	1 015 722.28	0
			所有者权益（或股东权益）合计	23 637 130.31	22 508 550
资产总计	41 222 892	34 135 350	负债和所有者权益（或股东权益）总计	41 222 892	34 135 350

14.3 利润表

14.3.1 利润表的概念

利润表是反映企业在一定会计期间的经营成果的财务报表。利润表把一定时期的营业收入与其同一会计期间相关的营业费用进行配比，以计算出企业一定时期的净利润。通过利润表反映的收入、成本和费用等情况，能够反映企业生产经营的收益情况、成本耗费情况，表明企业生产经营成果；同时，通过利润表提供的不同时期的比较数字（本期金额、上期金额），可以分析企业今后利润的发展趋势、获利能力。由于利润是企业经营业绩的综合体现，又是进行利润分配的主要依据，因此，利润表是财务报表中的主要报表。

14.3.2 利润表的基本格式

利润表是通过一定的表格来反映企业的经营成果。由于不同的国家和企业对会计报表的信息要求不完全一样，利润表具体项目的排列也不完全一致。但目前比较普遍的利润表格式有多步式利润表和单步式利润表两种。

多步式利润表中的损益是通过多步计算而来的。多步式利润表的优点在于，便于对企业生产经营情况进行分析，有利于不同企业之间进行比较，更重要的是，利用多步式利润表有利于预测企业今后的盈利能力。我国会计制度规定，企业的利润表采用多步式格式。

单步式利润表是将当期所有的收入加总在一起，然后将所有的费用加总在一起，通过一次计算求出当期损益。在单步式下，利润表分为营业收入和收益、营业费用和损失、净收益三部分。

14.3.3 利润表的编制方法

1）“上期金额”栏的填列方法

利润表“上期金额”栏内各项数字，应根据上年该期利润表“本期金额”栏内所列数字填列。如果上年该期利润表规定的各个项目的名称和内容同本期不相一致，应对上年该期利润表各项目的名称和数字按照本期的规定进行调整，填入报表中的“上期金额”栏内。

2）“本期金额”栏的填列方法

“营业收入”项目，反映企业经营主要业务和其他业务所确认的收入总额。本项目应根据“主营业务收入”和“其他业务收入”账户的发生额分析填列。

“营业成本”项目，反映企业经营主要业务和其他业务发生的成本总额。本项目应根据“主营业务成本”和“其他业务成本”账户的发生额分析填列。

“税金及附加”项目，反映企业经营业务应负担的消费税、城市维护建设税、资源税、土地增值税和教育费附加等。本项目应根据“税金及附加”账户的发生额分析填列。

“销售费用”项目，反映企业在销售商品过程中发生的包装费、广告费等费用和为销售本企业商品而专设的销售机构的职工薪酬、业务费等经营费用。本项目应根据“销售费用”账户的发生额分析填列。

“管理费用”项目，反映企业为组织和管理生产经营发生的费用。本项目应根据“管理费用”账户的发生额分析填列。

“研发费用”项目，反映企业进行研究与开发过程中发生的费用化支出，以及计入管理费用的自行开发无形资产的摊销。本项目应根据“管理费用”科目下的“研究费用”明细科目的发生额，以及“管理费用”科目下的“无形资产摊销”明细科目的发生额分析填列。

“财务费用”项目，反映企业筹集生产经营所需资金等而发生的筹资费用。本项目应根据“财务费用”账户的发生额分析填列。其中，“利息费用”项目，反映企业为筹集生产经营所需资金等而发生的应予费用化的利息支出。本项目应根据“财务费用”科目的相关明细科目的发生额分析并以正数填列。“利息收入”项目，反映企业按照相关会计准则确认的应冲减财务费用的利息收入。本项目应根据“财务费用”科目的相关明细科目的发生额分析并以正数填列。

“其他收益”项目，反映计入其他收益的政府补助，以及其他与日常活动相关且计入其他收益的项目。本项目应根据“其他收益”科目的发生额分析填列。企业作为个人所得税的扣缴义务人，根据《中华人民共和国个人所得税法》收到的扣缴税款手续费，应作为其他与日常活动相关的收益在本项目填列。

“投资收益”项目，反映企业以各种方式对外投资所取得的收益。本项目应根据“投资收益”账户的发生额分析填列；如为投资损失，以“-”号填列。其中，“以摊余成本计量的金融资产终止确认收益”项目，反映企业因转让等情形导致终止确认以摊余成本计量的金融资产而产生的利得或损失。本项目应根据“投资收益”科目的相关明细科目的发生额分析填列；如为损失，以“-”号填列。

“净敞口套期收益”项目，反映净敞口套期下被套期项目累计公允价值变动转入当期损益的金额或现金流量套期储备转入当期损益的金额。本项目应根据“净敞口套期损益”科目的发生额分析填列；如为套期损失，以“-”号填列。

“公允价值变动收益”项目，反映企业应当计入当期损益的资产或负债公允价值变动收益。本项目应根据“公允价值变动损益”科目的发生额分析填列；如为损失，以“-”号填列。

“信用减值损失”项目，反映企业按照《企业会计准则第22号——金融工具确认和计量》的要求计提的各项金融工具信用减值准备所确认的信用损失。本项目应根据“信用减值损失”科目的发生额分析填列。

“资产减值损失”项目，反映企业各项资产发生的减值损失。本项目应根据“资产减值损失”账户的发生额分析填列。

“资产处置收益”项目，反映企业出售划分为持有待售的非流动资产（金融工具、长期股权投资和投资性房地产除外）或处置组（子公司和业务除外）时确认的处置利得或损失，以及处置未划分为持有待售的固定资产、在建工程、生产性生物资产及无形资产而产生的处置利得或损失。债务重组中因处置非流动资产（金融工具、长期股权投资和投资性房地产除外）产生的利得或损失和非货币性资产交换中换出非流动资产产生的利得或损失也包括在本项目内。本项目应根据“资产处置损益”科目的发生额分析填列；如为处置损失，以“-”号填列。

“营业利润”项目，反映企业实现的营业利润。本项目应根据有关公式计算分析填列；如为亏损，以“-”号填列。

“营业外收入”项目，反映企业发生的除营业利润以外的收益，主要包括与企业日常活动无关的政府补助、盘盈利得、捐赠利得（企业接受股东或股东的子公司直接或间接的捐赠，经济实质属于股东对企业的资本性投入的除外）等。本项目应根据“营业外收入”科目的发生额分析填列。

“营业外支出”项目，反映企业发生的除营业利润以外的支出，主要包括公益性捐赠支出、非常损失、盘亏损失、非流动资产毁损报废损失等。本项目应根据“营业外支出”科目的发生额分析填列。非流动资产毁损报废损失通常包括因自然灾害发生毁损、已丧失使用功能等原因而报废清理产生的损失。企业在不同交易中形成的非流动资产毁损报废利得和损失不得相互抵销，应分别在“营业外收入”项目和“营业外支出”项目进行填列。

“利润总额”项目，反映企业实现的利润。本项目应根据有关公式计算分析填列；如为亏损，以“-”号填列。

“所得税费用”项目，反映企业应从当期利润总额中扣除的所得税费用。本项目应根据“所得税费用”科目的发生额分析填列。

“净利润”项目，反映企业实现的净利润。本项目应根据有关公式计算分析填列；如为亏损，以“-”号填列。其中，“（一）持续经营净利润”和“（二）终止经营净利润”项目，分别反映净利润中与持续经营相关的净利润和与终止经营相关的净利润，如为净亏损，以“-”号填列。这两个项目应按照《企业会计准则第42号——持有待售的非流动资产、处置组和终止经营》的相关规定分别列报。

“其他综合收益的税后净额”项目，反映企业根据其他会计准则规定未在当期损益中确认的各项利得和损失扣除所得税影响后的净额的合计数。本项目应根据“其他综合收益”账户及其所属的有关明细科目的本期发生额分析填列，包括“（一）不能重分类进损益的其他综合收益”以及“（二）将重分类进损益的其他综合收益”两项。

其中，“（一）不能重分类进损益的其他综合收益”项目，主要包括重新计量设定受益计划变动额、权益法下不能转损益的其他综合收益、其他权益工具投资公允价值变动、企业自身信用风险公允价值变动等。

“（二）将重分类进损益的其他综合收益”项目，主要包括权益法下可转损益的其他综合收益、其他债权投资公允价值变动、金融资产重分类计入其他综合收益的金额、其他债权投资信用减值准备、现金流量套期储备、外币财务报表折算差额等。

“其他权益工具投资公允价值变动”项目，反映企业指定为以公允价值计量且其变动计入其他综合收益的非交易性权益工具投资发生的公允价值变动。本项目应根据“其他综合收益”科目的相关明细科目的发生额分析填列。

“企业自身信用风险公允价值变动”项目，反映企业指定为以公允价值计量且其变动计入当期损益的金融负债，由企业自身信用风险变动引起的公允价值变动而计入其他综合收益的金额。本项目应根据“其他综合收益”科目的相关明细科目的发生额分析填列。

“其他债权投资公允价值变动”项目，反映企业分类为以公允价值计量且其变动计入其他综合收益的债权投资发生的公允价值变动。企业将一项以公允价值计量且其变动计入其他综合收益的金融资产重分类为以摊余成本计量的金融资产，或重分类为以公允价值计量且其变动计入当期损益的金融资产时，之前计入其他综合收益的累计利得或损失从其他综合收益中转出的金额作为本项目的减项。本项目应根据“其他综合收益”科目下的相关明细科目的发生额分析填列。

“金融资产重分类计入其他综合收益的金额”项目，反映企业将一项以摊余成本计量的金融资产重分类为以公允价值计量且其变动计入其他综合收益的金融资产时，计入其他综合收益的原账面价值与公允价值之间的差额。本项目应根据“其他综合收益”科目下的相关明细科目的发生额分析填列。

“其他债权投资信用减值准备”项目，反映企业按照《企业会计准则第22号——金融工具确认和计量》分类为以公允价值计量且其变动计入其他综合收益的金融资产的损失准备。本项目应根据“其他综合收益”科目下的“信用减值准备”明细科目的发生额分析填列。

“现金流量套期储备”项目，反映企业套期工具产生的利得或损失中属于套期有效的部分。本项目应根据“其他综合收益”科目下的“套期储备”明细科目的发生额分析填列。

“综合收益总额”项目，反映净利润和其他综合收益的税后净额的合计金额。

“每股收益”项目，包括“基本每股收益”和“稀释每股收益”，反映普通股或潜在普通股已公开交易的企业，以及正处在公开发行普通股或潜在普通股过程中的企业的每股收益信息。本项目应根据《企业会计准则第34号——每股收益》的规定计算填列。

14.3.4 利润表编制举例

【例14-2】沿用【例14-1】相关资料，编制M有限责任公司2024年度利润表。该公司2024年度各损益账户全年累计发生额见表14-3。

表14-3 2024年度利润表账户全年累计发生额 单位：元

账户名称	借方发生额	贷方发生额
主营业务收入		5 625 000
其他业务收入		150 000
税金及附加	9 000	
主营业务成本	3 375 000	
其他业务成本	127 500	
销售费用	315 000	
管理费用	382 500	
财务费用	447 476.25	
公允价值变动损益		30 000
资产减值损失	225 000	
投资收益		131 250
营业外收入		450 000
营业外支出	45 000	
所得税费用	331 193.44	

编制M公司2024年度利润表，见表14-4。

表14-4 利润表（简表） 会企02表

编制单位：M有限责任公司 2024年度 单位：元

项目	本期金额	上期金额
一、营业收入	5 775 000	略
减：营业成本	3 502 500	
税金及附加	9 000	
销售费用	315 000	
管理费用	382 500	
研发费用	0	
财务费用	447 476.25	
其中：利息费用	447 476.25	
利息收入	0	

续表

项目	本期金额	上期金额
加：其他收益	0	
投资收益（损失以“-”号填列）	131 250	
其中：对联营企业和合营企业的投资收益	0	
以摊余成本计量的金融资产终止确认收益（损失以“-”号填列）	0	
净敞口套期收益（损失以“-”号填列）	0	
公允价值变动收益（损失以“-”号填列）	30 000	
信用减值损失（损失以“-”号填列）	0	
资产减值损失（损失以“-”号填列）	-225 000	
资产处置收益（损失以“-”号填列）	0	
二、营业利润（亏损以“-”号填列）	1 054 773.75	
加：营业外收入	450 000	
减：营业外支出	45 000	
三、利润总额（亏损总额以“-”号填列）	1 459 773.75	
减：所得税费用	331 193.44	
四、净利润（净亏损以“-”号填列）	1 128 580.31	
（一）持续经营净利润（净亏损以“-”号填列）	略	
（二）终止经营净利润（净亏损以“-”号填列）		
五、其他综合收益的税后净额		
六、综合收益总额		
七、每股收益		
（一）基本每股收益		
（二）稀释每股收益		

14.4 现金流量表

14.4.1 现金流量表概述

1）现金流量表的概念和作用

现金流量表是反映企业在一定会计期间现金和现金等价物流入和流出的报表，是动态会计报表。现金流量表的作用主要表现在以下几个方面：

（1）现金流量表可以提供客观评价企业整体财务状况的现金流量信息。在市场经济条件下，竞争异常激烈，企业要想在竞争中获胜，不但要想方设法把自身的产品销售出去，更重要的是要及时收回销货款，以使以后的经营活动能够顺利开展。除了经营活动以外，企业所从事的投资和筹资活动同样影响着现金流量，从而影响财务状况。如果企业进行投资，而没能取得相应的现金回报，就会对企业的财务状况产生不良影响。通过分析企业的现金流量情况，可以大致判断其经营周转是否顺畅。

（2）通过现金流量表，可以判断企业的支付能力和偿债能力。评估企业是否具有这些能力，最直接有效的方法是分析现金流量。现金流量表披露的经营活动净现金流入本质上代表了企业自我创造现金的能力，尽管企业取得现金还可以通过对外筹资的途径，但债务本金的偿还最终取决于经营活动的净现金流入。因此，经营活动的净现金流入占总来源的比例越高，企业的财务基础越稳固，支付能力和偿债能力才越强。

（3）通过现金流量表，既可以了解企业当前的财务状况，又可以预测企业未来的发展。如果现金流量表中各部分现金流量结构合理，现金流入和流出无重大异常波动，一般来说企业的财务状况基本良好。另外，企业最常见的失败原因、症状也可在现金流量表中得到反映，比如，从投资活动流出的现金、筹资活动流入的现金和筹资活动流出的现金中，可以分析企业是否过度扩大经营规模，通过比较当期净利润与当期净现金流量，可以看出非现金流动资产吸收利润的情况，评价企业产生净现金流量的能力是否偏低。

（4）便于报表使用者评估报告期内与现金有关或无关的投资及筹资活动。现金流量表除披露经营活动产生的现金流量、投资及筹资活动产生的现金流量外，在全部资金概念下，还披露与现金无关的投资及筹资活动，这对报表使用者制定合理的投资与信贷决策、评估企业未来的现金流量同样具有重要意义。

2）现金流量的分类

（1）影响现金流量的因素。在现金流量表中，现金及现金等价物被视为一个整体，企业现金（含现金等价物）内部的转换不会引起现金的变化。例如，企业从银行提取现金，属于现金内部的转换，现金并未流出企业，不构成现金流量。影响现金流量的因素主要是企业的日常经营业务，但不是所有的业务都对现金流量有影响。企业的经营业务按其与现金流量的关系可以分为：

❶现金各项目之间的增减变动。这类业务账务处理的借方、贷方都是现金，因此不会影响现金流量的增减变动。

❷非现金各项目之间的增减变动。这类业务账务处理的借方、贷方都不是现金，因此不会影响现金流量的增减变动。

❸现金各项目与非现金各项目之间的增减变动。这类业务账务处理的借方、贷方中，一方是现金，另一方不是现金，所以，必然影响现金流量的增减变动。

现金流量表主要反映上述第❸类业务即现金各项目与非现金各项目之间的增减变动对现金流量净额的影响。非现金各项目之间的增减变动如属于重要的投资、筹资活动，应在现金流量表的附注中予以披露。

（2）现金流量的分类。按照企业发生的经济业务的性质，可以将企业一定时期产生的现金流量分为以下三类：

❶经营活动产生的现金流量。经营活动是指企业投资活动和筹资活动以外的所有交易和事项。与经营活动有关的现金流量就是经营活动现金流量。经营活动产生的现金流量主要包括销售商品或提供劳务、购买商品或接受劳务、支付工资、交纳税费等流入和流出的现金和现金等价物。

❷投资活动产生的现金流量。投资活动，是指企业长期资产的购建和不包括在现金等价物范围内的投资及其处置活动。与投资活动有关的现金流量就是投资活动现金流量。投资活动产生的现金流量主要包括购建或处置固定资产、处置子公司及其他营业单位等流入和流出的现金和现金等价物。

❸筹资活动产生的现金流量。筹资活动，是指导致企业资本及债务规模和构成发生变

化的活动。与筹资活动有关的现金流量就是筹资活动现金流量。筹资活动产生的现金流量主要包括吸收投资、分配利润、偿还债务等流入和流出的现金和现金等价物。偿付应付账款、应付票据等商业应付款等属于经营活动，不属于筹资活动。

14.4.2　现金流量表的编制原则和基础

1）现金流量表的编制原则

现金流量表是按收付实现制反映企业报告期内的现金流动信息的，而企业编制的资产负债表、利润表和所有者权益变动表及有关账户记录资料反映的会计信息，都是按权责发生制基础记录和报告的。因此，编制现金流量表的过程就是将权责发生制下的会计资料转换为按收付实现制反映的现金流动信息。现金流动信息要求分别按照经营活动、投资活动和筹资活动报告。

2）现金流量表的编制基础

现金流量表是以广义的现金为基础编制。广义的现金，指的是现金及现金等价物，具体包括库存现金、银行存款、其他货币资金和现金等价物。其中，库存现金是指企业持有的可随时用于支付的现金限额，与会计核算中的“库存现金”账户核算的内容一致。银行存款是指企业存在金融机构的随时可以用于支付的存款，与会计核算中银行存款账户核算的内容基本一致，区别在于：如果存在金融机构的款项中不能随时用于支付的存款，如不能随时支付的定期存款，不能作为现金流量表编制基础中的现金。其他货币资金是指企业存在金融企业有特定用途的资金，如外埠存款、银行汇票存款等。现金等价物是指企业持有的期限短、流动性高、易于转换为已知金额的现金、价值变动风险很小的短期投资。其中，“期限短”通常指在3个月或更短时间内到期。在会计实务中，企业应当根据经营特点等具体情况，确定现金等价物的范围，一经确定不得随意变更。如果发生变更，应当按照会计政策变更处理。

14.4.3　现金流量表的编制方法

1）现金流量表编制的方法

（1）直接法和间接法。

编制现金流量表时，经营活动现金流量有两种报告方式：

❶直接法。直接法通过现金收入和现金支出的主要类别反映来自企业经营活动的现金流量。在直接法下，一般以利润表中的营业收入为起算点，调整与经营活动有关项目的增减变动，然后计算出经营活动的现金流量。

❷间接法。间接法是以本期净利润（或净损失）为起算点，调整不影响现金的收入与费用项目，剔除属于投资活动、筹资活动的收益与损失，从而计算出经营活动现金流量的一种方法。从净利润开始调整的理由是因为净利润主要来自经营活动。因此净利润与经营活动现金流量有着必然的联系，但是净利润与经营活动现金流量又存在着金额差异。净利润与经营活动现金流量之间的差异主要表现在：与净利润有关的交易或事项不一定涉及现金，如计提的资产减值准备等；与净利润有关的交易或事项不一定都与经营活动有关，如投资损益等；有些交易或事项虽然与净利润没有直接关系，但属于经营活动，如用现金购买存货等。因此，在间接法下，只有在净利润的基础上进行调整，才能计算出经营活动现金流量。将净利润调节为经营活动产生的现金流量，实际上就是将以权责发生制为核算基

础确定的净利润调节为现金净流入，并剔除投资活动和筹资活动对现金流量产生的影响。

（2）工作底稿法和T形账户法。

❶工作底稿法。工作底稿法是以工作底稿为手段，以利润表和资产负债表数据为基础，对每一项目进行分析并编制调整分录，从而编制出现金流量表。工作底稿法有以下几个程序：

第一步：将资产负债表的期初数和期末数过入工作底稿的期初数栏和期末数栏。

第二步：对当期业务进行分析并编制调整分录。

第三步：将调整分录过入工作底稿中的相应部分。

第四步：核对调整分录，借贷合计应当相等，资产负债表项目期初数加减调整分录中的借贷金额以后，应当等于期末数。

第五步：根据工作底稿中的现金流量表项目部分编制正式的现金流量表。

❷T形账户法。T形账户法是以T形账户为手段，以利润表和资产负债表数据为基础，对每一项目进行分析并编制调整分录，从而编制出现金流量表。T形账户法有以下几个程序：

第一步：为所有非现金项目分别开设T形账户，并将各自的期末期初变动数过入各该账户。

第二步：开设一个大的“现金及现金等价物”T形账户，每边分为经营活动、投资活动和筹资活动三个部分，左边记现金的流入，右边记现金的流出。

第三步：以利润表项目为基础，结合资产负债表分析每一个非现金项目的增减变动，据此编制调整分录。

第四步：将调整分录过入各T形账户，并进行核对，其余额应与原先过入的期末期初变动数一致。

第五步：根据大的“现金及现金等价物”T形账户编制正式现金流量表。

2）现金流量表各项目的具体填列

（1）经营活动产生的现金流量各项目的填列。

经营活动产生的现金流量一般可以采用直接法和间接法反映。我国相关制度规定，现金流量表以直接法编制，在补充资料中按照间接法反映经营活动现金流量的情况。

❶“销售商品、提供劳务收到的现金”项目，反映企业销售商品、提供劳务实际收到的现金（包括销售收入和应向购买者收取的增值税税额），具体包括本期销售商品、提供劳务收到的现金，以及以前期间销售商品、提供劳务本期收到的现金和本期预收的款项，减去本期销售本期退回的商品和以前期间销售本期退回的商品支付的现金。企业销售材料和代购代销业务收到的现金，也在本项目反映。“销售商品、提供劳务收到的现金”项目可以根据以下公式填列：

$$\text{销售商品、提供劳务收到的现金}=\text{本期营业收入}+\text{销项税额}+\text{应收账款}\left(\text{期初余额}-\text{期末余额}\right)+\text{应收票据}\left(\text{期初余额}-\text{期末余额}\right)+\text{预收账款}\left(\text{期末余额}-\text{期初余额}\right)-\text{非现金资产抵债减少的应收账款}-\text{本期计提坏账准备导致的应收账款减少数}+\text{本期收回前期已核销的坏账}-\text{票据转让的调整金额}-\text{其他特殊项目的调整金额}$$

❷“收到的税费返还”项目，反映企业收到返还的各种税费，包括所得税、增值税、消费税、关税和教育费附加等。

❸“收到其他与经营活动有关的现金”项目，反映企业除上述各项目以外所收到的其他与经营活动有关的现金，如经营租赁收到的租金、罚款、流动资产损失中由个人赔偿的现金等。若某项与经营活动有关的现金流入金额较大，应当单独列示。企业实际收到的政府补助，无论是与资产相关还是与收益相关，均在本项目填列。

❹“购买商品、接受劳务支付的现金”项目，反映企业购买商品、接受劳务实际支付的现金（包括增值税进项税额），具体包括本期购买商品、接受劳务收到的现金，以及以前期间购买商品、接受劳务本期支付的现金和本期预付的款项，减去本期发生的购货退回收到的现金。企业购买材料和代购代销业务支付的现金，也在本项目反映。“购买商品、接受劳务支付的现金”项目可以根据以下公式填列：

$$\text{购买商品、接受劳务支付的现金}=\text{本期营业成本}+\text{进项税额}+\text{存货}\left(\text{期末余额}-\text{期初余额}\right)+\text{应付账款}\left(\text{期初余额}-\text{期末余额}\right)+\text{应付票据}\left(\text{期初余额}-\text{期末余额}\right)+\text{预付账款}\left(\text{期末余额}-\text{期初余额}\right)-\text{非现金抵债、非存货抵债引起的应付账款的减少数}-\text{职工薪酬调整项目}-\text{折旧费等调整项目}-\text{其他特殊事项调整项目}$$

❺“支付给职工以及为职工支付的现金”项目，反映企业本年实际支付给职工以及为职工支付的现金，具体包括本期实际支付的工资、奖金、各种津贴和补贴等职工薪酬（包括代扣代缴的职工个人所得税）以及为职工支付的其他费用。本项目不包括支付给离退休人员的各项费用以及支付给在建工程人员的工资及其他费用。企业支付给离退休人员的各项费用在“支付其他与经营活动有关的现金”项目反映；支付给在建工程人员的工资及其他费用在“购建固定资产、无形资产和其他长期资产支付的现金”项目反映。

❻“支付的各项税费”项目，反映企业支付的各种税费，具体包括本期发生并支付的税费、以前期间发生本期支付的税费以及预交的各项税费，包括所得税、增值税、消费税、城镇土地使用税、车船税、印花税、房产税、教育费附加等，但不包括本期退回的增值税、所得税、消费税、关税和教育费附加。本期退回的增值税、所得税、消费税、关税和教育费附加在“收到的税费返还”项目反映。

拓展思维

执行企业会计准则的企业应当如何对增值税期末留抵退税业务相关现金流量进行列示？

❼“支付其他与经营活动有关的现金”项目，反映企业除上述各项目之外支付的其他与经营活动有关的现金，如支付的差旅费、业务招待费、保险费、罚款支出等。若其他与经营活动有关的现金流出金额较大，则应当单独列示。

议一议　**承租人偿还租赁负债本金和利息、支付预付租金以及租赁保证金所支付的现金在现金流量表中应当如何列报？**

（2）投资活动产生的现金流量各项目的填列。

❶“收回投资收到的现金”项目，反映企业出售、转让或到期收回除现金等价物以外

的对其他企业的权益工具投资、债务工具和合营中的权益投资而收到的现金，但处置子公司及其他营业单位收到的现金净额、收回债务工具收回的投资收益不包括在本项目内。

❷“取得投资收益收到的现金”项目，反映企业除现金等价物以外的对其他企业的权益工具投资、债务工具和合营中的权益投资等分回的现金股利和利息等，不包括股票股利。

❸“处置固定资产、无形资产和其他长期资产收回的现金净额”项目，反映企业出售、报废固定资产、无形资产和其他长期资产所收到的现金（包括因资产毁损而收到的保险赔偿款），减去为处置这些资产而支付的有关费用后的净额。如所收回的现金净额为负数，则在“支付其他与投资活动有关的现金”项目反映。

❹“处置子公司及其他营业单位收到的现金净额”项目，反映企业处置子公司及其他营业单位所取得的现金，减去相关处置费用以及子公司及其他营业单位持有的现金和现金等价物后的净额。

❺“收到其他与投资活动有关的现金”项目，反映企业除上述项目外收到的其他与投资活动有关的现金，如企业收回购买股票或债券时支付的已宣告但尚未领取的现金股利等。若其他与投资活动有关的现金流入金额较大，应当单列项目反映。

❻“购建固定资产、无形资产和其他长期资产支付的现金”项目，反映企业购买、建造固定资产、取得无形资产和其他长期资产所支付的现金，以及用现金支付的应由在建工程和无形资产负担的职工薪酬，但是为购建固定资产而发生的借款利息资本化部分不包括在本项目内，应当在筹资活动产生的现金流量中反映。

❼“投资支付的现金”项目，反映企业取得除现金等价物以外的对其他企业的权益工具投资、债务工具和合营中的权益投资所支付的现金以及支付的佣金、手续费等交易费用，但取得子公司及其他营业单位支付的现金净额除外。

❽“取得子公司及其他营业单位支付的现金净额”项目，反映企业购买子公司及其他营业单位购买出价中以现金支付的部分，减去子公司及其他营业单位持有的现金和现金等价物后的净额。

❾“支付其他与投资活动有关的现金”项目，反映企业除上述项目外支付的其他与投资活动有关的现金，如企业购买股票时实际支付的价款中包含的已宣告但尚未领取的现金股利等。若某项其他与投资活动有关的现金流出金额较大，则应当单独列示。

（3）筹资活动产生的现金流量各项目的填列。

❶“吸收投资收到的现金”项目，反映企业以发行股票、债券等方式筹集资金实际收到的款项，减去直接支付的佣金、手续费、咨询费、宣传费、印刷费等发行费用后的净额。

❷“取得借款收到的现金”项目，反映企业举借各种短期、长期借款而收到的现金。

❸“收到其他与筹资活动有关的现金”项目，反映企业除上述项目外收到的其他与筹资活动有关的现金。若某项其他与筹资活动有关的现金流入金额较大的，应当单独列示。

❹“偿还债务支付的现金”项目，反映企业为偿还债务本金而支付的现金，包括企业偿还金融企业的借款本金等，但是企业支付的借款利息和债券利息不包括在本项目内，应该在“分配股利、利润或偿付利息支付的现金”项目反映。

❺“分配股利、利润或偿付利息支付的现金”项目，反映企业实际支付的现金股利、

支付给其他投资单位的利润或用现金支付的借款利息、债券利息。

❻“支付其他与筹资活动有关的现金”项目，反映企业除上述项目外支付的其他与筹资活动有关的现金。若支付的其他与筹资活动有关的现金流出金额较大的，应当单列项目反映。

（4）汇率变动对现金及现金等价物的影响。

该项目反映企业外币现金流量及境外子公司的现金流量折算成记账本位币时，所采用的现金流量发生日的即期汇率或近似汇率折算的本币金额与“现金及现金等价物净增加额”项目中的外币现金净增加额按资产负债表日即期汇率折算的本币金额之间的差额。

（5）现金流量表补充资料。

除现金流量表正表反映的信息外，企业还应当在附注中披露将净利润调节为经营活动现金流量、不涉及现金收支的重大投资和筹资活动、现金及现金等价物净变动情况等信息。

“补充资料”项目（略）。

启示窗 14-1

甲公司为增值税一般纳税人企业。2024 年度甲公司主营业务收入为 1 000 万元，增值税销项税额为 130 万元；应收账款期初余额为 100 万元，期末余额为 150 万元；预收账款期初余额为 50 万元，期末余额为 10 万元。

请思考：假如不考虑其他因素，甲公司 2024 年度现金流量表中“销售商品、提供劳务收到的现金”项目的金额为多少？

14.4.4　现金流量表的编制举例

【例 14-3】沿用【例 14-1】和【例 14-2】相关资料，编制 M 有限责任公司 2024 年度的现金流量表，见表 14-5。

M 公司 2024 年度现金流量表正表各项目金额分析确定如下：

（1）销售商品、提供劳务收到的现金=5 775 000+5 775 000×13%+（1 350 000-2 391 750）+（1 107 000- 207 000）+（375 000-0）
=6 759 000（元）

（2）购买商品、接受劳务支付的现金=1 124 100+（1 124 100×13%+ 98 850）=1 369 083（元）

（3）支付给职工以及为职工支付的现金=2 250 000 元

（4）支付的各项税费=450 000+9 000=459 000（元）

（5）支付其他与经营活动有关的现金= 315 000 元

（6）购建固定资产、无形资产和其他长期资产支付的现金=765 000 元

（7）投资支付的现金=750 000+228 750=978 750（元）

（8）吸收投资收到的现金=7 824 525 元

（9）取得借款收到的现金=1 800 000 元

（10）收到其他与筹资活动有关的现金=75 000 元

（11）偿还债务支付的现金=3 750 000+1 125 000=4 875 000（元）

表 14-5　　**现金流量表**　　会企 03 表

编制单位：M有限责任公司　　2024年度　　单位：元

项目	本期金额	上期金额
一、经营活动产生的现金流量：		略
销售商品、提供劳务收到的现金	6 759 000	
收到的税费返还	0	
收到其他与经营活动有关的现金	0	
经营活动现金流入小计	6 759 000	
购买商品、接受劳务支付的现金	1 369 083	
支付给职工以及为职工支付的现金	2 250 000	
支付的各项税费	459 000	
支付其他与经营活动有关的现金	315 000	
经营活动现金流出小计	4 393 083	
经营活动产生的现金流量净额	2 365 917	
二、投资活动产生的现金流量：		
收回投资收到的现金	0	
取得投资收益收到的现金	0	
处置固定资产、无形资产和其他长期资产收回的现金净额	0	
处置子公司及其他营业单位收到的现金净额	0	
收到其他与投资活动有关的现金	0	
投资活动现金流入小计	0	
购建固定资产、无形资产和其他长期资产支付的现金	765 000	
投资支付的现金	978 750	
取得子公司及其他营业单位支付的现金净额	0	
支付其他与投资活动有关的现金	0	
投资活动现金流出小计	1 743 750	
投资活动产生的现金流量净额	-1 743 750	
三、筹资活动产生的现金流量：		
吸收投资收到的现金	7 824 525	
取得借款收到的现金	1 800 000	
收到其他与筹资活动有关的现金	75 000	
筹资活动现金流入小计	9 699 525	
偿还债务支付的现金	4 875 000	
分配股利、利润或偿付利息支付的现金	56 250	
支付其他与筹资活动有关的现金	45 000	
筹资活动现金流出小计	4 976 250	
筹资活动产生的现金流量净额	4 723 275	
四、汇率变动对现金及现金等价物的影响		
五、现金及现金等价物净增加额	5 345 442	
加：期初现金及现金等价物余额	3 328 350	
六、期末现金及现金等价物余额	8 673 792	

（12）分配股利、利润或偿付利息支付的现金=56 250元

（13）支付其他与筹资活动有关的现金=45 000元

该公司2024年度将净利润调整为经营活动现金流量各项目，并计算分析如下：

（1）资产减值准备= 225 000元

（2）固定资产折旧= 450 000元

（3）无形资产摊销= 150 000元

（4）财务费用= 447 476.25元

（5）投资损失（减：收益）=－（135 000−3 750）=−131 250（元）

（6）公允价值变动损失（减：收益）=－30 000元

（7）递延所得税资产减少= 0− 56 250= −56 250（元）

（8）递延所得税负债增加= 7 500−0=7 500（元）

（9）存货的减少=（12 135 000−12 224 100）= −89 100（元）

（10）经营性应收项目的减少=（1 107 000−207 000）+（1 350 000−2 391 750）=−141 750（元）

（11）经营性应付项目的增加=（375 000−0）+（600 410.44−164 700）= 810 710.44（元）

（12）其他（捐赠利得）=－（75 000+375 000）=−450 000（元）

（13）其他（捐赠支出）= 45 000元

表14-6为M公司2024年现金流量表补充资料。

表14-6　现金流量表补充资料　单位：元

补充资料	本期金额	上期金额
1.将净利润调节为经营活动现金流量：		略
净利润	1 128 580.31	
加：资产减值准备	225 000	
固定资产折旧、油气资产折耗、生产性生物资产折旧	450 000	
无形资产摊销	150 000	
长期待摊费用摊销	0	
处置固定资产、无形资产和其他长期资产的损失（收益以“−”号填列）	0	
固定资产报废损失（收益以“−”号填列）	0	
公允价值变动损失（收益以“−”号填列）	−30 000	
财务费用（收益以“−”号填列）	447 476.25	
投资损失（收益以“−”号填列）	−131 250	
递延所得税资产减少（增加以“−”号填列）	−56 250	
递延所得税负债增加（减少以“−”号填列）	7 500	
存货的减少（增加以“−”号填列）	−89 100	
经营性应收项目的减少（增加以“−”号填列）	−141 750	

续表

补充资料	本期金额	上期金额
经营性应付项目的增加（减少以“-”号填列）	810 710.44	
其他	-405 000	
经营活动产生的现金流量净额	2 365 917	
2. 不涉及现金收支的重大投资和筹资活动：		
债务转为资本	0	
一年内到期的可转换公司债券	0	
融资租入固定资产	0	
3. 现金及现金等价物净变动情况：		
现金的期末余额	8 673 792	
减：现金的期初余额	3 328 350	
加：现金等价物的期末余额	0	
减：现金等价物的期初余额	0	
现金及现金等价物净增加额	5 345 442	

14.5 所有者权益变动表

14.5.1 所有者权益变动表的概念

所有者权益变动表，是指反映构成所有者权益各组成部分当期增减变动情况的报表。对于综合收益和与所有者（或股东，下同）的资本交易导致的所有者权益的变动，应当分别列示。

所有者权益变动表全面反映了企业的所有者权益在年度内的变化情况，便于会计信息使用者深入分析企业所有者权益的增减变化情况，进而对企业的资本保值增值情况作出正确判断，从而提供对决策有用的信息。

14.5.2 所有者权益变动表的基本格式

1）以矩阵的形式列报

为了清楚地表明构成所有者权益的各组成部分当期的增减变动情况，所有者权益变动表应以矩阵的形式列示。一方面，列示导致所有者权益变动的交易或事项，按所有者权益变动的来源对一定时期所有者权益变动情况进行全面反映；另一方面，按照所有者权益各组成部分（包括实收资本、其他权益工具、资本公积、其他综合收益、专项储备、盈余公积、未分配利润和库存股）及其总额列示交易或事项对所有者权益的影响。

2）列示所有者权益变动的比较信息

根据财务报表列报准则的规定，企业需要提供比较所有者权益变动表，因此，所有者权益变动表还就各项目再分为“本年金额”和“上年金额”两栏分别填列。所有者权益变动表的具体格式见表14-7。

14.5.3　所有者权益变动表的编制方法

企业应当根据所有者权益类科目和损益类有关科目的发生额分析填列所有者权益变动表的“本年金额”栏，具体包括如下情况：

1）“上年年末余额”项目

根据上年资产负债表中“实收资本（或股本）”“资本公积”“其他综合收益”“盈余公积”“未分配利润”等项目的年末余额填列。

2）“会计政策变更”和“前期差错更正”项目

根据“盈余公积”“利润分配”“以前年度损益调整”等科目的发生额分析填列，并在“上年年末余额”的基础上调整得出“本年年初余额”项目。

3）“本年增减变动金额”项目

本项目具体包括以下内容：

（1）“综合收益总额”项目。

“综合收益总额”项目，反映企业当年的综合收益总额，应根据当年利润表中“其他综合收益的税后净额”和“净利润”项目填列，并对应列在“其他综合收益”和“未分配利润”栏。

（2）“所有者投入和减少资本”项目。

“所有者投入和减少资本”项目，反映企业当年所有者投入的资本和减少的资本，其中：

“所有者投入的普通股”项目，反映企业接受普通股投资者投资形成的实收资本（或股本）和资本公积，应根据“实收资本”“资本公积”等科目的发生额分析填列，并对应列在“实收资本”和“资本公积”栏。

“其他权益工具持有者投入资本”项目，反映企业发行的除普通股以外分类为权益工具的金融工具的持有者投入资本的金额。本项目应根据金融工具类科目的相关明细科目的发生额分析填列。

“股份支付计入所有者权益的金额”项目，反映企业处于等待期中的权益结算的股份支付当年计入资本公积的金额，应根据“资本公积”科目所属的“其他资本公积”明细科目的发生额分析填列，并对应列在“资本公积”栏。

（3）“利润分配”下各项目。

本项目反映当年对所有者（或股东）分配的利润（或股利）金额和按照规定提取的盈余公积金额，并对应列在“未分配利润”和“盈余公积”栏。其中：

“提取盈余公积”项目，反映企业按照规定提取的盈余公积，应根据“盈余公积”“利润分配”科目的发生额分析填列。

“对所有者（或股东）的分配”项目，反映对所有者（或股东）分配的利润（或股利）金额，应根据“利润分配”科目的发生额分析填列。

（4）“所有者权益内部结转”下各项目。

本项目反映不影响当年所有者权益总额的所有者权益各组成部分之间当年的增减变动，包括资本公积转增资本（或股本）、盈余公积转增资本（或股本）、盈余公积弥补亏损、设定受益计划变动额结转留存收益、其他综合收益结转留存收益等。其中：

“资本公积转增资本（或股本）”项目，反映企业以资本公积转增资本或股本的金额，应根据“实收资本”“资本公积”等科目的发生额分析填列。

“盈余公积转增资本（或股本）”项目，反映企业以盈余公积转增资本或股本的金额，应根据“实收资本”“盈余公积”等科目的发生额分析填列。

“盈余公积弥补亏损”项目，反映企业以盈余公积弥补亏损的金额，应根据“盈余公积”“利润分配”等科目的发生额分析填列。

“设定受益计划变动额结转留存收益”项目。重新计量设定受益计划净负债或者净资产的变动计入其他综合收益，在后续会计期间不允许转回至损益，在原设定受益计划终止时应当在权益范围内将原计入其他综合收益的部分全部结转至未分配利润。

“其他综合收益结转留存收益”项目，主要反映：❶企业指定为以公允价值计量且其变动计入其他综合收益的非交易性权益工具投资终止确认时，之前计入其他综合收益的累计利得或损失从其他综合收益中转入留存收益的金额；❷企业指定为以公允价值计量且其变动计入当期损益的金融负债终止确认时，之前由企业自身信用风险变动引起而计入其他综合收益的累计利得或损失从其他综合收益中转入留存收益的金额等。本项目应根据“其他综合收益”科目的相关明细科目的发生额分析填列。

14.5.4 所有者权益变动表的编制举例

【例 14-4】沿用【例 14-1】和【例 14-2】相关资料，编制M有限责任公司2024年度的所有者权益变动表，见表14-7。

14.6 报表附注和报表折算

14.6.1 报表附注

1）报表附注概述

报表附注是对财务报表中列示项目的文字描述或明细资料，以及对未能在这些报表中列示项目的说明等。报表附注是为了便于财务报表使用者理解报表内容而对财务报表的编制基础、编制依据、编制原则和方法及主要项目等所作的解释和进一步说明。编制和提供报表附注，有利于财务报表使用者全面、正确地理解财务报表。

2）报表附注应披露的内容

企业的年度报表附注应披露如下内容（法律法规另有规定的，从其规定）：

（1）企业的基本情况。

❶企业注册地、组织形式和总部地址；❷企业的业务性质和主要经营活动；❸母公司以及集团最终母公司的名称；❹财务报告的批准报出者和财务报告批准报出日，或者以签字人及其签字日期为准；❺营业期限有限的企业，还应当披露有关其营业期限的信息。

（2）财务报表的编制基础。

企业是否以持续经营为基础、根据实际发生的交易和事项、按照会计准则的规定确认和计量，在此基础上编制财务报表。

表 14-7

所有者权益变动表

会企04表

编制单位：M有限责任公司　　2024年度　　单位：万元

项目	本年金额											上年金额（略）										
	实收资本（或股本）	其他权益工具			资本公积	减：库存股	其他综合收益	专项储备	盈余公积	未分配利润	所有者权益合计	实收资本（或股本）	其他权益工具			资本公积	减：库存股	其他综合收益	专项储备	盈余公积	未分配利润	所有者权益合计
		优先股	永续债	其他									优先股	永续债	其他							
一、上年年末余额	21 825 000								683 550	0	22 508 550											
加：会计政策变更																						
前期差错更正																						
其他																						
二、本年年初余额	21 825 000								683 550	0	22 508 550											
三、本年增减变动金额（减少以“-”号填列）																						
（一）综合收益总额				0						1 128 580.31	1 128 580.31											
（二）所有者投入和减少资本																						
1.所有者投入的普通股																						
2.其他权益工具持有者投入资本																						
3.股份支付计入所有者权益的金额																						
4.其他																						
（三）利润分配																						
1.提取盈余公积									112 858.03	-112 858.03	0											
2.对所有者（或股东）的分配																						
3.其他																						
（四）所有者权益内部结转																						
1.资本公积转增资本（或股本）																						
2.盈余公积转增资本（或股本）																						
3.盈余公积弥补亏损																						
4.设定受益计划变动额结转留存收益																						
5.其他综合收益结转留存收益																						
6.其他																						
四、本年年末余额	21 825 000			0					796 408.03	1 015 722.28	23 637 130.31											

（3）遵循企业会计准则的声明。

企业应当明确说明编制的财务报表符合企业会计准则体系的要求，真实、公允地反映了企业的财务状况、经营成果和现金流量。

（4）重要会计政策和会计估计。

企业应当披露采用的重要会计政策和会计估计，不重要的会计政策和会计估计可以不披露。重要会计政策的说明，包括财务报表项目的计量基础和在运用会计政策过程中所作出的重要判断等。重要会计估计的说明，包括可能导致下一个会计期间内资产、负债账面价值重大调整的会计估计的确定依据等。在披露重要会计政策和会计估计时，应当披露重要会计政策的确定依据和财务报表项目的计量基础，以及会计估计中所采用的关键假设和不确定因素。

（5）会计政策和会计估计变更以及差错更正的说明。

企业应当按照《企业会计准则第28号——会计政策、会计估计变更和差错更正》的规定，披露会计政策和会计估计变更以及差错更正的有关情况。

企业应当在附注中披露与会计政策变更有关的下列信息：

❶会计政策变更的性质、内容和原因；

❷当期和各个列报前期财务报表中受影响的项目名称和调整金额；

❸无法进行追溯调整的，说明该事实和原因以及开始应用变更后的会计政策的时点、具体应用情况。

企业应当在附注中披露与会计估计变更有关的下列信息：

❶会计估计变更的内容和原因；

❷会计估计变更对当期和未来期间的影响数；

❸会计估计变更的影响数不能确定的，披露这一事实和原因。

企业应当在附注中披露与前期差错更正有关的下列信息：

❶前期差错的性质；

❷各个列报前期财务报表中受影响的项目名称和更正金额；

❸无法进行追溯重述的，说明该事实和原因以及对前期差错开始进行更正的时点、具体更正情况。

（6）报表重要项目的说明。

企业对报表重要项目的说明，应按资产负债表、利润表、现金流量表、所有者权益变动表及其项目列示的顺序，采用文字和数字描述相结合的方式进行披露。报表重要项目的明细金额合计，应与报表项目金额相衔接。

此外，企业应当在附注中披露费用按照性质分类的利润表补充资料，可将费用分为耗用的原材料、职工薪酬费用、折旧费用、摊销费用等。

（7）其他需要说明的重要事项。

这主要包括或有和承诺事项、资产负债表日后非调整事项、关联方关系及其交易等。

❶或有负债的类型及影响。关于或有负债应说明：已贴现商业承兑汇票形成的或有负债；未决诉讼、仲裁形成的或有负债；为其他单位提供债务担保形成的或有负债；其他或有负债（不包括极小可能导致经济利益流出企业的或有负债）；或有负债预计产生的财务影响（如无法预计，应说明理由）；或有负债获得补偿的可能性。若或有资产很可能给企

业带来经济利益，则应说明其形成的原因及产生的财务影响。

❷资产负债表日后事项的说明。应说明股票和债券的发行、对一个企业的巨额投资、自然灾害导致的资产损失以及外汇汇率发生较大变动等非调整事项的内容，估计对财务状况、经营成果的影响，如无法作出估计，应说明其原因。

❸关联方关系及其交易的说明。在存在控制关系的情况下，关联方如为企业，不论它们之间有无交易，都应说明如下事项：企业经济性质或类型、名称、法定代表人、注册地、注册资本及其变化；企业的主营业务；所持股份或权益及其变化情况。在企业与关联方发生交易的情况下，企业应说明关联方关系的性质、交易类型及其交易要素，这些要素一般包括交易的金额或相应比例、未结算项目的金额或相应比例、定价政策（包括没有金额或只有象征性金额的交易）。对关联方交易应分关联方及交易类型予以说明，类型相同的关联方交易，在不影响会计报表使用者正确理解的情况下可以合并说明。对于关联方交易价格的确定如果高于或低于一般交易价格的，应说明其价格的公允性。

（8）有助于财务报表使用者评价企业管理资本的目标、政策及程序的信息。

14.6.2　报表折算

报表折算是指企业对外币报表进行折算。企业对外币报表进行折算时，应当遵循下列规定：第一，资产负债表中的资产和负债项目，采用资产负债表日的即期汇率折算，所有者权益项目除“未分配利润”项目外，其他项目采用发生时的即期汇率折算。第二，利润表中的收入和费用项目，采用交易发生日的即期汇率折算，也可采用与即期汇率近似的汇率折算。上述折算产生的外币财务报表折算差额，在资产负债表所有者权益项目下单独列示。

14.7　资产负债表日后事项

14.7.1　资产负债表日后事项概述

1）资产负债表日后事项

资产负债表日后事项，是指资产负债表日至财务报告批准报出日之间发生的有利或不利的事项。资产负债表日是指会计年度末和会计中期期末。我国的会计年度采用公历年度。因此，年度资产负债表日是指每年的 12 月 31 日，中期资产负债表日是指各会计中期期末，包括月末、季末和半年末。

资产负债表日通常指年度资产负债表日。年度资产负债表日是指每年的 12 月 31 日结账日；资产负债表日后事项限定在一个特定的期间内，即资产负债表日至财务报告批准报出日之间发生的事项；资产负债表日后事项的发生是对资产负债表日存在状况的一种补充或说明。财务报告批准报出日是指董事会批准财务报告报出的日期，通常是指对财务报告的内容负有法律责任的单位或个人批准财务报告向企业外部公布的日期。

2）资产负债表日后事项的内容

资产负债表日后事项包括两类：一类是对资产负债表日存在的情况提供进一步证据的事项；另一类是资产负债表日后才发生的事项。前者称为调整事项，后者称为非调整事项。

调整事项，是指由于资产负债表日后获得新的或进一步的证据，有助于对资产负债表日存在状况的有关金额作出重新估计，并据此对资产负债表日所反映的收入、费用、资产、负债以及所有者权益进行调整的事项。

非调整事项，是在资产负债表日以后才发生或存在的不影响资产负债表日存在状况，但如不加以说明将会影响财务报告使用者作出正确的估计和决策的事项。

14.7.2　调整事项的会计处理

1）调整事项的内容

企业发生的资产负债表日后调整事项，通常包括下列各项：（1）资产负债表日后诉讼案件结案，法院判决证实了企业在资产负债表日已存在的现时义务，需调整原先确认的与该诉讼案件相关的预计负债，或确认一项新负债。（2）资产负债表日后取得确凿证据，表明某项资产在资产负债表日发生了减值或者需要调整该项资产原先确认的减值金额。（3）资产负债表日后进一步确定了资产负债表日前购入资产的成本或售出资产的收入。（4）资产负债表日后发现了财务报表舞弊或差错。

2）调整事项的账务处理

资产负债表日后发生调整事项，应当如同资产负债表所属期间发生的事项一样，作相关账务处理，并对资产负债表日已编制的财务报表作相应的调整。这里的财务报表包括资产负债表、利润表、所有者权益变动表以及现金流量表的补充资料内容，但不包括现金流量表正表。由于资产负债表日后事项发生在次年，上年度的有关账目已经结转，特别是损益类科目在结账后已无余额，因此，资产负债表日后发生的调整事项，应当分以下情况进行账务处理：（1）涉及损益的事项，通过“以前年度损益调整”账户核算。调整增加以前年度利润或调整减少以前年度亏损的事项，以及调整减少的所得税，记入“以前年度损益调整”账户的贷方；调整减少以前年度利润或调整增加以前年度亏损的事项，以及调整增加的所得税，记入“以前年度损益调整”账户的借方。“以前年度损益调整”账户的贷方或借方余额，转入“利润分配——未分配利润”账户。（2）涉及利润分配调整的事项，直接在“利润分配——未分配利润”账户核算（除根据董事会批准的利润分配方案分配股票股利外）。（3）不涉及损益以及利润分配的事项，调整相关账户。（4）通过上述账务处理后，还应同时调整财务报表相关项目的数字，包括资产负债表日编制的财务报表相关项目的数字和当期编制的财务报表相关项目的年初数。

以销售退回举例说明有关的会计处理。销售退回这一事项是指在资产负债表日以前或资产负债表日，根据合同规定所销售的物资已经发出，当时认为客户已经取得了商品控制权，确认了收入并结转了相关成本，即在资产负债表日企业确认为已经销售并在财务报表上反映。但在资产负债表日后至财务报告批准报出日之间所取得的证据证明该批已确认为销售的物资确实已经退回，应作为调整事项，进行相关的账务处理，并调整资产负债表日编制的财务报表中有关收入、费用、资产、负债、所有者权益等项目的数字。

【例 14-5】甲公司 2023 年 11 月销售给乙公司一批产品，销售价格为 37 500 元（不含应向购买方收取的增值税税额），销售成本为 30 000 元，货款于当年 12 月 31 日尚未收到。12 月 25 日接到 B 公司通知，在验收物资时发现该批产品存在严重的质量问题需要退货。甲公司希望通过协商解决问题，并与乙公司协商解决办法。甲公司在 12 月 31 日编制资产负债表时，将该应收账款 42 375 元（包括向购买方收取的增值税税额）列示于资产负债表的“应收账款”项目内，公司计提坏账准备2 118.75元，盈余公积计提比例为15%。2024年1月10日双方协商未成，甲公司收到乙公司通知，该批产品已经全部退回。甲公司于2024年1月15日收到退回的产品，以及购货方退回的增值税专用发票的发票联和税款抵扣联。甲公司首先应判断该事项属于调整事项，再按调整事项的处理原则进行处理。

（1）编制会计分录。

❶调整销售收入：

借：以前年度损益调整 37 500
　　应交税费——应交增值税（销项税额） 4 875
　贷：应收账款 42 375

❷调整坏账准备余额：

借：坏账准备 2 118.75
　贷：以前年度损益调整 2 118.75

❸调整销售成本：

借：库存商品 30 000
　贷：以前年度损益调整 30 000

❹调整应交所得税：

借：应交税费——应交所得税 1 345.31
　贷：以前年度损益调整［（37 500−30 000−2 118.75）×25%］ 1 345.31

❺将“以前年度损益调整”账户余额转入利润分配：

借：利润分配——未分配利润 4 035.94
　贷：以前年度损益调整（37 500−30 000−2 118.75−1 345.31） 4 035.94

❻调整利润分配有关数字：

借：盈余公积（4 035.94×15%） 605.39
　贷：利润分配——未分配利润 605.39

（2）调整报告年度财务报表相关项目的数字（财务报表略）。

❶资产负债表项目的调整：调减应收账款42 375元；调减坏账准备2 118.75元；调增库存商品30 000元；调减应交税费6 220.31元；调减盈余公积605.39元；调减未分配利润3 430.55元（4 035.94−605.39）。

❷利润表及所有者权益变动表项目的调整：调减主营业务收入37 500元；调减主营业务成本30 000元；调减资产减值损失2 118.75元；调减所得税费用1 345.31元；调减提取盈余公积605.39元；调减未分配利润3 430.55元。

14.7.3 非调整事项的披露

资产负债表日后发生的非调整事项，是资产负债表日以后才发生或存在的事项，不影响资产负债表日的存在状况，不需要对资产负债表日编制的财务报表进行调整。但由于事项重大，如不加以说明，将会影响财务报表使用者作出正确估计和决策，因此，应在报表附注中加以披露。

资产负债表日后发生的非调整事项，应当在报表附注中说明事项的内容，对财务状况、经营成果的影响；如无法作出估计，应当说明无法估计的理由。

非调整事项，通常包括下列各项：资产负债表日后发生重大诉讼、仲裁、承诺；资产负债日后资产价格、税收政策、外汇汇率发生重大变化；资产负债表日后因自然灾害导致资产发生重大损失；资产负债表日后发行股票和债券以及其他巨额举债；资产负债表日后资本公积转增资本；资产负债表日后发生巨额亏损；资产负债表日后发生重大企业合并或处置子公司。

◉ 典型案例14-1

甲企业2024年12月31日的有关资料如下：

（1）科目余额表（见表14-8）。

表14-8 科目余额表 单位：元

科目名称	借方余额	贷方余额
库存现金	10 000	
银行存款	57 000	
应收票据	60 000	
应收账款	80 000	
预付账款		30 000
坏账准备		5 000
原材料	70 000	
低值易耗品	10 000	
发出商品	90 000	
材料成本差异		55 000
库存商品	100 000	
固定资产	800 000	
累计折旧		300 000
在建工程	40 000	
无形资产	150 000	
短期借款		8 000
应付账款		70 000
合同负债		10 000
应付职工薪酬	4 000	
应交税费		13 000
长期借款		80 000
实收资本		500 000
盈余公积		200 000
未分配利润		200 000

（2）债权债务明细科目余额。

应收账款明细资料如下：

“应收账款——A公司”为借方余额80 000元。

预付账款明细资料如下：

“预付账款——C公司”为借方余额20 000元；

“预付账款——D公司”为贷方余额50 000元。

应付账款明细资料如下：

“应付账款——E公司”为贷方余额100 000元；

“应付账款——F公司”为借方余额30 000元。

合同负债明细资料如下：

“合同负债——G公司”为贷方余额10 000元。

（3）长期借款共2笔，均为到期一次性还本付息。金额及期限如下：

❶从工商银行借入30 000元（本利和），期限从2022年6月1日到2025年6月1日。

❷从建设银行借入50 000元（本利和），期限从2022年8月1日至2027年8月1日。

要求：编制甲企业2024年12月31日的资产负债表。

分析提示：本案例主要考查资产负债表编制的相关内容，涉及以前学过的各章节，请结合书中对应内容进行解答。

本章小结

财务报表是指对外提供的反映企业某一特定日期财务状况和某一会计期间经营成果、现金流量的文件。我国现行会计准则规定，企业财务报表主要包括资产负债表、利润表、所有者权益变动表、现金流量表、报表附注等。正确编制资产负债表、利润表、所有者权益变动表和现金流量表，可以为有关方面进行管理和决策提供所需的会计信息。编制和提供报表附注，有利于财务报表使用者全面、正确地理解财务报表。企业还应正确处理资产负债表日后事项。

概念回顾

财务报表　资产负债表　利润表　现金流量表　报表附注　资产负债表日后事项　调整事项　非调整事项

第15章

合并报表

学习目标

知识目标：掌握合并财务报表的构成和合并财务报表合并范围的确定原则，明确合并资产负债表、合并利润表、合并现金流量表的内容、格式和编制方法。

技能目标：熟悉合并资产负债表、合并利润表的编制。

素养提升

顺丰借壳上市
完成“曲线救国”

15.1 合并财务报表概述

15.1.1 关联方概述

1）关联方及存在的形式

（1）关联方的概念。

一方控制、共同控制另一方或对另一方施加重大影响，以及两方或两方以上同受一方控制、共同控制或施加重大影响的，构成关联方。

控制，是指投资方拥有对被投资方的权力，通过参与被投资方的相关活动而享有可变回报，并且有能力运用对被投资方的权力影响其回报金额。

共同控制，是指按照合同约定对某项经济活动所共有的控制，仅在与该项经济活动相关的重要财务和经营决策需要分享控制权的投资方一致同意时存在。

重大影响，是指对一个企业的财务和经营政策有参与决策的权力，但并不能够控制或者与其他方共同控制这些政策的制定。

（2）关联方关系存在的形式。

下列八方构成企业的关联方：❶该企业的母公司；❷该企业的子公司；❸与该企业受同一母公司控制的其他企业；❹对该企业实施共同控制的投资方；❺对该企业施加重大影响的投资方；❻该企业的合营企业；❼该企业的联营企业；❽关系密切者。

母公司，是指能直接或间接控制其他企业的企业。子公司，是指被母公司控制的企业。合营企业，是指按合同规定其经济活动由投资双方或若干方共同控制的企业。联营企业，是指投资者对其具有重大影响，但其不是投资者的子公司或合营企业的企业。关系密切者，是指该企业的主要投资者个人及与其关系密切的家庭成员，该企业或母公司的关键管理人员及与其关系密切的家庭成员，以及该企业的主要投资者个人、关键管理人员或与其关系密切的家庭成员控制、共同控制或施加重大影响的其他企业。

2）关联方交易的披露

（1）关联方交易。

关联方交易是指关联方之间转移资源、劳务或义务的行为，不论是否收取价款。

关联方交易的类型通常包括：❶购买或销售商品；❷购买或销售商品以外的其他资产；❸提供或接受劳务；❹担保；❺提供资金（贷款或股权投资）；❻租赁；❼代理；❽研究与开发项目的转移；❾许可协议；❿代表企业或由企业代表另一方进行债务结算；⓫关键管理人员薪酬。

（2）关联方交易的披露。

❶企业无论是否发生关联方交易，均应当在附注中披露与母公司和子公司有关的下列信息：母公司和子公司的名称；母公司和子公司的业务性质、注册地、注册资本（实收资本或股本）及其变化；母公司对该企业或者该企业对子公司的持股比例和表决权比例。

母公司不是该企业最终控制方的，还应当披露最终控制方名称。母公司和最终控制方均不对外提供财务报表的，还应当披露母公司之上与其最相近的对外提供财务报表的母公司名称。

❷企业与关联方发生关联方交易的，应当在附注中披露该关联方关系的性质、交易类型及交易要素。交易要素至少应当包括：交易的金额；未结算项目的金额、条款和条件，以及有关提供或取得担保的信息；未结算应收项目的坏账准备金额；定价政策。

❸关联方交易应当分别关联方以及交易类型予以披露。类型相似的关联方交易，在不影响财务报表阅读者正确理解关联方交易对财务报表影响的情况下，可以合并披露。

启示窗15-1

现有以下几种说法：(1) 与该公司发生日常往来的资金提供者、公用事业部门、政府部门和机构，不构成企业的关联方；(2) 因与该企业发生大量交易而存在经济依存关系的单个客户、供应商、特许商、经销商或代理商，不构成企业的关联方；(3) 与该企业共同控制合营企业的合营者，不构成企业的关联方；(4) 同受国家控制的企业之间构成关联方；(5) 该企业主要投资者个人施加重大影响的其他企业，构成关联方。

请思考：根据《企业会计准则第36号——关联方披露》的规定，以上哪些表述是正确的？

15.1.2　合并财务报表概述

1）合并财务报表的含义

合并财务报表是指以母公司和子公司组成的企业集团为一个会计主体，以母公司和子公司单独编制的个别财务报表为基础，由母公司编制的综合反映企业集团财务状况、经营成果及现金流量情况的财务报表。

合并财务报表是把整个企业集团看作一个经济实体，而不论其实质上是否是一个法人实体。母公司虽然不拥有被投资企业的资产，也不承担偿债的责任，但母公司实际上控制着被投资企业的资产，编制合并财务报表其实质就是综合反映企业集团整体的财务状况、经营成果和现金流量情况，满足母公司财务报表使用者了解其综合实力的信息要求。

2）合并财务报表的种类

合并财务报表至少应当包括合并资产负债表、合并利润表、合并现金流量表、合并所有者权益变动表和附注。

（1）合并资产负债表。合并资产负债表，是反映母公司和子公司组成的企业集团某一特定日期财务状况的财务报表。它以母公司和子公司的资产负债表为基础，在抵销母公司与子公司、子公司相互之间发生的内部交易对合并资产负债表的影响后，由母公司合并编制。

（2）合并利润表。合并利润表，是反映母公司和子公司组成的企业集团在一定期间生产经营成果的财务报表。它以母公司和子公司的利润表为基础，在抵销母公司与子公司、子公司相互之间发生的内部交易对合并利润表的影响后，由母公司合并编制。

（3）合并现金流量表。合并现金流量表，是综合反映母公司和子公司组成的企业集团在一定会计期间现金流入、流出数量以及其增减变动情况的财务报表。它以母公司和子公司的现金流量表为基础，在抵销母公司与子公司、子公司相互之间发生的内部交易对合并现金流量表的影响后，由母公司合并编制。

（4）合并所有者权益变动表。合并所有者权益变动表，是反映构成企业集团所有者权益的各组成部分当期的增减变动情况的财务报表。它以母公司和子公司的所有者权益变动表为基础，在抵销母公司与子公司、子公司相互之间发生的内部交易对合并所有者权益变动表的影响后，由母公司合并编制。

（5）附注。附注内容包括企业集团的基本情况、财务报表的编制基础、重要会计政策和会计估计以及差错更正及说明、报表重要项目的说明、或有事项、资产负债表日后事项、关联方关系及其交易等。

3）合并财务报表的编制原则

（1）以个别财务报表为基础。合并财务报表是在个别财务报表的基础上，通过抵销企业集团内部会计事项对合并财务报表的影响后编制的。

（2）一体性原则。合并财务报表反映的是企业集团的财务状况、经营成果和现金流量，反映的是由多个法人企业组成的一个会计主体的财务情况。在编制合并财务报表时，应当将母公司与子公司、子公司之间的经济业务，视同在同一企业主体内部的业务处理，合并中应予以抵销。为了更好地体现一体性原则，还要求企业集团内部应采取统一的会计期间和统一的会计政策。

（3）重要性原则。合并财务报表涉及多个法人企业，其经营活动的范围和内容也各不相同，在编制合并财务报表时，应遵循重要性原则。如在个别企业中具有重要性而在企业集团中不一定重要的项目，则可以在编制合并报表时对其进行取舍。又如，对于一些影响不大的企业集团内部交易事项，在编制合并报表时，为简化手续也可以不予抵销。

4）合并财务报表的合并范围

合并财务报表的合并范围应当以控制为基础予以确定。

控制的定义包含两项基本要素，在判断投资方是否能够控制被投资方时，如果投资方同时具备以下两个要素时，则投资方能够控制被投资方：

（1）因涉入被投资方而享有可变回报；（2）拥有被投资方的权力，并且有能力运用对被投资方的权力影响其回报金额。

具体来说，投资方在判断其是否控制被投资方时，应考虑所有的事实和情况，当且仅当投资方同时具备上述两个要素时，投资方才控制被投资方。如果事实和情况表明上述控制两要素中的一个或多个发生变化，则投资方要重新判断其是否控制被投资方。

相关事实和情况主要包括：

❶被投资方的设立目的和设计；

❷被投资方的相关活动以及如何对相关活动作出决策；

❸投资方享有的权利是否使其目前有能力主导被投资方的相关活动；

❹投资方是否通过参与被投资方的相关活动而享有可变回报；

❺投资方是否有能力运用对被投资方的权力影响其回报金额；

❻投资方与其他方的关系。

（1）识别被投资方的相关活动及其决策机制。

相关活动，是指对被投资方的回报产生重大影响的活动。被投资方的相关活动应当根据企业的行业特征、业务特点、发展阶段、市场环境等具体情况来进行判断，这些活动可能包括但不限于商品或劳务的销售和购买、金融资产的管理、资产的购买和处置、研究与开发活动以及融资活动等。

（2）赋予投资方对被投资方权力的权利。

投资方享有现时权利使其目前有能力主导被投资方的相关活动，而不论其是否实际行使该权利，视为投资方拥有对被投资方的权力。两个或两个以上投资方能够分别单方面主导被投资方不同相关活动的，能够主导对被投资方回报产生最重大影响的活动的一方拥有对被投资方的权力。

投资方在判断是否拥有对被投资方的权力时，应当仅考虑与被投资方相关的实质性权利，包括自身所享有的实质性权利以及其他方所享有的实质性权利。实质性权利，是指持有人有实际能力行使的目前可执行的权利。判断一项权利是否为实质性权利，应当综合考虑所有相关因素，包括权利持有人行使该项权利是否存在财务、价格、条款、机制、信息、运营、法律法规等方面的障碍；当权利由多方持有或者行权需要多方同意时，是否存在实际可行的机制使得这些权利持有人在其愿意的情况下能够一致行权；权利持有人能否从行权中获利等。某些情况下，其他方享有的实质性权利有可能会阻止投资方对被投资方的控制。这种实质性权利既包括提出议案以供决策的主动性权利，也包括对已提出议案作出决策的被动性权利。

仅享有保护性权利的投资方不拥有对被投资方的权力。保护性权利，是指仅为了保护权利持有人利益却没有赋予持有人对相关活动决策权的一项权利。保护性权利通常只能在被投资方发生根本性改变或某些例外情况发生时才能够行使，它既没有赋予其持有人对被投资方拥有权力，也不能阻止其他方对被投资方拥有权力。

投资方持有被投资方半数以上的表决权的，通常表明其拥有对被投资方的权力。但是，有确凿证据表明其不能主导被投资方相关活动的除外。

投资方持有被投资方半数或以下的表决权，但通过与其他表决权持有人之间的协议能够控制半数以上表决权行使的，通常视为投资方拥有对被投资方的权力。但是，有确凿证据表明其不能主导被投资方相关活动的除外。

投资方持有被投资方半数或以下的表决权，但综合考虑下列事实和情况后，判断投资方持有的表决权足以使其目前有能力主导被投资方相关活动的，视为投资方拥有对被投资方的权力：

❶投资方持有的表决权相对于其他投资方持有的表决权份额的大小，以及其他投资方持有表决权的分散程度；

❷投资方和其他投资方持有的被投资方具有实质性权利的潜在表决权，如当期可转换公司债券、当期可执行认股权证等；

❸其他合同安排产生的权利；

❹被投资方以往的表决权行使情况等其他相关事实和情况。

某些情况下，被投资方的相关活动由合同安排所决定，而不取决于表决权的行使，投资方在评价是否拥有对被投资方的权力时，应当主要考虑以下因素：

❶投资方能否任命或批准被投资方的关键管理人员；

❷投资方能否出于其自身利益决定或否决被投资方的重大交易；

❸投资方能否掌控被投资方董事会等类似权力机构成员的任命程序，或者从其他表决权持有人手中获得代理权；

❹投资方与被投资方的关键管理人员或董事会等类似权力机构中的多数成员是否存在关联方关系。

投资方与被投资方之间存在某种特殊关系的，在评价投资方是否拥有对被投资方的权力时，应当适当考虑这种特殊关系的影响。特殊关系通常包括：被投资方的关键管理人员是投资方的现任或前任职工、被投资方的经营依赖于投资方、被投资方活动的重大部分有投资方参与其中或者是以投资方的名义进行、投资方自被投资方承担可变回报的风险或享有可变回报的收益远超过其持有的表决权或其他类似权利的比例等。

（3）可变回报。

投资方自被投资方取得的回报可能会随着被投资方业绩而变动的，视为享有可变回报。投资方应当基于合同安排的实质而非回报的法律形式对回报的可变性进行评价。例如，投资方持有债券投资收取的固定利息由于被投资方信用风险的存在具有可变性，投资方管理被投资方资产收取的固定管理费由于被投资方经营风险的存在也具有可变性。

（4）实质代理人。

投资方在判断是否控制被投资方时，应当确定其自身是以主要责任人还是代理人的身份行使决策权，以及其他方是否以其代理人的身份代为行使决策权。

代理人仅代表主要责任人行使决策权，不控制被投资方。投资方将被投资方相关活动的决策权委托给代理人的，应当将该决策权视为自身直接持有。

决策者，是指享有决策权的投资方。在确定决策者是否为代理人时，应当综合考虑该决策者与被投资方以及其他投资方之间的关系。

❶存在单独一方拥有实质性权利可以无条件罢免决策者的，该决策者为代理人。

❷除❶以外的情况下，应当综合考虑决策者对被投资方的决策权范围、其他方享有的实质性权利、决策者的薪酬水平、决策者因持有被投资方中的其他权益所承担可变回报的

风险等相关因素进行判断。

5）对被投资方可分割部分（单独主体）的控制

投资方通常应当对是否控制被投资方整体进行判断。但极个别情况下，有确凿证据表明同时满足下列条件并且符合相关法律法规规定的，投资方应当将被投资方的一部分视为被投资方可分割的部分，进而判断是否控制该部分：

（1）被投资方某部分中的资产作为偿还该部分中负债的唯一来源，不能用于偿还该部分以外的被投资方的其他负债；

（2）除与该部分相关的各方外，其他方不享有与该部分中的资产相关的权利，也不享有与这些资产剩余现金流量相关的权利。

母公司应当将其全部子公司（包括母公司所控制的被投资方可分割的部分）纳入合并财务报表的合并范围。

启示窗 15-2

在有投资关系的情况下，请思考下列哪些项目不应纳入母公司合并财务报表的合并范围：（1）通过与被投资单位其他投资者之间的协议，拥有被投资单位半数以上的表决权；（2）根据公司章程或协议，有权决定被投资单位的财务和经营决策；（3）有权任免被投资单位的董事会或类似机构的多数成员；（4）已宣告被清理整顿的原子公司；（5）已宣告破产的原子公司。

15.2　合并资产负债表

15.2.1　合并资产负债表的编制程序

第一，编制合并工作底稿，作为合并资产负债表编制的基础。将母公司、纳入合并范围的子公司的个别资产负债表的数据过入合并工作底稿（格式见表15-6）。

第二，编制抵销分录，抵销母公司与子公司、子公司相互之间发生的经济业务对合并资产负债表的影响。将抵销分录过入合并工作底稿。

第三，计算合并抵销后的资产、负债和所有者权益等项目的合并数额。

第四，正式编制合并资产负债表（格式见表15-7）。

15.2.2　合并资产负债表编制时应抵销的项目

企业集团内部发生的经济业务，在各成员企业的个别财务报表中都进行了反映。作为反映企业集团整体财务状况的合并资产负债表，则必须将这些重复计算的因素予以扣除。

1）母公司对子公司长期股权投资项目与子公司所有者权益项目的抵销

母公司对子公司的长期股权投资，母公司增加长期股权投资，减少某项资产；子公司接受母公司投入的资本，一方面增加某项资产，另一方面增加实收资本。从整个企业集团资本来看，这项投资活动不会增加整个集团的实收资本和资产，因此，如果将母公司与子公司的投资简单相加，则会产生重复计算问题。从整个企业集团实现的净利润来看，对子公司实现的净利润，母公司也将属于其权益部分确认为投资收益，因此，如果将母公司和子公司的净利润简单相加，也造成重复计算损益。所以，应抵销重复计算的内容。

（1）对于全资子公司的抵销。在全资子公司的情况下，应将母公司对子公司长期投资的数额与子公司的实收资本、资本公积、盈余公积和未分配利润数额全部抵销。

【例 15-1】某公司只有一个全资子公司。母子公司个别资产负债表项目见表 15-1。

表 15-1 母公司和子公司的个别资产负债表项目 单位：元

资　产	母公司	子公司	负债和所有者权益	母公司	子公司
流动资产	86 380	54 040	流动负债	84 000	24 640
长期股权投资	65 800		非流动负债	36 400	9 800
对子公司	49 000		实收资本	56 000	28 000
其他	16 800		资本公积	11 200	5 600
固定资产	57 400	29 400	盈余公积	14 000	7 000
无形资产及其他非流动资产	8 820		未分配利润	16 800	8 400
合　计	218 400	83 440	合　计	218 400	83 440

根据上述资料，编制抵销会计分录如下：

借：实收资本　28 000
　　资本公积　5 600
　　盈余公积　7 000
　　未分配利润——年末　8 400
　贷：长期股权投资　49 000

当母公司对子公司长期股权投资数额与子公司所有者权益总额的公允价值不一致时，应借记“商誉”项目。

【例 15-2】假设某公司对子公司长期股权投资为 50 000 元，其他资料同【例 15-1】。编制抵销会计分录如下：

借：实收资本　28 000
　　资本公积　5 600
　　盈余公积　7 000
　　未分配利润——年末　8 400
　　商誉　1 000
　贷：长期股权投资　50 000

（2）对于非全资子公司的抵销。在非全资子公司的情况下，应将母公司对子公司长期投资的数额和子公司所有者权益中属于母公司的数额抵销。

【例 15-3】某公司拥有某子公司 80% 的股份。母公司和子公司个别资产负债表数据见表 15-2。

表 15-2　**母公司和子公司的个别资产负债表项目**　单位：元

资　产	母公司	子公司	负债和所有者权益	母公司	子公司
流动资产	86 380	54 040	流动负债	84 000	24 640
长期股权投资	65 800		非流动负债	36 400	9 800
对子公司	39 200		实收资本	56 000	28 000
其他	26 600		资本公积	11 200	5 600
固定资产	57 400	29 400	盈余公积	14 000	7 000
无形及其他非流动资产	8 820		未分配利润	16 800	8 400
合　计	218 400	83 440	合　计	218 400	83 440

根据上述资料，编制抵销会计分录如下：

借：实收资本　28 000
　　资本公积　5 600
　　盈余公积　7 000
　　未分配利润——年末　8 400
　贷：长期股权投资　39 200
　　　少数股东权益　9 800

当母公司对子公司长期股权投资数额与子公司所有者权益中母公司所拥有的份额的公允价值不一致时，应借记“商誉”项目。

2）母公司与子公司、子公司相互之间的债权债务项目的抵销

母公司与子公司、子公司相互之间的应收账款与应付账款、预付账款与合同负债、应付债券与债权投资（其他债权投资）、其他应收款（含应收股利、应收利息）与其他应付款（含应付股利、应付利息）等项目，在其个别会计报表中一方表现为资产，另一方表现为负债。但从整个企业集团来看，属于内部往来，既不增加企业集团的资产总额，也不增加负债总额，所以，在编制合并报表时应将其抵销。

(1) 应收应付项目的抵销和合同负债与预付项目的抵销。企业集团内部各公司之间相互销售、提供劳务等而产生的内部应收应付、合同负债与预付款项等应予以抵销。

【例 15-4】某母公司应收账款 7 000 元中有 4 200 元为子公司应付账款；合同负债 9 800 元中有 1 400 元为子公司预付账款；应收票据 11 200 元中有 5 600 元为子公司应付票据；子公司应付债券 5 600 元中有 2 800 元为母公司所持有。根据上述资料编制抵销会计分录如下：

借：应付账款　4 200
　贷：应收账款　4 200
借：合同负债　1 400
　贷：预付款项　1 400
借：应付票据　5 600
　贷：应收票据　5 600

借：应付债券　2 800
　贷：债权投资　2 800

（2）企业集团内部产生的应收账款提取的坏账准备的抵销。企业集团内部销售所产生的应收账款，在期（年）末已按一定比例计提了坏账准备，并计入信用减值损失。但由于内部产生的应收账款已经抵销，则相应计提的坏账准备也应抵销。

【例 15-5】如果【例 15-4】中母公司应收子公司的应收账款 4 200 元，期（年）末已计提了 21 元坏账准备。编制抵销会计分录如下：

借：应收账款——坏账准备　21
　贷：信用减值损失　21

在连续编制合并报表的情况下，由于上期末内部应收账款计提坏账准备的抵销增加了上期合并净利润，最终使合并所有者权益变动表中的期初未分配利润数额增加。本期合并所有者权益变动表的期初未分配利润应与上期合并所有者权益变动表的期末未分配利润相一致。但本期编制合并财务报表是以本期母公司和子公司当期的个别财务报表为基础的，这样导致以此为基础合并得出的本期合并所有者权益变动表的期初未分配利润与上期合并报表的期末未分配利润的数额不一致。为了使两者的数额一致，则必须将上期抵销的内部应收账款计提的坏账准备对本期期初未分配利润的影响予以抵销，调整本期期初未分配利润的数额。

【例 15-6】假设某母公司第 1 年合并财务报表资料同【例 15-4】和【例 15-5】。该公司第 2 年年末内部应收账款余额为 10 000 元，年末计提坏账准备 29 元，第 3 年年末内部应收账款余额为 6 000 元，年末冲减了 20 元的坏账准备。母公司在编制各年的合并财务报表时，编制抵销会计分录如下：

第 1 年年末，应编制抵销会计分录同【例 15-4】【例 15-5】。

第 2 年年末，调整第 1 年年末编制合并财务报表时抵销的坏账准备，抵销第 2 年年末提取的坏账准备。

借：应收账款——坏账准备　21
　贷：未分配利润——年初　21
借：应收账款——坏账准备　29
　贷：信用减值损失　29

第 3 年年末，调整上年年末编制合并财务报表时抵销的坏账准备，抵销第 3 年年末提取的坏账准备。

借：应收账款——坏账准备　50
　贷：未分配利润——年初　50
借：信用减值损失　20
　贷：应收账款——坏账准备　20

提示　即使个别资产负债表期末无内部应收账款，本期合并工作底稿中也可能存在抵销分录。

3）存货中所包含的未实现内部销售利润的抵销

存货中所包含的未实现内部销售利润是指企业集团内部公司之间的商品购销活动所引起的，在期末存货中包括的销售方已作为利润确认的部分。从企业集团整体来看，购入方期末存货中包括的那部分销售利润，并不是真正实现的利润，而是企业集团内部相互调拨商品所引起的。在编制合并资产负债表时，应当将其抵销。

【例15-7】某子公司期末存货28 000元全部为从母公司购入的存货，母公司销售毛利率为30%。编制抵销会计分录如下：

借：营业收入	28 000	
贷：营业成本		19 600
存货（28 000×30%）		8 400

在连续编制合并报表的情况下，有关会计处理参见“15.3　合并利润表”。

4）固定资产中所包含的未实现内部销售利润的抵销

固定资产中所包含的未实现内部销售利润是指企业集团内部销售中，销售企业以高于成本或固定资产净值的价格将产成品或固定资产销售给企业集团内部公司作为固定资产使用，在期末固定资产中包含的销售方已作为利润确认的部分。从企业集团整体来看，这项交易活动既不增加固定资产价值，也不实现利润，只是固定资产内部销售或内部转移。在编制合并资产负债表时，应当将其抵销。

【例15-8】某子公司有一项原价为7 000元的设备是从母公司购入的，母公司出售该项固定资产时已取得净收益1 400元。编制抵销会计分录如下：

借：资产处置收益	1 400	
贷：固定资产——原价		1 400

在抵销固定资产所包含的未实现内部销售利润中，有关一方为产品销售而另一方为固定资产购入和连续编制合并报表的会计处理，参见“15.3　合并利润表”。

提示　抵销存货、固定资产价值中包含的未实现内部销售利润时，存货、固定资产交易中的增值税不得抵销，如果售价为含税的价款，应转换为不含增值税的价款。

15.2.3　合并资产负债表编制举例

参见“15.5　合并财务报表编制综合举例”。

15.3　合并利润表

15.3.1　合并利润表的编制程序

第一，编制合并工作底稿，作为合并利润表编制的基础。将母公司、纳入合并范围的子公司的个别利润表的数据过入合并工作底稿（格式见表15-6）。

第二，编制抵销分录，抵销母公司与子公司、子公司相互之间发生的经济业务对合并利润表的影响。将抵销分录过入合并工作底稿。

第三，计算合并抵销后的收入、费用、利润等项目的合并数额。

第四，正式编制合并利润表（格式见表15-8）。

15.3.2　合并利润表编制时应抵销的项目

1）母公司与子公司、子公司相互之间发生的内部营业收入、营业成本的抵销

内部营业收入是指企业集团内部母公司与子公司、子公司相互之间发生的购销活动（或提供劳务）所产生的营业收入。企业集团内部相互之间销售所产生的收入，不是企业

集团所产生的最终营业收入。因此，在编制合并财务报表时，应将内部营业收入予以抵销。抵销时，应分为以下几种情况进行处理：

（1）本期内部营业收入、营业成本的抵销。

❶内部销售商品全部实现对外销售。企业集团内部销售商品，销售方已作收入和成本确认，购入方也将内部购入商品作为存货。但从企业集团整体来看，只有最终对外销售商品所取得的收入，以及最初购入（或制造）该商品发生的支出，才构成企业集团的收入和成本。因此，在编制合并利润表时，应当在合并销售收入项目中抵销内部销售收入的数额，在合并销售成本项目中抵销从内部购进该货物所发生的购进成本的数额。

【例 15-9】某母公司销售产品给子公司，价款为 7 000 元，成本为 4 200 元。子公司将该批产品于当年全部对外销售，售价为 7 700 元。编制抵销会计分录如下：

借：营业收入	7 000	
贷：营业成本		7 000

❷内部销售商品全部未实现对外销售。企业集团内部购入方由于全部没有对外销售，而将该批商品反映在期末资产负债表的存货项目内，该批存货的价值包括销售方为取得该项商品而发生的成本支出和销售毛利。但从企业集团整体来看，集团内部互相销售，并不使企业集团整体的利润增加，也不会增加存货的价值。因此，在编制合并利润表时，应当在合并销售收入项目中抵销内部销售收入的数额，在存货项目中抵销内部销售商品中所包含的未实现内部销售利润的数额，在合并销售成本项目中抵销内部销售商品的成本数额。

【例 15-10】某母公司销售商品给子公司，价款为 7 000 元，成本为 4 200 元。子公司至编制合并报表日仍全部未对外销售。母公司的销售毛利率为 40%。编制抵销会计分录如下：

借：营业收入	7 000	
贷：营业成本		4 200
存货（7 000×40%）		2 800

❸内部销售商品部分售出。对此应当分为已实现内部销售的数额和未实现内部销售的数额进行处理。

【例 15-11】母公司销售产品给子公司，价款为 11 200 元，成本为 8 400 元。子公司购进后，对外销售了 50%，售价为 7 000 元。母公司的销售毛利率为 25%。编制抵销会计分录如下：

❶已实现内部销售部分的抵销分录：

借：营业收入	5 600	
贷：营业成本		5 600

❷未实现内部销售部分的抵销分录：

借：营业收入	5 600	
贷：营业成本		4 200
存货（5 600×25%）		1 400

（2）对上一会计期间未实现内部销售利润的处理。

在连续编制合并财务报表的情况下，上期期末的未分配利润的数额为本期期初未分配利润数。由于在编制本期合并财务报表时，是以母公司和子公司的个别财务报表为基础编制的，以个别财务报表中期初未分配利润为基础计算得出的期初未分配利润合计数额可能与上期合并财务报表中期末未分配利润的数额不一致。因此，需要对上期抵销的未实现内部销售利润对本期期初未分配利润的影响进行调整。调整时，应分情况进行处理。

❶本期未购入商品，也未销售商品。

【例15-12】上年某母公司销售商品给子公司，价款为7 000元，成本为4 200元，子公司上年全部未对外销售，母公司的销售毛利率为40%。假设子公司本期未从母公司购入商品，也未销售上期从母公司购入的商品。编制抵销会计分录如下：

借：未分配利润——年初　2 800
　贷：存货（7 000×40%）　2 800

❷本期未购入商品，销售上期从母公司购入的全部商品。

【例15-13】沿用【例15-12】的资料。假设子公司本期对外销售上期从母公司购入的全部商品，售价为9 100元。编制抵销会计分录如下：

借：未分配利润——年初　2 800
　贷：营业成本　2 800

❸本期未购入商品，销售上期从母公司购入的部分存货。

【例15-14】沿用【例15-12】的资料。假设子公司本期对外销售上期从母公司购入商品的50%，售价为4 500元。编制抵销会计分录如下：

借：未分配利润——年初　1 400
　贷：存货　1 400
借：未分配利润——年初　1 400
　贷：营业成本　1 400

❹本期购入商品，但本期未销售商品。

【例15-15】沿用【例15-12】的资料。假设子公司本期又从母公司购入商品，母公司售价为4 000元，成本为2 400元。本期子公司全部未销售。编制抵销会计分录如下：

借：未分配利润——年初　2 800
　贷：存货　2 800
借：营业收入　4 000
　贷：营业成本　2 400
　　　存货　1 600

❺本期购入商品，本期销售上期和本期购入的全部商品。

【例15-16】沿用【例15-12】的资料。假设子公司本期又从母公司购入商品，母公司售价为4 000元，成本为2 400元。本期子公司将上期购入未销售的商品与本期购入的商品全部销售，售价14 300元。编制抵销会计分录如下：

借：未分配利润——年初　2 800
　贷：营业成本　2 800
借：营业收入　4 000
　贷：营业成本　4 000

❻本期购入商品，本期销售部分商品。

【例15-17】沿用【例15-12】的资料。假设子公司本期又从母公司购入商品，母公司售价为4 000元，成本为2 400元。本期子公司只将上期购入未销售的商品全部销售，售价为9 100元。编制抵销会计分录如下：

借：未分配利润——年初	2 800	
贷：营业成本		2 800
借：营业收入	4 000	
贷：营业成本		2 400
存货		1 600

2）母公司与子公司、子公司相互之间发生的固定资产的交易所产生的未实现内部销售利润的抵销

母公司与子公司、子公司相互之间发生的固定资产交易是指母公司与子公司、子公司相互之间发生的一方销售自身的产品（或固定资产），另一方购买对方产品（或固定资产）作为固定资产使用的固定资产购销活动。从企业集团整体来看，企业集团内部销售所产生的利润不是真正的利润，而是相当于企业自行建造固定资产。因此，必须将销售方的内部销售收入和内部销售成本，与购入方的固定资产原价中包含的内部利润部分抵销。

（1）不计提折旧的固定资产中包含的未实现内部销售利润的抵销。

❶在固定资产交易当期的抵销。对此应当将内部销售收入与该内部销售成本和固定资产原价项目中所包含的未实现内部销售利润相互抵销。

【例15-18】某母公司销售产品给子公司，售价为7 000元，成本为4 200元。子公司购入后作为固定资产，按7 000元入账。期末，编制抵销会计分录如下：

借：营业收入	7 000	
贷：营业成本		4 200
固定资产——原价		2 800

❷在固定资产交易以后会计期间的抵销。在连续编制合并财务报表的情况下，在该固定资产的使用期间内，每期都必须将该固定资产原价所包含的未实现内部销售利润抵销，直至该固定资产退出企业集团为止。由于这部分利润反映在年初未分配利润中，所以应抵销年初未分配利润项目。

【例15-19】沿用【例15-18】的资料。假设在下一会计期间编制合并报表时，编制抵销会计分录如下：

借：未分配利润——年初	2 800	
贷：固定资产——原价		2 800

❸变卖内部交易形成的固定资产的抵销。从企业集团整体来看，该项固定资产已经售出企业集团之外，包含在该内部交易固定资产中的未实现内部销售利润已在当期实现。因此，必须将期初未分配利润中包含的未实现利润予以抵销，调整期初未分配利润数额。

【例15-20】沿用【例15-18】和【例15-19】的资料。假设将该项固定资产变卖，取得净收益4 500元，列示于个别利润表的"资产处置收益"项目内。编制抵销会计分录如下：

借：未分配利润——年初	2 800	
贷：资产处置收益		2 800

（2）计提折旧的固定资产中包含的未实现内部销售利润的抵销。

❶在固定资产交易当期的抵销。应当将内部销售收入与该内部销售成本和固定资产原价中所包含的未实现内部销售利润以及已提折旧中包含的未实现内部销售利润与当期管理

费用等相互抵销。

【例15-21】某母公司销售产品给子公司，售价为11 200元，成本为8 200元。子公司购入后作为管理用固定资产入账，并按直线法计提折旧。该固定资产使用期限为8年，使用期满后无残值。编制抵销会计分录如下：

(1) 抵销内部未实现利润：

借：营业收入 11 200
　贷：营业成本 8 200
　　固定资产——原价 3 000

(2) 抵销已提折旧：

借：固定资产——累计折旧（3 000÷8） 375
　贷：管理费用 375

❷在固定资产交易以后会计期间的抵销。在连续编制合并财务报表的情况下，在该项固定资产使用期限内，每期应将固定资产原价中所包含的未实现内部销售利润的数额予以抵销，将固定资产计提折旧中包含的未实现内部销售利润的数额抵销，将固定资产原价中所包含的未实现内部销售利润中以前会计期间已计入累计折旧的数额抵销。

【例15-22】沿用【例15-21】的资料，编制第2年和第3年的抵销会计分录如下：

(1) 第2年的抵销分录：

❶抵销未实现内部销售利润：

借：未分配利润——年初 3 000
　贷：固定资产——原价 3 000

❷抵销未实现内部销售利润中的本期折旧：

借：固定资产——累计折旧 375
　贷：管理费用 375

❸抵销以前会计期间计提的累计折旧中包含的未实现内部销售利润的折旧：

借：固定资产——累计折旧 375
　贷：未分配利润——年初 375

(2) 第3年的抵销分录：

借：未分配利润——年初 3 000
　贷：固定资产——原价 3 000
借：固定资产——累计折旧 375
　贷：管理费用 375
借：固定资产——累计折旧 750
　贷：未分配利润——年初 750

❸内部交易固定资产清理时的抵销。在固定资产报废清理时，应当将该固定资产原价中包含的未实现内部销售利润数额减去报废清理以前固定资产原价中包含的未实现内部销售利润中已计入以前各期折旧费用的数额（即已实现内部销售利润的数额）后的余额予以抵销。在合并工作底稿中编制抵销分录时，借记“未分配利润——年初”项目，贷记“管理费用”项目和“营业外支出”（或“营业外收入”）项目。其中，抵销“管理费用”项目的数额为该固定资产当期计提的折旧额减去按照不含有未实现内部销售利润的固定资产

原价计提的折旧额的差额。

【例 15-23】沿用【例 15-21】的资料。分别作出第 7 年报废或第 8 年报废的合并处理。编制抵销会计分录如下：

（1）假设第 7 年清理报废：

余额=3 000−375×6=750（元）

借：未分配利润——年初　750
　贷：管理费用　375
　　营业外支出　375

（2）假设第 8 年清理报废：

余额=3 000−375×7=375（元）

借：未分配利润——年初　375
　贷：管理费用　375

内部交易的固定资产超龄使用后清理报废，不存在抵销问题。

企业集团内部的企业将自身使用的固定资产变卖给集团内的其他企业作为固定资产的事项，由于这种内部固定资产交易的情况比较少，根据重要性原则，在编制合并财务报表时可以不予抵销。企业集团内部相互之间固定资产交易不多，或其交易对企业集团财务状况和经营成果影响不大的，也可不按上述规定进行抵销处理。

3）母公司与子公司、子公司相互之间债券投资收益的抵销

母公司与子公司、子公司相互之间持有对方债券所发生的投资收益应当与其相对应的利息支出相互抵销。在合并工作底稿中，编制抵销会计分录如下：

借：投资收益
　贷：财务费用

4）母公司对子公司长期股权投资的投资收益的抵销

（1）对于全资子公司的抵销。

在母公司拥有子公司100%的权益性资本的情况下，应当将子公司所有者权益变动表年初未分配利润项目，母公司对子公司权益性资本投资项目，子公司所有者权益变动表中提取盈余公积项目、应付利润项目相互抵销。在合并工作底稿中编制抵销分录时，借记“投资收益”“未分配利润——年初”项目，贷记 “提取盈余公积”“对所有者（或股东）的分配”“未分配利润——年末”项目。

【例 15-24】沿用【例 15-1】的资料。甲公司拥有子公司 100% 的股份，母公司与子公司的个别利润分配数据见表 15-3。

表 15-3　母公司与子公司的个别利润分配数据　单位：元

项　目	母公司	子公司
净利润	22 400	11 200
加：年初未分配利润	11 200	4 200
可供分配利润	33 600	15 400
减：提取法定盈余公积	2 800	1 400
应付现金股利和利润	14 000	5 600
未分配利润	16 800	8 400

根据上述资料，由于母公司拥有子公司100%的权益性资本，子公司本期净利润为11 200元，则母公司对应的投资收益（按权益法调整后）也为11 200元。编制抵销会计分录如下：

借：投资收益	11 200	
未分配利润——年初	4 200	
贷：提取盈余公积		1 400
对所有者（或股东）的分配		5 600
未分配利润——年末		8 400

在编制合并财务报表实务中，上述抵销分录应与【例15-1】的抵销分录合并编制，这样使得两笔抵销分录的“未分配利润——年末”借贷数额正好抵销，于是可以不考虑期末未分配利润因素。

（2）对于非全资子公司的抵销。

在母公司拥有子公司半数以上权益性资本的情况下，应当将子公司所有者权益变动表中年初未分配利润项目，母公司利润表中投资收益项目、少数股东损益项目，与子公司所有者权益变动表中提取盈余公积项目、应付利润项目相互抵销。在合并工作底稿中编制抵销分录时，借记“投资收益”“少数股东损益”“未分配利润——年初”项目，贷记“提取法定盈余公积”“对所有者（或股东）的分配”“未分配利润——年末”项目。

【例15-25】沿用【例15-3】的资料。某公司拥有某子公司80%的股份，母公司与子公司的个别利润分配数据见表15-3。

根据上述资料，由于母公司拥有子公司80%的权益性资本，子公司本期净利润为11 200元，则母公司对应的投资收益（按权益法调整后）为8 960元，子公司少数股东本期收益为2 240元。编制抵销会计分录如下：

借：投资收益	8 960	
少数股东损益	2 240	
未分配利润——年初	4 200	
贷：提取法定盈余公积		1 400
对所有者（或股东）的分配		5 600
未分配利润——年末		8 400

在编制合并财务报表实务中，上述抵销分录应与【例15-3】的抵销分录合并编制，这样使得两笔抵销分录的“未分配利润——年末”借贷数额正好抵销，于是可以不考虑期末未分配利润因素。

15.3.3 合并利润表的编制

参见“15.5 合并财务报表编制综合举例”。

15.4 合并现金流量表

15.4.1 合并现金流量表编制概述

合并现金流量表的编制方法主要有：

1）以合并资产负债表和合并利润表为基础编制

合并现金流量表以合并资产负债表和合并利润表为基础，采用与个别现金流量表相同的方法编制出合并现金流量表。

2）以母公司和子公司的个别现金流量表为基础编制

以母公司和纳入合并范围的子公司的个别现金流量表为基础，通过编制抵销分录，将母公司和纳入合并范围的子公司以及子公司相互之间发生的经济业务对合并现金流量表中的现金流量的影响予以抵销，从而编制出合并现金流量表。在采用这一方法编制现金流量表的情况下，其编制原理、编制方法和编制程序与合并资产负债表、合并利润表的编制原理、编制方法和编制程序相同。

15.4.2 合并现金流量表的格式

合并现金流量表的格式与个别现金流量表的格式基本相同。所不同的只是合并现金流量表比个别现金流量表增加了部分项目，如“子公司吸收少数股东投资收到的现金”“子公司支付少数股东的股利、利润”等。

15.4.3 合并现金流量表的编制

略。

15.5 合并财务报表编制综合举例

为了综合理解合并资产负债表、合并利润表和合并所有者权益变动表（部分项目）编制的全过程，现综合举例如下：

15.5.1 编制合并财务报表的基础资料

假设某母公司拥有一子公司80%的权益性资本，2024年度母公司和子公司个别资产负债表、利润表的数据见表15-4、表15-5。

表15-4 母公司与子公司资产负债表（分析表）

2024年12月31日　　单位：万元

资　产	母公司	子公司	负债和所有者权益	母公司	子公司
流动资产：			流动负债：		
货币资金	4 200	2 100	短期借款	3 500	1 400
交易性金融资产	2 520	1 680	应付票据	4 200	3 500
应收票据	2 800	1 820	应付账款	7 000	2 800
应收账款	4 200	1 400	合同负债	2 800	700
减：坏账准备	21	7	应付职工薪酬	3 059	1 533
应收账款净额	4 179	1 393	应交税费	0	0
预付款项	1 540	1 400	其他应付款	0	0
存货	7 280	8 540	其他流动负债	1 400	0
流动资产合计	22 519	16 933	流动负债合计	21 959	9 933
非流动资产：			非流动负债：		
债权投资	4 900	0	长期借款	4 200	1 400
长期股权投资	11 500	0	应付债券	5 600	2 800

续表

资　产	母公司	子公司	负债和所有者权益	母公司	子公司
固定资产原值	21 000	7 000	长期应付款	1 400	1 400
减：累计折旧	4 200	1 400	递延所得税负债	0	0
固定资产净值	16 800	5 600	其他非流动负债	0	0
在建工程	9 800	7 000	非流动负债合计	11 200	5 600
无形资产	1 750	0	负债合计	33 159	15 533
长期待摊费用	890	0	所有者权益：		
递延所得税资产	0	0	实收资本	14 000	8 400
其他非流动资产	0	0	资本公积	7 000	3 080
非流动资产合计	45 640	12 600	盈余公积	8 400	700
			未分配利润	5 600	1 820
			所有者权益合计	35 000	14 000
资产总计	68 159	29 533	负债和所有者权益总计	68 159	29 533

表15-5　母公司与子公司利润表及分配情况（相关内容）

2024年度　单位：万元

项　目	母公司	子公司
一、营业收入	38 000	24 400
减：营业成本	24 000	16 700
税金及附加	1 120	560
销售费用	1 680	1 120
管理费用	1 120	560
研发费用	0	0
财务费用	400	280
其中：利息费用	400	280
利息收入	0	0
加：投资收益（损失以"–"号填列）	3 080	0
信用减值损失（损失以"–"号填列）	–20	0
资产减值损失（损失以"–"号填列）	0	0
二、营业利润（亏损以"–"号填列）	12 740	5 180
加：营业外收入	560	840
减：营业外支出	700	840
三、利润总额（亏损总额以"–"号填列）	12 600	5 180
减：所得税费用	4 200	1 680
四、净利润（净亏损以"–"号填列）	8 400	3 500
加：年初未分配利润	3 500	1 120
五、可供分配的利润	11 900	4 620
减：提取法定盈余公积	1 400	700
向所有者或股东的分配	4 900	2 100
六、未分配利润	5 600	1 820

15.5.2 编制合并财务报表的处理

1）编制合并工作底稿

根据上述资料，母公司应设计合并工作底稿，并将母公司和子公司个别资产负债表、利润表和所有者权益变动表（相关内容）的数据过入合并工作底稿。

2）编制抵销会计分录

母公司应当编制抵销会计分录，将母公司与子公司之间的内部会计事项对合并财务报表的影响予以抵销。

（1）子公司所有者权益总计14 000万元，母公司拥有11 200万元，少数股东权益为2 800万元，而母公司对子公司的投资额为11 500万元，出现差额300万元。子公司实收资本8 400万元、资本公积3 080万元、盈余公积700万元、未分配利润（期末）1 820万元。编制抵销会计分录如下：

借：实收资本	84 000 000	
资本公积	30 800 000	
盈余公积	7 000 000	
未分配利润——年末	18 200 000	
商誉	3 000 000	
贷：长期股权投资		115 000 000
少数股东权益		28 000 000

上述分录按现行规定可与分录（10）合并编制。

（2）母公司应收账款4 200万元中有2 800万元为子公司应付账款。编制抵销会计分录如下：

借：应付账款	28 000 000	
贷：应收账款		28 000 000

（3）母公司对子公司内部应收账款，本期已计提坏账准备金14万元。编制抵销会计分录如下：

借：应收账款——坏账准备	140 000	
贷：信用减值损失		140 000

（4）母公司应收票据2 800万元中有1 400万元为子公司应付票据。编制抵销会计分录如下：

借：应付票据	14 000 000	
贷：应收票据		14 000 000

（5）母公司合同负债2 800万元中有1 400万元为子公司预付账款。编制抵销会计分录如下：

借：合同负债	14 000 000	
贷：预付款项		14 000 000

（6）母公司的债权投资中包含持有子公司发行的债券2 800万元。编制抵销会计分录如下：

借：应付债券	28 000 000	

贷：债权投资		28 000 000

(7) 母公司因上述债权投资取得投资收益280万元。编制抵销会计分录如下：

借：投资收益	2 800 000	
贷：财务费用		2 800 000

(8) 母公司销售产品给子公司，售价为2 800万元，成本为2 240万元，毛利率为20%。子公司将该产品作为固定资产入账（不考虑折旧因素）。编制抵销会计分录如下：

借：营业收入	28 000 000	
贷：营业成本		22 400 000
固定资产——原价		5 600 000

(9) 母公司销售产品给子公司，售价为14 000万元，成本为11 200万元，毛利率为20%。子公司将该批产品销售了80%。编制抵销会计分录如下：

借：营业收入	112 000 000	
贷：营业成本		112 000 000
借：营业收入	28 000 000	
贷：营业成本		22 400 000
存货		5 600 000

(10) 子公司本年实现净利润3 500万元，母公司拥有子公司80%的股份，则母公司投资收益（按权益法调整后）为2 800万元，少数股东本期收益700万元。子公司年初未分配利润1 120万元，提取法定盈余公积700万元，向投资者分配利润2 100万元，年末未分配利润1 820万元。编制抵销会计分录如下：

借：投资收益	28 000 000	
少数股东损益	7 000 000	
未分配利润——年初	11 200 000	
贷：提取法定盈余公积		7 000 000
对所有者（或股东）的分配		21 000 000
未分配利润——年末		18 200 000

上述分录按现行规定可与分录（1）合并编制。如将（1）、(10) 合并编制抵销会计分录，则为：

借：实收资本	84 000 000	
资本公积	30 800 000	
盈余公积	7 000 000	
投资收益	28 000 000	
少数股东损益	7 000 000	
未分配利润——年初	11 200 000	
商誉	3 000 000	
贷：长期股权投资		115 000 000
少数股东权益		28 000 000
提取法定盈余公积		7 000 000
对所有者（或股东）的分配		21 000 000

3）计算各项目合并数额

将抵销分录过入合并工作底稿，并在合并工作底稿上计算出各项目的合并数。计算内容见表15-6。

表15-6　　**合并工作底稿**　　单位：万元

项　目	母公司	子公司	合计金额	抵销分录		少数股东权益	合并金额
				借方	贷方		
（资产负债表）							
流动资产：							
货币资金	4 200	2 100	6 300				6 300
交易性金融资产	2 520	1 680	4 200				4 200
应收票据	2 800	1 820	4 620		（4）1 400		3 220
应收账款	4 200	1 400	5 600		（2）2 800		2 800
减：坏账准备	21	7	28	（3）14			14
应收账款净额	4 179	1 393	5 572				2 786
预付款项	1 540	1 400	2 940		（5）1 400		1 540
存货	7 280	8 540	15 820		（9）560		15 260
非流动资产：							
债权投资	4 900	0	4 900		（6）2 800		2 100
长期股权投资	11 500	0	11 500		（1）11 500		0
固定资产原值	21 000	7 000	28 000		（8）560		27 440
减：累计折旧	4 200	1 400	5 600				5 600
固定资产净额	16 800	5 600	22 400				21 840
在建工程	9 800	7 000	16 800				16 800
无形资产	1 750	0	1 750				1 750
商誉				（1）300			300
长期待摊费用	890	0	890				890
资产总计	68 159	29 533	97 692	314	21 020		76 986
流动负债：							
短期借款	3 500	1 400	4 900				4 900
应付票据	4 200	3 500	7 700	（4）1 400			6 300
应付账款	7 000	2 800	9 800	（2）2 800			7 000
合同负债	2 800	700	3 500	（5）1 400			2 100
应付职工薪酬	3 059	1 533	4 592				4 592
其他流动负债	1 400	0	1 400				1 400
非流动负债：							
长期借款	4 200	1 400	5 600				5 600
应付债券	5 600	2 800	8 400	（6）2 800			5 600
长期应付款	1 400	1 400	2 800				2 800
负债合计	33 159	15 533	48 692	8 400			40 292
所有者权益：							
实收资本	14 000	8 400	22 400	（1）8 400			14 000

续表

项目	母公司	子公司	合计金额	抵销分录		少数股东权益	合并金额
				借方	贷方		
资本公积	7 000	3 080	10 080	（1）3 080			7 000
盈余公积	8 400	700	9 100	（1）700			8 400
未分配利润（注）	5 600	1 820	7 420	22 820	20 594	借 700	4 494
少数股东权益						（1）贷 2 800	2 800
负债和所有者权益总计	68 159	29 533	97 692	43 400	20 594	贷 2 100	76 986
抵销发生额合计				43 714	40 614	贷 2 100	
（利润表及所有者权益变动表）							
营业收入	38 000	24 400	62 400	（8）2 800 （9）14 000			45 600
营业成本	24 000	16 700	40 700		（8）2 240 （9）13 440		25 020
税金及附加	1 120	560	1 680				1 680
销售费用	1 680	1 120	2 800				2 800
管理费用	1 120	560	1 680				1 680
财务费用	400	280	680		（7）280		400
投资收益	3 080	0	3 080	（7）280 （10）2 800			0
信用减值损失	20	0	20		（3）14		6
营业利润	12 740	5 180	17 920	19 880	15 974		14 014
营业外收入	560	840	1 400				1 400
营业外支出	700	840	1 540				1 540
利润总额	12 600	5 180	17 780	19 880	15 974		13 874
所得税费用	4 200	1 680	5 880				5 880
净利润	8 400	3 500	11 900	19 880	15 974		7 994
少数股东损益						（10）借 700	700
归属于母公司股东的净利润							7 294
未分配利润——年初	3 500	1 120	4 620	（10）1 120			3 500
本年增减变动金额							
净利润	8 400	3 500	11 900	19 880	15 974	借 700	7 294
利润分配							
提取法定盈余公积	1 400	700	2 100		（10）700		2 800
对所有者（或股东）的分配	4 900	2 100	7 000		（10）2 100		9 100
未分配利润——年末	5 600	1 820	7 420	（1）1 820	（10）1 820		
				22 820	20 594	借 700	4 494

注：未分配利润项目的数据均来自利润表及有关账户中未分配利润项目。

4）编制合并财务报表

根据合并工作底稿，编制合并资产负债表、合并利润表，见表15-7、表15-8。

表 15-7 合并资产负债表

编制单位：×××　　2024年12月31日　　单位：万元

资　产	期末余额	上年年末余额	负债和所有者权益	期末余额	上年年末余额
流动资产：			流动负债：		
货币资金	6 300	略	短期借款	4 900	略
交易性金融资产	4 200		应付票据	6 300	
应收票据	3 220		应付账款	7 000	
应收账款	2 786		合同负债	2 100	
预付款项	1 540		应付职工薪酬	4 592	
其他应收款	0		其他应付款	0	
存货	15 260		其他流动负债	1 400	
其他流动资产	0		流动负债合计	26 292	
流动资产合计	33 306		非流动负债：		
非流动资产：			长期借款	5 600	
债权投资	2 100		应付债券	5 600	
长期股权投资	0		长期应付款	2 800	
固定资产	21 840		递延所得税负债	0	
在建工程	16 800		其他非流动负债	0	
工程物资	0		非流动负债合计	14 000	
无形资产	1 750		负债合计	40 292	
商誉	300		所有者权益：		
长期待摊费用	890		实收资本	14 000	
递延所得税资产	0		资本公积	7 000	
其他非流动资产	0		其他综合收益	0	
非流动资产合计	43 680		盈余公积	8 400	
			未分配利润	4 494	
			外币报表折算差额	0	
			少数股东权益	2 800	
			所有者权益合计	36 694	
资产总计	76 986		负债和所有者权益总计	76 986	

表15-8　**合并利润表**

编制单位：×××　　2024年度　　单位：万元

项　目	本期累计数	上期累计数
一、营业收入	45 600	略
减：营业成本	25 020	
税金及附加	1 680	
销售费用	2 800	
管理费用	1 680	
研发费用	0	
财务费用	400	
其中：利息费用	400	
利息收入	0	
加：投资收益	0	
信用减值损失	-6	
二、营业利润	14 014	
加：营业外收入	1 400	
减：营业外支出	1 540	
三、利润总额	13 874	
减：所得税费用	5 880	
四、净利润	7 994	
（一）按经营持续性分类		
1.持续经营净利润（净亏损以“-”号填列）	7 994	
2.终止经营净利润（净亏损以“-”号填列）	0	
（二）按所有权归属分类		
1.归属于母公司股东的净利润	7 294	
2.少数股东损益	700	
五、其他综合收益的税后净利润	略	
六、综合收益总额	略	
七、每股收益	略	

◉ 典型案例15-1

M公司2022年1月1日与另一投资公司共同组建H公司。M公司拥有H公司75%的股份，从2022年开始将H公司纳入合并范围编制合并财务报表。

（1）M公司2022年6月15日从H公司购进不需要安装的设备一台，用于公司行政管理，设备价款192万元（含增值税）以银行存款支付，增值税税率为13%。该设备于6月20日投入使用。该设备系H公司生产，其生产成本为144万元。

M公司对该设备采用年限平均法计提折旧，预计使用年限为4年，预计净残值为零。

（2）M公司2024年8月15日变卖该设备，收到变卖价款160万元，款项已收存银行。变卖该设备时支付清理费用3万元，应交增值税销项税额20.8万元。

假定编制合并财务报表抵销分录时不考虑递延所得税的影响，不考虑合并现金流量表抵销分录的编制。

要求：

（1）编制M公司2022年度该设备相关的合并抵销分录。

（2）编制M公司2023年该设备相关的合并抵销分录。

（3）编制M公司2024年该设备相关的合并抵销分录。

分析提示：本案例主要考查合并报表中母公司与子公司之间发生的固定资产的交易所产生的未实现内部销售利润的抵销，请结合本书对应部分讲解进行解答。

本章小结

在企业财务和经营决策中，一方控制、共同控制另一方或对另一方施加重大影响，以及两方或两方以上受同一方控制、共同控制或重大影响的，构成关联方。关联方交易应当予以披露。编制合并财务报表的实质就是综合反映企业集团整体的财务状况、经营成果和现金流量情况，满足母公司的财务报表使用者了解其综合实力的信息要求。合并财务报表主要包括合并资产负债表、合并利润表、合并现金流量表、合并所有者权益变动表和附注。编制合并财务报表时，要遵循合并财务报表的编制原则，正确编制各主要合并财务报表。

概念回顾

关联方　关联方交易　控制　共同控制　重大影响　合并财务报表　合并资产负债表　合并利润表

第16章

非货币性资产交换

学习目标

知识目标：掌握非货币性资产交换的特征和认定、非货币性资产交换具有商业实质的条件、换入资产或换出资产公允价值能够可靠计量的条件，明确不涉及补价情况下和涉及补价情况下的非货币性资产交换的内容，了解涉及多项资产的非货币性资产的交换。

技能目标：熟悉非货币性资产交换的账务处理。

16.1 非货币性资产交换概述

16.1.1 非货币性资产交换的概念

1）货币性资产的概念

货币性资产，是指企业持有的货币资金和收取固定或可确定金额的货币资金的权利。一般来说，资产负债表所列示的项目中属于货币性资产的项目有货币资金、债权投资、应收票据、应收账款、其他应收款（含应收股利、应收利息）等。货币性资产与非货币性资产是相对应的两个概念，区分两者的主要依据是资产在将来为企业带来的经济利益（也就是货币金额）是否是固定的或可确定的。如果资产在将来为企业带来的经济利益是固定的，或可确定的，则该资产属于货币性资产；反之，则该资产属于非货币性资产。

货币资金包括库存现金、银行存款和其他货币资金，其金额是固定的，符合货币性资产的定义，属于货币性资产。

应收款项作为企业的债权，是企业因销售商品、产品或者提供劳务等，应向客户等其他关系人收取的款项。企业发生的应收款项有相应的发票等原始凭证作为依据，虽然在收回货款过程中有可能发生坏账损失，但是，按规定企业可以在以往经验的基础上，估计发生坏账的可能性以及坏账损失金额。因此，应收款项在将来为企业带来的经济利益是固定的，或可确定的，符合货币性资产的定义。

企业持有的债权投资，其业务模式是以收取合同现金流量为目标，在特定日期产生的现金流量，仅为对本金和以未偿付本金金额为基础的利息的支付。所以，债权投资在将来为企业带来的经济利益是固定的，或可确定的，符合货币性资产的定义。

2）非货币性资产的概念

企业会计准则规定，非货币性资产，是指货币性资产以外的资产，包括存货、固定资产、无形资产、长期股权投资、投资性房地产、预付款项、在建工程（含工程物资）以及其他债权投资等。

非货币性资产区别于货币性资产的最基本特征是，资产在将来为企业带来的经济利益，即货币金额是不固定的或者是不可确定的。

存货是企业的一项重要资产，企业持有存货的主要目的，或者是在正常的生产经营过程中通过直接销售获利，如库存商品、委托代销商品等；或者作为劳动对象，在正常的生产经营过程中通过有助于销售过程或有助于加工过程获利，如包装物、低值易耗品等。在这一系列过程中，存货在将来为企业带来的经济利益因可能受内部、外部主客观因素的影响，是不固定的，或是不可确定的，所以，存货属于非货币性资产。

固定资产也是企业的一项重要资产，企业持有它的主要目的是用于生产经营，通过折旧方式将其磨损价值转移到产品成本中去，然后通过该产品的销售获利，其在将来为企业带来的经济利益是不固定或不可确定的，因此属于非货币性资产。

议一议 同学们，预付账款为何属于非货币性资产？

3）非货币性资产交换的概念

非货币性资产交换是指企业主要以固定资产、无形资产、投资性房地产和长期股权投资等非货币性资产进行的交换。该交换不涉及或只涉及少量的货币性资产（即补价）。

16.1.2 非货币性资产交换的特点

企业发生的非货币性资产交换，主要有以下特点：

第一，非货币性资产交换的对象主要是非货币性资产。一般情况下，企业进行商品交易都是用货币性资产（如现金）来交换非货币性资产（如存货、固定资产等）。但是，有些商品交易可能不涉及货币性资产，或只涉及少量的货币性资产，这样的交易便是非货币性资产交换。例如，某企业用一批使用过的办公桌椅交换另一企业一批使用过的电脑。

广义的非货币性资产交换的对象包括非货币性资产和非货币性负债。但是，本章所讲的非货币性资产交换是指狭义的非货币性资产交换，其交易对象仅指非货币性资产，不包括非货币性负债。

第二，非货币性资产交换是以非货币性资产进行交换的行为。本章所指的非货币性资产交换是指互惠转让，也就是说企业以换出本企业的资产为代价而换入对方企业的资产，不包括资产单方面转让的非互惠转让。例如，在广东韶关遭受特大洪涝灾害时，新时代服装有限公司向韶关市捐赠了大量的救灾物资，这种情况就属于非互惠转让。

第三，非货币性资产交换有时也可能涉及少量的货币性资产。以非货币性资产进行交换，并不意味着不涉及任何货币性资产。在实务中，有可能在换出非货币性资产的同时，也支付一定金额的货币性资产，或者在换入非货币性资产的同时，也收到一定金额的货币性资产。这里的货币性资产，称为补价。判断这类交易是否属于非货币性资产交换，通常看补价占整个交易金额的比例。

我国企业会计准则规定，如果支付的货币性资产占整个交易金额的比例低于25%，则视为非货币性资产交换；如果这一比例等于或高于25%，则视为货币性资产交换。确定该比例时，如果是支付补价的，可以用支付的补价与换入资产的公允价值相比，或者用支付的补价与换出资产的公允价值加上补价之和相比。例如，某企业用一台机床换入一辆汽车，机床的公允价值为40万元，而汽车的公允价值为50万元。由于换出机床的公允价值低于换入汽车的公允价值，所以，支付对方一笔10万元的补价。此例中，补价占交易金额的比例为20%［10÷（40+10）×100%］。计算结果表明，补价占整个交易金额的比例低于25%，所以这笔交易属于非货币性资产交换。又如，上例中，如果机床的公允价值为30万元，其他条件不变，则该企业需支付20万元的补价给对方，补价占整个交易金额的比例为40%（20÷50×100%），高于25%，所以，该项交易不属于非货币性资产交换。

提示　在涉及补价的非货币性资产交换的情况下，计算补价占整个交易金额的比例时，整个交易金额是指在整个非货币性资产交换中最大的公允价值。

启示窗16-1

某公司在2024年度发生如下资产交换业务：（1）以公允价值500万元的长期股权投资换取一项专利权；（2）以公允价值100万元的A车床换取B车床，同时收到20万元的补价；（3）以公允价值70万元的电子设备换取一辆小汽车，同时支付30万元的补价；（4）以一项专利权换入一项长期股权投资。

请思考：以上哪些业务属于非货币性资产交换？

16.2　非货币性资产交换的确认和计量

16.2.1　非货币性资产交换的确认

1）确认原则

（1）对于换入资产，企业应当在其符合资产定义并满足资产确认条件时予以确认。根据该原则，企业将换入的资产视为购买取得资产，并按照存货、固定资产、长期股权投资、投资性房地产、无形资产、金融工具确认和计量等相关会计准则的规定进行初始确认。例如，某企业在非货币性资产交换中的换入资产为固定资产，按照固定资产准则的规定，换入的固定资产应当在与该固定资产有关的经济利益很可能流入企业，且成本能够可靠计量时确认。

（2）对于换出资产，企业应当在其满足资产终止确认条件时终止确认。根据该原则，企业将换出的资产视为销售或处置资产，并按照收入、金融资产转移等相关会计准则的规定进行终止确认。例如，某企业在非货币性资产交换中的换出资产为固定资产，按照收入准则的规定，换出的固定资产应当以交换对方即换入企业取得该固定资产控制权时点作为处置时点终止确认。

2）换入资产的确认时点与换出资产的终止确认时点不一致的情形

（1）通常情况下，换入资产的确认时点与换出资产的终止确认时点应当相同或相近，也就是说，作为非货币性资产交换的一方，企业取得换入资产的时点与其销售或处置换出资产的时点应当相同或相近。但是，在实务中，由于资产控制权转移所必需的运输或转移程序等方面的原因，比如，运输至对方地点所需的合理运输时间、办理股权或房产过户手续等，可能导致换入资产满足确认条件的时点与换出资产满足终止确认的时点存在短暂不一致，企业可以按照重要性原则，在两者孰晚的时点进行会计处理。如本章【例16-2】，甲、乙公司均在2024年8月30日进行会计处理。

（2）在换入资产的确认时点与换出资产的终止确认时点不一致时，企业在资产负债表日应当按照下列原则进行会计处理：

换入资产满足资产确认条件，换出资产尚未满足终止确认条件的，在确认换入资产的同时将交付换出资产的义务确认为一项负债，如其他应付款；换入资产尚未满足资产确认条件，换出资产满足终止确认条件的，在终止确认换出资产的同时将取得换入资产的权利确认为一项资产，如其他应收款。

16.2.2　非货币性资产交换的计量

非货币性资产交换区别于一般经济业务的特点，决定了非货币性资产交换会计核算和相关信息披露的特殊性。对于所发生的非货币性资产交换，企业应该按照本章所述原则进行会计核算和相关信息的披露。按照企业会计准则，对于企业发生的非货币性资产交换有两个计量原则：一个是非货币性资产交换在符合一定条件的情况下，可以以公允价值为基础进行计量；另一个是如果不符合这些条件则以账面价值为基础进行计量。不同的计量原则下非货币性资产交换的会计处理也不同。

1）以公允价值为基础计量

非货币性资产交换以公允价值为基础计量必须同时符合两个条件：

（1）非货币性资产交换具有商业实质。

企业会计准则规定，一般情况下，满足下列条件之一的非货币性资产交换具有商业实质：

❶换入资产与换出资产的未来现金流量在风险、时间分布或金额方面显著不同。

这种情形主要包括以下几种情况：

a.未来现金流量的风险、金额相同，时间分布不同。这种情况是指换入资产和换出资产产生的未来现金流量总额相同，获得这些现金流量的风险相同，但现金流量流入企业的时间明显不同。

b.未来现金流量的时间分布、金额相同，风险不同。这种情况是指换入资产和换出资产产生的未来现金流量时间分布和金额相同，但企业获得现金流量的不确定性程度（即风险）存在明显差异。

c.未来现金流量的风险、时间分布相同，金额不同。这种情况是指换入资产和换出资产产生的未来现金流量总额相同，预计为企业带来现金流量的时间分布相同，风险也相同，但各年产生的现金流量金额存在明显差异。

❷使用换入资产所产生的预计未来现金流量现值与继续使用换出资产不同，且其差额与换入资产和换出资产的公允价值相比是重大的。

这里所指的资产的预计未来现金流量现值，应当按照资产在持续使用过程中和最终处置时所产生的预计未来现金流量，根据企业自身而不是市场参与者对资产特定风险的评价，选择恰当的折现率对其进行折现后的金额加以确定。

拓展思维

非货币性资产交换涉及的资产类别与商业实质有何关系？

（2）换入资产或换出资产的公允价值能够可靠地计量。

这是一个基本条件。非货币性资产交换本身若具有商业实质，就应该以公允价值来计量换入资产的入账价值，但是如果换入资产和换出资产均没有公允价值，那么就不能采用公允价值计量，而只能采用账面价值计量。

符合下列情形之一的，表明换入资产或换出资产的公允价值能够可靠计量：

❶换入资产或换出资产存在活跃市场。对于存在活跃市场的存货、长期股权投资、固定资产、无形资产等非货币性资产，应当以该资产的市场价格为基础确定其公允价值。

❷换入资产或换出资产不存在活跃市场，但其同类或类似资产存在活跃市场。对于其同类或类似资产存在活跃市场的存货、长期股权投资、固定资产、无形资产等非货币性资产，应当以其同类或类似资产市场价格为基础确定其公允价值。

❸换入资产或换出资产不存在同类或类似资产的可比市场交易，应当采用估值技术确定其公允价值。该公允价值估计数的变动区间很小，或者在公允价值估计数变动区间内，各种用于确定公允价值估计数的概率能够合理确定的，视为公允价值能够可靠计量。

2）以账面价值为基础计量

如果非货币性资产交换不同时具备采用公允价值计量的两个条件，即不具有商业实质或者虽然具有商业实质但换入资产和换出资产的公允价值均不能可靠计量的，则应该以账面价值为基础进行计量。

16.3 非货币性资产交换的会计处理

16.3.1 非货币性资产交换以公允价值为基础进行计量

非货币性资产交换具有商业实质，且换入资产或换出资产的公允价值能够可靠计量的，应当采用公允价值进行计量。在此计量原则下，应当以换出资产的公允价值和应支付的相关税费作为换入资产的成本进行初始计量；对于换出资产，应当在终止确认时，将其公允价值与账面价值的差额计入当期损益。其中，计入换入资产成本的应支付的相关税费应当符合存货、固定资产、长期股权投资、无形资产、投资性房地产等相关会计准则对资产初始计量成本的规定；换出资产处置损益的会计处理视换出资产类别的不同而有所区别。

需要说明的是，如果换出资产的公允价值不能可靠计量，或者换入资产和换出资产的公允价值均能够可靠计量但有确凿证据表明换入资产的公允价值更加可靠的，应当以换入资产的公允价值和应支付的相关税费作为换入资产的初始计量金额；对于换出资产，应当在终止确认时，将换入资产的公允价值与换出资产账面价值之间的差额计入当期损益。

相关换入资产或换出资产的公允价值通常会在合同中约定；对于合同中没有约定的，应当按照合同开始日（合同生效日）的公允价值确定。

非货币性资产交换以公允价值为基础进行计量具体可分为涉及补价和不涉及补价两种情况，分别进行会计处理。

1）不涉及补价情况下的非货币性资产交换

没有补价情况下，企业应以换出资产公允价值加上应支付的相关税费作为换入资产的初始计量金额，用公式表示为：

换入资产的成本=换出资产的公允价值（或换入资产的公允价值）+应支付的相关税费

计入当期损益的金额=换出资产的公允价值（或换入资产的公允价值）−换出资产的账面价值

【例 16-1】甲公司和乙公司均为增值税一般纳税人，增值税税率为13%。经协商，甲公司与乙公司于2024年7月8日签订资产交换合同，当日生效。合同约定，甲公司以其所拥有的一批原材料交换乙公司生产经营过程中使用的一台机器设备，用于交换的原材料和设备当日的公允价值均为100 000元。合同签订日当天完成了资产交换，甲公司持有的原材料的账面余额为102 000元，已计提存货跌价准备5 000元；乙公司持有的机器设备的账面原值为150 000元，已提折旧30 000元。乙公司换入的原材料用于生产产品，甲公司换入的机器设备作为固定资产使用和管理。甲、乙公司开出的增值税专用发票的计税价格均为100 000元。乙公司用银行存款支付设备清理费用800元，支付换入材料的运杂费500元，整个交易过程中没有发生其他相关税费。

（1）2024年7月8日，甲公司的账务处理：

换入机器设备的成本=换出原材料的公允价值+应支付的相关税费

=100 000+0

=100 000（元）

换出原材料的收入应当按照《企业会计准则第14号——收入》的相关规定进行会计处理，通常应当按照非现金对价即换入的设备在合同开始日的公允价值确定交易价格。

计入当期损益的金额=换入机器设备的公允价值-换出原材料的账面价值

=100 000-（102 000-5 000）

=3 000（元）

编制会计分录如下：

借：固定资产	100 000	
应交税费——应交增值税（进项税额）	13 000	
贷：其他业务收入		100 000
应交税费——应交增值税（销项税额）		13 000
借：其他业务成本	97 000	
存货跌价准备	5 000	
贷：原材料		102 000

（2）2024年7月8日，乙公司的账务处理：

换入原材料的成本=换出机器设备的公允价值+应支付的相关税费

=100 000+500

=100 500（元）

计入当期损益的金额=换出机器设备公允价值-换出机器设备账面价值-换出机器设备发生的清理费用

=100 000-（150 000-30 000）-800

=-20 800（元）

编制会计分录如下：

借：固定资产清理	120 000	
累计折旧	30 000	
贷：固定资产		150 000
借：固定资产清理	13 000	
贷：应交税费——应交增值税（销项税额）		13 000

借：固定资产清理		800
贷：银行存款		800
借：原材料	100 500	
应交税费——应交增值税（进项税额）	13 000	
资产处置损益	20 800	
贷：固定资产清理		133 800
银行存款		500

2）涉及补价情况下的非货币性资产交换

非货币性资产交换过程中如果发生补价，应区分是支付补价还是收到补价，分别进行处理。

（1）支付补价的情况。非货币性资产交换中，支付补价一方的核算原则与没有发生补价的情形相同，只需要在确定换入资产入账金额时加上补价，用公式表示为：

换入资产的成本=换出资产的公允价值+应支付的相关税费+支付补价的公允价值

计入当期损益的金额=换出资产的公允价值-换出资产的账面价值

但是，如果有确凿证据表明换入资产的公允价值更加可靠的，则用公式表示为：

换入资产的成本=换入资产的公允价值+应支付的相关税费

计入当期损益的金额=换入资产的公允价值-支付补价的公允价值-换出资产的账面价值

（2）收到补价的情况。非货币性资产交换中，收到补价一方的核算原则与没有发生补价的情形也相同，只需要在确定换入资产入账金额时减去补价，用公式表示为：

换入资产的成本=换出资产的公允价值+应支付的相关税费-收到补价的公允价值

计入当期损益的金额=换出资产的公允价值-换出资产的账面价值

但是，如果有确凿证据表明换入资产的公允价值更加可靠的，则用公式表示为：

换入资产的成本=换入资产的公允价值+应支付的相关税费

计入当期损益的金额=换入资产的公允价值+收到补价的公允价值-换出资产的账面价值

【例16-2】2024年8月10日，经协商，甲公司与乙公司签订资产交换合同，当日生效。合同约定，甲公司以其所拥有的一项商标权交换乙公司的对其联营企业丙公司的23%股权。合同开始日，商标权的公允价值为95 000元，长期股权投资的公允价值为85 000元。商标权的过户手续于2024年8月23日完成，正式转移至乙公司；丙公司的股权过户等手续于2024年8月30日完成，正式转移至甲公司。2024年8月30日，甲公司持有的商标权的账面余额为202 000元，累计摊销为100 000元，已计提减值准备5 000元；乙公司的长期股权投资的账面价值为78 000元，其中，投资成本70 000元，损益调整8 000元。乙公司以银行存款向甲公司支付补价10 000元。甲公司开具的增值税专用发票上注明的计税价格为95 000元，增值税税额为5 700元，乙公司以银行存款向甲公司支付增值税差额5 700元。甲、乙公司均为增值税一般纳税人，整个交易过程中没有发生其他相关税费。

（1）2024年8月30日，甲公司的账务处理：

甲公司收到乙公司货币性资产10 000元，占换出资产公允价值的比例为10.53%（10 000÷95 000×100%），低于25%，所以，这笔交易属于非货币性资产交换。

换入长期股权投资的成本=换出商标权的公允价值+应支付的相关税费-收到补价的公允价值

=95 000+0-10 000

=85 000（元）

计入当期损益的金额=换出商标权的公允价值-换出商标权的账面价值

=95 000-（202 000-100 000-5 000）

=-2 000（元）

编制会计分录如下：

借：长期股权投资	85 000	
银行存款	15 700	
累计摊销	100 000	
无形资产减值准备	5 000	
资产处置损益	2 000	
贷：无形资产——商标权		202 000
应交税费——应交增值税（销项税额）		5 700

（2）2024年8月30日，乙公司的账务处理：

乙公司支付给甲公司货币性资产10 000元，占换出资产公允价值和补价之和的比例为10.53%（10 000÷95 000×100%），低于25%，所以，这笔交易属于非货币性资产交换。

换入商标权的成本=换出长期股权投资的公允价值+应支付的相关税费+支付补价的公允价值

= 85 000+0+10 000

=95 000（元）

计入当期损益的金额=换出长期股权投资的公允价值-换出长期股权投资的账面价值

=85 000-78 000

=7 000（元）

编制会计分录如下：

借：无形资产——商标权	95 000	
应交税费——应交增值税（进项税额）	5 700	
贷：长期股权投资——投资成本		70 000
——损益调整		8 000
投资收益		7 000
银行存款		15 700

启示窗16-2

A公司以一台甲设备换入B公司的一项专利权，A、B公司均为增值税一般纳税人，适用的增值税税率为13%。甲设备的账面原值为600万元，已计提折旧30万元，已计提减值准备30万元，其公允价值为500万元，A公司支付清理费用2万元。A公司另向B公司支付补价50万元。假定A公司和B公司之间的资产交换具有商业实质。

请思考：A公司换入的专利权的入账价值为多少？

16.3.2　非货币性资产交换以账面价值为基础进行计量

非货币性资产交换如果不符合企业会计准则所规定的采用公允价值进行计量的条件，则应该采用账面价值进行计量。

非货币性资产交换按账面价值计量具体分为涉及补价和不涉及补价两种情况，分别进行会计处理。

1）不涉及补价情况下的非货币性资产交换

没有补价的情况下，企业应直接以换出资产的账面价值加上应支付的相关税费作为换入资产的初始计量金额，用公式表示为：

换入资产的成本=换出资产的账面价值+应支付的相关税费

对于换出资产，终止确认时不确认损益。

需要说明的是，对于非货币性资产交换中换入的资产所涉及的增值税进项税额，如属可抵扣的，应将换出资产的账面价值扣除可抵扣的增值税进项税额，加上应支付的相关税费，作为换入资产的入账价值。

【例16-3】2024年5月13日，甲公司决定以其持有的长期股权投资换入乙商业公司使用过的一批打印机，用于正常的生产经营活动。当日，该长期股权投资的账面价值为180 000元，没有计提减值准备，其公允价值为200 000元；打印机的账面原价为320 000元，累计折旧为100 000元，没有计提减值准备，含税公允价值为200 000元。甲、乙公司均为增值税一般纳税人，适用的增值税税率为13%，计税价格等于其公允价值。假设该交换不具有商业实质，交易过程中没有发生除增值税以外的其他税费。

（1）甲公司的账务处理：

换入打印机的成本=换出长期股权投资的账面价值+计入换入资产成本的相关税费−可以抵扣的增值税进项税额

=180 000+0−200 000÷（1+13%）×13%=156 991.15（元）

编制会计分录如下：

借：固定资产——打印机　156 991.15

　　应交税费——应交增值税（进项税额）［200 000÷（1+13%）×13%］　23 008.85

　贷：长期股权投资　180 000

（2）乙商业公司的账务处理：

换入长期股权投资的成本=换出打印机的账面价值+计入换入资产成本的相关税费

=（320 000−100 000）+23 008.85=243 008.85（元）

编制会计分录如下：

借：固定资产清理　220 000

　　累计折旧　100 000

　贷：固定资产　320 000

借：固定资产清理　23 008.85

　贷：应交税费——应交增值税（销项税额）　23 008.85

借：长期股权投资　243 008.85

　贷：固定资产清理　243 008.85

2）涉及补价情况下的非货币性资产交换

非货币性资产交换过程中如果发生补价，应区分是支付补价还是收到补价分别进行处理。

（1）支付补价的情况。非货币性资产交换中，支付补价的一方的核算原则与没有发生补价的情形是一样的，只需要在确定换入资产入账金额时加上支付的补价，用公式表示为：

换入资产的成本=换出资产的账面价值+应支付的相关税费+支付补价的账面价值

（2）收到补价的情况。非货币性资产交换中，收到补价的一方的核算原则与没有发生补价的情形也是一样的，只需要在确定换入资产入账金额时减去收到的补价，用公式表示为：

换入资产的成本=换出资产的账面价值+应支付的相关税费–收到补价的公允价值

【例16-4】2024年6月10日，甲商品销售公司决定以其生产经营过程中使用的一个仓库换入乙出租汽车公司的一辆货运汽车，用于生产经营。乙出租汽车公司换入仓库主要是为了经营出租业务。甲商品销售公司的仓库的账面原值为500 000元，在交换日，累计折旧为100 000元，没有计提减值准备，公允价值为450 000元；乙出租汽车公司的货运汽车的账面原值为600 000元，在交换日，累计折旧为180 000元，没有计提减值准备，公允价值为480 000元。甲、乙公司均为增值税一般纳税人，甲公司开具的增值税专用发票上注明的计税价格为450 000元，增值税税额为40 500元；乙公司开具的增值税专用发票上注明的计税价格为480 000元，增值税税额为62 400元。甲商品销售公司另外向乙出租汽车公司支付银行存款30 000元作为补价，用银行存款支付增值税差额21 900元。假设该交换不具有商业实质，整个交易过程没有发生其他相关税费。

（1）甲商品销售公司的账务处理：

甲商品销售公司支付给乙出租汽车公司30 000元，占换出资产公允价值和补价之和的比例为6.25%（30 000÷480 000×100%），低于25%，所以，这笔交易属于非货币性资产交换。

换入货运汽车的成本=换出仓库的账面价值+应支付的相关税费+支付补价的账面价值

=（500 000–100 000）+0+30 000

=430 000（元）

编制会计分录如下：

借：固定资产清理	400 000	
累计折旧	100 000	
贷：固定资产——仓库		500 000
借：固定资产清理	40 500	
贷：应交税费——应交增值税（销项税额）		40 500
借：固定资产——货运汽车	430 000	
应交税费——应交增值税（进项税额）	62 400	
贷：固定资产清理		440 500
银行存款		51 900

（2）乙出租汽车公司的账务处理：

乙出租汽车公司收到的补价30 000元，占换出资产公允价值的比例为6.25%（30 000÷480 000×100%），低于25%，所以，这笔交易属于非货币性资产交换。

换入仓库的成本=换出货运汽车的账面价值+应支付的相关税费-收到的补价的公允价值

=（600 000-180 000）+0-30 000

=390 000（元）

编制会计分录如下：

借：固定资产清理	420 000	
累计折旧	180 000	
贷：固定资产——货运汽车		600 000
借：固定资产清理	62 400	
贷：应交税费——应交增值税（销项税额）		62 400
借：银行存款	51 900	
固定资产——仓库	390 000	
应交税费——应交增值税（进项税额）	40 500	
贷：固定资产清理		482 400

16.3.3 非货币性资产交换中同时换入或换出多项资产

在非货币性资产交换中，可能会发生企业以一项非货币性资产换入另一企业的多项非货币性资产，或企业以多项非货币性资产换入另一企业的一项非货币性资产，或企业以多项非货币性资产换入另一企业的多项非货币性资产。非货币性资产交换涉及多项资产时，不可能具体区分换出的某一项资产是与换入的哪一项资产相交换。因此，企业会计准则规定，非货币性资产交换同时换入多项资产的，应当分不同情况进行处理。

1）非货币性资产交换具有商业实质，且换入资产或换出资产的公允价值能够可靠计量的

（1）以换出资产的公允价值为基础计量的。

对于同时换入的多项资产，应当按照各项换入资产的公允价值（公允价值不能可靠计量的，可按照各项换入资产的原账面价值）占换入资产公允价值总额（或者原账面价值总额）的比例，将换出资产公允价值总额（涉及补价的，加上支付补价的公允价值或减去收到补价的公允价值）分摊至各项换入资产，以分摊额和应支付的相关税费作为各项换入资产的成本进行初始计量。如果同时换入的多项非货币性资产中包含金融资产，首先按照金融工具准则确定金融资产的成本，在确定换入的其他多项非金融资产的初始计量金额时，应当将金融资产的公允价值从换出资产公允价值总额中扣除。

对于同时换出的多项资产，应当将各项换出资产的公允价值与其账面价值的差额，在各项换出资产终止确认时计入当期损益。

（2）以换入资产的公允价值为基础计量的。

对于同时换入的多项资产，应当以各项换入资产的公允价值和应支付的相关税费作为各项换入资产的初始计量金额。

对于同时换出的多项资产，应当按照各项换出资产的公允价值（公允价值不能可靠

计量的，可按照各项换出资产的账面价值）占换出资产公允价值总额（或者账面价值总额）的比例，将换入资产公允价值总额（涉及补价的，减去支付补价的公允价值或加上收到补价的公允价值）分摊至各项换出资产，分摊额与各项换出资产账面价值的差额，在各项换出资产终止确认时计入当期损益。如果同时换出的多项非货币性资产中包含金融资产，首先按照金融工具准则进行终止确认的会计处理，在确定其他各项换出资产终止确认的损益时，应当将终止确认的金融资产的公允价值从换入资产公允价值总额中扣除。

2）非货币性资产交换不具有商业实质，或者虽具有商业实质但换入资产和换出资产的公允价值均不能够可靠计量的

应当按照换入各项资产的公允价值（公允价值不能可靠计量的，可按照各项换入资产的原账面价值）占换入资产公允价值总额（或者原账面价值总额）的比例，将换出资产的账面价值总额（涉及补价的，加上支付补价的账面价值或减去收到补价的公允价值）分摊至各项换入资产，以分摊额和应支付的相关税费作为各项换入资产的初始计量金额。对于同时换出的多项资产，在终止确认时均不确认损益。

【例 16-5】2024年7月30日，甲公司与乙公司签订资产交换合同，当日生效。合同约定，甲公司以一辆汽车交换乙公司用于生产的一台机器和一批电脑。甲公司换入乙公司机器和电脑的主要目的是自用，乙公司换入甲公司汽车的主要目的也是自用。当日，汽车的公允价值为750 000元，机器的公允价值为540 000元，电脑的公允价值为210 000元。2024年8月5日完成了资产交换手续。交换当日，汽车的账面原值为920 000元，累计折旧为140 000元；机器的账面原值为1 000 000元，累计折旧为450 000元；电脑的账面原值为250 000元，累计折旧为30 000元。甲公司开具的增值税专用发票上注明的计税价格为750 000元，增值税税额为97 500元。乙公司开具两张增值税专用发票，分别注明机器的计税价格为540 000元，增值税税额为70 200元；电脑的计税价格为210 000元，增值税税额为27 300元。假设该非货币性资产交换不具有商业实质，不考虑交易过程中的其他相关税费。

本例中由于该非货币性资产交换不具有商业实质，所以应按账面价值为基础进行计量。

（1）2024年8月5日，甲公司的账务处理：

甲公司换入机器和电脑总成本=换出汽车的账面价值=920 000−140 000=780 000（元）

机器和电脑各自的成本按其公允价值的比例进行分配。计算过程如下：

换入机器的成本=780 000×［540 000÷（540 000+210 000）］=561 600（元）

换入电脑的成本=780 000×［210 000÷（540 000+210 000）］=218 400（元）

编制会计分录如下：

借：固定资产清理	780 000	
累计折旧	140 000	
贷：固定资产		920 000
借：固定资产清理	97 500	
贷：应交税费——应交增值税（销项税额）		97 500
借：固定资产——机器	561 600	
——电脑	218 400	
应交税费——应交增值税（进项税额）	97 500	

贷：固定资产清理	877 500

（2）2024年8月5日，乙公司的账务处理：

换入汽车的成本=换出机器的账面价值+换出电脑的账面价值

=（1 000 000－450 000）+（250 000－30 000）

=770 000（元）

编制会计分录如下：

借：固定资产清理	550 000	
累计折旧	450 000	
贷：固定资产——机器		1 000 000
借：固定资产清理	220 000	
累计折旧	30 000	
贷：固定资产——电脑		250 000
借：固定资产清理	97 500	
贷：应交税费——应交增值税（销项税额）		97 500
借：固定资产——汽车	770 000	
应交税费——应交增值税（进项税额）	97 500	
贷：固定资产清理		867 500

16.4 非货币性资产交换的披露

16.4.1 非货币性资产交换披露的意义

非货币性资产交换与常见的货币性资产交换有很大区别，披露非货币性资产交换相关信息对于会计信息使用者全面了解企业财务状况、经营成果和现金流量的影响因素，把握和预测企业的发展趋势都有着重要的意义。

16.4.2 非货币性资产交换披露的内容

我国企业会计准则要求企业在财务报告中披露以下非货币性资产交换信息：

- 非货币性资产交换是否具有商业实质及其原因。
- 换入、换出资产的类别，即企业在非货币性资产交换中以什么资产与什么资产相交换。例如，甲公司以无形资产与乙公司的一台设备进行交换；A商品销售公司以其生产经营过程中使用的一个仓库换入B出租汽车公司的一辆货运汽车。
- 换入资产初始计量金额的确定方式，即企业在非货币性资产交换中是以公允价值还是以账面价值作为确定换入资产初始计量金额的基础。
- 换入资产、换出资产的公允价值以及换出资产的账面价值。
- 非货币性资产交换确认的损益。

◉ 典型案例16-1

M公司为增值税一般纳税人，固定资产采用年限平均法计提折旧，期末采用账面价值与可回收金额孰低法计价；原材料采用实际成本核算，期末采用成本与可变现净值孰低计价，按单个存货项目计提存货跌价准备。假定不考虑除增值税外的其他税费。M公司2023—2024年发生如下经济业务：

（1）2023年5月1日，M公司为生产新产品购建一新项目，接受N公司的账面价值为400万元、未计提折旧、投资合同约定的价值为400万元（假定是公允的）、增值税为52万元的机器设备投资。按照投资协议规定，M公司接受投资后，N公司的投资占增资后注册资本1 600万元的20%。该设备预计使用5年，假设净残值率为4%，采用直线法计提折旧。

（2）2023年6月1日，新项目投产，生产A产品。M公司购入生产A产品的丙材料，取得的增值税专用发票上注明的价款为200万元，增值税税额为26万元，另外支付运杂费6万元（支付的运杂费不考虑进项税额抵扣）。

（3）2023年12月31日，结存的丙材料的实际成本为160万元，市场购买价格为145万元；生产的A产品的预计售价为225万元，预计销售费用及税金为7万元，生产A产品尚需投入90万元。

（4）2023年12月31日，由于生产的A产品销售不佳，上述机器设备的可收回金额为300万元，计提资产减值准备。计提资产减值准备后，重新估计的机器设备尚可使用年限为4年，预计净残值为12万元。

（5）2024年5月1日，由于新项目经济效益很差，M公司决定停止生产A产品，将不需用的丙材料全部对外销售。已知丙材料出售前的账面余额为80万元，计提的跌价准备为16万元。丙材料出售后，取得收入70万元，增值税税额为9.1万元，收到的款项已存入银行。

（6）2024年5月1日，A产品停止生产后，设备已停止使用。2024年9月1日，M公司将设备与丁公司的另一设备相交换，换入设备用于建造新的生产线。换出设备的公允价值为250万元，增值税税额为32.5万元；换入设备的公允价值为260万元，增值税税额为33.8万元。M公司向丁公司支付补价10万元，支付增值税差额1.3万元。假定交易具有商业实质。

要求：编制M公司接受投资、购买原材料、计提资产减值准备、存货出售和非货币性资产交换相关的会计分录。

分析提示：本案例内容比较综合，需结合实收资本核算、原材料购进核算、计提固定资产减值准备、存货出售和非货币性资产交换相关的内容分别进行解答。

本章小结

非货币性资产交换，是指企业主要以固定资产、无形资产、投资性房地产和长期股权投资等非货币性资产进行的交换，这种交换不涉及或只涉及少量的货币性资产（即补价）。非货币性资产交换以账面价值为基础进行计量的会计处理，分为涉及补价和不涉及补价两种情况；非货币性资产交换以公允价值为基础进行计量的会计处理，也分为涉及补价和不涉及补价两种情况。披露非货币性资产交换相关信息对于会计信息使用者全面了解企业财务状况、经营成果和现金流量的影响因素，把握和预测企业的发展趋势都有着重要的意义。

概念回顾

货币性资产　非货币性资产　非货币性资产交换

第17章

或有事项

学习目标

知识目标：掌握或有事项的特征和常见或有事项、预计负债的确认条件，明确预计负债的计量原则，了解亏损合同和重组形成的或有事项的处理。

技能目标：熟悉或有事项的账务处理。

素养提升

上市公司违规担保遭监管

17.1 或有事项概述

17.1.1 或有事项的概念和特点

1）或有事项的概念

在会计核算中，经常会面临某些不确定的情形，需要会计人员作出分析和判断。其中，有些事项的最终结果取决于未来某事项是否发生。例如，企业对其所销售的商品提供售后质量保证，即在商品售出后一定时期内，如果发生质量问题，企业将免费提供修理服务，从而可能会发生一些费用。但是，这笔费用是否确实会发生，或者即使会发生，金额又是多少，则取决于将来客户是否会发生修理请求以及修理的工作量。按照权责发生制基础，企业不能等到客户提出修理要求时，才确认因提供售后质量保证而产生的义务，而应当在资产负债表日对发生修理诉求的可能性以及修理工作量的大小作出判断，以决定是否在当期确认其所承担的修理义务。企业可能发生修理费用的这种不确定的状况，称为或有事项。

或有事项，是指过去的交易或事项形成的，其结果须由某些未来事项的发生或不发生才能决定的不确定事项。常见的或有事项有商业票据的背书转让或贴现、未决诉讼、未决仲裁、产品质量保证（含产品安全保证）、企业为其他单位的债务提供担保等。

需要注意的是，企业职工薪酬、建造合同、所得税、企业合并、租赁、原保险合同和再保险合同等形成的或有事项，不属于本章所规范的或有事项。

2）或有事项的特点

或有事项主要有以下几个特点：

（1）或有事项是过去的交易或事项形成的一种状况。或有事项作为一种状况，是因为过去的交易或事项而引起的。例如，2023年12月20日，甲企业状告乙企业侵犯其商标权。至2023年12月31日，法院还未对该诉讼案进行审理，乙企业是否败诉尚难判断。对于乙企业而言，一项由于过去事项（乙企业“可能侵犯”甲企业的商标权并受到起诉）而产生的或有负债已经形成；对于甲企业而言，一项由于过去事项（乙企业“可能侵犯”甲企业的商标权并提起诉讼）而产生的或有资产也已经形成。该未决诉讼虽正在进行当中，但它是企业因过去的经济行为起诉其他企业或被其他企业起诉引起的，是现存的一种状况，不是将要存在的某种状况。或有事项是现存的状况，说明或有事项是资产负债表日的一种客观存在，其结果是对企业产生有利影响或不利影响，或虽知是有利影响或不利影响，但影响有多大，只能由未来发生的交易或事项来确定，现在尚不能完全肯定。正是由于或有事项的这一特征，未来计划购入的原材料、未来可能发生的自然灾害、未来可能发生的经营亏损等事项就不属于或有事项。

（2）或有事项具有不确定性。或有事项的不确定性，指的是或有事项结果的不确定性。首先，或有事项的结果是否发生具有不确定性。例如，A公司为B公司提供债务担保，如果B公司到期无力还款，A公司将负连带责任。对于A公司而言，担保所引起的可能发生的连带责任构成或有事项。但是，A公司是否需要履行连带责任，在担保协议达成时是不能确定的。其次，或有事项的结果即使预计会发生，但具体发生的时间或发生的金额具有不确定性。例如，甲公司因对周围环境造成污染而被起诉。如无特殊情况，甲公司很可能会败诉。但是，在诉讼成立时，甲公司因败诉将要支出多少金额，或者何时支出，是难以确定的。或有事项的这种不确定性，正是其区别于其他不确定性事项的重要特征。

或有事项所具有的不确定性与其他具有不确定性的事件并不完全相同。例如，固定资产折旧的提取虽然涉及对固定资产残值和使用年限的估计，带有一定的不确定性，但固定资产原值本身是确定的，其价值最终要转移到产品成本或期间费用中去也是确定的，所以，固定资产折旧不是或有事项。同样地，计提坏账准备、存货跌价准备、长期股权投资减值准备等，也不属于或有事项。

议一议 同学们，未来可能发生的自然灾害、交通事故、经营亏损等事项，是否属于或有事项？

（3）或有事项的结果只能由未来发生的事项证实。在或有事项发生时，我们难以证实或有事项的结果，这种不确定性的消失，需要由未来不确定事项的发生或不发生来证实。例如，未决诉讼，其最终结果只能随案情的发展，由法院的判决结果来证实。也就是说，或有事项具有时效性，随着影响或有事项结果的因素发生变化，或有事项最终会转化为确定事项。

拓展思维

对应收账款计提坏账准备是否属于或有事项？

启示窗 17-1

某公司现有以下事项：（1）对债务单位提起诉讼；（2）对售出商品提供售后质量保证；（3）固定资产计提折旧；（4）为子公司的贷款提供担保；（5）亏损合同。

请思考：以上哪些事项是或有事项？

17.1.2　或有负债和或有资产

或有负债和或有资产均是与或有事项相关的重要概念。作为过去的交易或事项所形成的一种状况，或有事项的结果有两种情况：一种是导致经济利益流入企业，这就是或有资产；另一种是导致经济利益流出企业，这就是或有负债。

或有负债，是指过去的交易或事项形成的潜在义务，其存在须通过未来不确定事项的发生或不发生予以证实；或过去的交易或事项形成的现时义务，履行该义务不是很可能导致经济利益流出企业或该义务的金额不能可靠地计量。这里的“不是很可能导致经济利益流出企业”，指的是该现时义务导致经济利益流出企业的可能性大于0，但不超过50%（含50%）。

或有资产，是指过去的交易或事项形成的潜在资产，其存在须通过未来不确定事项的发生或不发生予以证实。

企业需要根据经验判断或有事项带给企业的是或有资产还是或有负债。对于或有资产，企业不应加以确认，但如果该或有资产很可能导致经济利益流入企业，则应该在报表附注中加以披露。对于或有负债，企业需要在报表附注中加以披露，如果满足负债确认的条件，企业需要将其确认为负债，记入“预计负债”账户核算。

17.2　或有事项的确认与计量

17.2.1　或有事项的确认

或有事项结果的不确定性，直接影响到或有事项的确认和计量。而或有事项的确认所涉及的主要问题是，与或有事项相关的义务在符合什么条件时确认为负债。我国企业会计准则规定，如果与或有事项相关的义务同时符合以下条件，企业应将其确认为一项负债：

1）该项义务为企业承担的现时义务

或有事项包括两类义务：一类是潜在义务；另一类是特殊的现时义务。潜在义务的最终结果如何，只能由未来不确定事项的发生或不发生来证实。例如，2023年12月5日，甲企业因故与乙企业发生经济纠纷而被乙企业起诉。直至2023年12月31日，该起诉尚未进行审理。由于案情复杂，相关的法律法规尚不健全，诉讼的最终结果尚难确定。2023年12月31日，甲企业承担的义务就属于潜在义务。又如，乙公司的一名司机因违反交通规则造成严重交通事故，为此，乙公司将要承担赔偿义务。在此例中，乙公司随即承担的是一项现时义务。而只有当或有负债成为企业所承担的一项现时义务时，企业才能将其确认为一项负债。

提示　*在判断现时义务时，应考虑资产负债表日后事项因素。*

2）该义务的履行很可能导致经济利益流出企业

我国企业会计准则确定的各种可能性及其对应的概率见表17-1。

表 17-1　各种可能性及其对应的概率

结果的可能性	对应的概率
基本确定	大于95%但小于100%
很可能	大于50%但小于或等于95%
可能	大于5%但小于或等于50%
极小可能	大于0但小于或等于5%

“该义务的履行很可能导致经济利益流出企业”，是指履行因或有事项产生的现时义务时，导致经济利益流出企业的可能性超过50%但尚未达到基本确定的程度。企业因或有事项承担了现时义务，并不说明该现时义务很可能导致经济利益流出企业。例如，2023年6月1日，甲企业与乙企业签订协议，承诺为乙企业的一笔银行借款提供全额担保。对于甲企业而言，由于担保事项而承担了一项现时义务，该项义务的履行是否很可能导致经济利益流出企业需依据乙企业的经营情况和财务状况等因素来定。假定2023年年末，乙企业财务状况良好，此时，如果没有其他特殊情况，一般可以认定乙企业不会违约，从而甲企业履行承担的现时义务不是很可能导致经济利益流出企业；假定2023年年末，乙企业的财务状况恶化，且没有迹象表明可能发生好转，此种情况表明，乙企业很可能违约，从而甲企业履行承担的现时义务很可能导致经济利益流出企业。

3）该义务的金额能够可靠地计量

“该义务的金额能够可靠地计量”，是指因或有事项产生的现时义务的金额能够合理地估计。由于或有事项具有不确定性，因此，因或有事项而产生的现时义务的金额也具有不确定性，需要估计。要对或有事项确认一项负债，相关现时义务的金额应能够可靠地估计。例如，甲企业涉及一项诉讼案，根据以往的相同案例推断，甲企业很可能要败诉，相关的赔偿金额也可以估算出一个范围。在这种情况下，可以认为甲企业因未决诉讼承担的现时义务的金额能够可靠估计，从而应对未决诉讼确认一项负债。但是，如果没有以往的案例可与甲企业涉及的诉讼案作比照，而相关的法律条文又没有明确解释，那么，即使甲企业很可能败诉，在判决以前也不能推断现时义务的金额能够可靠估计，甲企业也不应对此未决诉讼确认一项负债。

总之，如果与或有事项有关的义务同时符合以上三个条件，则企业应将其确认为一项负债，记入“预计负债”账户。“预计负债”账户下分不同性质，设置“产品质量保证”“未决诉讼”“债务担保”等明细账户，进行明细核算。“预计负债”账户余额应在资产负债表的负债方单项列报。如果与或有事项相关的义务不能同时符合以上三个条件，则不应将其确认为一项负债，而只能将其作为或有负债处理。

另外，我国企业会计准则对以下三方面进行了规定：

（1）待执行合同变成亏损合同的，且该亏损合同产生的义务符合预计负债确认条件的，则应当确认为预计负债。这里的待执行合同是指合同各方尚未履行任何合同义务，或部分履行了同等义务的合同；亏损合同是指履行合同义务不可避免地会发生成本超过预期经济利益的合同。

（2）企业不应当就未来经营亏损确认预计负债。

（3）企业承担的重组义务如果满足预计负债确认条件的，则应当按照与重组有关的直接支出确认为预计负债。这里的重组，是指企业制定和控制的，将显著改变企业组织形式、经营范围或经营方式的计划实施行为。若企业有详细、正式的重组计划，且该计划已对外公布，则表明企业承担了重组义务。这里的直接支出不包括留用职工岗前培训、市场推广、新系统开发和营销网络投入等支出。

17.2.2　或有事项的计量

或有事项的计量指由或有事项相关义务形成的预计负债的计量，主要涉及两个方面：一是最佳估计数的确定；二是预期可获得的补偿的处理。

1）最佳估计数的确定

预计负债是按照履行相关现时义务所需支出的最佳估计数进行初始计量。

在确定最佳估计数时，企业要综合考虑与或有事项有关的风险、不确定因素、货币时间价值等。如果货币时间价值的影响重大，应当通过对未来现金流量进行折现确定最佳估计数。

最佳估计数的确定，应分两种情况分别处理：

（1）当清偿因或有事项而确认的负债所需支出存在一个金额范围时，且该范围内各种结果发生的可能性相同，则最佳估计数应是该范围上下限金额的平均数。

【例17-1】2024年12月20日，甲企业因合同违约而被乙企业起诉。根据企业法律顾问的判断，最终的判决很可能对甲企业不利。2024年12月31日，甲企业尚未接到法院的判决，因此，诉讼需承担的赔偿金额也无法准确确定，但据专业人士估计，赔偿金额可能是60万元至80万元之间的某一金额。在这种情况下，甲企业应在2024年12月31日确认一项金额为70万元［（60+80）÷2）］的负债。编制会计分录如下：

借：营业外支出——诉讼赔款	700 000	
贷：预计负债——未决诉讼		700 000

（2）当清偿因或有事项而确认的负债所需支出不存在一个金额范围时，或者虽然存在一个金额范围，但该范围内各种结果发生的可能性不相同时，则最佳估计数应按如下方法确定：

❶或有事项涉及单个项目时，最佳估计数按最可能发生的金额确定。这里的“涉及单个项目”，指或有事项涉及的项目只有一个，例如，一项未决诉讼、一项未决仲裁或一项债务担保等。

【例17-2】2024年12月26日，甲企业涉及一项诉讼案，到2024年12月31日仍未接到法院的判决，但根据类似案件的经验和公司所聘法律顾问的意见判断，甲企业在该诉讼中胜诉的可能性有40%，败诉的可能性有60%。如果胜诉，企业可获得50万元的赔款；如果败诉，将要赔偿80万元。在这种情况下，甲企业应于2024年12月31日确认一项负债，金额（最佳估计数）应为最可能发生的金额80万元。编制会计分录如下：

借：营业外支出——诉讼赔款	800 000	
贷：预计负债——未决诉讼		800 000

❷或有事项涉及多个项目时，最佳估计数按各种可能发生额及其发生的概率计算确定。这里的“涉及多个项目”，指或有事项涉及的项目不止一个，如产品质量保证。在产品质量保证中，提出产品保修要求的可能有许多客户，相应地，企业对这些客户都负有保修义务。

【例 17-3】2024年甲企业销售产品50 000件，销售额为2 000 000元。甲企业的产品质量保证条款规定：产品售出后1年内，如果发现正常质量问题，甲企业将免费负责修理。根据以往的经验，如果出现较小的质量问题，则需发生的修理费为销售额的1%；而如果出现较大的质量问题，则需发生的修理费为销售额的4%。据预测，本年度已售产品中，有90%不会发生质量问题，有8%将发生较小质量问题，有2%将发生较大质量问题。据此，2024年年末甲企业应确认的负债金额（最佳估计数）为3 200元（2 000 000×8%×1%+2 000 000×2%×4%）。编制会计分录如下：

借：销售费用——产品质量保证	3 200	
贷：预计负债——产品质量保证		3 200

2）预期可获得的补偿处理

在将与或有事项有关的义务确认为负债的同时，企业有时也拥有反诉或向第三方索赔的权利。在此情况下，企业为了了结因或有事项而确认的负债所需的支出，有时全部或部分可以由第三方或其他方补偿。我国企业会计准则规定，如果清偿因或有事项而确认的负债所需支出全部或部分预期由第三方或其他方补偿，则补偿金额只能在基本确定能够收到时，作为资产单独确认，且确认的补偿金额不应超过所确认负债的账面价值。

可能获得补偿的情况通常有：（1）发生交通事故等情况时，企业通常可以从保险公司获得合理的赔偿；（2）在某些索赔诉讼中，企业可以通过反诉的方式对索赔人或第三方另行提出赔偿要求；（3）在债务担保业务中，企业在履行担保义务的同时，通常可以向被担保企业提出额外追偿要求。

【例 17-4】甲公司于2024年10月1日受到另一家计算机公司乙公司的起诉，乙公司声称甲公司侵犯了该公司的软件版权，要求甲公司赔偿200 000元。在应诉过程中，甲公司发现，诉讼所涉及的软件的主体部分是有偿委托第三家计算机公司开发的。如果这套软件确实有问题，第三家公司应当承担连带责任，对甲公司予以赔偿。2024年12月31日，甲公司仍未接到法院的判决。甲公司根据法律诉讼的进展情况和律师的意见，认为对原告予以赔偿的可能性在50%以上，最有可能发生的赔偿金额为100 000元；从第三方得到的补偿基本上可以确定，最有可能获得的补偿金额为60 000元。假定诉讼费为10 000元。

此例中，甲公司应在年末确认一笔负债，金额为110 000元；同时确认一笔资产，金额为60 000元。编制会计分录如下：

借：管理费用——诉讼费	10 000	
营业外支出——诉讼赔款	100 000	
贷：预计负债——未决诉讼		110 000
借：其他应收款	60 000	
贷：营业外支出——诉讼赔款		60 000

值得注意的是，企业对于清偿因或有事项确认的负债所需支出全部或部分预期由第三方或其他方赔偿的金额，只能在基本确定能够收到时将其作为资产单独确认，而不能在确认与或有负债有关的义务为负债时，作为扣除项目，减少负债的确认金额。

企业在确认因或有事项而产生的负债时，通常应当对每一个或有事项分别加以考虑，分析每一个或有事项的特定情况。比如，企业对未决诉讼的进展情况、法律专家的咨询意见、本企业对类似事件的经验以及其他企业在同样情况下的经验。但是，如果某个或有事项是经常发生的，也可以就同类业务所处的情形作出调查、分析和咨询，比如企业对售后商品提供的质量保证。

启示窗17-2

2024年12月31日，甲公司存在一项未决诉讼。根据类似案例的经验判断，该项诉讼败诉的可能性为90%。如果败诉，甲公司将需赔偿对方100万元并承担诉讼费5万元，但同时很可能从第三方收到补偿款10万元。

请思考：2024年12月31日，甲公司应就此项未决诉讼确认的预计负债金额为多少？

17.3 或有事项的披露

17.3.1　对预计负债的披露

因或有事项确认的负债，即“预计负债”，应在资产负债表中单列项目反映，并在会计报表附注中作相应披露；而与所确认负债有关的费用或支出应在扣除确认的补偿金额后，在利润表中反映。

在资产负债表中，预计负债应与其他负债区分开来，单独反映；如果企业因多项或有事项确认了预计负债，在资产负债表上一般只需通过“预计负债”项目进行总括反映。同时，为了使财务报表使用者获得充分、详细的有关或有事项的信息，还应在报表附注中对各项预计负债的形成原因及金额作出相应披露。

在对或有事项确认负债的同时，应确认一项支出或费用。这项支出或费用不应单列项目反映，而应根据其性质，和其他费用或支出项目（如“销售费用”“管理费用”“营业外支出”等）合并反映。例如，企业因产品质量保证确认负债时所确认的费用，在利润表中应作为“销售费用”的组成部分予以反映；企业因对其他企业提供债务担保确认负债时所确认的费用，应作为“营业外支出”的组成部分予以反映；企业在未决诉讼中确认的很可能败诉而应承担的诉讼费，应作为“管理费用”的组成部分予以反映。需要说明的是，如果企业基本确定能获得补偿，那么企业在利润表中反映因或有事项确认的费用或支出时，应将这些补偿预先抵减。例如，甲企业因提供债务担保而确认了金额为100 000元的一项负债和一项支出，同时基本确定可以从第三方获得金额为40 000元的补偿。在这种情况下，甲企业应在利润表中的“营业外支出”项目反映损失60 000元。

【例17-5】对于【例17-1】所述情形，甲企业除了要在2024年12月31日确认一项负债70万元，确认一笔“营业外支出”70万元外，还应在资产负债表附注中作如下披露：“预计负债：本企业因合同违约而被乙企业起诉。由于这种情况，本企业在2024年12月31日确认了一项负债70万元。目前，此案正在审理中。”

17.3.2　对或有负债的披露

或有负债无论作为潜在义务，还是作为现时义务，均不符合负债的确认条件，因而不予确认。但是，我国企业会计准则规定，如果或有负债符合某些条件，则应予以披露。

或有负债披露的基本原则是：极小可能导致经济利益流出企业的或有负债一般不予披露。但是对某些经常发生或对企业的财务状况和经营成果有较大影响的或有负债，即使其导致经济利益流出企业的可能性极小，也应予以披露，以确保会计信息使用者获得足够充分和详细的信息。这些或有负债包括：已贴现商业承兑汇票形成的或有负债；未决诉讼、仲裁形成的或有负债；为其他单位提供债务担保形成的或有负债；其他或有负债（不包括极小可能导致经济利益流出企业的或有负债）。

对于应予披露的或有负债，企业应披露的内容有：或有负债的种类及形成原因；或有负债预计产生的财务影响（如无法估计，应说明理由），以及获得补偿的可能性；经济利益流出不确定性的说明。

有时，充分披露未决诉讼、仲裁形成的或有负债信息可能对企业的生产经营造成重大不利影响。为此，我国企业会计准则规定，在涉及未决诉讼、仲裁的情况下，如果按以上要求披露全部或部分信息预期会对企业造成重大不利影响，则企业无需披露这些信息。但是，这并不表明企业可以不披露任何相关的信息。在这些情况下，企业至少应披露未决诉讼、仲裁的性质，以及没有披露这些信息的事实和原因。

【例 17-6】甲公司因销售商品而取得一张金额为100万元、到期日为2024年4月30日的商业承兑汇票。2023年12月4日，甲公司因急需资金，将所持有未到期的该票据向开户银行申请贴现。经审核，贴现银行同意了甲公司的申请，并办理了有关手续。

在本例中，因为贴现银行到期不能获得付款时，甲公司负有全额偿付的责任，从而甲公司因应收票据贴现而承担了一项现时义务，但经济利益是否很可能流出企业尚难确定。因此，甲公司应作如下披露：

"或有负债：2023年12月4日，本公司将一张未到期商业承兑汇票向开户银行进行贴现。贴现票据金额为100万元，到期日为2024年4月30日。开户银行到期不能获得付款时，本公司负有代为付款的义务。"

【例 17-7】甲公司为一塑料加工企业，加工过程中产生的污水未经净化就排出厂外，对周围村镇居民身体健康造成了严重的损害。为此，2023年3月12日，甲公司周围村镇居民集体向法院提起诉讼，要求赔偿损失8 000万元。直到2023年12月31日，此案尚未判决。

在本例中，甲公司周围村镇居民的身体健康受到损害是由于甲公司生产经营过程中没有注意污染整治所致。因此，在2023年12月31日可以推断，以往的排污行为使甲公司承担了一项现时义务，且该义务的履行很可能导致经济利益流出甲公司。由于此案例涉及的情况比较复杂（比如，居民的身体受到的损害程度如何等），且正在调查审理中，所以，还不能可靠地估计赔偿损失金额。因此，甲公司应在2023年12月31日的资产负债表的附注中披露该或有负债，具体如下：

"或有负债：本公司因生产经营过程中没有注意污水净化，导致周围村镇居民集体向法院提起诉讼，要求本公司赔偿8 000万元。目前，此案正在审理当中。"

17.3.3　对或有资产的披露

或有资产作为一种潜在资产，不符合资产确认的条件，因此不予确认。但是，我国企业会计准则规定，如果或有资产符合某些条件，则应予以披露。

根据谨慎性要求，或有资产一般不应在报表附注中披露。但是，我国企业会计准则规定，如果或有资产很可能会给企业带来经济利益时，则应在报表附注中披露。对于应予披露的或有资产，企业应披露其形成原因、预期对企业产生的财务影响等。

值得注意的是，企业在进行或有资产披露时应特别谨慎，不能让会计信息使用者误以为所披露的或有资产肯定会实现。

【例17-8】2024年8月24日，甲公司委托宏远船运公司为其运送一批商品，并办理了运输保险。在运送过程中，由于意外事故，造成货物损失约1 000万元。就理赔一事，甲公司与保险公司未达成一致，为此，甲公司2024年12月2日向当地法院提起诉讼。直至2024年12月31日，案件尚未判决。

在本例中，甲公司获得理赔是确知的，但由于诉讼尚在审理中，甲公司还无法确知是否可以获得其所要求的理赔额。因此，甲公司应在2024年12月31日的资产负债表附注中作如下披露：

"或有资产：本公司委托宏远船运公司运送一批商品。在运送途中，因意外事故造成损失约1 000万元。2024年12月2日，本公司就理赔一事向法院提起了诉讼。直至2024年12月31日，有关诉讼仍在审理中。"

◉ 典型案例17-1

甲公司2024年分别销售A、B产品10 000件和20 000件，销售单价分别为80元/件和50元/件。甲公司向购买者承诺2年内为产品免费提供保修服务，预计保修期内，如果发生较小质量问题，将发生的保修费用在销售额的2%到8%之间，有10%的可能发生较小质量问题；如果发生较大质量问题，将发生的保修费用在销售额的10%到15%之间，预计有1%的可能性发生较大质量问题。甲公司2024年实际发生的保修费用为15 000元，2024年年初预计负债金额为30 000元。假定无其他或有事项。

要求：根据上述资料，不考虑其他因素，请思考下列问题：

（1）甲公司2024年应计提的产品质量保修费用为多少？

（2）甲公司2024年年末资产负债表中"预计负债"项目金额为多少？

分析提示：本案例考查或有事项涉及多个项目时，产品质量保证费用的确定，以及预计负债的计算确定。

本章小结

或有事项，是指过去的交易或事项形成的，其结果须由某些未来事项的发生或不发生才能决定的不确定事项。我国企业会计准则规定，如果与或有事项相关的义务同时符合该项义务为企业承担的现时义务，该义务的履行很可能导致经济利益流出企业，且该义务的金额能够可靠地计量，企业应将其确认为一项负债，按有关规定进行或有事项的会计处理。企业应当在报表附注中披露与或有事项有关的信息。

概念回顾

或有事项　或有资产　或有负债　或有事项计量

第18章

会计政策、会计估计变更和差错更正

学习目标

知识目标：掌握会计政策变更的条件、会计估计变更的条件，明确会计政策变更、会计估计变更的内容，了解前期差错更正的会计处理方法。

技能目标：熟悉会计政策、会计估计变更和前期差错更正的账务处理。

素养提升

会计变更成利润调节利器?

18.1 会计政策变更

18.1.1 会计政策概述

1）会计政策的概念

会计政策，是指企业在会计确认、计量和报告中所采用的原则、基础和会计处理方法。原则，是指企业按照我国企业会计准则、制度规定的、适合于本企业会计核算所采用的会计原则；基础，主要是指会计计量的基础（即计量属性）；会计处理方法，是指企业在会计核算中从诸多可选择的会计处理方法中所选择的适合于本企业的会计处理方法。

由于企业经济业务的复杂性和多样化，某些经济业务可以有多种会计处理方法，也就是说存在不止一种可供选择的会计政策。会计政策是在允许的原则、基础和会计处理方法中作出的具体选择。例如，存货的计价方法可以有先进先出法、加权平均法、个别计价法等；固定资产的折旧方法可以有年限平均法、工作量法、双倍余额递减法、年数总和法等。企业在发生某项经济业务时，必须从允许选用的会计处理方法中选择适合本企业实际情况的会计政策。

需要注意的是，一般会计原则，如客观性、及时性、可比性、一贯性等，不属于会计政策。只有具体的原则、基础和具体的会计处理方法才属于会计政策。例如，对资产计提减值准备就属于一般原则，但按照单项资产计提减值准备，还是按照类别或总体计提减值准备就属于具体会计处理方法。企业在进行会计核算时，应当以一般会计原则为指导，根据具体原则、基础和会计处理方法进行确认、计量和报告，所以，会计政策是会计核算的直接依据，企业的任何会计处理都必须建立在明确而具体的会计政策的基础上。

2）应披露其所采用会计政策的项目

我国企业会计准则规定，企业应当在其报表附注中披露其所采用的会计政策，需要披露的项目主要有以下几项：

（1）发出存货成本的计量，是指企业确定发出存货成本所采用的会计处理。例如，企业发出存货成本的计量是采用先进先出法，还是采用其他计量方法。

（2）长期股权投资的后续计量，是指企业取得长期股权投资后所采用的会计处理。例如，企业对被投资单位的长期股权投资是采用成本法，还是采用权益法核算。

（3）投资性房地产的后续计量，是指企业对投资性房地产进行后续计量所采用的会计处理。例如，企业对投资性房地产的后续计量是采用成本模式，还是采用公允价值模式。

（4）固定资产的初始计量，是指对取得的固定资产初始成本的计量。例如，企业取得的固定资产初始成本是以购买价款，还是以购买价款的现值为基础进行计量。

（5）生物资产的初始计量，是指对取得的生物资产初始成本的计量。例如，企业为取得生物资产而产生的借款费用，应当予以资本化，还是计入当期损益。

（6）无形资产的确认，是指对无形项目的支出是否确认为无形资产。例如，企业内部研究开发项目开发阶段支出是确认为无形资产，还是在发生时计入当期损益。

（7）非货币性资产交换的计量，是指非货币性资产交换事项中对换入资产成本的计量。例如，非货币性资产交换是以换出资产的公允价值作为确定换入资产成本的基础，还是以换出资产的账面价值作为确定换入资产成本的基础。

（8）收入的确认，是指收入确认所采用的会计方法。

（9）借款费用的处理，是指借款费用的会计处理方法。例如，借款利息是采用资本化，还是采用费用化。

（10）合并政策，是指编制合并财务报表所采用的原则。例如，母公司与子公司的会计年度不一致的处理原则、合并范围的确定原则等。

（11）其他重要会计政策。

18.1.2　会计政策变更概述

1）会计政策变更的概念

会计政策变更，是指企业对相同的交易或事项由原来采用的会计政策改用另一会计政策的行为，也就是说，在不同的会计期间执行不同的会计政策。

为了保证会计信息的可比性，使财务报表使用者在比较企业一个以上期间的财务报表时，能够正确判断企业的财务状况、经营成果和现金流量的趋势，我国企业会计准则规定，企业应当按照会计准则规定的原则和方法进行核算，各期采用的会计原则和方法应当保持一致。但是，也不能认为会计政策完全不能变更，我国企业会计准则同时规定，若确实需要变更会计政策，则应当将变更的情况、变更的原因及对企业财务状况和经营成果的影响在企业财务报表中说明。

2）会计政策变更的条件

会计政策变更，并不意味着以前期间的会计政策是错误的，只是由于情况发生了变化，或者掌握了新的信息、积累了更多的经验，使得变更会计政策能够更好地反映企业的财务状况、经营成果和现金流量。如果以前会计期间的会计政策运用是错误的，则属于会计差错，应按差错更正的会计处理方法进行会计处理。我国企业会计准则规定，企业在下述两种情形下应改变原使用的会计政策：

（1）法律、行政法规或国家统一的会计制度等要求变更。这种情况是指，按照我国企业会计准则和其他法律、规章的规定，要求企业采用新的会计政策，则企业应按照其规定改变原会计政策，按新的会计政策执行。例如，采用2018年修订的《企业会计准则第21号——租赁》的企业，承租人不再将租赁区分为经营租赁或融资租赁，而是采用统一的会计处理模型，对短期租赁和低价值资产租赁以外的其他所有租赁均确认使用权资产和租赁负债，并分别计提折旧和利息费用。

（2）会计政策的变更能够提供有关企业财务状况、经营成果和现金流量等更可靠、更相关的会计信息。企业会计政策的选择，总是根据企业当时所处的特定经济环境以及某类经济业务的实际情况作出的，但是随着经济环境和客观情况发生变化，继续使用原来的会计政策不能保证会计信息的可靠性和相关性，就需要改变会计政策以便对外提供更可靠、更相关的会计信息。例如，企业原来一直对投资性房地产按成本计量，但企业所在地房地产市场已经成熟，投资性房地产的公允价值容易取得，而且比较可靠，在这种情况下，企业可以根据会计准则的规定从按成本法计量转为按公允价值计量，以使提供的会计信息更加可靠、相关。

对会计政策变更的认定，直接影响着会计处理方法的选择。因此，在会计实务中企业应当分清哪些情形属于会计政策变更。以下两种情形看似属于会计政策变更，但并不属于我国企业会计准则所定义的会计政策变更：

❶当期发生的交易和事项与以前相比具有本质差别而采用新的会计政策。这是因为会计政策总是针对特定类型的交易和事项，如果发生的交易或事项与其他交易或事项有着本质区别，那么，企业实际上是为新的交易或事项选择适当的会计政策，并没有改变原来的会计政策。例如，某企业以往租入的设备均为临时需要而租入的，属于短期租赁，承租人选择不确认使用权资产和租赁负债的简化的会计处理方法。但自本年度起，进行简化处理的短期租赁发生租赁变更或者因租赁变更之外的原因导致租赁期发生变化的，不再属于短期租赁，不能再采用简化的处理方法，承租人应当将其视为一项新租赁进行会计处理。这种情况不属于会计政策的变更。

❷对初次发生的或不重要的交易或事项采用新的会计政策。例如，某企业第一次签订一项在某一时段内履行义务的合同，并对该合同采用累计发生的成本占预计总成本的比例（成本法）确认收入。由于该企业初次发生该项交易，所以采用成本法确认该项交易的收入不属于会计政策变更。又如，某企业原来对生产经营中使用的少量的量具在领用时一次计入费用；后来，改变会计处理方法，决定将其分次摊销。由于量具费用在费用总额中所占比重不大，改变其处理方法后对损益的影响并不大，根据重要性原则，如果不按会计政策变更的会计处理方法进行核算，并不影响会计信息的可比性，所以不作为会计政策变更。

启示窗18-1

现有以下交易项目：(1) 分期付款取得的固定资产由按购买价款计价改为按购买价款现值计价；(2) 商品流通企业采购费用由计入销售费用改为计入取得存货的成本；(3) 将内部研发项目开发阶段的支出由计入当期损益改为符合规定条件的确认为无形资产；(4) 固定资产折旧方法由年限平均法改为双倍余额递减法。

请思考：以上哪些项目属于会计政策变更的行为？

18.1.3　会计政策变更的会计处理

1）会计政策变更会计处理方法的选择

(1) 企业依据法律、行政法规或国家统一的会计制度等的要求，变更会计政策。在这种情况下，应当分两种情形。第一，法律、行政法规或国家统一的会计制度等要求改变会计政策的同时也规定了会计政策变更的会计处理方法，这时应当按照规定的办法进行处理。例如，2007年企业首次执行企业会计准则时，为保证新旧会计准则体系的平稳过渡和政策衔接，企业应按照首次执行企业会计准则的相关规定进行会计处理，对于免于追溯调整的事项，企业可以按未来适用法进行会计处理；对于禁止追溯调整的事项，企业不得追溯调整；对于没有规定的业务事项，一律采用追溯调整法进行会计处理。第二，国家没有规定相关的会计处理办法，则采用追溯调整法进行会计处理。

(2) 由于经济环境和客观情况的改变而变更会计政策，以便提供有关企业财务状况、经营成果和现金流量等更为可靠、更为相关的会计信息，则应当采用追溯调整法进行会计处理。

(3) 确定会计政策变更对列报前期影响数不切实可行的，应当从可追溯调整的最早期间期初开始应用变更后的会计政策。在当期期初确定会计政策变更对以前各期累积影响数不切实可行的，应当采用未来适用法处理。

2）会计政策变更的会计处理方法

会计政策变更的会计处理方法有追溯调整法和未来适用法两种，其主要区别在于是否计算会计政策变更的累积影响数并按累积影响数调整期初留存收益。企业应当根据不同情形，分别采用追溯调整法和未来适用法。

追溯调整法，是指对某项交易或事项变更会计政策时，如同该交易或事项初次发生时就开始采用新的会计政策，并以此对相关项目进行调整，即应当计算会计政策变更的累积影响数，并相应调整变更年度的期初留存收益以及财务报表的相关项目。

如果提供比较财务报表，对于比较财务报表期间的会计政策变更，应当调整比较期间各期的净损益和有关项目，视同该政策在比较财务报表期间一直采用；对于比较财务报表期间以前的会计政策变更的累积影响数，应当调整比较财务报表最早期间的期初留存收益，财务报表其他相关项目的数字也作相应调整。

上述的留存收益，包括法定盈余公积、任意盈余公积和未分配利润各项目，不考虑由于损益的变化而应当补分配的利润或股利。

追溯调整法的运用通常由以下几步构成：

第一步，计算确定会计政策变更的累积影响数；

第二步，相关的账务处理；

第三步，调整财务报表相关项目；

第四步，附注说明。

其中，会计政策变更的累积影响数，是指变更后的会计政策对以前各期追溯计算的变更年度期初留存收益应有的金额与变更会计政策当年年初的留存收益金额之间的差额。变更会计政策当年年初的留存收益，即为上期资产负债表中反映的留存收益，可以从上年资产负债表中获得；而按变更后的会计政策对以前各期追溯计算得到的新的年初留存收益，需要计算确定。值得注意的是，上述留存收益金额都是指税后净额，即按新的会计政策计算确定留存收益时应当考虑由于损益变化所导致的补交所得税或退回所得税。

累积影响数通常可以通过以下各步计算获得：

第一步，根据新的会计政策重新计算受影响的前期交易或事项；

第二步，计算两种会计政策下的差异；

第三步，计算差异的所得税影响金额；

第四步，确定以前各期的税后差异；

第五步，计算会计政策变更的累积影响数。

未来适用法，是指将变更后的会计政策应用于变更日及以后发生的交易或事项。在未来适用法下，不需要计算会计政策变更产生的累积影响数，也无需重编以前年度的财务报表。

【例 18-1】宏远股份有限公司（简称宏远公司）2022 年、2023 年分别以 2 700 000 元和 720 000 元的价格从股票市场购入 A、B 两种以交易为目的的股票（假设不考虑购入股票发生的交易费用），市价一直高于购入成本。公司采用成本与市价孰低法对购入股票进行计量。公司从 2024 年起对其以交易为目的购入的股票由成本与市价孰低计量改为以公允价值计量，公司保存的会计资料比较齐备，可以通过会计资料追溯计算。假设所得税税率为 25%，公司按净利润的 10% 提取法定盈余公积，按净利润的 5% 提取任意盈余公积。公司发行普通股 1 350 万股，A、B 股票有关成本及公允价值资料见表 18-1。

表 18-1　**两种方法计量的交易性金融资产账面价值**　单位：元

项目	购入成本	2022 年年末公允价值	2023 年年末公允价值
A 股票	2 700 000	3 000 000	3 000 000
B 股票	720 000	—	780 000

【例 18-1】中，企业对交易性金融资产的计量由原先的成本与市价孰低计量变为以公允价值计量，属于会计政策变更，且累积影响数可以确定，所以采用追溯调整法。

根据上述资料，宏远公司的会计处理如下：

第一步，计算改变交易性金融资产计量方法后的累积影响数，见表 18-2。

表 18-2　**改变交易性金融资产计量方法后的累积影响数**　单位：元

时间	公允价值	成本与市价孰低	税前差异	所得税影响	税后差异
2022 年年末	3 000 000	2 700 000	300 000	75 000	225 000
2023 年年末	780 000	720 000	60 000	15 000	45 000
合计	3 780 000	3 420 000	360 000	90 000	270 000

第二步，进行相关的账务处理。

调整2022年会计政策变更累积影响数：

借：交易性金融资产——公允价值变动　300 000
　贷：利润分配——未分配利润　225 000
　　递延所得税负债　75 000

调整盈余公积：

借：利润分配——未分配利润　33 750
　贷：盈余公积　33 750

调整2023年会计政策变更累积影响数：

借：交易性金融资产——公允价值变动　60 000
　贷：利润分配——未分配利润　45 000
　　递延所得税负债　15 000

调整盈余公积：

借：利润分配——未分配利润　6 750
　贷：盈余公积　6 750

第三步，调整财务报表相关项目。

企业在会计政策变更当年，应当调整资产负债表年初留存收益数及其他项目的年初数，以及利润表有关项目的上年数。

宏远公司在编制2024年度财务报表时，应当调整资产负债表年初交易性金融资产数、留存收益数、递延所得税负债数，即调增交易性金融资产年初余额360 000元；调增递延所得税负债年初余额90 000元；调增盈余公积年初余额40 500元；调增未分配利润年初余额229 500元。同时，要调整利润表中公允价值变动收益、所得税费用项目的上年数，即调增公允价值变动收益上年金额60 000元；调增所得税费用上年金额15 000元。调整所有者权益变动表中会计政策变更项目中盈余公积和未分配利润的本年金额和上年金额：调增本年盈余公积6 750元、未分配利润38 250元；调增上年盈余公积33 750元、未分配利润191 250元。财务报表列示见表18-3和表18-4。

表18-3　资产负债表（简表）　会企01表

编制单位：宏远公司　2024年12月31日　单位：元

资　产	上年年末余额		负债和股东权益	上年年末余额	
	调整前	调整后		调整前	调整后
流动资产：			流动负债：		
货币资金	450 000	450 000	短期借款	620 000	620 000
交易性金融资产	3 420 000	3 780 000	应付票据	292 900	292 900
应收票据	500 000	500 000	应付账款	500 000	500 000
应收账款	340 000	340 000	应交税费	50 000	50 000
存货	500 000	500 000	流动负债合计	1 462 900	1 462 900
流动资产合计	5 210 000	5 570 000	非流动负债：		
非流动资产：			长期借款	1 800 000	1 800 000
长期股权投资	100 000	100 000	递延所得税负债	0	90 000

续表

资　产	上年年末余额		负债和股东权益	上年年末余额	
	调整前	调整后		调整前	调整后
固定资产	320 000	320 000	非流动负债合计	1 800 000	1 890 000
无形资产	42 900	42 900	负债合计	3 262 900	3 352 900
递延所得税资产	0	0	股东权益：		
非流动资产合计	462 900	462 900	股本	1 400 000	1 400 000
			资本公积	800 000	800 000
			盈余公积	76 935	117 435
			未分配利润	133 065	362 565
			股东权益合计	2 410 000	2 680 000
资产总计	5 672 900	6 032 900	负债和股东权益总计	5 672 900	6 032 900

表 18-4　**利润表（简表）**　会企 02 表

编制单位：宏远公司　2024 年度　单位：元

项　目	上期金额	
	调整前	调整后
一、营业收入	3 580 000	3 580 000
减：营业成本	2 000 000	2 000 000
税金及附加	100 000	100 000
销售费用	0	0
管理费用	430 000	430 000
财务费用	80 000	80 000
加：投资收益（损失以"–"号填列）	50 000	50 000
公允价值变动收益（损失以"–"号填列）	0	60 000
资产减值损失（损失以"–"号填列）	0	0
二、营业利润（亏损以"–"号填列）	1 020 000	1 080 000
加：营业外收入	100 000	100 000
减：营业外支出	70 000	70 000
三、利润总额（亏损总额以"–"号填列）	1 050 000	1 110 000
减：所得税费用	262 500	277 500
四、净利润（净亏损以"–"号填列）	787 500	832 500
五、其他综合收益的税后净额	略	略
（一）不能重分类进损益的其他综合收益		
（二）将重分类进损益的其他综合收益		
六、综合收益总额		
七、每股收益		
（一）基本每股收益		
（二）稀释每股收益		

【例 18-2】A公司原来对存货的计量采用先进先出法，由于物价持续上涨，企业从2024年1月1日起改用移动加权平均法。2024年1月1日存货的账面价值为3 000 000元，2024年度公司购入存货的实际成本为20 000 000元，2024年12月31日按移动加权平均法计算确定的存货价值为2 800 000元，当年销售额为30 000 000元，假设本年度其他费用为2 500 000元，所得税税率为25%。2024年年末按先进先出法计算的存货价值为5 500 000元。

A公司由于经济环境发生变化而改变会计政策，因而属于会计政策变更。由于采用移动加权平均法对以前年度的存货成本不能进行合理调整，因此，采用未来适用法进行处理，即对存货采用移动加权平均法从2024年及以后才适用，不需要计算2024年1月1日以前按移动加权平均法计算存货应有的余额，以及对留存收益的影响金额。

第一步，计算确定会计政策变更对当期净利润的影响数。计算过程见表18-5。

表 18-5　当期净利润的影响数计算表　单位：元

项　目	移动加权平均法	先进先出法
营业收入	30 000 000	30 000 000
减：营业成本	20 200 000	17 500 000
营业利润	9 800 000	12 500 000
减：其他费用	2 500 000	2 500 000
利润总额	7 300 000	10 000 000
减：所得税费用	1 825 000	2 500 000
净利润	5 475 000	7 500 000
差额	−2 025 000	

由于会计政策变更，公司当期净利润减少了2 025 000元。

其中，采用移动加权平均法的销售成本为：

期初存货+购入存货实际成本−期末存货=3 000 000+20 000 000−2 800 000
=20 200 000（元）

采用先进先出法的销售成本为：

期初存货+购入存货实际成本−期末存货=3 000 000+20 000 000−5 500 000
=17 500 000（元）

第二步，附注说明（见【例 18-4】）。

拓展视野

对于会计政策变更追溯调整，企业不能因为会计上的政策变更而调整“应交税费——应交所得税”账户。

3）会计政策变更的披露

对于会计政策变更，企业除按前文所述进行会计处理外，还应当在报表附注中披露以下事实：

（1）会计政策变更的性质、内容和原因，主要包括对会计政策变更的阐述、会计政策变更的日期、变更前采用的会计政策、变更后采用的新会计政策以及会计政策变更的原因。

（2）当期和各个列报前期财务报表中受影响的项目名称和调整金额，主要包括：采用追溯调整法时，会计政策变更的累积影响数；会计政策变更对当期以及比较财务报表所列其他各期净损益的影响金额；比较财务报表最早期间期初留存收益的调整金额。

（3）无法进行追溯调整的，说明该事实和原因及开始应用变更后的会计政策的时点、具体应用情况。

【例 18-3】对于【例 18-1】所述情形，除了要进行相关会计处理外，还要在报表附注中作如下说明：

"宏远公司按照规定，对交易性金融资产的计量由原先的成本与市价孰低计量变为以公允价值计量。此项会计政策变更已采用追溯调整法，调整了资产负债表的留存收益、递延所得税负债及交易性金融资产的期初数；利润表和所有者权益变动表的上年数栏，已按调整后的数字填列。此项会计政策变更对净利润的累积影响数为 270 000 元；2023 年度的净利润调增了 45 000 元；2024 年期初留存收益调增了 270 000 元，其中，未分配利润调增 229 500 元。"

【例 18-4】对于【例 18-2】所述情形，应在报表附注中作如下说明：

"原来对存货采用先进先出法计量，由于物价持续上涨，本年度改用移动加权平均法。由于存货品种较多，存货收发比较频繁，再按先进先出法计算确定存货成本工作量太大，对该项会计政策变更，无法合理确定其累积影响数，因而采用未来适用法。由于该项会计政策变更，当期会计净利润减少了 2 025 000 元。"

18.2 会计估计变更

18.2.1 会计估计及会计估计变更概述

1）会计估计概述

企业为了定期、及时地提供有用的会计信息，将延续不断的经营活动人为划分为一定期间，并在权责发生制的基础上对企业的财务状况和经营成果进行定期确认、计量和报告。为此，企业需要对尚在延续中、其结果尚未确定的交易或事项予以估计入账。这种情形称为会计估计。

会计估计，是指企业对其结果不确定的交易或事项以最近可利用的信息为基础所作的判断。在会计核算中，有些经济业务本身具有不确定性，如坏账、固定资产折旧年限、固定资产残值、无形资产摊销年限等，因而，需要根据经验作出估计。所以，在进行会计核算时，不可避免地要合理地进行会计估计。有些会计估计的目的是确定资产或负债的账面价值，例如，坏账准备、担保责任引起的负债等；有些会计估计的目的是确定将在某一期间记录的收益或费用的金额，例如，某一期间的折旧、摊销的金额，某一时段内按照履约进度确认收入。

需要进行会计估计的项目通常有坏账、陈旧过时的存货、固定资产的耐用年限与净残值、无形资产的收益期限、在某一时段内履行的履约义务的履约进度、或有损失和或有收益等。

2）会计估计变更

企业在进行会计估计时，通常应根据当时的情况和经验，以一定的信息或资料为基础进行。但是，随着时间的推移、环境的变化，进行会计估计的基础可能会发生变化，或者取得了新的信息，积累了更多的经验，这就需要企业以最近可利用的信息或资料为基础作出新的估计，这就是会计估计变更。会计估计变更，并不意味着以前期间的会计估计是错误的，只是由于情况发生变化，或者掌握了新的信息，积累了更多的经验，使得变更会计估计能够更好地反映企业的财务状况和经营成果。如果以前期间的会计估计是错误的，则属于会计差错，按会计差错更正的会计处理办法进行处理。

一般情况下，企业可能由于以下原因而发生会计估计变更：

第一，赖以进行估计的基础发生了变化。企业进行会计估计，是依赖于一定的基础，如果其所依赖的基础发生了变化，则会计估计也应相应作出改变。例如，企业某项无形资产的摊销年限原定为10年，以后发生的情况表明，该资产的收益年限已不足10年，则应相应调减摊销年限。

第二，取得了新的信息、积累了更多的经验。企业进行会计估计是就现有资料对未来所作的判断，随着时间的推移，企业有可能取得新的信息、积累更多的经验，在这种情况下，也需要对会计估计进行修正。例如，企业根据现在掌握的新的信息，对应收款项历史违约损失率进行调整；又如，企业原对固定资产采用年限平均法按10年计提折旧，后来根据新得到的信息，固定资产经济使用寿命不足10年，只有8年，则企业将该设备的折旧年限改为8年。

18.2.2 会计估计变更的会计处理

1）会计估计变更的会计处理方法

会计估计变更应采用未来适用法，即在会计估计变更当年采用新的会计估计，不改变以前期间的会计估计，也不调整以前期间的报告结果。其具体处理方法为：

（1）如果会计估计的变更仅影响变更当期，有关估计变更的影响应于当期确认。例如，企业对逾期1～30天的应收账款，之前确定的违约损失率是2%，现在调整为3%，这类会计估计的变更，只影响变更当期，因此，应于变更当期确认。

（2）如果会计估计的变更既影响变更当期又影响未来期间，有关估计变更的影响在当期及以后各期确认。例如，计提折旧的固定资产，其有效使用年限或预计净残值的估计发生的变更，常常影响变更当期及资产以后使用年限内各个期间的折旧费用。因此，这类会计估计的变更，应于变更当期及以后各期确认。

值得注意的是，为了保证不同期间财务报表具有可比性，会计估计变更的影响数应计入变更当期及以后各期与前期相同的项目中，即如果以前会计估计变更的影响包括在企业日常经营活动的损益中，则以后也应包括在相应的损益类项目中；如果会计估计变更的影响数以前包括在特殊项目中，则以后也应作为特殊项目反映。

2）会计估计变更和会计政策变更不易分清时的会计处理

在具体实务中应当正确划分会计政策变更和会计估计变更，并按不同的方法进行相关的会计处理。但有时很难区分会计估计变更和会计政策变更，在这种情况下，应按会计估计变更进行处理。例如，某企业原按应收账款余额的5%计提坏账准备，后按国家新发布的会计制度规定改按账龄分析法计提坏账准备。对于这一事项，如果从会计政策变更角度考虑，坏账准备计提方法由应收账款余额百分比法改为账龄分析法，属于会计政策变更；但从计提比例看，计提坏账准备的比例发生了变化，属于会计估计变更。在这种情况下，按我国会计准则规定，均视为会计估计变更，按会计估计变更的会计处理方法进行处理。

3）会计估计变更在报表附注中的披露

对于会计估计变更，企业除按前文所述进行会计处理外，还应在报表附注中披露以下事项：

（1）会计估计变更的内容和理由，主要包括会计估计变更的内容、会计估计变更的日期以及会计估计变更的原因。

（2）会计估计变更对当期和未来期间的影响数，主要包括会计估计变更对当期损益的影响金额、会计估计变更对其他项目的影响金额。

（3）会计估计变更的影响数不能确定的，披露这一事实和原因。

【例18-5】甲公司2020年12月24日购入一台管理用设备，原值为54 000元，预计使用年限为10年，预计净残值为4 000元，按直线法计提折旧。由于技术的发展等原因，需要对原估计的使用年限和净残值作出修正。企业于2024年1月1日将该设备的使用年限改为6年，预计净残值为3 000元。企业所得税税率为25%。

甲公司对上述会计估计变更的会计处理如下：

（1）不调整以前各期折旧，也不计算累积影响数。

（2）变更日以后发生的经济业务改按新的会计估计提取折旧。

按原估计，每年折旧额为5 000元，已提折旧3年，共计15 000元，固定资产净值为39 000元，则第4年相关账户的期初余额如下：

固定资产原值	54 000
减：累计折旧	15 000
固定资产净值	39 000

改变固定资产预计使用年限和净残值后，2024年起每年计提的折旧费用为12 000元［（39 000-3 000）÷（6-3）］。2024年不必对以前年度已提折旧进行调整，只需按重新预计的使用年限和净残值确定年折旧费用，编制会计分录如下：

借：管理费用	12 000	
贷：累计折旧		12 000

（3）附注说明：

本公司一台管理用设备，原值为54 000元，原预计使用年限为10年，预计净残值为4 000元，按直线法计提折旧。由于技术发展等原因，该设备不能按原预计使用年限计提折旧，本公司于2024年年初变更该设备的使用年限为6年，预计净残值为3 000元。此项会计估计变更使本年度净利润减少了5 250元［（12 000-5 000）×（1-25%）］。

启示窗18-2

现有以下会计事项：(1) 当期期初确定会计政策变更对以前各期累积影响数不切实可行；(2) 固定资产折旧方法发生变更；(3) 难以将某项变更区分为会计政策变更或会计估计变更；(4) 固定资产预计使用年限发生变更；(5) 当期期初能够合理确定会计政策变更对以前各期累积影响数。

请思考：以上会计处理中，哪些需采用未来适用法处理？

18.3 前期差错更正

18.3.1 前期差错概述

企业应当建立、健全内部稽核制度，按照企业会计准则的规定进行会计核算，保证会计核算的正确与完整，并对外提供相关、可靠的会计信息。但是，在会计核算中，也可能由于各种原因发生差错，如抄写错误、对会计政策的误用或对事实的疏忽等。

前期差错，是指由于没有运用或错误运用以下两类信息而对前期财务报表造成遗漏或误报：❶编报前期财务报表时预期能够取得并加以考虑的可靠信息；❷前期财务报表报出时能够取得的可靠信息。

前期差错通常包括计算错误、应用会计政策错误、疏忽或曲解事实及舞弊产生的影响，以及存货、固定资产盘盈等。

18.3.2 前期差错更正的会计处理

1）非重要前期差错

非重要前期差错，是指不足以影响财务报表使用者对企业财务状况、经营成果和现金流量作出正确判断的前期差错。企业会计准则规定，对于非重要的前期差错，不调整财务报表相关项目的期初数，但应调整发现当期与前期相同的相关项目；影响损益的，应直接计入本期与上期相同的净损益项目。

【例18-6】2024年A公司发现，公司将2023年1月1日投资者投入的应作为实收资本的200 000元计入了资本公积。更正该项差错的会计处理为：

借：资本公积	200 000	
贷：实收资本		200 000

【例18-7】甲公司在2024年12月31日发现，一台价值9 600元的应计入固定资产并于2023年2月1日开始计提折旧的管理用设备，在2023年计入了当期费用。该公司固定资产折旧采用直线法，该资产预计使用年限为4年，假设不考虑净残值因素，则在2024年12月31日更正此差错的会计分录为：

借：固定资产	9 600	
贷：管理费用		5 000
累计折旧		4 600

假设该项差错直到2027年2月后才发现，则不需要编制任何分录，因为该项差错已经

抵销。

拓展思维

以前会计期间的会计估计存在错误的，属于疏忽或曲解事实导致的，应按照前期差错更正的规定进行会计处理。

2）重要前期差错

重要的前期差错，是指足以影响财务报表使用者对企业财务状况、经营成果和现金流量作出正确判断的前期差错。一般是指金额比较大的会计差错，通常某项交易或事项的金额占该类交易或事项的金额的10%及以上，则认为金额比较大。

企业会计准则规定，重要的前期差错应采用追溯重述法，但确定前期差错累积影响数不切实可行的除外。对财务报表相关项目期初数进行调整，如影响损益，应将其对损益的影响数调整发现当期的期初留存收益，财务报表其他相关项目的期初数也应一并调整。

追溯重述法，是指发现前期差错时，视同该项前期差错从未发生过，从而对财务报表相关项目进行更正的方法。企业应当在重要的前期差错发现当期的财务报表中，调整前期比较数据。

若确定前期差错影响数不确切可行的，可以从可追溯重述的最早期间开始调整留存收益的期初余额，财务报表其他相关项目的期初余额应当一并调整，也可以采用未来适用法。

应用追溯重述法一般需要经过以下几个步骤：

第一步，确认重要的前期差错。

第二步，确定重要的前期差错的影响数。

第三步，进行相关的会计处理。对于发现的重要的前期差错，如影响损益，应将其对损益的影响数调整发现当期的期初留存收益，财务报表其他相关项目的期初数也应一并调整；如不影响损益，应调整财务报表相关项目的期初数。

第四步，调整财务报表相关项目金额。编制比较财务报表时，对于比较财务报表期间的重要的前期差错，应调整各期间的净损益和其他相关项目，视同该差错在产生的当期已经更正；对于比较财务报表期间以前的重要的前期差错，应调整比较财务报表最早期间的期初留存收益，财务报表其他相关项目的数字也应一并调整。

第五步，在报表附注中披露会计差错。企业应按照企业会计准则的规定，在报表附注中披露前期差错的有关信息。

【例 18-8】2024年A公司发现，2023年公司将一项未完工工程应负担的长期借款利息费用200 000元计入了当期损益，但在所得税申报表中没有扣除该项利息费用。该公司适用的所得税税率为25%，所得税会计处理方法采用资产负债表债务法，按净利润的10%提取法定盈余公积。

由于该项会计差错比较重大，该公司应当调整期初的留存收益及相关项目。有关会计处理如下：

（1）会计差错的分析。

该项会计差错使上年工程成本虚减200 000元；少计所得税费用50 000元；少计净利润150 000元；多计递延所得税资产50 000元；少提盈余公积15 000元。

（2）会计处理。

❶更正错账：

借：在建工程　200 000

　贷：以前年度损益调整　200 000

❷调整递延所得税资产：

借：以前年度损益调整　50 000

　贷：递延所得税资产　50 000

❸将“以前年度损益调整”账户余额转入利润分配：

借：以前年度损益调整　150 000

　贷：利润分配——未分配利润　150 000

❹调整利润分配有关数字：

借：利润分配——未分配利润　15 000

　贷：盈余公积——法定盈余公积　15 000

（3）调整报表。

A公司2024年度资产负债表的上年年末余额栏和利润表的上期金额栏分别按调整前和调整后的金额填列，见表18-6和表18-7。

表18-6　**资产负债表（简表）**　会企01表

编制单位：A公司　2024年12月31日　单位：元

资　产	上年年末余额		负债和所有者权益（或股东权益）	上年年末余额	
	调整前	调整后		调整前	调整后
流动资产：			流动负债：		
货币资金	500 000	500 000	短期借款	800 000	800 000
交易性金融资产	40 000	40 000	应付票据	300 000	300 000
应收票据	440 000	440 000	应付账款	550 500	550 500
应收账款	900 000	900 000	应交税费	50 000	50 000
存货	714 500	714 500	流动负债合计	1 700 500	1 700 500
流动资产合计	2 594 500	2 594 500	非流动负债：		
非流动资产：			长期借款	1 600 000	1 600 000
长期股权投资	1 300 000	1 300 000	递延所得税负债	0	0
固定资产	1 600 000	1 600 000	其他非流动负债	0	0
在建工程	1 200 000	1 400 000	非流动负债合计	1 600 000	1 600 000
无形资产	0	0	负债合计	3 300 500	3 300 500
递延所得税资产	66 000	16 000	所有者权益（或股东权益）：		
非流动资产合计	4 166 000	4 316 000	实收资本（或股本）	3 000 000	3 000 000
			资本公积	300 000	300 000
			盈余公积	60 000	75 000
			未分配利润	100 000	235 000
			所有者权益（或股东权益）合计	3 460 000	3 610 000
资产总计	6 760 500	6 910 500	负债和所有者权益（或股东权益）总计	6 760 500	6 910 500

表 18-7　**利润表（简表）**　会企 02 表

编制单位：A 公司　2024 年度　单位：元

项　目	上期金额	
	调整前	调整后
一、营业收入	3 750 000	3 750 000
减：营业成本	1 900 000	1 900 000
税金及附加	300 000	300 000
销售费用	0	0
管理费用	150 000	150 000
财务费用	290 000	90 000
加：投资收益（损失以“-”号填列）	50 000	50 000
公允价值变动收益（损失以“-”号填列）	0	0
资产减值损失（损失以“-”号填列）	0	0
二、营业利润（亏损以“-”号填列）	1 160 000	1 360 000
加：营业外收入	80 000	80 000
减：营业外支出	40 000	40 000
三、利润总额（亏损总额以“-”号填列）	1 200 000	1 400 000
减：所得税费用	300 000	350 000
四、净利润（净亏损以“-”号填列）	900 000	1 050 000
五、其他综合收益的税后净额	略	略
（一）不能重分类进损益的其他综合收益		
（二）将重分类进损益的其他综合收益		
六、综合收益总额		
七、每股收益		
（一）基本每股收益		
（二）稀释每股收益		

（4）附注说明（见【例 18-9】）。

议一议　同学们，什么情况下，需要使用“以前年度损益调整”科目？

3）差错更正的披露

企业除了按前文所述进行会计处理外，还应在报表附注中披露与前期差错更正有关的下列信息：

（1）前期差错的性质。

（2）各个列报前期财务报表中受影响的项目的名称和更正金额。

（3）无法进行追溯重述的，说明该事实和原因以及对前期差错开始进行更正的时点、具体更正情况。

【例 18-9】对于【例 18-8】所述情形，A 公司应在报表附注中作如下说明：

"本年度发现2023年度将未完工工程应负担的长期借款利息费用200 000元计入了当期损益。为更正此项差错，2024年的财务报表期初数被重新表述。重述对财务报表相关项目的影响分别是：财务费用减少200 000元，所得税费用增加50 000元，留存收益增加150 000元，在建工程增加200 000元，盈余公积增加15 000元，未分配利润增加135 000元，递延所得税资产减少50 000元。"

◉ 典型案例18-1

诚信公司2024年发现下列会计差错：

（1）公司于3月份发现，当年1月份购入的一项价值为29 000元的管理用低值易耗品，被误记为固定资产，并已计提折旧2 900元。

（2）12月31日，公司发现一台管理用固定资产本年度漏提折旧，金额为18 000元。

（3）12月31日，公司发现2023年度的一台管理用设备少计提折旧2 400元，属于不重要的会计差错。

（4）12月31日，公司发现2023年度漏记了管理人员工资5 000元，属于不重要的会计差错。

（5）公司于2024年年末发现，2024年年初从银行存款中支付全年生产车间机器设备保险费12 000元，账上借记了"管理费用"12 000元，贷记了"银行存款"12 000元。

要求：根据上述资料，作更正会计差错的会计处理。

分析提示：本案例具体考查有关会计差错更正的会计处理，请结合教材对应内容进行解答。

本章小结

会计政策，是指企业在会计确认、计量和报告中所采用的原则、基础和会计处理方法。会计政策变更，是指企业对相同的交易或事项由原来采用的会计政策改用另一会计政策的行为。如果会计政策的变更能够提供有关企业财务状况、经营成果和现金流量等更可靠、更相关的会计信息，企业应变更会计政策。会计政策变更的会计处理方法有追溯调整法和未来适用法两种，企业应当根据具体情况分别采用。企业对其结果不确定的交易或事项以最近可利用的信息为基础所作的新的判断为会计估计变更，会计估计变更应采用未来适用法。会计估计变更和会计政策变更不易分清时，应将其视为会计估计变更进行会计处理。在会计核算时，计量、确认、记录等方面出现的错误视为差错，前期差错的更正应分不同情况进行会计处理。

概念回顾

会计政策变更　会计估计变更　前期差错　追溯调整法　未来适用法　追溯重述法

第19章

债务重组

学习目标

知识目标：掌握债务重组的概念、债务重组的方式，明确债务人、债权人对债务重组的会计处理，了解债务人和债权人应当在附注中披露的信息。

技能目标：熟悉债务重组的账务处理。

素养提升

永泰能源债务重组进入实操程序
或将浴火重生

19.1 债务重组概述

19.1.1 债务重组的概念

债务重组是指在不改变交易对手方的情况下，经债权人和债务人协定或法院裁定，就清偿债务的时间、金额或方式等重新达成协议的交易。无论何种原因导致债务人未按原定条件偿还债务，也无论双方是否同意债务人以低于债务的金额偿还债务，只要债权人和债务人就债务条款重新达成了协议，与原来约定的偿债方式不同，就符合债务重组的定义。比如，甲公司欠乙公司100万元货款，乙公司同意甲公司用等值的库存商品抵偿到期债务，属于债务重组；或者乙公司同意甲公司以95万元现金了结债务，也属于债务重组。债务重组涉及的债权和债务是指《企业会计准则第22号——金融工具确认和计量》规范的债权和债务，即债权人持有金融资产，债务人对应的是金融负债。针对合同资产、合同负债、预付账款、预计负债等非金融工具进行的交易安排，不属于债务重组。广义上讲，所有涉及修改债务条件的事项（包括修改债务的时间和金额）都应视作债务重组，包括债务人处在持续经营条件下的债务重组，也包括债务人处在清算或改组等非持续经营条件下的债务重组。但我国企业会计准则所规范的债务重组，仅指持续经营条件下的债务重组。

在具体运用时，下列情况不能按债务重组进行会计处理：

第一，如果债务人转让非现金资产给债权人以清偿债务，但同时又与债务人签订了资产回购协议的，不属于债务重组。

第二，债务人发行的可转换债券按正常条件转换为股权，属于正常条件下的可转换债券的转换，不属于债务重组。

第三，企业破产清算时发生的债务重组属于非持续经营条件下的债务重组，不属于债务重组。

第四，债务人改组，债权人将债权转为对债务人的股权投资，不属于债务重组。

第五，债务人以借新债偿旧债，也不属于债务重组。

第六，企业重组，不属于债务重组。

启示窗19-1

2024年3月31日，甲公司应收乙公司的一笔货款500万元到期，由于乙公司发生财务困难，该笔货款预计短期内无法收回。甲公司已为该项债权计提坏账准备100万元。当日，甲公司就该债权与乙公司进行协商，达成以下协议：(1) 减免100万元债务，其余部分立即以现金偿还；(2) 减免50万元，其余部分延期两年偿还；(3) 以公允价值为500万元的固定资产偿还；(4) 以现金100万元和公允价值为400万元的无形资产偿还；(5) 以400万元现金偿还。

请思考：以上协议中，属于债务重组的有哪些？

19.1.2　债务重组的方式

债务重组主要有以下几种方式：

第一，债务人以资产清偿债务，是指债务人转让其资产给债权人以清偿债务的债务重组方式，包括债务人以金融资产清偿债务和以长期股权投资、存货、固定资产、无形资产等非金融资产清偿债务两种方式。

第二，债务人将债务转为权益工具，即“债转股”的方式，是指债务人将债务转为权益工具，同时债权人将债权转为对债务人的股权投资的债务重组方式。这里的权益工具是指根据《企业会计准则第37号——金融工具列报》分类为“权益工具”的金融工具。将债务转为权益工具用于清偿债务，对于股份制企业而言，在法律上有一定限制。例如，我国《公司法》规定，公司发行新股必须具备一定的条件，只有在满足《公司法》规定的条件后才能发行新股。因此，公司只有在满足国家规定条件的情况下，才能采用将债务转为权益工具的方式进行债务重组。

第三，修改其他条款，是指债务人不以资产清偿债务，也不将债务转为权益工具，而是改变债权、债务的其他条款的债务重组方式，如调整债务本金、改变债务利息、变更还款期限等。经修改其他条款的债权和债务分别形成重组债权和重组债务。

第四，组合方式，简称“混合重组方式”，是采用债务人以资产清偿债务、债务人将债务转为权益工具、修改其他条款三种方式中一种以上方式的组合清偿债务的债务重组方式。例如，以转让资产清偿某项债务的一部分，另一部分通过将债务转化为权益工具进行债务重组；以转让资产、债务转为权益工具清偿债务的一部分，另一部分通过修改其他条款进行债务重组。

19.2 债务重组的会计处理

19.2.1 债务重组会计处理的一般规定

债务重组中涉及的债权、重组债权、债务、重组债务和其他金融工具的确认、计量和列报，分别适用《企业会计准则第22号——金融工具确认和计量》和《企业会计准则第37号——金融工具列报》等金融工具相关准则。

债务重组中涉及的债权、债务的终止确认，应当遵循《企业会计准则第22号——金融工具确认和计量》和《企业会计准则第23号——金融资产转移》有关金融资产和金融负债终止确认的规定。债权人在收取债权现金流量的合同权利终止时终止确认债权，债务人在债务的现时义务解除时终止确认债务。只有在符合上述终止确认条件时才能终止确认相关债权和债务，并确认债务重组相关损益。

债务人以股权投资清偿债务或者将债务转为权益工具，可能对应导致债权人取得被投资单位或债务人控制权，也就是通过债务重组形成了企业合并，债权人取得长期股权投资等的确认和计量适用《企业会计准则第20号——企业合并》的有关规定。

19.2.2 以资产清偿债务的债务重组方式

以资产清偿债务的，债务人应当在相关资产和所清偿债务符合终止确认条件时予以终止确认。由于债务人通过交付资产解除了其清偿债务的现时义务，债务人一般可以终止确认该债务。所清偿债务的账面价值与转让资产账面价值之间的差额计入当期损益。

在此债务重组方式下，债权人应当在受让的相关资产符合其定义和确认条件时予以确认。由于债权人在拥有或控制相关资产时，通常其收取债权现金流量的合同权利也同时终止，债权人一般可以终止确认该债权。

1）以金融资产清偿债务

债务人以单项或多项金融资产清偿债务的，债务的账面价值与偿债金融资产账面价值的差额，记入“投资收益”账户。偿债金融资产已计提减值准备的，应结转已计提的减值准备。

债权人则以公允价值对受让的单项或多项金融资产进行初始计量。金融资产确认金额与债权终止确认日账面价值之间的差额，记入“投资收益”账户。

【例19-1】甲企业于2024年4月1日销售一批商品给乙企业，含税价格为113 000元。按合同规定，乙企业应于2024年6月1日前偿付货款。甲企业确认了一项应收账款，乙企业确认了一项应付账款。由于乙企业发生财务困难，无法按合同规定的期限偿还债务，经双方协议，于6月10日进行债务重组。债务重组协议规定，甲企业同意减免乙企业40 000元债务，余额用银行存款立即清偿。

假设甲企业为该项债权计提了23 400元的坏账准备。甲企业已于6月15日收到乙企业通过转账偿还的剩余款项，则乙企业和甲企业的账务处理如下：

（1）2024年6月15日，债务人乙企业的账务处理：

债务重组损益=清偿债务的账面价值-支付的现金

=113 000-73 000

=40 000（元）

编制会计分录如下：

借：应付账款——甲企业　113 000
　贷：银行存款　73 000
　　投资收益　40 000

（2）2024年6月15日，债权人甲企业的账务处理：

债务重组损益=收到的现金-放弃债权的账面价值

=73 000-（113 000-23 400）

=-16 600（元）

编制会计分录如下：

借：银行存款　73 000
　投资收益　16 600
　坏账准备　23 400
　贷：应收账款——乙企业　113 000

上例中，假设甲企业为该项债权计提了46 800元的坏账准备，其他条件不变，则乙企业的会计处理不变，甲企业编制会计分录如下：

借：银行存款　73 000
　坏账准备　46 800
　贷：应收账款——乙企业　113 000
　　投资收益　6 800

2）以非金融资产清偿债务的债务重组方式

债务人以单项或多项非金融资产清偿债务的，或者以包括金融资产和非金融资产在内的多项资产清偿债务的，应将所清偿债务的账面价值与转让资产账面价值之间的差额，记入“其他收益——债务重组收益”账户。偿债资产已计提减值准备的，应结转已计提的减值准备。

拓展思维

债务人以非金融资产清偿债务时，应将所清偿债务的账面价值与转让资产账面价值之间的差额，记入“其他收益——债务重组收益”账户；而以金融资产清偿债务时，两者的差额则记入“投资收益”账户。为什么？

债权人初始确认受让的非金融资产，应当以成本计量，并按照下列原则确定成本：

第一，存货的成本，包括放弃债权的公允价值，以及使该资产达到当前位置和状态所发生的可直接归属于该资产的税金、运输费、装卸费、保险费等其他成本。

第二，对联营企业或合营企业投资的成本，包括放弃债权的公允价值，以及可直接归属于该资产的税金等其他成本。

第三，投资性房地产的成本，包括放弃债权的公允价值，以及可直接归属于该资产的税金等其他成本。

第四，固定资产的成本，包括放弃债权的公允价值，以及使该资产达到预定可使用状态前所发生的可直接归属于该资产的税金、运输费、装卸费、安装费、专业人员服务费等其他成本。

第五，无形资产的成本，包括放弃债权的公允价值，以及可直接归属于使该资产达到预定用途所发生的税金等其他成本。

债权人放弃债权的公允价值与账面价值之间的差额，记入“投资收益”账户。

如果债权人受让多项非金融资产，或者包括金融资产、非金融资产在内的多项资产的，受让的金融资产按照公允价值进行初始计量；按照受让的金融资产以外的各项资产在债务重组合同生效日的公允价值比例，对放弃债权在合同生效日的公允价值扣除受让金融资产当日公允价值后的净额进行分配，并以此为基础分别确定各项资产的成本。债权人放弃债权的公允价值与账面价值之间的差额，记入“投资收益”账户。

（1）债务人以原材料、库存商品等存货清偿债务。

【例 19-2】2024 年 4 月 1 日，乙企业销售一批材料给甲企业，货款为 1 000 000 元（含增值税）。乙企业将其确认为一项应收账款，甲企业将其确认为一项应付账款。2024 年 6 月 1 日，双方签订债务重组合同，乙企业同意甲企业以其生产的某产品偿还债务。

2024 年 6 月 5 日，该产品转让完毕。当日，乙企业应收账款的公允价值为 900 000 元，对该应收账款计提坏账准备 50 000 元，将受让的产品作为原材料入库。甲企业应付账款的账面价值仍为 1 000 000 元，产品的实际成本为 700 000 元，已计提了 12 000 元的存货跌价准备。

甲企业和乙企业均为增值税一般纳税人，增值税税率为 13%，该产品的计税价格为 800 000 元。假定不考虑其他相关税费。

根据上述资料，甲企业和乙企业应分别作如下账务处理：

（1）2024 年 6 月 5 日，债务人甲企业的账务处理：

债务重组损益=清偿债务的账面价值-转让产品的账面价值-增值税销项税额

=1 000 000-（700 000-12 000）-800 000×13%

=208 000（元）

编制会计分录如下：

借：应付账款——乙企业	1 000 000	
存货跌价准备	12 000	
贷：库存商品		700 000
应交税费——应交增值税（销项税额）		104 000
其他收益——债务重组收益		208 000

（2）2024 年 6 月 5 日，债权人乙企业的账务处理：

原材料可抵扣增值税=800 000×13%=104 000（元）

原材料的成本=放弃债权的公允价值-可以抵扣的增值税进项税额

=900 000-104 000

=796 000（元）

债务重组损益=放弃债权的公允价值-放弃债权的账面价值

=900 000-（1 000 000-50 000）

=-50 000（元）

编制会计分录如下：

借：原材料　796 000
　　应交税费——应交增值税（进项税额）　104 000
　　坏账准备　50 000
　　投资收益　50 000
　贷：应收账款——甲企业　1 000 000

（2）债务人以固定资产清偿债务。

【例19-3】甲企业于2024年1月10日赊销给乙企业材料一批，价值为150 000元（含增值税）。2024年4月10日，乙企业由于发生财务困难，无法按合同约定偿还债务，双方协商进行债务重组。经协商，甲企业同意乙企业以一台设备偿还债务。

抵债资产于2024年4月25日转让完毕，甲企业发生设备安装费2 500元，乙企业发生设备运输费1 000元，均已用银行存款支付。

甲企业以摊余成本计量该项债权，2024年4月25日，该项债权的公允价值为135 000元，甲企业已为该项债权计提了7 500元的坏账准备，将受让的设备作为固定资产核算。乙企业以摊余成本计量该项债务，2024年4月25日，乙企业用于抵债的设备的账面原价为200 000元（假定增值税进项税额于购入时正常抵扣），累计折旧为60 000元，已计提减值准备16 000元，计税价格为80 000元。当日，该项债务的账面价值仍为150 000元。甲企业和乙企业均为增值税一般纳税人，增值税税率为13%。

根据上述资料，乙企业和甲企业分别作如下账务处理：

（1）2024年4月25日，债务人乙企业的账务处理：

债务重组损益=清偿债务的账面价值−转让设备的账面价值−支付设备的运输费−增值税销项税额
=150 000−（200 000−60 000−16 000）−1 000−80 000×13%
=14 600（元）

编制会计分录如下：

借：固定资产清理　124 000
　　固定资产减值准备　16 000
　　累计折旧　60 000
　贷：固定资产　200 000
借：固定资产清理　1 000
　贷：银行存款　1 000
借：应付账款——甲企业　150 000
　贷：固定资产清理　125 000
　　　应交税费——应交增值税（销项税额）　10 400
　　　其他收益——债务重组收益　14 600

（2）2024年4月25日，债权人甲企业的账务处理：

设备可抵扣增值税=80 000×13%=10 400（元）

设备的成本=放弃债权的公允价值−可以抵扣的增值税进项税额+设备的安装费
=135 000−10 400+2 500
=127 100（元）

债务重组损益=放弃债权的公允价值-放弃债权的账面价值

=135 000-（150 000-7 500）

=-7 500（元）

编制会计分录如下：

❶结转债务重组相关损益：

借：在建工程　124 600

　应交税费——应交增值税（进项税额）　10 400

　坏账准备　7 500

　投资收益　7 500

　贷：应收账款——乙企业　150 000

❷支付安装费用：

借：在建工程　2 500

　贷：银行存款　2 500

❸安装完毕达到可使用状态：

借：固定资产　127 100

　贷：在建工程　127 100

（3）债务人以无形资产清偿债务。

【例19-4】2024年3月18日，甲企业向乙企业销售商品一批，应收乙企业款项的入账金额为760 000元。甲企业将其确认为应收账款，乙企业将其确认为应付账款。2024年7月18日，双方签订债务重组合同，乙企业以一项专利权偿还该欠款。该专利权的账面余额为800 000元，累计摊销额为80 000元，已计提减值准备16 000元。2024年7月28日，双方办理完成该专利权转让手续，甲企业支付评估费用35 000元。当日，甲企业应收账款的公允价值为696 000元，已计提坏账准备56 000元，乙企业应付账款的账面价值仍为760 000元。

根据上述资料，乙企业和甲企业分别作如下账务处理：

（1）2024年7月28日，债务人乙企业的账务处理：

债务重组损益=清偿债务的账面价值-转让专利权的账面价值

=760 000-（800 000-80 000-16 000）

=56 000（元）

编制会计分录如下：

借：应付账款——甲企业　760 000

　累计摊销　80 000

　无形资产减值准备　16 000

　贷：无形资产　800 000

　　其他收益——债务重组收益　56 000

（2）2024年7月28日，债权人甲企业的账务处理：

专利权的成本=放弃债权的公允价值+评估费用

=696 000+35 000

=731 000（元）

债务重组损益=放弃债权的公允价值-放弃债权的账面价值
=696 000-（760 000-56 000）
=-8 000（元）

编制会计分录如下：

借：无形资产	731 000	
坏账准备	56 000	
投资收益	8 000	
贷：应收账款——乙企业		760 000
银行存款		35 000

19.2.3 将债务转为权益工具的债务重组方式

债务重组采用将债务转为权益工具方式进行的，债务人应当在所清偿债务符合终止确认条件时予以终止确认。由于债务人通过交付权益工具解除了其清偿债务的现时义务，债务人一般可以终止确认该债务。债务人初始确认权益工具时，应当按照权益工具的公允价值计量，权益工具的公允价值不能可靠计量的，应当按照所清偿债务的公允价值计量。所清偿债务账面价值与权益工具确认金额之间的差额，记入“投资收益”账户。将债权人放弃债权而享有股份的面值总额确认为股本（或者实收资本），将权益工具确认金额与股本（或者实收资本）之间的差额确认为资本公积。另外，在债务转为权益工具的过程中，债务人因发行权益工具而支出的相关税费，应当依次冲减资本溢价、盈余公积、未分配利润等。在此债务重组方式下，债权人应当在相关资产符合其定义和确认条件时予以确认。由于债权人在拥有或控制该权益工具时，通常其收取债权现金流量的合同权利也同时终止，债权人一般可以终止确认该债权。如果该方式导致债权人将债权转为对联营企业或合营企业的权益性投资的，债权人应当按照“债权人受让非金融资产”的规定计量其初始投资成本。放弃债权的公允价值与账面价值之间的差额，记入“投资收益”账户。

提示 企业无论因何种原因发行股票而支出的相关税费，其会计处理都是相同的，都应当依次冲减资本溢价、盈余公积、未分配利润。

提示 或有事项确认为资产的前提条件是或有事项确认为负债。

【例19-5】2024年1月15日，甲企业销售一批材料给乙企业（股份有限公司），约定6个月后乙企业应结清款项103 500元，甲企业将该应收款项确认为应收账款，乙企业将该应付款项确认为应付账款。2024年7月15日，乙企业因无法支付货款与甲企业协商进行债务重组，以其普通股抵偿该债务。

8月22日，双方办理完成股权转让手续，甲企业和乙企业分别支付手续费等相关费用1 100元和1 300元。乙企业用于抵债的普通股为10 000股，股票面值为每股1元，8月22日股票的公允价值为每股9.6元。债转股后，甲企业持有的抵债股权占乙企业总股本的23%，对乙企业具有重大影响。乙企业应付款项的账面价值仍为103 500元，甲企业应收款项的公允价值为78 700元，甲企业对该债权计提了坏账准备8 500元。

根据上述资料，乙企业和甲企业分别作如下账务处理：

（1）2024年8月22日，债务人乙企业的账务处理：

普通股的确认金额=10 000×9.6=96 000（元）

股本溢价=普通股的确认金额-普通股股本-支付的手续费

=96 000-10 000-1 300

=84 700（元）

债务重组损益=清偿债务的账面价值-普通股的确认金额

=103 500-96 000

=7 500（元）

编制会计分录如下：

借：应付账款	103 500	
贷：股本		10 000
资本公积——股本溢价		84 700
银行存款		1 300
投资收益		7 500

（2）2024年8月22日，债权人甲企业的账务处理：

长期股权投资的成本=放弃债权的公允价值+支付的手续费

=78 700+1 100

=79 800（元）

债务重组损益=放弃债权的公允价值-放弃债权的账面价值

=78 700-（103 500-8 500）

=-16 300（元）

编制会计分录如下：

借：长期股权投资	79 800	
坏账准备	8 500	
投资收益	16 300	
贷：应收账款		103 500
银行存款		1 100

19.2.4 修改其他条款的债务重组方式

1）债务人的会计处理

对于债务人，债务重组通过修改其他条款方式进行的，如果对债务或部分债务的合同条款作出实质性修改形成重组债务，或者债权人与债务人之间签订协议，以承担“实质上不同”的重组债务方式替换债务，债务人应当终止确认原债务，同时按照修改后的条款确认一项新金融负债。其中，如果重组债务未来现金流量现值与原债务的剩余期间现金流量现值之间的差额超过10%，则意味着新的合同条款进行了实质性修改或者重组债务实质上是不同的，有关现值的计算均采用原债务的实际利率。

（1）如果修改其他条款导致债务终止确认，债务人应当按照公允价值计量重组债务，终止确认的债务账面价值与重组债务确认金额之间的差额，记入“投资收益”账户。

议一议 同学们，修改其他债务条件后，债务的公允价值是否需要折现？

（2）如果修改其他条款未导致债务终止确认，或者仅导致部分债务终止确认，对于未终止确认的部分债务，债务人应当根据其分类，继续以摊余成本、以公允价值计量且其变动计入当期损益等进行后续计量。对于以摊余成本计量的债务，债务人应当根据重新议定合同的现金流量变化情况，重新计算该重组债务的账面价值，并将相关利得或损失记入“投资收益”账户。

重新计算的该重组债务的账面价值，应当根据将重新议定或修改的合同现金流量按债务的原实际利率折现的现值确定。对于修改或重新议定合同所产生的成本或费用，债务人应当调整修改后的重组债务的账面价值，并在修改后重组债务的剩余期限内摊销。

2）债权人的会计处理

对于债权人，债务重组通过修改其他条款方式进行的，通常情况下，应当整体考虑是否对全部债权的合同条款作出了实质性修改。如果作出实质性修改、或者债权人与债务人之间签订协议，以获取实质上不同的新金融资产方式替换债权，应当终止确认原债权，并按照修改后的条款或新协议确认新金融资产。

（1）如果修改其他条款导致全部债权终止确认，债权人应当按照修改后的条款以公允价值初始计量重组债权，重组债权的确认金额与债权终止确认日账面价值之间的差额，记入“投资收益”账户。

（2）如果修改其他条款未导致债权终止确认，债权人应当根据其分类，继续以摊余成本、以公允价值计量且其变动计入其他综合收益，或者以公允价值计量且其变动计入当期损益进行后续计量。对于以摊余成本计量的债权，债权人应当根据重新议定合同的现金流量变化情况，重新计算该重组债权的账面余额，并将相关利得或损失记入“投资收益”账户。

重新计算的该重组债权的账面余额，应当根据将重新议定或修改的合同现金流量按债权原实际利率折现的现值确定。对于修改或重新议定合同所产生的成本或费用，债权人应当调整修改后的重组债权的账面价值，并在修改后重组债权的剩余期限内摊销。

【例19-6】2023年12月31日，乙企业欠甲银行的年利率8%、3年期的贷款2 000 000元到期。因乙企业出现严重的资金周转问题，多项债务违约，信用风险增加，无法偿还贷款本金和利息，故双方于2024年1月1日就该项贷款重新达成协议。新协议约定：甲银行免除积欠利息480 000元，本金减至1 500 000元并展期至2024年12月31日，年利率为9%。则乙企业的账务处理如下：

（1）2024年1月1日，判断合同条款的修改是否构成实质性修改：

借款的新现金流量现值=1 500 000×（1+9%）÷（1+8%）=1 513 888.89（元）

现金流量变化=（1 513 888.89−1 500 000）÷1 500 000×100%=0.93%

因为0.93%<10%，所以，合同条款的修改不构成实质性修改，不终止确认债务。

修改后的重组债务的账面价值=1 513 888.89元

债务重组损益=债务的原账面价值−修改后的重组债务的账面价值

=2 480 000−1 513 888.89

=966 111.11（元）

（2）2024年1月1日，编制会计分录：

借：长期借款　　2 480 000

贷：长期借款——本金		1 513 888.89
投资收益		966 111.11

19.2.5　组合方式

组合方式是指以上两种或两种以上方式的组合。

1）债务人的会计处理

对于债务人，组合中以资产清偿债务或者将债务转为权益工具方式进行的债务重组，如果债务人清偿该部分债务的现时义务已经解除，应当终止确认该部分债务。组合中以修改其他条款方式进行的债务重组，需要根据19.2.4中的内容，判断对应的部分债务是否满足终止确认条件。

（1）对于权益工具，债务人应当在初始确认时按照权益工具的公允价值计量，权益工具的公允价值不能可靠计量的，应当按照所清偿债务的公允价值计量。

（2）对于修改其他条款形成的重组债务，债务人应当按照19.2.4中的内容确认和计量重组债务。

（3）所清偿债务的账面价值与转让资产的账面价值以及权益工具和重组债务的确认金额之和的差额，记入"其他收益——债务重组收益"账户或"投资收益"账户（仅涉及金融工具时）。

2）债权人的会计处理

对于债权人，通常情况下应当整体考虑是否终止确认全部债权。由于组合方式涉及多种债务重组方式，一般可以认为对全部债权的合同条款作出了实质性修改，债权人在收取债权现金流量的合同权利终止时应当终止确认全部债权。

（1）债权人应当按照修改后的条款，以公允价值初始计量重组债权和受让的新金融资产。

（2）按照受让的金融资产以外的各项资产在债务重组合同生效日的公允价值比例，对放弃债权在合同生效日的公允价值扣除重组债权和受让金融资产当日公允价值后的净额进行分配，并以此为基础分别确定各项资产的成本。

（3）放弃债权的公允价值与账面价值之间的差额，记入"投资收益"账户。

【例 19-7】甲企业和乙企业均为工业企业（增值税一般纳税人）。甲企业于2023年11月1日向乙企业出售产品一批，货款合计113 000元（含增值税）；乙企业于当日开出期限为6个月、票面利率为10%的商业承兑汇票。票据到期，乙企业由于发生财务困难，未能按期兑付该票据的到期值118 650元，甲企业将该应收票据按其到期值转入应收账款。乙企业因资金紧张，短期内不能偿付货款，于2024年5月10日经与甲企业协商，达成债务重组协议如下：

（1）乙企业以10 000元现金偿还部分债务，以其所拥有的一项作为无形资产核算的非专利技术偿还40 000元债务。无形资产账面余额为75 000元，累计摊销额为45 000元。假设乙企业没有因此而发生相关税费。

（2）甲企业同意减免剩余债务的20%，即13 730元，其余债务54 920元的偿还期延至2025年5月10日，并按照年利率8%支付到期利息。

假设甲企业未对该项债权计提坏账准备，该债权在2024年5月10日的公允价值为109 000元，予以展期的债权的公允价值为54 920元。2024年5月26日，甲企业收到乙企业通过转账偿还的10 000元；7月5日，双方办理完成无形资产转让手续。

（1）债务人乙企业的账务处理：

❶2024年5月26日，编制会计分录：

借：应付账款　10 000
　贷：银行存款　10 000

❷2024年7月5日，判断合同条款的修改是否构成实质性修改，并编制会计分录：

债务的新现金流量现值=54 920×（1+8%）÷（1+10%）=53 921.99（元）

现金流量变化=（54 920−53 921.99）÷54 920×100%=1.82%

因为1.82%<10%，所以，针对54 920元债务的合同条款的修改不构成实质性修改，不终止确认该部分债务。

重组债务的确认金额=重新计算的重组债务的账面价值=53 921.99元

债务重组损益=清偿债务的账面价值−转让资产的账面价值−重组债务的确认金额

=118 650−10 000−（75 000−45 000）− 53 921.99

=24 728.01（元）

借：应付账款　108 650
　　累计摊销　45 000
　贷：无形资产　75 000
　　应付账款　53 921.99
　　其他收益——债务重组收益　24 728.01

（2）债权人甲企业的账务处理：

❶2024年5月26日，编制会计分录：

借：银行存款　10 000
　贷：应收账款　10 000

❷2024年7月5日：

非专利技术的成本=放弃债权的公允价值−收到的现金−重组债权的公允价值

=109 000−10 000−54 920

=44 080（元）

债务重组损益=放弃债权的公允价值−放弃债权的账面价值

=109 000−118 650

=−9 650（元）

编制会计分录：

借：无形资产　44 080
　　应收账款　54 920
　　投资收益　9 650
　贷：应收账款　108 650

19.3 债务重组的披露

19.3.1 债务人应披露的有关信息

债务重组中涉及的债务、重组债务和其他金融工具的披露，应当按照《企业会计准则第37号——金融工具列报》的规定处理。

债务人应当在附注中披露与债务重组有关的下列信息：

➢ 根据债务重组方式，分组披露债务账面价值和债务重组相关损益。分组时，债务人可以按照以资产清偿债务方式、将债务转为权益工具方式、修改其他条款方式、组合方式为标准分组，也可以根据重要性原则以更细化的标准分组。

➢ 债务重组导致的股本等所有者权益的增加额。

➢ 报表使用者可能关心与债务重组相关的其他信息，例如，债权人和债务人是否具有关联方关系、如何确定债务转为权益工具方式中的权益工具以及修改其他条款方式中的重组债务等的公允价值、是否存在与债务重组相关的或有事项等，企业应当根据《企业会计准则第13号——或有事项》《企业会计准则第22号——金融工具确认和计量》《企业会计准则第36号——关联方披露》《企业会计准则第37号——金融工具列报》《企业会计准则第39号——公允价值计量》等准则规定，披露相关信息。

19.3.2 债权人应披露的内容

债务重组中涉及的债权、重组债权和其他金融工具的披露，应当按照《企业会计准则第37号——金融工具列报》的规定处理。

债权人应当在附注中披露与债务重组有关的下列信息：

➢ 根据债务重组方式，分组披露债权账面价值和债务重组相关损益。分组的标准与对债务人的要求类似。

➢ 债务重组导致的对联营企业或合营企业的权益性投资增加额，以及该投资占联营企业或合营企业股份总额的比例。

➢ 报表使用者可能关心的与债务重组相关的其他信息，例如，债权人和债务人是否具有关联方关系、如何确定修改其他条款方式中的重组债权等的公允价值以及是否存在与债务重组相关的或有事项等，企业应当根据《企业会计准则第13号——或有事项》《企业会计准则第22号——金融工具确认和计量》《企业会计准则第36号——关联方披露》《企业会计准则第37号——金融工具列报》《企业会计准则第39号——公允价值计量》等准则规定，披露相关信息。

◉ 典型案例19-1

A公司应收B公司销货款616 600元，因B公司无力偿还，2024年7月15日，双方签订债务重组合同，B公司以两辆汽车和一批原材料抵债。当日，该债权的公允价值为553 000元，原材料的不含税商品市价为80 000元，两辆汽车的公允价值为522 000元。抵债资产于7月25日转让完毕，当日B公司用于抵债的原材料的账面价值为70 000元；两辆汽车的账面价值为390 000元。A公司已经对该项应收账款计提坏账准备3 000元。A公司和B公司均为增值税一般纳税人，增值税税率为13%，原材料和汽车的计税价格等于公允价值。

要求：根据上述资料，不考虑其他因素，回答下列问题：

（1）A公司取得的汽车的入账价值为（　　）元。

A.390 000　　B.553 000　　C.522 000　　D. 411 651.63

（2）A公司应确认的债务重组损益的金额为（　　）元。

A.60 600　　B.-60 600　　C.11 600　　D.-63 600

（3）B公司应确认的债务重组损益为（　　）元。

A.4 200　　B.132 000　　C.156 600　　D.133 000

分析提示：本案例考查固定资产和原材料在债务重组下的计量以及债务重组损益的计算问题。

本章小结

债务重组，是指在不改变交易对手方的情况下，经债权人和债务人协定或法院裁定，就清偿债务的时间、金额或方式等重新达成协议的交易。债务重组的方式包括债务人以资产清偿债务、债务转为权益工具、修改其他条款以及上述三种方式的组合。

概念回顾

债务重组　债务重组损益　公允价值